中国人民大学劳动人事学院**第四代系列教材**

# 领导学

刘松博 编著

LEADERSHIP

中国人民大学出版社

· 北京 ·

FOREWORD

# 总序

正值我国改革开放40周年之际，我们迎来了中国人民大学劳动人事学院成立35周年。这套遵循传承、创新理念的中国人民大学“十三五”规划教材暨劳动人事学院第四代系列教材正式出版。

35年来，中国人民大学劳动人事学院创设了国内第一个人力资源管理专业、第一个劳动关系专业、第一个劳动经济学博士点；第一次建成国内劳动经济、人力资源管理、社会保障、劳动关系专业最完整的本硕博培养体系等。

35年来，中国人民大学劳动人事学院持续组织编写在劳动学科领域拥有最大影响力的系列教材；持续开展中国就业问题短期研究，发布《中国就业市场景气报告》；持续开展中国人力资源审计研究，发布《中国人力资源法律审计报告》；持续开展中国人力资源职业发展状况追踪调查，发布《中国人力资源职业发展状况调查报告》；持续开展中国企业雇主-雇员匹配数据调查，建设基础性科研数据库；连续举办14届中国人力资源管理新年报告会暨中国人才发展高峰论坛等。

35年来，中国人民大学劳动人事学院首倡发起全球劳动科学院长论坛，举办中国劳动科学年会、全球人力资源论坛、中国人力资源服务业博士后学术交流会、中国职业发展论坛、中国助业研讨会、中国新就业论坛等。

“但开风气不为师”。我们高兴地看到，经过几代学人的耕耘，中国人民大学劳动人事学院所倡导的以问题导向、创新导向、实践导向、合作导向为指引的学风，已经成为本学科领域的共识。中国特色社会主义进入新时代，开启了全面建设社会主义现代化国家的新征程，人才培养和学科发展的使命更加重大。党的十九大报告中提出的实施人才强国战略，建设实体经济、科技创新、现代金融、人力资源协同发展的产业体系，在人力资本服务领域培育新增长点，提高就业质量，构建和谐劳动关系，加强社会保障体系建设，建设高素质专业化干部队伍等重大命题，都与我们的学科领域密切相关。与此同时，一场影响深远的变革正在拉开大幕：数字经济时代产生的新就业方式、新组织管理形式、新劳动关系模式等都对传统的研究范式提出了挑战；国家层面实施的供给侧改革、生育政策调整等对劳动力供给、要素市场化配置、社会保障提出了新的调整要求。我们真切地感到：创新已经是新时代所要求的基本方法论，我们必须跟上时代的步伐。学科建设是知识创新的载体。随着开发人力资源、解决民生问题的重要性被提到前所未有的新高度，我们的学科迎来了新的机遇。中国人民大学劳动人事学院下定决心再出发，为发展我国高等教育进行新尝试新探索，践行“劳人之事，成人之美”的新使命，打造“精英型学院、研究型学院、智库型学院、全球型学院、创业型学院、责任型学院、创新型学院”。

“合抱之木，生于毫末；九层之台，起于累土”。我们认识到，课程和教材体系建设尤其是本科教材建设是学科建设的重中之重，直接关系到“为谁培养人、培养什么样的人、怎样培养人”这一根本问题。中国人民大学劳动人事学院具有重视教材建设的优良传统，建院以来的三代教材都影响深远，奠定了本学科的基本框架和教学传授方式。教材建设应当与时俱进，把新的前沿理论、新的研究方法、新的拓展领域等及时囊括进来，体现不断更新的教学理念，适应人才培养的规律。

中国人民大学劳动人事学院从2015年初开始筹划劳动人事学院第四代系列教材的编写工作。在中国人民大学教务处、中国人民大学出版社的指导和帮助下，编委会成员不懈劳作，终于如期奉献出这套全新的系列教材。这套新的系列教材有以下特点：

一是教材编写者虽然仍然全部为中国人民大学劳动人事学院的教师，但是其中有旧雨也有新知。系列教材由资深的名家与中青年学者共同创作完成。他们都对自己的领域有深刻的体认，都有鲜明的学术个性和研究风格。他们在教材中展现出的缜密的逻辑能力和广博的学识素养，能够代表劳动人事学院乃至中国人民大学的学者水平。

二是充分体现我国改革开放40年来的成就和近年来中外学术大交融的成果。这套教材关注中国本土的实践探索，以之为素材，以中国情境为前提，丰富和深化学生对学科专业的认识，尤其体现了学科交叉融合的研究视野，探索将各专业知识融会贯通的教学方式。新增的部分教材使丛书体系更加完备，在科学性、先进性、适用性方面都有新的拓展。

三是更加注意适应本科教学的特殊性。这套教材以本科课堂教学为出发点，在整体编排上注重系统性，在每本教材中注意理论基础性与实践应用性相结合，既奠基铺路、培养兴趣，又为引导学生未来的进阶性学习做好必要准备。教材的编写者都长期活跃在本科教学第一线，在教材的内容和形式上充分考虑教师讲授和学生学习的便利。

我们希望，这套系列教材的出版和使用能够为学科通往成熟之路做好铺垫，培养出更多更优秀的建设者和后备人才。对于教育界同行，希望你们不吝赐教，与我们携手为建设具有时代风格、中国品格的劳动科学学科而奋斗；对于新一代学子，期待你们能借助这套教材实现梦想，驶入“自由王国”的光明之域，激荡出人生的壮丽图景。

最后，感谢中国人民大学领导、中国人民大学各部处（特别是教务处）、中国人民大学出版社的关心、指导和帮助，感谢每本教材编辑的辛勤劳动。还要感谢各位作者和为教材付出心血的院内同仁。不管留下的脚印是深是浅，所做的工作能否载入汗青，学科的历史终究要由大家继续创造。衷心希望学科的未来能由今天的读者们以更多更好的成果一起创造！

谨以这套系列教材作为中国人民大学劳动人事学院成立35周年的纪念。

**杨伟国**

中国人民大学劳动人事学院院长

PREFACE

# 前言

十年前我在麻省理工学院（MIT）斯隆管理学院的领导力中心做访问学者，对美国顶尖商学院的领导学教育进行了整整一年的实地考察。通过积极参与领导学的相关课程，与专家学者广泛沟通学习，收集大量有关美国领导力培训的信息，我得到了关于领导学教育的三个体会。

第一个体会是，领导学的教育是非常重要的。

作为蜚声国际的领导力研究与推广机构，MIT领导力中心拥有彼得·圣吉、黛波拉·安科纳等一大批世界顶级的领导学大师，并与思科、西南航空等著名企业有着广泛而深入的合作，其对领导学本身形成了独到而深刻的认识。在该中心的推动下，斯隆管理学院每学期都会专门拿出整整一周来，邀请全美国最著名的领导力及相关课程的教师和培训师，为工商管理硕士（MBA）学生提供内容丰富、教学方法多样的领导力培训课程。在这被称为斯隆创新期（Sloan innovation period，SIP）的一周里，充满热情的MBA学生会根据自己的需要和兴趣选修课程，很多课程必须依靠类似摇号的方法来解决选修学生过多的问题。

其实，领导力研究的热潮在很多美国顶尖商学院中都经久不衰，这在它们对使命的描述中可见一斑。比如，斯隆管理学院的使命是“培养可以推动世界的、有原则的、具备创新意识的领导者”，哈佛商学院的使命是“培养能够使世界有所不同的领导者”，而斯坦福大学商学院则把“培养能够改变世界的、具备创新意识的、有原则的、有远见的领导者”作为自己的使命。从这些大同小异的使命陈述中可以看出，商科教育的目的就是培养领导者，所以提升领导力成为教育者和学生的自发意识，已融入他们的血液和骨髓，上升为价值观念，并体现于课堂教学和日常行为之中。这种价值观念在中国的商科教育中也开始盛行，在高管层次的培训（如总裁班等）中领导学已经成为必修课程，但是在高校的本科和硕士教育中，领导学还没有得到应有的重视。我相信，领导学教育在中国有很大的发展空间，值得有兴趣的老师投身其中。

第二个体会是，领导学的教育和每个人都相关。

领导学是一门很难教的课。毕竟，成为“那样”的一类人，往往会让普通学生感到遥不可及。有的学生觉得自己根本就不想做领导者，所以不愿投入领导学课程的学习中。事实上，即使是作为追随者，也需要很好地了解和理解领导者，只有如此才能做一个合格而积极的追随者，更好地为组织服务（参见第2章）。另外，在不同的领导者类型中，正式领导只是其中之一，非正式领导占有极高的比例，英雄式领导虽然引人注目却并不多见，后英雄式领导则比比皆是。MIT领导力中心正在推广的分布式领导的概念告诉我们，每个人在不同的时段，面对不同的任务，都可能并且应该成为领导者（参见第3章）。加之，新生代员工的崛起导致自上而下的领导风格效率降低，小组制、和弄制、阿米巴、内部创业等“大平台+小前端”的组织设计正在冲击传统的官僚制结构，企业呼唤从基层生发的领导模式。

从这些角度看，任何人都应该学习一些领导学的知识，以提升自己的领导力。本教材的一个重要思想是，让领导走下神坛，每一个人都应该了解领导，每一个人也都可以做领导。所以本教材引入分布式领导的观点，为普通学生和员工学习领导学提供理论基础，并集中介绍了西方分布式领导的实践与理念。

此外，相比很多其他本土领导学的教材，本教材的特点还有：(1) 强调领导学的文化背景，突出中国式领导的独特性与重要性，对家长式领导和中庸领导等典型的本土领导智慧进行重点推荐；(2) 注重实践导向，精心选择案例，其中大部分案例均为本土案例，每章都设计了开篇的“引例”、正文中的“篇中案例”和章末的“案例分析”，力图系统性和有针对性地提升学生的问题意识和分析能力；(3) 增强科学性和严谨性，避免停留在培训的层次，本教材在大部分篇章中设有“学者说”这一特色栏目，将相关的领导学国际前沿研究型论文介绍给学生，让学生体会理论指导实践的力量，引导学生提升思考的高度，拓宽认识的广度。

本教材共分3篇。逻辑结构大体上为从概念到实践，从基础到提升。第1篇为“什么是领导”，介绍领导、领导力及相关的基本概念与观点，推广每个人都可以是且应该是领导的理念。第2篇为“领导什么样”，介绍领导的特质与风格等，为领导力的培养提供方向性的指引。第3篇为“怎样做领导”，明确领导该做些什么和怎样去做，并具体介绍新兴的学习型组织和虚拟组织中的领导。

第三个体会是，领导学的课堂教育应该有准确的定位。

领导学难教的另外一个原因是，在是否能够通过课堂学习真正提升学生的领导境界和能力这一问题上还存在争议。一个极端的说法是领导力根本没有办法教，因为好领导是天生的，另外一种说法则完全相反。《好领导可以教出来》一书详细描述了哈佛大学海费茨（Heifetz）教授是如何用20多年的时间把他的领导学课堂变成哈佛最受欢迎的课堂，并得到学员的高度认可和广泛好评的。本教材的第1章比较了这两种观点，并介绍了相关的学术研究成果。综合来看，后天的教育肯定对领导力的提升有很大帮助，但仅凭课堂教学是没有办法实现这样的目标的。课堂教学其实是打开一扇门，学生由此走上领导力提升之路，在这里，学生应该了解领导的基本知识，理解领导的实践运行，培养出对领导的浓厚兴趣，掌握基础的领导力和领导技能，从而更加从容和热情地应对未来工作实践中的领导力挑战。

这本书稿写作时间很长，我的硕士研究生林晓霜、戴玲玲、杨蕊竹、李晨、王亚楠、胡泽重、付灵锐和马晓颖不同程度地参与了初稿的写作和案例的搜寻工作。非常感谢他们的辛苦努力，能够有这样优秀而踏实的学生是我的幸运。同时，非常感谢中国人民大学出版社的熊鲜菊老师和谷广阔老师，是他们的鼓励让我有勇气动笔来驾驭领导学这样庞大的体系。

希望本教材能够成为那扇门。

**刘松博**

CONTENTS

# 目 录

## 第 1 篇　什么是领导



## 第 2 篇　领导什么样

# 第3篇 怎样做领导

# 第 1 篇 什么是领导

# 第 1 章 领导概览

## 学习目标

- ◎ 了解领导的内涵和本质
- ◎ 掌握 leader，lead 和 leadership 之间的区别和联系
- ◎ 理解领导的分析层次及有效性
- ◎ 掌握领导和管理之间的区别和联系
- ◎ 了解领导者天生论与后天塑造论的争论
- ◎ 了解领导学研究的五大学派
- ◎ 领会领导的科学性和艺术性

## 引例

### 缔造亚马逊神话的杰夫·贝佐斯

从 1994 年由一张门板临时拼成的工作台、三位员工和一台电脑，跪在坚硬的地板上忍着膝盖的疼痛打包货物，到今天全球最大的综合网络零售商，以超低的价格提供最具吸引力的便捷服务，贝佐斯缔造了亚马逊万货商店的神话，全世界都见证了这家图书销售网站的迅速崛起。用沃尔特·艾萨克森（《史蒂夫·乔布斯传》作者）的话说，“杰夫·贝佐斯是我们这个时代最具有远见性的、最具有明确目标的、最坚忍不拔的改革者。和史蒂夫·乔布斯一样，他改变并创造了一个新的产业”。

罗马不是一日建成的，探寻亚马逊取得如今这番成绩的原因，我们可以发现贝佐斯始终坚守这三点：

（1）始终把顾客价值放在第一位。杰夫·贝佐斯在一次演讲中讲到：“人们经常问我：未来十年，什么会改变？我觉得这个问题很有意思，也很普通。但从来没有人问我：未来十年，什么不会变？在零售业，我们知道客户想要低价，这一点未来十年不会变。他们想要更快捷的配送，他们想要更多的选择。”

在主营业务的自我变革和转型上，亚马逊做得非常成功——从亚马逊商店到亚马逊市场；从实体书到电子书等。在大多数公司中，这样的转型常常会引起组织动荡。贝佐斯是怎样完成平滑过渡的？

贝佐斯对这个问题的回答非常经典，再次回归商业本质。“当情况变得复杂时，我

们会自问‘面对顾客时最好的做法是什么?’，这样才能让事情简单化。我们相信，如果能做到这点，最终会获得好结果。可是我们却无法用理论证明。实际上，我们每次做价格弹性调研时，得到的结果都是提高价格。但我们并没有这样做，因为我们相信，压低价格能帮助我们赢得顾客的信任，而信任能最大化公司的长期自由现金流。如果你以长期结果为导向，那么股东利益和消费者利益是一致的。但从短期看，情况可能就不一样了。我们有很多利益相关者，例如员工和零售商。我们的信条是，如果把客户放在第一位，那么其他利益相关者都会受益——只要他们以长期的眼光看问题。此外，长期视角对创新活动来说也是必不可少的，因为你会有无数次失败的创新尝试。”

(2) 重视技术的持续投入。比尔·盖茨有句话："我们总是高估在一年或者两年中能够做到的，而低估在五年或十年中能够做到的。这是因为技术的力量正以指数级方式增长，而不是线性地增长。它始于极微小的增长，随后又以不可思议的速度爆炸式地增长。"

长久以来，亚马逊对未来的布局主要体现在物流和技术两个领域。其中在技术领域的布局，是亚马逊市值能够大幅跃升的一个关键因素。自亚马逊创立以来，贝佐斯就一直在宣传一个观点——“在实体世界里，传统的利器是地段，地段，地段；而对我们来说，最重要的三件事是技术，技术，技术!”因此，亚马逊一直非常重视在技术领域的投入，技术费用的营业收入占比一直非常高。

(3) 授权给各级员工。驾驭不确定性是组织管理的核心挑战，让组织各级员工都拥有持续创造力是根本解决之道，而授权给各级员工是推动企业成长的根本动力，实现这一点首先需要做到鼓励试错行为。

在这方面，亚马逊非常值得大家学习。贝佐斯在 2016 年的年度股东信中希望股东相信，亚马逊目前的各种尝试将带来回报。贝佐斯指出，亚马逊计算平台 AWS 已经成为公司的一块重要业务。AWS 从十多年前起步，2016 年年营业收入已超过 100 亿美元 (2017 年实际营业收入为 175 亿美元)，这一发展速度比亚马逊电商业务更快。贝佐斯表示："在我们起步之初，许多人认为亚马逊很大胆，甚至是在赌博。’‘这与卖书有什么关系?’我们当时有可能陷入这样的纠结中，但我很高兴我们并没有这样。”他表示，“亚马逊在允许失败方面是全球最佳公司。”

资料来源：问鼎首富背后：贝佐斯的三条管理法则．(2018-03-16). http://www.ceconline.com/leadership/ma/8800092394/01/?_ga=2.61198252.100006854.1589866909-323756123.1589866909.

---

富有远见、坚忍不拔、尊重顾客、重视技术、敢于授权，这些特质成就了贝佐斯的商业传奇。贝佐斯是一位极具领袖魅力的领导者，在他的带领下亚马逊公司已经成为很多人生活中不可缺少的一部分，一直处于行业领先地位。从贝佐斯的案例中我们能体会到，一个成功的领导者对整个公司的战略指引和业绩推动都起着决定性作用。所谓时势造英雄，在每一个时代、每一个领域，我们都能发现一大批卓越的领导者，那些鲜活的人物为我们演绎着领导的传奇和无穷魅力，让人们对领导这一概念充满好奇与向往。事实上，领导活动是普遍存在的日常现象，从群体产生的那一刻起领导就已出现。从国家、政府，到企业、学校，甚至在家庭和朋友中都有各种类型的领导存在。

领导是领导学中最基本的概念。理清领导的含义和本质，对于研究领导学和提升领导技能有重要意义。本章将带领读者走进领导的世界，帮助读者对领导这一概念有一个初步的了解和认识。

# 第 1 节　领导与领导力

## 一　领导的定义

领导现象非常复杂，关于领导的定义也众说纷纭，到目前为止并没有统一的说法。但是，这并不意味着无法把握和界定领导，只是人们可以从多个视角去看待领导这一概念。

在中文语境下，领导其实对应着英文中的三个单词：leader，lead 和 leadership。领导可以指施加影响力或领导力的人，即领导者（leader），这体现出领导一词的名词性。领导也可以指领导者施加的影响力或领导力，这体现出领导一词的动词性。西方提到领导时还有一个常用的词是 leadership，有学者将之译为领导力，多用来指领导过程（leading）中领导者所表现出的能力、特质、行为、风格等要素，从广义上也包括领导活动或领导过程。

通过梳理西方领导学研究中纷繁复杂的概念表述可以发现，影响力、互动、领导者、追随者、变化成为界定领导这一概念的关键词，以下几个特点是领导这一活动所必然包括的：

第一，领导者和被领导者，或者称其为追随者（follower），互动共生，缺一不可；

第二，领导活动存在于某种组织或团队的情境之下，并受这种情境的影响；

第三，领导活动的目的是实现一个特定的目标，这个目标决定了领导活动的方向；

第四，这个目标的实现是有难度和挑战的，能够为所在的组织或团队带来较大的变化甚至是巨大的变革，只做出简单日常行为的不能称为领导。

因此，领导活动可以看作由领导者、追随者、情境、领导目标这四个要素构成。这里可以构建一个方程，以表明领导活动的复杂性和动态性，即

$$领导(L)=f(领导者，追随者，情境，领导目标)$$

综合来看，领导就是在一定的情境下，领导者带领追随者为完成特定有难度的目标而共同努力的过程。

## 二　领导的本质

万变不离其宗，领导意味着施加一种无形影响力。《高效能人士的七个习惯》的作者柯维（Covey）就提出过“领导力的本质就是影响力”的著名论断。他认为领导者要以身作则，克制冲动，培养前瞻性、控制力和耐力；为下属树立榜样；尊重他人，协助别人建立自尊心和价值观；要提供无私的服务；具有主动性，并通过启发性的行动来取得追随者的信任。总而言之，就是要通过人格魅力来影响或改变追随者的思想及行为。

柯维的判断是正确的。然而，这种“影响力”应该是领导者与追随者之间的相互影

响、相互信任和依赖。为了达到有价值的目标，领导者与其追随者在相当长的时间里同心协力。领导者有可能受到追随者的影响，而追随者有时也需要执行领导者的角色，这是一个双向的互动过程（详见第 2 章）。在一个群体里，领导者和追随者通常是指同一批人，只是在不同的时间点上扮演着不同的角色。从这个角度看，每个人都可能是领导者。好的领导者不仅能将自己的人际影响力和洞察力发挥到极致，而且知道该如何汲取周围人群的养分，适时变通和进步。一个优秀的追随者永远不会将自己定义为“盲从者”，而是会站在领导者的角度思考问题，从而更好地与领导者互动。情境的变化也使大家的角色发生着变化，或许明天的你就会成功进化为一名出色的领导者。这一切都源于你对形势的敏锐洞察和自身素质的积累及运用。共享式领导、分布式领导等新兴领导概念（详见第 3 章）的蓬勃发展说明领导的概念正在不断革新，人们对领导的本质有了更深入的理解。

影响力是一个较为抽象的概念，以至于我们无法用精确的语言来描述。事实上，影响力的产生是多向和松散变化的，这源于情境的变化。正如前面提到的领导方程，领导者、追随者、情境、领导目标等都在一个大的模型之中，需要以一种系统的眼光看待这一问题。永远不要忽视领导的本质：领导是领导者与追随者相互影响的动态过程。这提醒我们领导者和追随者应该视对方为伙伴，重视与对方的互动关系，而不要将双方的关系对立起来。

实践中，伙伴关系的领导正在获得越来越多组织的青睐。这样的组织，尤为重视团队凝聚力的提升和员工授权的发展。比如，星巴克公司的创始人舒尔茨就是把员工看作自己的合作伙伴，通过股权奖励计划等措施激发员工的敬业感和积极性，员工在工作中也乐于主动承担更多的责任；而门店层面的运营团队也弱化了上下级间的职级壁垒，营造了非常健康的工作氛围。

## 篇中案例

### 星巴克：用伙伴代替员工

星巴克可以说是过去十年最成功的消费品公司之一。从北美到欧洲、亚洲，从西雅图、纽约到大阪、北京、上海……星巴克在 65 个国家和地区拥有超过 2.1 万家专卖店，而且这一数字仍在增长。

在星巴克工作的每一位员工，包括每周兼职工作 20 小时以上的员工，都有机会持有星巴克的咖啡豆股票（bean stock）。早在 1991 年，创始人霍华德·舒尔茨就面向全体雇员推出股票期权计划，目标就是让每一位员工，无论是首席执行官（CEO），还是任何一位“合伙人”，都能够有同样的工作态度。

1991 年，星巴克实现了健康的盈利水平，CEO 霍华德·舒尔茨向董事会提出对员工实行股权奖励计划。虽然董事会表达了担心，但该计划还是通过了。当咖啡豆股票计划开始面向员工时，星巴克就停止使用“员工”一词，开始称呼每一个员工为“伙伴”，即使是兼职员工，在工作满 6 个月后，也有资格加入这个计划。

2010 年 11 月，星巴克把这一资格的享有者扩大到了 19 个国家和地区的 115 000 名员工。这构成了整个星巴克薪酬机制的重要元素。2012 财年，星巴克拿出 2.14 亿美元的税前收益发放给公司的伙伴。而且不管年度效益好不好，星巴克的领导者始终如一地贯彻这一原则。这也正是星巴克在众多企业中脱颖而出的原因。

霍华德说："在过去的20年里，星巴克是唯一一家实行股票计划的零售企业，享受这个计划的也包括兼职的小时工。该计划不仅让星巴克成为一个更好的工作场所，而且使公司的每一个员工都成为公司的主人，并以此为傲。"

在星巴克内部，每一个员工都被称为"伙伴"。虽然也有许多其他老板已不再使用"员工"一词，想改变"你雇用我，我为你工作，你付工资给我"的局面，并开始用"同事"和"伙伴"的称呼替代，但遗憾的是，很多时候新称谓只是徒有虚名，"伙伴"并没有得到应有的信任和重视。在星巴克，"伙伴"是切实的、真实的，因为在这里连小时工都能分享股权收益。

这里有一个来自中国星巴克员工的例子：2012年是杨洋在星巴克工作的第8个年头，他的职位是星巴克国贸一店的店长。作为店长，杨洋的工作特别繁杂，毕竟他的工作是要让一家店面正常运转，并保证营业额达到既定目标。因此，店里的促销方案、店员的考核、店面的座位设置、吧员的培训、顾客满意度，事无巨细，他都得操心。不过，如果走进店里，你绝对无法从店员的分工或者穿着上区分出谁是店长。在星巴克的店面里，店长和普通吧员穿着同样的黑色T恤，戴着同样的名牌，做着同样的工作：点单、制作咖啡、收银、收拾桌子……"在星巴克店面里没有职级的区别，我们都在给顾客提供最好的体验，而在这一过程中，我们也享受身在其中的快乐。"杨洋说，"除了需要做更多管理方面的工作，剩余的时间我会和伙伴们一起为顾客提供服务，一天中我大约会花一半的时间在店里和大家一起工作。"刚在星巴克工作了半年的姑娘刘丹说，她最爱的是这里的氛围，"在星巴克我们没有业绩的压力，更多的在于分享"。

2012年，在舒尔茨与中国京沪两地的1 200名伙伴和家属沟通的论坛上，星巴克宣布推出一系列针对员工的新计划，包括培育公司人才发展的星巴克中国大学，以及额外拨款100万元投入星巴克中国星基金为员工提供必要的经济援助。这些对员工进行大量投资的举措证明了星巴克在实现盈利的同时，始终与星巴克伙伴以及所在的社区共同分享成功。

资料来源：星巴克：用伙伴"代替"员工．(2016-12-05). http：//www. hrsee. com/?id=453.

## 三 领导的分析层次与有效性

### （一）领导的分析层次

组织中的领导是一个多层次的现象，研究者一般在个人、群体、组织三个层次中的某一个上进行探索和分析。

个人层次（individual level）上的领导学研究主要围绕领导者本人及领导者与下属个人之间的关系展开。群体层次（group level）上的领导学研究主要讨论领导者和下属集体之间的关系。组织层次（organizational level）上的领导学研究则聚焦于领导者或领导团队与整体组织的相互影响结果和影响机制。其中，个人层次的领导学研究是基础。

### （二）领导的有效性

**1. 领导有效性的标准**

领导的有效性如何体现？这与领导的定义一样，是一个非常复杂的问题。费德勒（Fiedler）的权变模型（详见第 9 章）根据群体表现来定义领导有效性。按照这一观点，当领导者的群体有良好的绩效时，领导就是有效的。其他一些领导模型，例如第 9 章中豪斯（House）的路径-目标理论，则认为下属满意是决定领导有效性的主要因素。如果要提供一个完整的领导有效性的依据，则需要包括领导者承担的全部功能与评估要素，而且，不同的评估主体可能有不同的评估标准。可以结合领导学研究的三个层次，将判断领导有效性的关键要素总结如下：

（1）个体层次有效性：员工满意度、职业发展、离职行为、主动性、业绩等。

（2）群体层次有效性：团队目标实现、内部团结、适应环境的能力等。

（3）组织层次有效性：财务目标、产品与服务质量、内外部协调等。

为了达到领导的有效性，领导者本人必须成为有效的领导者，即能够帮助和带领个人、团队和组织实现目标。这就需要无止境的学习，掌握必备的领导学知识，也需要经验的积累、同事的协作和组织的支持。对于一个组织而言，其应该帮助各个层次的领导者成长，营造培养和生发领导力的环境，允许每一个领导者犯错误，从而促进领导者不断学习并开发新的技能。

**2. 有效性和成功的区别：领导有效性的启示**

卢桑斯（Luthans，1988）及其同事对管理者的有效性和成功进行了区分：有效的管理者是指那些拥有令人满意的、高生产率的下属和可以实现团队高绩效的人；而成功的管理者是指那些职务晋升速度较快的人。卢桑斯在研究中发现，这两类管理者从事的是不同类型的活动：有效的管理者在与下属沟通、处理冲突、对员工进行培训、发展和鼓励员工等工作上花费了大量的时间和精力；而成功的管理者却不把注意力主要放在员工身上，他们更加注重关系开发和组织政治，包括建立内部关系网络以及广泛接触外部关系主体。

显然，在一个组织中，有效的管理者更关注组织特定目标的实现，更符合领导的定义，而成功的管理者更关注自身的发展。如果不希望自己的领导者昙花一现，组织就需要学会区分有效的领导行为和成功的领导行为，并对那些具有有效性而非提升快的领导活动予以奖励。否则组织可能很快就会发现，自己的领导者并非胜任之人，而只不过是通过关系网向上爬的人。

卢桑斯所研究的是“管理”，而本书的中心词是“领导”，那么，关于管理现象的研究成果是否对理解领导活动也有意义呢？下一节我们就探讨领导和管理这两个词之间的区别和联系。

## 第 2 节　领导与管理

南丁格尔离开克里米亚护理院后，在没有任何组织供她指挥的情形下，照样领导护理界长达数十年；甘地尚未管理任何组织之前，就已经是一位领导者了。在很多情况下存在这样的现象：身为领导者却不从事具体的管理事务（如非正式领导者），或者掌握大权的管理者却并不被认为是领导者。因此，领导和管理之间存在差异。

## 一　领导和管理的区别

领导和管理都有各自的完整的行为体系。这是近年来伴随着工业经济的高度发展而兴起的理论观点，代表人物有约翰·科特（John Kotter）、沃伦·本尼斯（Warren G. Bennis）等。领导和管理的区别主要表现在以下四个方面。

（1）二者的内涵不同。所谓管理（management），就是通过制定组织目标及计划、有效领导和协调控制等手段实现组织效益的最大化。而领导（leading）主要通过领导者自身的影响力和魅力，激励和鼓舞他人实现组织的共同目标。

（2）管理者（manager）和领导者（leader）走向职位的路径以及获得权力的来源不同。管理者通常是由董事会或者直系主管任命的。因此，其获得的权力基于所在的职位。他们根据职位所赋予的职责权限来制定详细的计划和指标，指挥和命令下属完成既定的任务。而且，由于现实的压力，管理者关注短期结果。职位带来的权威是一般员工无法跨越的，如同一道巨大的鸿沟，导致上下级之间的关系缺乏灵活性。相反，领导者的权力则基于自身的影响力和魅力。我们身边的领导者也许并没有正式的职位，却能脱颖而出，身边有一大群追随者。而管理者只能随着职位的变化指挥一部分人。团队合作精神是领导者所推崇的。他们的目标是团结企业中的所有人，吸引和鼓励员工。简而言之，管理者对应的是下属，而领导者对应的是追随者。

（3）关注的核心任务不同。领导者的核心是勾勒出企业的愿景，这往往是激动人心和宏伟壮观的。当然，这还远远不够。真正有效的领导者能将组织的核心文化和价值观与组织成员的个人目标相结合，引导员工共同完成挑战性的目标。而管理者则不同，他侧重于对已有目标的实现以及对企业资源的再分配和利用，以最终实现企业的计划。在管理者眼中，员工和企业仅仅是雇佣关系，而不像领导者那样培养所有人的主人翁精神。

（4）对变革的态度不同。领导者驱动变革，他们总是根据周围环境的变化不断创新。领导者需要根据情境的变化承担起变革的重担，为整个系统提供使命感、凝聚力和共同努力的方向，带领大家开创焕然一新的局面，并最终实现组织的目标。例如亚马逊的贝佐斯追求创新，将其产品功能和商业模式发挥到极致，使亚马逊的市场份额不断上升。管理者则追求公司的稳定，力图维持组织结构和产品销量的稳定。出众的执行力对他们来说或许是优先选项。

在本教材中，管理者专指有正式职权的人，而领导者则可能指管理者，也可能指非管理者（根据上下文的语境，读者并不难辨别）。正式的职位和权力可以催生领导者，但从来都不是领导者产生的必要条件。

## 二　领导和管理的联系

曾在六位美国总统领导下工作，并任美国健康、教育与福利部部长等职的著名领导学教授葛德纳（Gardner）在《新领导力》一书中说：“我曾听一个人说，某某人是个一流的管理者，可是在他骨子里找不到一丁点儿领导者的痕迹。我一直在寻找他所说的那种人。可是，现在我开始相信那种人并不存在，因为我碰到的每个一流管理者，都刚好具有相当的领袖气质。”

尽管管理和领导之间存在如此大的差异，两者却是可以相互转换的。生活中这样的案例比比皆是，我们可以发现许多优秀的管理者同时也是卓越的领导者；而一个有效的领导者，也能对公司进行科学的管理，包括设定目标、制定计划、控制协调等管理工作中的精华部分。而且，在企业的实际运作中也发现，管理和领导的有些职能并不能像理想的那样完全分离，而是相互重叠。既是成功的领导者也是成功的管理者的大有人在。有效的领导者可能也是有效的管理者，在有效的管理过程中也需要适时发挥领导才能。现实生活中，二者对于组织的发展来说就如同船桨和船舵，缺一不可，否则就会给公司造成巨大的损失，因为管理本身永远不可能创造出重大的有用变革，领导行为自身则很难使一项活动年复一年、按部就班地保持运作。

从理论上看，好的管理和好的领导之间的关系既不是充分条件，也不是必要条件；但是从实践上看，管理者的地位和能力可以帮助其奠定演化为领导者的基础，所以优秀的管理者更容易成为优秀的领导者。这也就可以回答本章第 1 节最后提出的问题，即关于管理现象的研究对理解领导活动是有意义的，很多管理方面的研究成果甚至可以作为领导学领域的成果。事实上，领导学领域绝大多数的研究，都是把管理者作为被试来进行研究的。在企业界，也有非常多的管理者出色地完成了领导者的工作，比如，董明珠 36 岁加入格力的前身“海利”，从一名基层业务员做起，历经片区经理、经营部部长、销售公司经理、副总经理、总裁、副董事长兼任总裁等岗位的洗礼，最终走到了格力集团董事长的位置，带领格力不断进取，将格力塑造成中国空调行业的第一品牌。

## 篇中案例

### 引领格力三次变革的董明珠

“只要我在，一定要干，要干我就干成功。为什么要干？掌握我自己的命运。”在 2018 年格力电器股东大会上，董明珠“任性”地宣布，格力要造芯片。8 月 14 日，珠海零边界集成电路有限公司注册成立，标志着格力在半导体、集成电路、芯片等领域正式开始创新之旅。

这是格力进入新时代的又一次闯关。事实上，这样的闯关，在格力 27 年的发展过程中已经历过三次。关键时刻，格力始终坚持走自主发展之路，认准的事情一定会坚持做下去，正是这份坚持与信仰，让格力能够在内外部的严峻挑战中自信自强并最终发展壮大。

1994 年，刚刚走上稳健发展之路的格力就遭遇了重大挑战。在诱惑面前，骨干销售队伍集体出走，格力的销售体系因此陷入崩溃边缘。刚刚出任经营部部长的董明珠力排众议，整顿销售队伍，重新组建销售体系，改组销售模式，并将提升产品质量作为一项制度在格力推广。一系列大刀阔斧的改革，让格力销售队伍的面貌焕然一新。通过选择建立自主规范的销售体系，格力赢得了市场的青睐，当年销售额就从 4 亿元增长到 28 亿元，实现了创办以来的首次盈利，开启了全新的征程。

2004年，一家世界500强企业提出收购格力，这家企业的收购计划得到了珠海相关部门的支持，其对格力志在必得，甚至想要以8 000万元年薪的条件挖走董明珠。面对诱惑，董明珠态度坚决，不仅强硬拒绝，还通过积极奔走成功阻止了这次跨国收购，保持了格力的独立发展。面对压力，董明珠信心满满：格力选择走自主品牌的发展道路，虽然格力目前还不是世界500强，但是我们坚信，我们有能力，通过我们的创新，用我们自己的力量，一定能够成为未来世界500强！

2016年11月，前海人寿接连增持格力，占股由三季度末的0.99%升至4.13%。这意味着，格力有可能成为第二个"万科"。面对"野蛮人"的入侵，董明珠公开宣称，格力作为一家制造企业，不会因为别人的资本变化而影响到自己，未来将持续专注打造创造性企业。很快，前海人寿发表公告称，未来将不再增持格力股票，并会在未来根据市场情况和投资策略逐步择机退出。

无论是内部的压力还是外部的挑战，无论是高薪的诱惑还是资本的威逼，为什么都不曾让格力迷失方向，都不曾让董明珠为之动摇？

"格力一直坚守走一条自主创新的道路。创新并不是最重要的，更重要的是自主。我们要成为一个原创性的企业，用技术改变这个世界。"从董明珠的这句话中，我们能感受到董明珠的初心。而这就是问题的答案。

资料来源：带领格力三次闯关，董明珠的"任性"成就了格力.（2018-08-21）. https：//emwap.eastmoney. com/info/detail/20180821931177075.

## 第3节　你可以是领导

### 一　领导者是天生的还是后天塑造的

一些人认为，能否成为领导者取决于他有没有这个基因；也有一些人认为，生活经验塑造着每个人，没有人是天生的领导者。哪种观点是正确的呢？

领导天生论有一定的意义。一些有效的领导者从未上过领导学的课程，也未接受过领导力技能开发的培训，而一些领导学研究者虽然掌握了大量的领导学知识但并非合格的领导者。一定程度的领导潜能的确是与生俱来的。很多学术研究也表明，多种认知能力和人格特性的一部分都源自遗传。然而，尽管这是一种巨大的优势，但并不足以保证其成为有效的领导者。好的领导者一定还要经历后天的磨炼，并且不断地进行自我总结和提升。所以，后天的学习和成长对于一个优秀的领导者来说更为重要。

从大量的实践和案例中我们能够发现，领导素质和技能可以通过训练和指导得到提高，也就是说，领导者在一定程度上是可以由后天塑造的。在企业培训与开发实践中，关于领导力的培训是一个最为常见的主题。假如领导者无法被塑造和培养，那么众多企业何必花费巨额资金对员工进行领导力培训呢？结论显而易见，领导技能是可以学习和培养的。这也是无数培训机构和领导力中心能够立足并得到快速发展的重要原因之一。《好领导可以教出来》一书通篇以哈佛大学著名领导力大师海费茨20多年的领导学教学实践为例，详细描述和分析了哈佛大学的领导学课程是如何开展并得到高度认同的，证明了领导力的教育不但是可行的，而且是极有价值的。所以，那些自认为缺乏领导才能的领导者也大可不必怨天尤人，因为只要愿意为之付出努力，领导的潜能是可以开发出来的。本书第3篇将讲述做领导的技能和方法。

有些学者对这一问题进行了探究，他们肯定了后天因素在其中发挥着的最重要的作用，并得出了很有借鉴意义的结论。

学者说

**发展性因素（后天）还是基因性因素（先天）**

一般学者认为，基因性因素和发展性因素解释了领导职业角色的大部分变化，但他们并没有对每种因素的解释程度进行研究。一项研究通过对美国明尼苏达州的178位男性和214位女性双胞胎进行研究，探讨了领导职业角色（leadership role occupancy）中基因性因素（genetic determinants）和发展性因素（developmental determinants）的作用。

结果显示，领导职业角色由基因性因素和非基因性因素共同决定。家庭和工作经验对领导有影响，其中工作经验显著影响着领导职业角色，当分离出基因的影响后，个体前期的生活经历和经验（即家庭经历）可能会触发领导力的发展，但与领导力的关系不是十分显著。领导职业角色中32%的变化和基因性因素相关，剩下的都受发展性因素的影响。

对于先天的影响因素，研究者们进行了更细化的研究。比如，有学者测试了青春期所处的社会环境对工作中领导职业角色的遗传因素的调节作用。研究者利用一个男性双胞胎样本（平均年龄36.5岁的89对同卵双胞胎和54对异卵双胞胎）进行研究，发现那些在富裕环境（例如，较高的家庭社会经济地位、更多的父母支持、较少的与父母的冲突）中成长的被试遗传因素作用较弱；对于那些处于相对贫困的社会环境中的孩子，遗传因素对领导职业角色的影响则显著更大。

另外有研究发现，出生顺序与能否成为领导者也有一定的关系。哥本哈根的一项调查显示，“哥哥姐姐们”在非认知维度方面更具有优势，例如情绪稳定，持久性，社会性，承担责任意愿和主动能力，头胎孩子比第三胎孩子成为高层管理者的概率多出28%。

资料来源：Arvey R D，et al. Developmental and genetic determinants of leadership role occupancy among women. Journal of Applied Psychology，2007，92（3）；Zhang Z，Llies R，Arvey R D. Beyond genetic explanations for leadership：the moderating role of the social environment. Organizational Behavior & Human Decision Processes，2009，110（2）；Black S E，Grönqvist E，Öckert B. Born to lead? The effect of birth order on non-cognitive abilities. National Bureau of Economic Research，2017（2）.

这些研究针对的是领导职位角色，也就是管理岗位，本章第2节提到，这类研究成果可以作为领导学领域的成果。可以看到，学术研究发现，领导在一定程度上与先天因素有关，这是很有价值的，但也只能说明具有相关先天因素的人在成为领导者方面具有一定的优势，但其能否成为领导者在更大程度上仍然还是受后天因素的影响。比如，吉利创始人李书福在家就排行老三，成为领导者的先天条件似乎并不理想，但是他通过后天的不懈努力，勤于学习、敢于创新，在汽车行业逐渐成长为一个成功的领导者。

## 篇中案例

### 敢想敢做的梦想家李书福

记得几年前偶尔看到央视采访李书福的镜头，乍看上去这人似乎根本就不具备商人气质：性格略微有些内向，说话略微有些腼腆，那套西服显得略微有些平庸……然而，就是这位外形憨厚朴实的李书福，以诗人特有的天马行空和满腔激情，靠榔头造出了汽车，在2010年8月还成功实现"蛇吞象"——以18亿美元收购瑞典沃尔沃轿车100%股权。

**一架照相机，开启从商路**

上高中时，李书福经常看到街头照相馆前排起长队。于是他向照相馆老板软磨硬泡，当起了苦心求学的学徒工。后来他向父亲借了120元买了一架相机，上街到处给人拍照，而且只有被照人满意才付钱。一年下来，竟赚到了2 000元钱，"在那个一个技术人员的月工资不过50多元的年代，这种赚钱的速度有些惊人"。

仅从公开资料看，李书福为人照过相，靠分离铜和银卖过钱，生产过冰箱和镁铝曲板，在海南炒过楼，造过摩托车，并开创性地研制出适合男女骑行的踏板车，从制造普通家庭消费得起的平民汽车入手，一路收购英国伦敦出租车公司股份，全资收购沃尔沃轿车……同许多民营企业家一样，李书福的创业经历似乎没有错过三十年来任何可能的机会。有成功，更有失败，比如2世纪90年代在海南炒楼以巨亏收手，这让他明白了一个道理：应该干实业。

同改革开放之初许多民营企业家的遭遇一样，民营企业的市场身份无数次困扰着李书福。比如当年他生产北极花牌冰箱，生意红红火火，1989年销售额甚至突破了4 000万元，岂料却因未被列入轻工业部定点厂目录而受到禁止。即便今天风生水起的吉利汽车，当初为了一纸"准生证"，李书福也是想破脑壳，从市里到省里再到部委，最后千里迢迢，终于找到具有汽车生产经营权的四川德阳某监狱。

民营企业的发展之艰难远超常人想象，要政策缺支持，要资金缺渠道，甚至在收购行业巨头沃尔沃这样原本"长国人志气"的项目上，万事俱备的李书福也只能苦等国企同行的意见。

**一把铁榔头，敲出汽车梦**

在质量控制方面，李书福自拜张瑞敏为师。海尔创业初期，张瑞敏亲手用榔头敲掉不合格产品的案例对李书福产生了深刻影响。1999年，面对好不容易造出来的吉利汽车，李书福原应满心欢喜，结果却因为"灰进得来，水也进得来"，市场上贬多褒少，李书福干脆开来压路机，将量产的100辆新车彻底报废。

造车，李书福原本就是靠一把榔头起家。模仿、克隆是后来者最常用的方法，李书福不仅不例外，而且还显得过于"原始"。多年来，如果有人问起："谁是吉利最早的设计师?"得到的答复只有三个字："钣金工!"20世纪90年代，当李书福在浙江临海建起大片造车厂房时，他的造车核心队伍极为寒碜——把他本人算在内，全公司懂汽车的也就三四个人，这还不能分是真懂还是一知半懂。

"拆"是李书福造车的第一任老师。他们拆了公司副总的红旗，拆了厂内所有的汽车，这个“拆车班子”甚至抓住李书福出差的机会，把他的座驾——一辆崭新的奔驰汽车也拆了，结果还无法复原。这是一段完全自力更生的历史，“自己动手，自己画图，自己试制，自己试车，自己改进，什么都自己来”。正因如此，“吉利一号”的血统有点不纯正。

吉利的经历绝非仅有。在今天的跨国企业中，不少企业初创期也无不是模仿起家，比如韩国的三星，日本的诸多汽车企业。模仿不可怕，怕的是沉迷于模仿，始终没有自己的东西，那就无论如何都走不远了。

发动机和变速箱是汽车的两大核心技术。在这两方面，吉利曾长期受制于人。在李书福看来，吉利有一个别的企业无可比拟的优势，那就是造车之初形成的“铁榔头”文化。那时李书福带着一帮人，关在屋子里当小学生，从拆解成品着手，一步步钻研、琢磨。一组人关在屋子里慢慢拆解，最终成功造出了发动机，然后又再接再厉造出了有自主知识产权的变速箱。如果没有潜心学习的狠劲，吉利今天很可能仍在低端领域艰难求生，无法在 2010 年通过收购沃尔沃，成功进入高端汽车市场。

资料来源：禾刀．一个草根创业者百折不挠攀上产业制高点．(2017－07－24). http://news.cnstock.com/paper，2017－07－22，857579.htm.

## 二 领导是一门科学还是一门艺术

在当今社会，随着对领导这一概念的理解越来越深入，以及领导行为和特点的日益变化，领导者与追随者之间的界限越来越模糊，这一特点使得团队中并不一定只有一个领导者。受到这个大环境的熏陶，人们对领导技能和知识的渴望从未如此旺盛，因为每一个人都有后天成为领导者的必要性和可能性。这也正是领导学方面的研究至今兴盛不衰的原因之一。但这也引发出一个经典的问题：领导，到底是一门科学还是一门艺术？

### （一）领导是一门科学

**1. 领导活动中的科学性**

首先，领导的科学性体现在优秀的领导行为和活动是有规律可循的，领导的实践需要科学的规律来把握：领导者应该洞悉人性，这时心理学和行为学的知识可以帮助他；领导者应该清楚地认识所处的环境，这时经济学和社会学的理论可以起作用。

决策是领导的基本职能之一，其过程是否科学合理，直接关系到领导的有效性。科学决策就是领导者运用已有的资源，遵循科学的原则、程序，确保行动和计划的正确性。有别于经验决策，科学决策要求领导者按照科学的程序制定目标、选择和实施行动的过程，从而保证目标的正确性和结果的最优化。试想一位领导者，如果在进行决策和制定计划的过程中总是完全依赖于主观意念，其后果将是不堪设想的。比如，委内瑞拉政府违背市场规律，领导人不顾国内经济实际情况大搞福利收买底层民众，并不考虑其仅仅依靠石油资源这种单一的经济结构会让委内瑞拉很容易受国际油价波动的影响。当 2014 年油价下跌时，其国内原来的福利政策难以为继，为此委内瑞拉又大量超发货币，陷入了现代史上最为严重的通胀危机，物资极端缺乏，短短几年时间里就有数百万人逃离祖国。“一着不慎，满盘皆输；一着占先，全盘皆活。”大到国家和社会，小到组织和部门，科学的经营决策都能促使其充满活力，兴旺发达；而错误的经营决策会使其陷入被动，如果不能科学地分析经营情境，便有可能陷入万劫不复的境地。诚然，在许多商业案例中常常可以看到，某领导者神奇地发挥个人魅力，力挽狂澜，最终使濒临破产的企业起死回生，但这也一定是因为其决策具有规律性和科学性。

个人魅力从来不是凭空出现的，除了先天的一些性格优势，更重要的还是因为有正确的决策、出色的沟通技巧、超群的专业能力、良好的压力管理和团队管理等因素，而这些都是有规律可总结的。这种技能层面和职能层面的科学性是领导者本人需要关注和学习的，也是本书第 3 篇切入的角度。

**2. 学术研究中的科学性**

领导的科学性不仅体现在职能活动和领导技能上，还体现在领导学是学术研究的一个重要领域。领导学是研究领导活动和现象的规律的学科，旨在揭示领导工作中各个要素之间的相互联系和相互作用，并为领导行为提供参考和指南。凭借定性分析和定量分析方法的有机结合，领导学研究获得了极其丰富的成果，有助于我们从各种分析角度研究不同情境下的领导问题。此外，领导学中的理论推演和研究方法也都闪耀着科学的光辉，对我们的领导实践起到了根本的指引作用，相关的例子可以参考本教材中的“学者说”专栏。

自古以来，中国的先哲们就在浩瀚的论著中对领导进行了阐述和总结。从《论语》《孟子》《韩非子》《孙子兵法》到《资治通鉴》《三国演义》《曾国藩家书》等，无不透射出对于领导者和领导活动认识的智慧光芒。从现代学科确立的角度看，领导学早在 20 世纪初甚至更早就已经引起西方学者的兴趣，并已经成为独立的学科领域，而且至今仍然在蓬勃地发展。

纵观领导学的研究路径和理论类别，可以分为如下 5 种，本书的第 1 篇和第 2 篇将对这些内容进行系统介绍：

（1）领导特质理论（leadership trait theories）。领导特质理论的假设是：领导者是天生的，而不是后天培养的。研究人员试图发现领导者与非领导者在个性、性别、经历、智力、外表等生理和心理特质上的差异，从而为选拔领导者，或者提高领导者的绩效提供参考。领导特质理论有着广泛的社会基础，人们面对伟大人物并对之进行分析时，往往从其与众不同的特质入手。虽然并没有人能够得出所有成功的领导者应具备的所有通用特质，也没有证据表明某种特质就一定是领导成功的必然保证，但是这一理论学派的研究找到了某些可能会提高领导绩效的要素，这在 20 世纪 20—40 年代具有非常重要的开创意义。本教材的第 5 章将对领导特质理论进行详细介绍。

（2）领导行为理论（leadership behavioral theories）。由于忽视了后天的影响，领导特质理论无法完全解释领导成功的原因。自 20 世纪 40 年代起，研究人员开始将重心放在领导者的具体行为上，力图解释成功的领导者应该具有哪些特定的风格或行为特点。领导行为理论的研究内容相对于领导特质理论而言，对于培养和训练合格的领导者更具有针对性的指导意义。领导行为理论包含的内容范围很广，直到今天仍然受到领导学研究者的关注。本教材的第 6～8 章将讲述领导行为理论。

（3）权变领导理论（contingency leadership theories）。没有任何一种特质或行为在所有条件下都有效，所以，自 20 世纪 60 年代起，研究人员又将目光放在了影响领导成功或失败的情境因素上，比如，工作的特征、下属的特点、团队的生命周期、外部的环境等。人们逐渐发现领导的有效性与其所处的情境高度相关，不同要素的组合使得领导学的研究更加复杂，也更加有趣。相对于权变领导理论，上面的两种理论——领导特质理论和领导行为理论也称为通用理论。离开了对于情境的把握，通用的领导特质和行为根本不能在理解领导有效性中发挥作用。本教材的第 9 章将集中介绍一些权变领导理论的模型，第 10 章还将专门谈到中国背景这一权变因素对于领导的影响，即中国式领导的特质和行为。

（4）综合领导理论（integrative leadership theories）。20 世纪 70 年代起，研究者开始尝试将上述所有理论结合起来，或者同时使用两种及以上的领导概念进行研究，以求更接近领导现象的本质。目前主流的领导学研究大多是在这一框架下进行的。这些研究可以帮助领导者找到提高成功可能性的行为和特质，探究领导者与下属的关系可能带来的不同结果，以及决定这些特质、行为和结果的权变条件。由于综合领导理论是上面三种理论的结合体，因此会影响到本教材中各章的内容，尤其是在第 3 篇中会得到更综合的体现。其实，上述四个学派并非界限分明的，在综合理论的框架下，很多研究内容都有交叉。

（5）分布领导理论（distributed leadership theories）。自 20 世纪 90 年代中期起，分布领导理论开始引起研究者的重视，在这一理论学派认识中，普通员工也可以担当领导角色，研究视野得到拓展。这是领导学研究范式的一个极大转变，因为分布式领导关注领导力在团队和组织中的分布和共享，突破了以往研究过于强调高层级领导者作用的局限。在今天组织变革愈发强调“大平台、小前端”、管理重心下沉的大背景下，更加凸显了这一理论的生命力。所以，虽然分布式领导也应该符合权变思想，可以放在综合理论学派之中，但本教材还是将其单列出来。该理论学派发展较晚，还没有完全得到主流学界的认可，尚在进步和完善之中。分布式领导为企业各个层次的领导力培训和个人的领导力提升提供了很好的理论基础，本教材的第 3 章将对这一理论进行介绍。

### （二）领导是一门艺术

尽管领导具有科学的成分，但必须承认，许多领导活动需要领导者具有一定的知识和经验，能灵活自如地运用各种领导技能，在此过程中便可以看出领导者的个性化特点和创造力。从前面关于领导的概念中可以了解到，领导是一个动态的影响过程：领导行为和风格多种多样，追随者千变万化，领导情境捉摸不透。这一切都表明，领导效果的实现需要艺术性的创造“灵感”。毛泽东在解放战争的关键时期做出放弃延安，保存实力，“拿延安换全中国”的著名决策，是当时很多人并不理解的“奇思妙想”。作为一种艺术，领导总是源于实践，又高于实践。这是一个综合运用领导者个人实践、魅力、才华的能动过程。一个充满艺术光辉的领导者之于一个组织的成长和发展，其作用可见一斑。但强调领导的艺术性并不是忽略领导的科学性，实际上，领导艺术并不是领导者主观臆造出来的，而是来源于领导者对于事物的深刻理解，是建立在对大量自己或别人经验的总结基础上的，本身也是符合相应规律的。以毛泽东“暂时放弃延安”为例，也是在《孙子兵法》的“吾所与战之地不可知，不可知，则敌所备者多，敌所备者多，则吾所与战者，寡矣”[①] 的框架之内的，是进行了科学分析之后的重大决策。

过度关注领导的科学性和艺术性都会失之偏颇。领导是科学和艺术的结合，这样的特性使得领导活动充满了魅力。你不能指望通过学习这样一本教材就变为一个好领导，作为一门艺术，很多领导的技巧和方法甚至不能从课本中得到，而是必须通过大量的实践和体验才能获得。而领导学的教育可以缩短这一过程，因为领导的科学性使得越来越多的领导活动的规律和理论被总结出来，并对实践中的领导行为形成指导。通过对本教材的学习，你将掌握有关领导的知识，若尝试把这些知识应用到学习活动和日常工作中，你将有意想不到的收获。即使对那些并不想成为领导者的读者而言，了解领导的特点和规律，也有助于你站在领导者的角度看问题，更好地理解领导的行为和决策，与领导者形成更融洽的关系。其实，就算你不想成为领导者，在很多时候，领导角色却是你不得不承担的，你甚至在自己都不知道的情况下已经是一名非正式的领导者了。这就是第 3 章的内容：你应该是领导。

## 小　结

本章介绍了领导这一概念。作为一种社会现象，领导是领导者和跟随者之间的一种影响力关系，其本质是相互影响的动态过程。好的领导者不仅能将自己的人际影响力和洞察力发挥到极致，而且知道该如何汲取周围人群的养分，适时地变通和进步。一个优秀的追随者也永远不会将自己定义为盲从者。领导这一过程有个人、群体、组织三个层次，每个层次都有相应的领导有效性的标准。但在实践中仍然需要注意区分有效的领导和成功的领导。

领导过程是管理体系中的一个重要组成部分。管理者重视计划、组织、控制，而领导者则充当着变革领袖，需要为员工提供愿景式帮助和价值观的影响。管理和领导既相互联系，又相互区别。其区别主要体现在二者的内涵上，即管理者和领导者得到职位的路径以及获得权力的来源不同，关注的核心任务不同，对变革的态度不同等。但在实际运作中也发现，管理和领导的有些职能并不能像理想中的那样完全分离，而是相互重叠的。有效的领导者可能也是有效的管理者，在有效的管理过程中也需要适时地发挥领导才能。

领导者是可以后天培养出来的，每个人都有成为领导的可能。领导既是一门科学，又具有艺术特色。科学性首先体现在领导的实践需要科学的规律来把握，即领导者运用已有的资源，遵循科学的原则、程序，确保行动和计划的正确性。领导的科学性还体现在领导学是学术研究的一个重要领域。领导学是研究领导活动和现象的规律的学科，旨在揭示领导工作中各个要素之间的相互联系和相互作用，为领导行为提供参考和指南。目前的领导学研究可分为领导特质理论、领导行为理论、权变领导理论、综合领导理论和分布领导理论。领导艺术关注的是对领导情境的理解以及影响他人的技巧，其艺术性体现在综合运用领导者个人实践、魅力、才华的能动过程中。

## 关键术语

领导者（leader）

领导（leadership）

---

① 这句话的意思是：我方准备和敌人作战的地点，不能让敌人知道。不让敌人知道，那么敌人所要防备的地点就会很多。防备的地点只要一多，与我方作战的敌人数量就会减少。

追随者（follower）
管理（management）
领导特质理论（leadership trait theories）
领导行为理论（leadership behavioral theories）
权变领导理论（contingency leadership theories）
综合领导理论（integrative leadership theories）
分布领导理论（distributed leadership theories）

## 思考题

1. 本教材并未对领导者做出统一的定义。根据教材中介绍的内容，你会对领导者做出怎样的定义？

2. 以你所在组织的领导为例，谈谈其领导的有效性是如何体现的。

3. 根据领导的定义，以及管理和领导的区别，谈一谈为什么我们可以说邓小平领导了中国的改革开放，但是不能说邓小平管理了中国的改革开放。

4. 你是领导者吗？如果不是，你是否愿意成为一名领导者？你觉得自己能否成为一名领导者？为什么？

## 案例分析

### 柳传志自述：我是一个有英雄情结的人

联想成立于1984年，虽然是中国科学院投资20万元办起来的企业，但在当时属于计划外的企业。办企业的任何指标、编制我们都没有，比如工资指标、生产指标、外汇指标、进出口指标，等等，所以实质上等同于民营企业。当时的说法叫国有民营，因此联想属于中国改革开放后最早的一批民营企业。

有很多人问我：联想能够走到今天，靠的是什么？我的答案是“人”，尤其是企业的领军人。一个企业能做多大，最大的坎儿就是它的领军人。

说到领军人，联想有诸多的经验和教训，仅举一例：2005年，联想集团并购IBM的全球PC业务后聘请的是外籍CEO，虽然他很努力，也很有能力，但在剧烈动荡的竞争中，我们还是处于下风。2008年的金融危机，更是让联想集团出现了巨亏，已到了悬崖边上。我们采取了坚决的组织措施，由我回任董事长一职，由杨元庆担任CEO。结果是当年就扭亏，2009—2013年5年中净利润平均增长率超过了80%。回过头来看，与联想同时期创立的那批企业，大部分都倒下了，只有一小部分存活下来。

那些存活下来的企业，都有的共同特征之一是创始人有远大的理想、宽广的胸怀，走正道、讲诚信，抄“捷径”、煽乎的少，我认为这就是境界。华为的任正非、海尔的张瑞敏、万科的王石、万向的鲁冠球，都属于有境界的人。有境界不是成功的充分条件，却是必要条件。

但同时还要警惕的是，企业领军人虽然要有高远的目标，要有当英雄的心，但也不能把长跑当成短跑。记得有一年的北京马拉松比赛上，一个日本人得了第一名。他在电视上谈自己的体会时说，比赛前他先开车把 42 千米的路熟悉了一圈，然后每 10 千米设一个标志。他在跑第一个 10 千米的时候牢牢记住那个标志，向那儿跑去，然后再分配体力，向第二个 10 千米跑去，不然漫长的 42 千米也许会让他迷失自己、迷失目标，难以有效地分配体力。

这件事给我的触动很大，做企业和跑马拉松一样，比的是耐心和耐力，你要"分阶段、拐大弯"实现目标。也就是说，你得一步一个脚印踩实了，一个目标一个目标地去实现，最后才能实现最终的目标。这是联想一个非常重要的经验。

我在办企业的 30 年中，见过相当多的企业倒下。这些企业的领军人，很多都怀抱着雄心壮志，有远大的理想、宏伟的目标，一心要把企业办成大企业，但在这个过程中他们没有抵抗住诱惑，不顾一切地拼尽全力往上攻，甚至采取非正道的方法，结果都摔了下来。

老实说，我是有英雄情结的人，从一开始创办联想，我就想做大事，想把联想办成一个基业长青、长久发展的大企业。但同时我们也时刻提醒自己在诱惑面前保持定力，审时度势，清楚能做什么不能做什么，有所为有所不为。

比如，联想为什么走"贸工技"发展路径？很多朋友当时希望我们不顾一切地进入 CPU 和操作系统等核心技术研究领域。并不是我们对技术创新不感兴趣，而是那时确实没有那个实力，生存还是第一要务。如果当时非要不顾一切地搞这些核心技术，那联想早就死了。但现在情况不同了，我们已积累了足够的市场经验和资金，所以就可以进行全面的，包括对行业关键性技术的创新。

再如，1993 年前后的房地产热中，中关村的企业几乎无一落后，有了钱就全都进入到房地产行业中。开始时我们也琢磨着要不要买一块地，但是马上冷静下来，开会研究我们到底想干什么、我们的目标是什么、我们缺什么东西，最后决定只做电脑领域的事情，除此以外的坚决不做。这个决定太重要了，因为之后的诱惑太多了。

当然，你也不能到达一个目标就停下来。企业领军人要不断提升自己的目标，善于吃着碗里的，布置锅里的。什么意思呢？就是在企业上行的时候，你把饭吃到嘴这种当前的事儿做稳了，就要研究形势，抓紧新的布局，否则等到企业往下走、风险很大的时候再去做就来不及了。

2000 年我们成立联想控股，采取多元化经营模式，就是在做这样的布局。2000 年前后联想业务正在大幅上行，但问题是高科技企业风险确实很大，技术日新月异，而且都是颠覆性的，一旦跟不上形势我们就完了。这就需要通过进入新的领域来分散风险，通过在其他领域的扎实来使我们的阵脚更稳定，也使我们能够支持联想集团的 IT 创新。

与此同时，我们对如何进行非相关多元化以及要进入的各个领域进行了深入的分析。只有具备了坚实的管理基础，每个领域都有一个专业的、有境界的领军人去开疆拓土，将联想一贯的文化和管理三要素——“搭班子、定战略、带队伍”传承下去，我们才进入这个行业。

对于中国的企业家同行，我还想说的是，要善于反思学习，学习他人的经验教训，也从自己所做的事情中学习。我尤其强调后者。联想有一个方法是“复盘”，就是把做过的事情重新再做、再想一遍：原来定的目标是什么？我们做的时候运用了哪些预定的方法？实际做的时候环境发生了什么改变？我们的理解和预想是不是正确的？如此等等。最后再思考，如果重来一遍我会怎么做。大到战略性的问题、小到一个具体会议的组织，都要重新思考一遍。联想的管理三要素就是我们在不断的复盘中形成的。

我的办公室里有一幅书法作品，上书“弘毅”二字，语出《论语·泰伯》：“士不可以不弘毅，任重而道远。”我以此来激励联想现在和未来的领军人，也希望中国出现更多有境界的、卓越的企业家带领中国的企业基业长青，使之成为有影响力的世界级企业。

资料来源：叶康涛，冷元红，何建湘．兴衰30年．北京：中信出版社，2015.

根据上述案例，尝试回答如下问题：

1. 柳传志提到了哪些领导者应该具备的素质？你是否认同？

2. 你认为2005年后联想的外籍CEO失败的可能原因是什么？

3. 柳传志退任之后，联想遇到了比较大的危机，你认为柳传志之后的领导应该在危机中体现出什么样的素质？应该做些什么？

## 参考文献

[1] Smircich L, Morgan G. Leadership: the management of meaning. Journal of Applied Behavioral Science, 1982, 18 (3).

[2] Luthans F, Richard M H, Rosenkrantz S A. Real managers. Cambridge, MA: Ballinger, 1988.

[3] 冯秋婷．领导学概论．北京：中共中央党校出版社，2011.

[4] 理查德·哈格斯，罗伯特·吉纳特，戈登·柯菲．领导学：在经验积累中提升领导力．北京：清华大学出版社，2007.

[5] 邱霈恩．领导学原理．北京：清华大学出版社，2012.

# 第2章 领导者与追随者

## 学习目标

◎ 理解追随者的重要性
◎ 了解追随者的类型
◎ 掌握有效追随的方法
◎ 掌握塑造有效追随的理论基础
◎ 领会领导者怎样促进有效追随
◎ 掌握领导-成员交换理论的主要内容和优缺点

## 引例

### 史玉柱的“四个火枪手”：失败也不离不弃的巨人团队

史玉柱是擅长实操、性情偏执、独裁、几经坎坷沉浮的“著名失败者”，不过真正引人注目的恐怕在于，多年以来，史玉柱叱咤于风云多变的商业江湖中，追随他的骨干人马，是一支极具凝聚力、异常稳定的核心队伍——史玉柱负债不能露面时，是他的“四个火枪手”在撑着。

外界常常用“沉浮”“动荡”来形容对史玉柱团队的印象，但谁也不能否认其“嫡系”十分稳固。陈国、费拥军、刘伟和程晨被称为史玉柱的“四个火枪手”，史玉柱在二次创业初期，身边的人在很长一段时间内领不到一分钱工资，但这四人始终不离不弃，一直追随其左右。

按刘伟的介绍，尽管经历了巨人公司数年的停业，但脑白金分公司的经理有一半都是最初跟随史玉柱起家的人马，这些人在脑白金已工作了六七年，而脑白金和征途的多数副总更是早在1992—1994年间便已成为巨人公司的员工。

人们的疑惑在于，史玉柱这位出身技术而又近乎偏执的独裁者，何以在“巨人”倒下之时，让整个团队二十余人都没有离开他，且追随他蛰伏了数年而后东山再起？从最早的计算机产品到保健品，再到现在的网游，几乎是同一帮人马在策划运作。

作为史玉柱“新嫡系”的征途项目负责人纪学锋，是史玉柱成立征途公司时挖来的第一批网游骨干之一，对此他的看法是：“公司在各方面都很开明公平，只要有实力，就会有机会。在管理上不会拘泥于太多的规则，大家做事的时候拼命做，小事则不拘泥于细节，整个过程能够让人实现个人价值。很多企业包括外企进行规则管理，但把人管得太死。”巨人大厦失败后，对于怎样维系团队奋斗向上、保证企业向前发展，史玉柱的做法是：不定目标，缜密论证，步步推进，一咬到底。这一习惯，贯穿征途两年多的发展轨迹。

脑白金2001年销售额突破了13亿元，史玉柱随即授权大学时睡在他上铺、时任上海健特总经理的陈国打理日常事务。翌年，陈国发生车祸。据知情人士透露，当时史玉柱正在兰州开会，他撂下电话后连夜飞回上海，赶到医院时陈国已奄奄一息。和巨人的倒掉相比，这件事对史玉柱的打击同样巨大，公司把所有业务全都停掉专门处理陈国的后事。史玉柱在后来回忆时表示，那是一种“断臂之痛”。此后，史玉柱对车要求很高，“坐SUV为主，另外加一条规定，干部离开上海禁止自己驾车”，他和公司高层每年清明都会去给陈国扫墓。

早期，经营珠海巨人的时候史玉柱实行的是军事化管理，后来他渐渐明白：“大多数员工的使命是打工挣钱，养家糊口。虽然军人有对国家和民族奉献的义务，但员工没有对老板效忠的义务。”他有时甚至使用极端的管理方式，比如脑白金战役时，员工们疯狂地工作、疯狂地加班，史玉柱会在员工加班的时候动不动就发上几千元奖金，让人惊喜不已。

史玉柱力求让每一个员工明白，评价做事的成果时“最终凭的是功劳而不是苦劳”。公司只有一个考核标准，就是量化的结果。正是以结果论英雄，他才锻造了一支强有力的队伍。对于如何在保证结果的同时保证管理的人性，史玉柱的一个管理思路就是：制度无情人有情。“老板是刀子嘴豆腐心，骂人归骂人，不会夹杂其他。并且，老板做错了也会自我检讨。”

他用人的一个原则是“坚决不用空降兵，只提拔内部系统培养的人”。他认定的理由是，内部人员对企业文化的理解和传承更到位，执行力相对来说更有保障。对于一个商业模式定型、管理到位的企业来说，执行的保障比创造的超越更为重要。从这个方面讲，史玉柱是个典型且极端的实用主义者。

资料来源：史玉柱：失败也不离不弃的伟大团队．(2014-08-04). http://www.360doc.com/content/14/0804/17/14872595_399397673.shtml.

---

在企业中，优秀的领导者通常有许多“忠心耿耿”的员工。领导者是在群体中产生的，追随者是领导活动的基础，案例中提到的史玉柱就通过个人的魅力和严明的制度吸引了一批不离不弃的追随者。德鲁克说过：领导者的唯一定义是其后面有追随者。一些人是思想家，一些人是预言家，这些人都很重要而且很急需，但没有追随者就不会有领导者。在领导活动中，追随者与领导者共同构成了活动主体，恢宏的业绩是领导者和追随者共同奋斗的结果。由第1章的领导方程式可知，追随者是领导活动必不可缺的要素，了解追随者的行为特点有利于我们更好地实施科学领导。所以，继第1章介绍领导者的基本理论后，本章将阐述追随者的相关理论，并探讨领导-成员交换理论的内容与意义。

# 第1节 积极与消极的追随者

## 一 追随者与领导者

### （一）追随者及其重要性

在西点军校流传着一句话：如果你想让人们称你为领导，那你首先要教会他们如何做一名追随者。追随者就是指在领导活动中追随领导者，与领导者有共同的利益和信仰，追求组织共同目标的人。费德勒的权变领导理论提到了追随者；赫塞（Hersey）和布兰查德（Blanchard）的情境理论也指出了影响领导风格选择的重要因素，其中包括下属（追随者）的成熟度（详见第9章）。

人们常常仰慕振臂一呼、应者云集的领导者，但这种霸气的场面是由千万个追随者构成的。几乎任何一个伟大的领袖身后都有出色的追随者，唐僧因为有了三大弟子才得以去西天取回真经，刘备身边因为有卧龙凤雏、五虎上将才成就了三国鼎立的霸业。没有追随者，就很难有领导者，因此正是追随者造就了领导者。

领导过程是由领导者（leader）、追随者（follower）、情境（situation）以及领导目标（objective）构成的，所以我们不仅要关注领导者，还要关注领导者和追随者在领导过程中的表现，以及领导者与追随者之间的相互作用，这样才能更好地理解领导过程的重要性。这就是为什么仅靠拿破仑一个人并不能打赢战争，因为其中包含千千万万追随者的力量。

### （二）追随者的角色

在传统观念中，人们对追随者有一些误解，认为他们是胆小的顺从者，没有自己的主见，不过是一只“温顺的绵羊”。这种观点已经落伍了。这是因为领导者和追随者的关系随着知识经济时代的到来正在发生着动态的变化。而使这种关系变化的一个原因是各种类型的组织都面临资源匮乏的压力，而且这种压力还在与日俱增。资源不足和组织精简减少了管理者的数量，同时扩大了管理者的管理幅度，这就要求追随者承担起那些在传统上应由领导者完成的职能。另一个原因是，组织内部在更大程度上实现了权力分享和职权分散化，进而增强了组织内各部门间的相互依赖性，增加了各部门间合作的需要。此外，知识经济时代使得组织面临更加复杂的问题和更快的变革需求，需要越来越多的人参与以共同解决问题。研究领导的诸多文献提到，追随者的数量、预期、人格特质、成熟度、任职能力及激励水平都会影响领导过程。由此可见，领导者的行为与追随者密切相关。

领导者与追随者的关系可以概括为以下三种不同的层次：家长与孩子的关系，这种关系常见于家长式领导的企业中（详见第10章）；老师与学生的关系，这种领导多为教练型（coaching），以激发追随者的潜力为目标；夫妻关系，领导者和追随者就像是丈夫和妻子，必须互相尊重和信任，同时他们必须有一个共同的方向。在这三种层次中，追随者的地位逐渐递升。在现代社会中，人们提倡具有创新精神、心怀愿景、积极的追随者，要求其为实现组织的目标而努力。

传统的领导力研究大多仅仅把追随者视为消极的接受者，最好的情况下也只是把他们视为领导者影响和行为的调节者。然而，近年来，在追随力研究领域，焦点已经开始得到转移，人们越来越强调追随者对领导者（尤其是领导者的行为）产生影响的可能性。

学者说

**追随者对领导者的社会影响**

厄齐和巴舍（Oc & Bashshur，2013）回顾了以往关于传统的领导力文献，并基于新兴的追随力文献，把追随力重新置于领导力的社会语境之中。他们的研究基于社会影响理论（social influence theory），从个体和组织两个水平分析了追随者对领导者所能产生的影响力。一方面，某些追随者个体（例如本身拥有一定职权的追随者或受其他追随者高度认同的追随者）能够通过向上反馈和一些影响策略对领导者的态度、行为、决策等产生影响；另一方面，由所有追随者构成的群体也会对领导过程产生影响。在现有研究中，追随者群体的影响并没有得到足够的重视。然而，群体动力学的相关研究发现，那些凝聚力较高的群体往往能够发挥出比单个个体更强大的影响力。一般而言，某一个追随者个体对领导者产生的影响是较为有限的，而整个追随者群体的一致行动则会给领导者的决策和行动过程带来相当大的规范性压力与影响。

虽然“追随者能够影响领导者”这一观点具有颠覆传统认识的吸引力，但我们也必须清醒地认识到，目前对这一观点的支持多数还处在理论思辨阶段，尚未有实证研究来支持追随者因素确实能够在一定条件下影响领导者这一观点。

资料来源：Oc B，Bashshur M R. Followership，leadership and social influence. Leadership Quarterly，2013，24（6）.

## 二 积极追随者与消极追随者

### （一）积极追随者与消极追随者的特点

凯利（Kelley）根据人们的工作参与度，把追随者分为两类：一类是积极追随者（active follower），另一类是消极追随者（passive follower）。

**1. 积极追随者的特点**

积极追随者积极参与工作中的各项任务，主动迎接各种挑战，是与他人保持密切联系的合作者。同时积极追随者更提倡自我领导，这种积极的心态会影响到周围的员工，大家会觉得积极追随者是自己行动的榜样。在领导者眼中，积极追随者是独立的、积极的、有创造性的，其积极地参与工作，不管面对多大的制度障碍和人际合作困难，都可以创新地解决问题。

“群众会追随一位走在他们前面 20 步远的领路人，不过，如果这位领路人比他们超前 1 000 步，那他们就会看不见他，也就无法追随他了。”如果追随者不积极主动地参与工作，时刻铭记组织愿景，那么他只会在竞争中落后，进而会发现自己因能力不足而“无法追随”。从另一个角度看，这也提醒领导者要照顾到追随者的素质和能力，不能只顾自己走得飞快，致使积极追随者也不能跟上，最终无法实现自己的事业目标。

不想当将军的士兵不是好士兵，杰出的领导者大多曾经也是出色的追随者，在追随中不断学习、积累和自我超越。当人们在原有的基础上扩大权力范围和影响力，得到一批人的认同时，他就成为组织中的一个新领导者。而这些都建立在兢兢业业做好本职工作、不断保持创新热情的基础上。只有积极的追随者才有可能成为领导者，由此可见成为一名积极的追随者有多么重要。张勇自 2007 年加入阿里后，历任淘宝网首席财务官、首席运营官、淘宝商城总经理、天猫总裁、阿里巴巴首席运营官、首席执行官，在马云众多的追随者中脱颖而出，被任命为继马云之后的阿里董事局主席。这样的例子不胜枚举。

**2. 消极追随者的特点**

消极追随者具有低工作参与度、低积极性，对工作缺乏主动性和责任感。他们倾向于领导者为自己的行为设计好一切，缺乏工作热情，在团队中随波逐流，缺乏向上的朝气，认为“多一事不如少一事”“当一天和尚撞一天钟”。他们需要来自领导者的不断指导，如果没有领导者的鼓励，他们不会主动完成任务。

在企业里，领导者认为这类追随者是懒惰的，但领导者也应找出追随者低工作参与度的原因。是缺乏激励，还是追随者所负责的工作超出了其能力水平？只有对症下药，才能改善现状。若各种改进措施都无效，则可能在公司招聘环节就出现了问题。

## （二）追随者的五种类型

凯利还进一步把追随者更细致地分为五种类型，分类的维度分别为：独立、批判性思维（independent，critical thinking）和依赖、非批判性思维（dependent，uncritical thinking）；积极和消极，如图 2－1 所示。

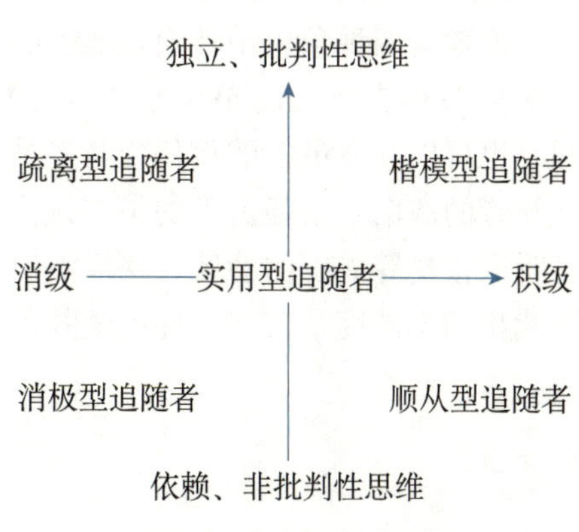


**图 2－1　追随者的类型**

资料来源：Kelley R. The power of followership. New York：Doubleday Currency，1992.

每一类追随者的特点如表 2－1 所示。

表 2-1 追随者的类型和特点

| 追随者名称 | 维度值 | 特点 |
| --- | --- | --- |
| 疏离型追随者（alienated followers） | 独立、批判性思维，消极 | 常向他人指出组织中消极的一面，认为自己只是不随波逐流而已，但领导者往往认为这些人愤世嫉俗、消极、敌对。 |
| 顺从型追随者（conformist followers） | 依赖、非批判性思维，积极 | 总是赞同别人的观点，尽管他们在组织工作中总是表现得很积极，但如果他们所接受的指令与社会行为标准、组织政策相违背，这种人就会给组织带来危险。 |
| 实用型追随者（pragmatist followers） | 全部居中 | 很少对自己所属群体的目标有高度认同感，但他们学会了不去捣乱。由于很难了解他们对问题的态度和意见，他们给人的印象总是相当模糊的，既有积极的一面，也有消极的一面。 |
| 楷模型追随者（exemplary followers） | 独立、批判性思维，积极 | 独立、积极、主动并愿意向领导者提出异议，即便面对官僚制度，也将自己的才华用于对组织有益的事情。 |
| 消极型追随者（passive followers） | 依赖、非批判性思维，消极 | 不具备楷模型追随者所表现出的任何一种特质，他们依赖领导者为自己设计好一切，缺乏对工作的积极主动性和责任感，需要领导者对他们进行持续不断的指导。 |

## 三 领导追随

追随者是不是仅指被领导者、下属和群众呢？如上所述，追随者和领导者的关系处于变动之中，其角色界限正变得越来越模糊。在这种情况下，一些学者提出了领导追随的观点。组织在执行目标时，员工成为组织运营的主角与主力军，领导者就成为追随者（也可理解为支持者），支持员工的工作。领导者要支持员工的想象力，并要为实现目标制定管理原则。领导者的追随职责可以归纳为三类：追随愿景与目标，追随适当的管理原则，追随普通员工。这种追随通常是以绩效为导向的。由此可以看出，领导者在领导执行过程中，需要在领导者和追随者两种角色中转换，能够听取员工的正确意见，真心信赖有能力的员工，给员工提供各种支持。这样既可以得到更多有价值的信息和建议，有助于做出明晰的决策，同时也可以获取员工的信任，激发员工的主动性和创造性，发挥集体的力量，从而增加领导者的威信，增强员工的组织认同。比如，刘邦就非常善于追随员工和追随愿景，愿意听取张良等能臣的劝谏，这样不但帮助自己做出了正确的战略，也提高了手下一班文臣武将的忠诚度，实现领导追随并得到他们的拥护，最终取得天下。

### 篇中案例

**善于纳言的刘邦**

刘邦的首席谋士是张良。张良是韩国人，祖父、父亲都曾在韩国为相，韩被秦灭后，为报国仇家恨，张良曾收买刺客，谋划行刺秦始皇，并于刺杀失败后逃走。张良归附刘邦后，跟随刘邦转战南北，为刘邦谋划军政大事，成为刘邦的第一谋士。刘邦占领咸阳后，见到豪华的宫殿、美貌的宫女和大量的珍宝异物，曾想长住秦宫，沉溺于享乐，此时正是张良建议其退到霸上，得到了秦民的拥护。当时项羽的力量很强，在鸿门宴上，刘邦听从张良的建议，对项羽表示臣服，同时张良利用他曾救过的项伯（项羽的叔叔），为刘邦说情。在宴会上，当项庄舞剑想加害刘邦时，也是项伯出手相救，刘邦才得以逃离虎口。

汉元年（公元前206年）正月，项羽恃强凌弱，自立为西楚霸王，定都彭城（今江苏徐州），统辖梁、楚九郡，他“计功割地”，分封了18位诸侯王，但违背了楚怀王“谁先攻入关中，谁就做关中王”的约定。其把刘邦分封到偏僻荒凉的巴蜀地区，称为汉王。同时把关中地盘一分为三，封给了秦的三个降将，用以遏制刘邦北上。刘邦心中十分怨恨，想率兵攻击项羽，后经萧何、张良一再劝阻，才决定暂且忍耐接受。张良把刘邦赠送给他的金银财宝悉数转赠给项伯，让项伯说服项羽为汉王请求加封汉中地区，这样刘邦就占据了秦岭以南的巴、蜀、汉中三郡之地，建都南郑（今陕西南郑县东北）。

刘邦大军进入汉中后，张良建议刘邦烧毁全部的入蜀栈道，表示再无东进之意，以消除项羽的猜忌，同时也可防备来自东部的攻击，从而使刘邦能趁机养精蓄锐，等待时机，再展宏图。刘邦采用了张良的计策，烧掉了沿途的栈道。张良这一计策，用心良苦，迷惑项羽，避开锋芒，为刘邦的巩固发展和日后东进创造了极为有利的条件。当刘邦养精蓄锐后，采用大将韩信的计策，避开雍王章邯的正面防御，从故道“暗度陈仓”出其不意地打败了雍王章邯、塞王司马欣和翟王董翳，一举平定三秦，夺取了关中宝地。张良“明烧栈道”，韩信“暗度陈仓”。

当被项羽围困在荥阳时，刘邦为摆脱困境，想复立六国的后裔，以此牵制项羽，张良及时阻止了刘邦。张良认为，以往商汤、周武王伐夏桀、殷纣后封其后代，是基于完全可以控制、必要时还可以置其于死地的考虑，而如今刘邦根本无法控制局面，楚军强大，六国后裔会屈服于楚，却不会向刘邦称臣。再说，现在很多人跟随其四处征战，就是想以后得到封地，如果现在扶植六国后裔，就等于把跟随者的希望打破了，他们会重新侍奉原来的君主，而刘邦将会众叛亲离。刘邦知道了利害关系，采纳了张良的建议，销毁分封六国后裔的命令。

汉二年（公元前205年）春，刘邦接连收降常山王张耳、河南王申阳、韩王昌、魏王豹和殷王印五个诸侯，得兵56万。此后，刘邦乘项羽集中力量攻打田荣之机，率兵伐楚，占领了彭城。但进城后，刘邦恶习复发，沉溺于财宝、美女、酒宴中，结果让项羽有了时间反扑。项羽亲率三万精兵，从小路赶回，急救彭城。刘邦数十万之众挡不住项羽的进攻，惨遭失败。诸侯王也望风转舵，纷纷背汉向楚，刘邦又陷入了危机。在此兵败危亡之际，张良为刘邦献了“下邑之谋”。张良认为，九江王英布是楚国的猛将，但素与项羽有矛盾，彭城之战时，项羽令其相助，英布却按兵不动，项羽颇为怨恨，多次派使者去指责他。另一员大将彭越也因在分封诸侯时没有受封，早对项羽怀有不满，而且田荣反楚时曾联络彭越造反，为此项羽曾令肖公角攻伐彭越。这二人可以利用。张良还认为，刘邦手下的将领，只有韩信可以委托大事，独当一面，如果刘邦能用好英布、彭越和韩信，破楚是没有问题的。刘邦采纳张良的计策，策反英布、联盟彭越，并委派韩信率兵北击燕、赵等地，发展壮大汉军力量，迂回包抄楚军。张良的这一计策充分利用矛盾，化敌为友，形成了围攻项羽的军事联盟，使刘邦由战略防御转向战略进攻，是相当精明的策划。

资料来源：协助刘邦成就大业的杰出谋士：张良．(2011-05-13). http：//blog. sina. com. cn/s/blog_4ea3a6a301016zm5. html.

# 第2节　如何做一个追随者

领导过程的好坏与追随者的能力密切相关，优秀的追随者造就了优秀的领导者。既然追随者如此重要，那么，怎样才能做一个合格的、积极的追随者呢？领导者要想促进员工追随应做哪些改进呢？

## 一　合格的积极追随者

对一个组织而言，领导者人数相对较少，而追随者人数相对较多，如果说领导者的素质具有关键作用，那么追随者的素质则具有基础性作用。每个人都应该学习如何成为一名合格的积极追随者。

首先，从态度方面看，追随者不仅要安心做本职工作，还要在处理组织问题时更加主动，独立思考，更有创造力地解决问题，积极面对变革并乐于自我开发。同时要有意识地去为领导者分忧，敢负责任，勇挑重担，独当一面，认真执行领导者的指示，积极实现领导者的要求。合格的积极追随者不应过分计较个人得失，应以大局为重，维护组织形象。

其次，从与领导者互动方面看，追随者要注重与领导者沟通的技巧，清晰地表达意见，不应该让领导者当众下不来台。更为重要的是，追随者要理解领导者所在的世界，了解领导者的个人目标和组织目标，能够站在领导者的角度看待和思考问题，意识到领导者并不是超人，其也有优点和缺点。一些企业的中层主管或经理没有获得进一步的晋升，很多是因为他不愿意适应上级的风格。其实，适应上级的风格是自己的责任，这样做有助于向上级明确其在工作群体中的角色。

再次，从行动目标方面看，追随者需要明白，自己追随的不仅是领导者本人，更是组织的愿景。追随者要把组织愿景当作自己行动的目标，以提升自身的目标责任感，实现有效追随。“领导者去哪，我就去哪”是一种狭隘的观点，并不利于组织的健康发展。方正集团的集体跳槽事件就体现了这种错误的追随。2004年，方正集团助理总裁周险峰离职加盟海信，随同他一同跳槽的还有方正集团的数十名骨干。集体跳槽事件说明，如果领导者本人的目标和企业目标不同，且领导者有意引导追随者偏离组织目标，很可能会给组织带来很大的损失，追随者和企业都应该对此有所警惕。

最后，从能力方面看，追随者不能好高骛远，而应该从自我管理、学习和创新三个方面提升自己的能力。积极追随者应该具有较高的自我管理能力，无须领导者时时刻刻指导督促，能够自控自律，敢于承认自己的错误，在组织中能得到团队成员的信任，因为只有这样他提出的观点和意见才值得领导者信赖。“吾生而有涯，而知也无涯”，终身学习是积极追随者必备的特质。学习能力直接影响一个人的思维方式，只有不断地学习才能适应周围环境的变化，也才能更好地领会领导者的意图，并为自己成为领导者打下基础。有效的追随者并不是做领导者的“复读机”，只机械地执行命令，而应该具有革新性、创造性的思维，对领导者提供的信息加以分析思考，发现工作中、制度中不合理的因素，及时向领导者提供建设性的意见和建议。当追随者做到这一点时，往往是晋升的前奏，预示着他有能力从一名有效的追随者转变为新的领导者。

阿里的彭蕾是创业十八罗汉中最为著名的积极追随者，她推动并响应阿里的愿景和价值观，强力推动实现领导者马云的想法，在工作中发挥主动性和创新性，为阿里的发展做出了巨大的贡献。可以说，没有她，就没有阿里人才队伍建设的成功，就没有支付宝和蚂蚁金服的辉煌。

## 篇中案例

### 积极的追随者彭蕾

2018 年 4 月 9 日，马云向阿里员工发内部信并宣布，彭蕾将卸任蚂蚁金服董事长，蚂蚁金服 CEO 井贤栋将兼任董事长一职。对此，马云称：“这是蚂蚁历史上最重要的领导团队更替，不仅仅是为了传承，更重要的是蜕变。长江后浪推前浪，前浪方可闲庭信步，这是人才队伍上最大的成功。”至此，执掌蚂蚁金服 8 年、一手带起支付宝的彭蕾正式卸任，据说她将专注于全球化发展。

19 年前，28 岁的彭蕾放弃优厚的大学教师工作，跟着丈夫孙彤宇来到初创的阿里，每个月只领 500 元工资。在阿里，她做了 10 年 HR，一手打造了阿里的价值体系，挖掘了阿里首席技术官（CTO）王坚、副总裁童文红等人才。39 岁，她出任支付宝 CEO；42 岁，她出任蚂蚁金服 CEO；现在，蚂蚁金服的估值已经达到 1 000 亿美元（6 300 亿元人民币）。在阿里内部，她的声望极高，也被称为“女版马云”。

19 年阿里风风雨雨，彭蕾心中一直有一条信念：“无论老板的决定是什么，都要把老板的决定变成最正确的决定。”

马云爱吹牛大家都知道，不少吹过的牛皮最后都成真了，其中少不了彭蕾的功劳。

阿里创业之初，彭蕾担任阿里的 HR，管钱管人管市场，马云有什么想法，她就想方设法地实现。譬如，当时马云价值观爆棚，“独孤九剑”“六脉神剑”这样的神奇提法层出不穷，听起来头头是道，做起来谁也不知道是什么。没办法，彭蕾只能一条条琢磨着变具体使之落地实现：“六脉神剑”中说要“团队合作”，彭蕾就规定有意见开会说，开完会埋头干，免得当面没意见，背后牢骚多；“客户第一”，就是要把客户当成衣食父母，积极为客户解决问题，站在客户立场思考问题；“诚信”，就是言行一致，不受利益和压力的影响。好不容易弄完这个，马云又有新想法了，当时他刚看完电视剧《历史的天空》，觉得党的思想政治工作更强大，授意彭蕾也要设“政委”。看电视剧学来的主意，还要在企业里设“政委”，之前根本没人弄过。但老板的想法无论如何也得实现，彭蕾又开始琢磨，终于搞出了“阿里政委”。有了阿里政委加高薪，猎头们纷纷表示，阿里的人最难挖！不认同的早跑了，剩下的都是“死忠粉”。

2010 年阿里年会，马云对新上线的支付宝非常不满意，把警察出身的支付宝总裁邵晓锋当场骂哭。随后，马云令旗一挥，让之前只做过人事和财务、对技术一窍不通的彭蕾接管支付宝。彭蕾二话不说，立刻走马上任，进入了这个自己完全不熟悉的领域。她带着团队没日没夜地干活，听取用户意见，一步步完善支付宝的网购功能，最后把支付宝做到了用户 2.7 亿、日交易量 12 亿元。无论马云怎么异想天开，说了什么离谱的话，彭蕾的任务只有一个——把他的话变成现实。这样的员工才是老板最喜欢、最信任的，老板需要的是能够把自己的意愿落地成现实的人，而不是处处和自己唱反调、出工不出力的人。

资料来源：从月薪 500 到 6 300 亿帝国掌舵人背后：两点众人不及的职业精神．(2018-04-12). http://www.ceconlinebbs.com/FORUM_POST_900001_900133_1137111_0.HTM?pa_cha_1.

## 二 积极追随者的领导

### （一）塑造积极追随的理论基础

“良禽择木而栖，贤臣择主而侍”，领导者的作为和水平会直接影响下属的选择。此外，合格的积极追随者往往具有较高的工作绩效、较低的流动率和更多的组织公民行为，而绩效和组织公民行为等来源于追随者的态度，这不仅需要追随者自身的努力，也需要领导者运用领导技术进行激励。由此可见，打造合格的积极追随者仅仅靠追随者自身的努力是不够的，还需要领导者对有效追随的发展和维持。当然，并非所有的追随者都喜欢或不喜欢某种领导行为，领导者的行为能否令追随者满意，很大程度上要受追随者个人偏好的调节，而其偏好又受追随者的个性和所处环境的影响（见图 2-2）。

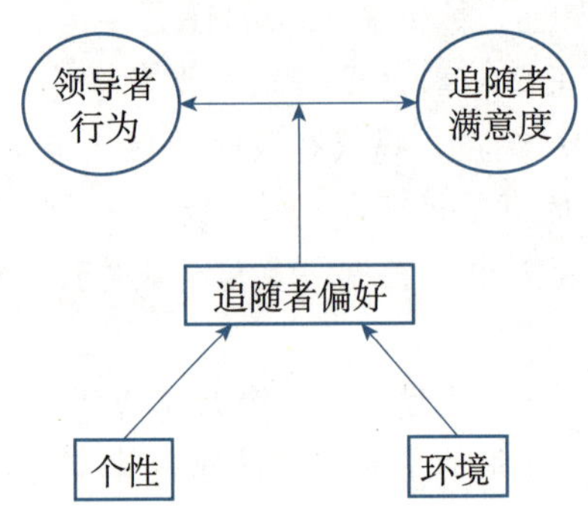


**图 2-2 领导者行为与追随者满意度之间的关系**

资料来源：乔恩·L. 皮尔斯，约翰·W. 纽斯特罗姆．领导力：阅读与练习．北京：中国人民大学出版社，2009.

可以把获得一名合格的积极追随者的过程细分为两步：第一步，吸引，即获得并留住追随者；第二步，发展，即维持和提高追随者的满意度，塑造合格的积极追随者。那么，在无法改变追随者的个性和外部环境的情况下，领导者怎样做好上述两步，继而得到追随者的拥护和满意呢？组织行为学中的各种激励理论对此有很好的启发价值。

**1. 内容型激励理论**

内容型激励理论是着重研究人们需要的内容、结构特征及其动力作用的理论，主要包括马斯洛（Maslow）的需求层次理论、奥尔德弗（Alderfer）的 ERG 理论、赫茨伯格（Herzberg）的双因素理论以及麦克莱兰（McClelland）的需要理论。

(1) 马斯洛的需求层次理论。最著名的动机理论当属马斯洛的需求层次理论(hierarchy of needs theory)。他假设每个人内心都存在五种需求,分别是生理需求、安全需求、社会需求、尊重需求、自我实现需求。其中,生理需求和安全需求属于较低级别的需求(lower-order needs),社会需求、尊重需求、自我实现需求则属于较高级别的需求(higher-order needs)。较高级别的需求通过内部(个体内在的内容)使人得到满足,较低级别的需求则主要通过外部使人得到满足。

(2) 奥尔德弗的 ERG 理论。奥尔德弗重新修订了马斯洛的需求层次理论,提出了 ERG 理论(ERG theory)。奥尔德弗认为,存在三类核心需要:存在需要(existence)、关系需要(relatedness)和成长需要(growth)。与马斯洛的理论不同,ERG 理论认为三种需要可以同时对个体起作用。

(3) 赫茨伯格的双因素理论。心理学家赫茨伯格提出了双因素理论(two-factor theory),指出个人对工作的态度在很大程度上决定着工作任务能否完成。根据他的研究,内部因素,如获得进步、得到认可、责任大小、取得的成就等,似乎都与工作满意有关;而外部因素,如公司政策、监督管理、薪资水平、人际关系和工作条件等,似乎都与工作不满意有关。

(4) 麦克莱兰的需要理论。麦克莱兰的需要理论(theory of needs)由麦克莱兰及其合作者提出。该理论主要关注三种需要:成就需要(need for achievement),追求卓越、达到标准、争取成功的内驱力;权力需要(need for power),控制别人以某种方式行为而不以其他方式行为的需要;归属需要(need for affiliation),建立友好和亲密的人际关系的愿望。

**2. 过程型激励理论**

过程型激励理论是以人的心理过程和行为过程相互作用的动态系统为研究对象的激励理论,主要包括洛克(Locker)的目标设置理论、亚当斯(Adams)的公平理论、弗鲁姆(Vroom)的期望理论。

(1) 洛克的目标设置理论。目标设置理论(goal-setting theory)认为,目标及其制定过程对员工的满意度和工作绩效有影响。当其具有下列特征时,目标更能提高工作绩效:明确具体、比较困难(目标的可接受性不变)、有反馈、经过仔细研究而非突发奇想、相互独立而非相互依赖。

(2) 亚当斯的公平理论。公平理论(equity theory)指出,员工通过将自己的投入产出比与其他相关人员的投入产出比进行比较,来体验是否公平。若感到自己报酬过低,则公平紧张感会产生愤怒;若感到自己报酬过高,则这种紧张感会产生内疚。

(3) 弗鲁姆的期望理论。期望理论(expectancy theory)指出,个体以某种特定方式采取活动的强度,取决于个体对该行为能给自己带来某种结果的期望程度,以及这种结果对个体的吸引力。该理论旨在解释同一个体在不同情境下努力水平的差异,它关注三种关系:努力-绩效关系,个体感到通过一定的努力可以达到某种绩效水平的可能性;绩效-奖励关系,个体相信达到一定绩效水平后即可获得理想结果的程度;奖励-个体目标关系,组织奖励满足个体目标或个体需要的程度,以及这些潜在的奖励对个体的吸引力。

### （二）如何塑造积极追随者

根据前人提出的动机理论和领导者行为与追随者满意度之间的关系，或许可以总结出领导者为了塑造积极追随者所应当具备的素质。

首先，了解追随者的需求类型。如果领导者想要提高追随者的满意度，就需要事先了解他目前处于哪个需求层次，并有针对性地予以满足，使自己的领导行为能够有的放矢、直击要害，从而塑造合格的积极追随者。比如，如果员工具有非常高的归属需求，那么领导者可以在组织内营造一种“家文化”，给这类员工以更多甚至超过工作范围的关心。

其次，将能够提高追随者满意度的激励因素制度化。由双因素理论可以知道，获得的进步、受到的认可、取得的成就等能够提高追随者的满意度，因此领导者可以尝试将对员工的成就奖励制度化。例如，麦当劳为员工设置了系统的和定期的奖励，让员工“名利双收”。

再次，科学地为员工设定目标。根据目标设置理论，领导者在为员工定目标、提要求时要恰到好处，既不能让员工感到无法达到这个目标而产生畏惧心理，也不能让员工觉得这个目标毫无挑战性；目标应当非常明确以使角色明确，并且在员工完成任务后要及时提供反馈，让员工从中进行反思和再学习。

最后，要适时调整激励方法和强度，善于打激励手段的组合拳。任何激励手段都有一定的局限性，很难在所有的时候对所有的人都有效果，且往往会有边际效用递减的问题。所以要创新激励方法，比如可以考虑使用越来越受企业重视的积分制、合伙人制、股权激励、内部创业等，而且不能满足于“一招鲜，吃遍天”，将多种物质和精神激励手段综合使用效果才会更好。

此外，绩效评估和薪酬制度应该公平且具有针对性。由公平理论和期望理论可以知道，要提高追随者的满意度，领导者应保证绩效评估的公平性，让员工觉得有奔头；同时，对绩效的报酬和奖励尽量做到个性化，使得组织的薪酬制度能够满足各个层次员工的不同需求。

学者专门针对领导者和追随者的关系进行了诸多研究，并取得了一些具有启示性的成果。比如，维基奥（Vecchio，1987）从四个方面阐述了领导者对有效追随的发展和维持。第一，要注意加入成本。若人们在加入某个组织时成本很高，那么会认为进入组织的机会来之不易。如果人们能在各种考验中坚持下来，发现门槛很高而自己竟然能够加入进来，他们会认为这是组织对自己的信任和赏识，因此会忠心耿耿，形成有效追随。第二，让追随者参与决策。这样做会培养追随者的主人翁意识，促进追随者的成长和发展，激发出他最好的一面，甚至超出其自己认为能够达到的能力极限。第三，创造集体认同感。领导者可以让大家统一着装，用带有公司标识的物品或通过喊口号的方式来增加认同感。有时领导者也可以通过价值观的传递来增加认同感，比如设定有吸引力的愿景。第四，强调追随的重要性。领导者通过讲述公司历史，强调个体对公司发展的推动力，让追随者明确自己的重要性。

华为公司的任正非通过将他早期的专制做法转变为信任、民主的做法，增多与员工的沟通，鼓励员工参与决策，改变与下属的沟通模式有效地调节了组织氛围；同时通过建立相互信任、相互忠诚的关系激励下属，并且配合强有力的货币激励，让追随者积极行动起来，成功塑造了合格的追随者，提高了公司的生产效率。这也体现了领导-成员交换的思想：领导与下属相互信任，相互尊重，相互满足对方的预期，建立高质量的交换关系，努力实现组织的目标。

## 第 3 节　领导-成员交换

### 一　领导-成员交换理论

追随者的理论进一步说明了领导行为是领导者与追随者相互作用的过程，领导者与追随者相互信任的关系可以有效提高追随者的绩效，领导者与追随者之间是互动的，领导-成员交换理论关注的就是这种以互动关系为基础的领导方式。

领导-成员交换（leader-member exchange，LMX）理论是 20 世纪 70 年代提出的，主要阐述了领导者如何与各种下属发生不同的交换关系。与早期的领导特质理论、领导行为理论、权变领导理论相比，领导-成员交换理论更侧重关系方面。这种理论把上下级之间的关系看作组织运行的关键。在最理想的状态中，领导者会以同样的方式对待下属，不分亲疏远近，公平公正。但这种理想状态是很难实现的，领导者的时间和精力有限，不可能完全了解每一位下属，资源的稀缺性也决定了领导者很难让每个人都对资源分配的结果满意，更不能把资源平均分配给每个人，因此领导者会根据员工的能力和忠诚度，采用不同的领导方式，与一部分下属建立特殊的关系。

这时就出现了两种普遍的二元关系类型（见图 2-3）：一种是以信任和人际交往为基础的关系，称为内集团关系，对应的成员为圈内人（in-group member）；另一种是以任务和契约为基础的关系，称为外集团关系，对应的成员为圈外人（out-group member）。圈内人会比圈外人得到更多的信息，得到领导者更多的关注，同时也比圈外人更多地介入组织。当圈内人为领导者承担额外的工作时，领导者会给予他们同样的额外回报。

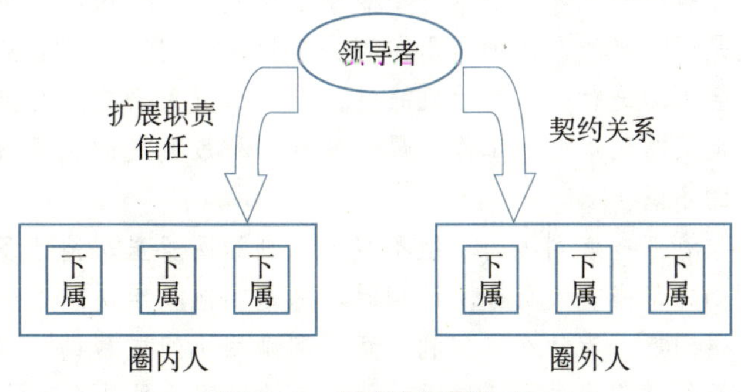


**图 2-3　圈内人与圈外人**

资料来源：Dansereau，Graen，Haga. Vertical-dyad linkage approach to leadership within formal organizations：a longitudinal investigation of the role making process. Organizational Behavior and Human Performance，1975（13）.

决定下属是圈外人还是圈内人的因素有很多，比如领导者和下属双方的性格、经历等，而能够由双方控制的因素是各自的行为。要想拥有高交换关系，领导者可以加强对下属工作结果的控制，实施有形的奖励，还可以指派有趣的任务，分享更多的信息，鼓励下属参与领导决策，满足下属的部分要求等。同样，为了获得更高的地位和利益，得到高交换回报，下属必须刻苦工作，支持组织目标，主动协助领导者工作，做一个积极的追随者，回馈以信任和高绩效。这种循环往复会使高交换关系不断得到强化，进而使领导者和下属之间的默契度不断提高。在低交换关系中，下属仅仅完成工作上的要求，完成领导者布置的任务，只得到工作上的标准回报。

值得注意的是，并不是所有的员工都想成为圈内人，因为拥有高交换关系往往意味着承担更多的责任和风险、更大的工作压力。在下面的案例中，圈内人和圈外人的分界就十分清晰，可以看到上述因素所起的作用。其中，萨拉并不认为成为圈外人有什么不好，这样她可以有更多的时间去做自己想做的事情。

## 篇中案例

### 圈内与圈外

卡尔利·彼得斯（Carly Peters）领导着一家广告公司的创意部。这家公司大约有100名雇员，其中有20人在创意部为卡尔利工作。这家公司主要经营十项大的业务及其他一些较小的业务。

在创意部，有四个大的项目小组。每个小组都由一名创意部副主任领导，副主任直接向卡尔利汇报工作。每个小组有一位打字员、一位艺术指导和一位策划人员。这些小组分别由杰克、特里、朱利亚和萨拉领导。

杰克和他的小组与卡尔利相处得非常好，他们为公司的客户做了许多出色的工作。在几个小组中，杰克的小组最有创意和天赋，他们也最乐于为卡尔利加班。所以，当卡尔利需要向上级部门展示工作业绩时，她通常都是用杰克小组的工作。杰克和他的小组成员信任卡尔利，卡尔利也信任他们。卡尔利并不吝啬给他们额外的资源或给他们的工作以充分的自由，因为他们总能为她带来成功。

特里小组的工作也很出色，但特里并不满意卡尔利对其小组的态度。她觉得卡尔利偏袒杰克小组，这是不公平的。例如，卡尔利会劝特里退出一项广告业务，因为这太冒险；而杰克小组却会因为进行一项富于挑战性的业务而受到表扬。特里觉得杰克小组是卡尔利的宠儿——他们得到最好的工作、最大的利益和最充足的预算拨款。特里发现她很难隐藏对卡尔利的不满。

与特里一样，朱利亚也感到她的小组不在卡尔利的圈子里。她已多次注意到卡尔利偏袒其他小组。例如，每当有人员分配计划时，总是其他小组得到了最好的写作人员和艺术指导。朱利亚很困惑：为什么卡尔利注意不到她的小组或帮助他们改进工作？她觉得卡尔利轻视她的小组，因为朱利亚知道她的小组的工作质量是无可挑剔的。

尽管萨拉赞同特里和朱利亚对卡尔利的某些评价，但她觉得并没有必要去对抗卡尔利的领导。萨拉已经在这家公司工作了近10年，似乎没有什么能影响她。她的小组虽没有“惊天动地”，可也没有出现什么问题。

萨拉感到她的小组及其工作看上去更像“螺母和螺栓”的关系：分配到任务，然后完成它。进入卡尔利的圈内意味着晚上或周末要花费额外的时间在工作上，这会让萨拉更头痛。因此，萨拉乐于担当她现在的角色，而且她也没有兴趣要去改变小组的工作方式。

资料来源：彼得·诺思豪斯．领导学：理论与实践：第 2 版．南京：江苏教育出版社，2002.

## 二　交换方式的选择及其影响

一个领导者怎样判断下属是否有能力、是否忠诚呢？这就需要领导者基于下属的行为和绩效来评估其能力，从而决定采用何种交换方式。为了更准确地评估下属的能力，领导者需要做到以下三步：收集信息、实现信息交换、描述原因。首先，领导者要全面收集影响绩效水平的各种因素，通过和下属的双向交流获得这些因素。在交流中领导者要尽可能做到理性，不要因为被绩效结果的高低冲昏了头脑，而失去对下属绩效问题原因的判断力。其次，为了实现畅通的双向交流，领导者要表达自己对下属的信任，提高下属的忠诚度，营造民主、真诚的交流氛围，减轻下属和领导者交流的压力。最后，实现信息交换后，领导者要认真分析导致绩效出现问题的因素，最好能用具体的事例来描述这些问题，让下属参与讨论，互相指出造成绩效问题的最主要的因素，并解释产生这些问题的原因。经过讨论，达成一致的解决方法和改进步骤。

一般认为高质量领导-成员交换关系对工作效率有正面影响。领导者感觉到下属在努力，这会加大对下属的肯定，提高员工满意度，下属会表现出更高水平的工作绩效和组织承诺，减少离职意向。下属还会拥有更多的权力，也会更加信任和尊重领导者。有大量的研究对领导-成员交换的作用及其机制进行了验证。

学者说

**领导与下属之间保持好关系有利于工作绩效的提高**

研究人员邀请 847 名荷兰警察填写了一份在线问卷，采用多级结构方程模型检验假设关系。调查结果显示拥有高质量领导-成员交换关系的员工会在资源更丰富的工作环境中工作（例如，更多的发展机会和社会支持，而不是更多的自主权），这种资源丰富的工作环境反过来又促进其提高了工作投入和工作表现。

本研究首次验证了工作资源与工作投入在领导-成员交换和工作表现之间的顺序中介效应，发现具有高质量的领导-成员交换关系，可以刺激激励过程的启动（即提供与工作投入正相关的工作资源），这不仅有助于员工增加工作投入，而且间接地正向影响整个组织。这证明了下属与领导保持良好关系的重要性。同时，领导-成员交换关系的质量与工作环境的质量也有关，告诉我们领导也应该与他的上级保持良好的关系，这将有利于员工的工作投入和工作绩效的评价。

资料来源：Breevaart K，et al. Leader-member exchange，work engagement，and job performance. Journal of Managerial Psychology，2015，30（7）.

但是在中国，这种交换关系会受到个人“关系”的影响。西方的领导-成员交换理论中的高交换是建立在下属高绩效的基础上的，因为领导者和下属的工作身份和角色身份是平等的，即使领导者与下属互有好感，这种好感也仅仅在相互交往的早期起作用（Liden，Wayne & Stilwell，1993），领导-成员交换关系更多由绩效的好坏决定。因此，西方的交换关系多以绩效为准，而非“关系”。在中国，一些领导者深受儒家传统思想的影响，强调家族主义和权威主义，对下属起作用的多为“关系”，当个体与自己的亲近关系（例如，熟人和生人、家人和非家人）不同时，其会区别对待。这种不分远近的“友谊”和“亲戚”关系使部分组织成员迅速成为圈内人，导致一些下属千方百计与领导者拉近关系，而不将重心放在工作上。领导者为了壮大自己的“帮派”，或维护自己的“面子”，也会使“关系”之风愈演愈烈。领导者必须认识到派系斗争可能给组织带来的巨大损害。比如，三国时蜀国分为徐州派系、益州派系和荆州派系，诸葛亮面对圈内荆州派系的人时是持培养态度，大力提拔，但是面对圈外益州派系的人时则持不信任甚至排挤的态度，而面对徐州派系的人时则用高位闲职将其养起来，这种派系之间的不和谐是导致蜀国弱于魏国和吴国的重要原因之一。

为了提高领导-成员交换的质量，避免“拉帮结派”，领导者除了应该鼓励员工广泛参与对企业规章的制定，随时提出自己的想法，给员工展现自我的机会，还要给员工更多可察觉到的认同和支持，更重要的是要规范管理制度和沟通程序，在薪酬和资源的分配上公平对待，严格遵守分配标准，让制度“说话”，而非让“关系”说话，与员工建立起相互信任的关系。

总之，领导-成员交换理论告诉我们要尊重他人，领导者要善用圈子，对于圈外人也不要冷落，认识到每一个员工都是独特的，并与组织成员建立相互信任的关系，尽量用业绩和价值观作为建设圈子的标准，保证组织公平。另外，随着工作变化、信任度的下降，圈内人也有可能成为圈外人，反之亦然。所以这是一个灵活、开放的互动关系。

## 小 结

追随者是在领导活动中与领导者有共同的利益和信仰，追求共同的组织目标的人。根据工作参与度，追随者可以分为积极追随者和消极追随者。凯利还进一步把追随者分为疏离型追随者、顺从型追随者、实用型追随者、楷模型追随者、消极型追随者。但有效的追随者并不是仅指追随领导者本人，追随的应当是组织的愿景。领导追随会激发员工的主动性和创造性，发挥集体的力量。有时，追随者也可以通过不懈的努力成为领导者。

当今组织内外环境的变化使领导者和追随者的关系处于一个动态变化的过程，追随者的角色也开始发生新的变化。最优秀的追随者应该能够独立思考，主动做事，提出创造性的建议。从追随者本身出发，需要从愿景、自我管理、学习和创新四个方面提升自己的能力。从领导者出发，领导者要注意确定追随者的需要类型，使激励因素制度化，科学设定目标，使绩效评估和薪酬制度公平并具有针对性。

领导-成员交换理论描述了领导者是如何与下属建立内集团关系和外集团关系的，这是一种领导关系理论，但并不是所有的员工都想成为圈内人。领导者通过对下属进行绩效评估来判断下属是否有能力。

在中国，不分远近的“友谊”和“亲戚”关系会使领导者对下属的评估出现失误。所以，领导者除了应该鼓励员工广泛参与对企业规章的制定，随时提出自己的想法，给员工展现自我的机会，还要给员工更多可察觉到的认同和支持，更重要的是要规范管理制度和沟通程序。

## 关键术语

追随者（follower）
积极追随者（active follower）
消极追随者（passive follower）
需求层次理论（hierarchy of needs theory）
ERG理论（ERG theory）
双因素理论（two-factor theory）
麦克莱兰的需要理论（McClelland's theory of needs）
目标设置理论（goal-setting theory）
公平理论（equity theory）
期望理论（expectancy theory）
领导-成员交换理论（leader-member exchange，LMX）
圈内人（in-group member）
圈外人（out-group member）

## 思考题

1. 追随者有哪些分类？每类的特点是什么？
2. 阅读本章的引例，分析史玉柱是怎样塑造积极追随的。
3. 领导追随是什么意思？追随者又是怎样向领导者转变的？
4. 怎样做才能成为一个合格的追随者？在此过程中领导者该如何塑造合格的追随者？
5. 圈内人可以提高工作绩效，但圈外人可能因此减少产出，你如何看待这一问题？你觉得领导者可能公平地对待每一个人吗？
6. 俄罗斯总统普京有一句非常著名的话：没有忠诚，能力一文不值。你认同这句话吗？你认为在企业管理中，领导者应该如何看待追随者的忠诚和能力？
7. 在中国，领导-成员交换关系与西方有何不同？

## 案例分析

### 圈子还是圈套

“任何团队的负责人或主要成员交替更换，必然带来‘血液’的流动和更新，原有人际关系格局也会因此生变，受远近亲疏影响，职场新圈子必然渐次缔结。”中国国际人才专业委员会会长王辉耀认为，这种圈子文化对制度的侵蚀不可小视。

“领导默认小圈子，是基于领导对人际关系的再细分、再集约。”许多一线管理人员认为，企业的最高领导者有时为了避免产生“高处不胜寒”和“孤家寡人”的困境，通常会在自己周围营造一个氛围轻松的“圈子”。在这个“圈子”里又有两种规则：一是正式规则（企业制度），即在形式上须保证领导与下级关系正规；二是非正式规则，即所谓的“哥们儿规则”，“圈子”内的成员多以这种规则调整彼此的关系。

当企业制度与“哥们儿规则”同时发生作用时，会给企业带来哪些结果？辉瑞前CEO斯蒂尔2001年隐退，但隐而不退，继续培植自己的权力重心，使出各种伎俩推出“自己人”金德勒继任，但当金德勒2006年当上CEO后，公司内部却出现了分裂，很多人都想离开。律师出身的金德勒本来就没有医药行业的经验，他用人的重点偏离了辉瑞老员工，更喜欢找自己的人，人事部经理玛丽就是在这个时候走进他的小圈子的。

当然，玛丽的兴趣并不在本职工作上，而是想着怎样讨好金德勒。很快，她变成了金德勒的心腹、耳目，而金德勒也对她欣赏有加，特批玛丽很多特权。仗着金德勒的宠信，玛丽在公司内飞扬跋扈，并在管理团队中制造分裂。一个内部人士说，在辉瑞的管理团队里有两个派别，一派是金德勒和玛丽，一派是剩下的人。

辉瑞是以生产止疼片和治疗疾病的药物而闻名的公司，而它的管理者却把全部的时间用在策划政治阴谋和争权夺利上。后来，辉瑞的股价从49美元跌到17美元，在生产研发上也没有重大突破，这个曾经的华尔街宠儿现在简直是一团糟。

“辉瑞的案例证明，‘圈子文化’对制度的侵蚀，首先发生在圈子之内。”王辉耀解释，“哥们儿规则”的存在，就要求圈子里的成员之间必须讲义气，在圈子利益的牵引和鼓励之下，圈子成员完全可以结成一个坚强的战斗堡垒。如此一来，圈子内的认同就变成一种有效的力量，它足以对任何制度和企业目标实施对抗。

资料来源：职场圈子的“套”与“解”. 齐鲁晚报，2014-08-18（E18）.

根据上述案例，尝试回答如下问题：

1. 用领导-成员交换理论解释斯蒂尔安排金德勒担任CEO的理由和预期效果。

2. 玛丽是一个积极的追随者吗？如果你是玛丽，在成为领导者的圈内人后会做些什么？

3. 为了改变现在的状态，你会给辉瑞董事会提供什么建议？

4. 金德勒在塑造积极追随者方面犯了怎样的错误？

## 参考文献

[1] Dansereau F，Graen G G，Haga W. A vertical dyad linkage approach to leadership in formal organizations. Organizational Behavior and Human Performance，1975，(13).

[2] Graen G B，Uhl-Bien M. Relationship-based approach to leadership：development of leader-member exchange theory of leadership over 25 years：applying a multi-level multi-domain perspective. Leadership Quarterly，1995，6 (2).

[3] Liden R C，Wayne S J，Stilwell D A. Longitudinal study on the early development of leader-member exchange. Journal of Applied Psychology，1993 (78).

[4] Vecchio R P. Effective followership：through top-down leadership. Journal of

Business Strategies，1987 (4).

[5] 冯秋婷．西方领导理论研究．北京：人民出版社，2008.

[6] 肯·布兰佳，斯宾塞·约翰逊．一分钟经理人．海口：南海出版公司，2004.

[7] 理查德·哈格斯，罗伯特·吉纳特，戈登·柯菲．领导学：在实践中提升领导力：第6版．北京：机械工业出版社，2009.

# 第 3 章 你应该是领导

学习目标

- ◎ 理解英雄式领导的局限
- ◎ 了解分布式领导的定义和特点
- ◎ 体会分布式领导引起重视的原因
- ◎ 了解分布式领导概念可能存在的误区
- ◎ 体会自我领导的重要性
- ◎ 掌握进行自我领导的有效策略
- ◎ 了解涌现型领导的定义
- ◎ 理解自组织的运作机制

## 引例

### 《一出好戏》：普通人也可以成为领导

这次，黄渤变身导演，执导并主演了《一出好戏》。故事是从 2010 年就开始构思的，中间经过不断的打磨修改，于 2018 年 8 月 10 日上映。

该片讲述了一个公司组织员工出海进行团建活动，但途中遭遇风浪，众人流落荒岛，与外界失去联系的故事。团建前，由于当时有陨石撞击地球的传言，所以他们以为世界只剩下了这一所荒凉之处。在这样封闭的孤岛上，他们不仅失去了物资和财富，更失去了秩序，失去了平衡，打破了原有的阶层限制，由此展现出人性百态。

群体的生活中，一定会出现一个领导者。在这座孤岛上，就出现了这样三个领导者。

**小王**

最开始置身于荒岛中，一群人孤立无援，面对死亡的威胁，他们剩下的只有黑暗、饥饿和害怕。这时的他们一下由现代的智能社会落入原始社会，生存成了第一大问题，面对现代人生存技能的缺失，经常出海且生存技能强的司机小王成为岛上的第一个领导。

王宝强饰演的小王会上树，会捕鱼，养过动物，还当过兵。他靠体力和强大的生存技能快速赢得众人的信任。小王还制定了一定的规矩，如若逾越，则会招致严厉的惩罚。因此，所有人放下原有的身段、地位和财富，重新进入这个体系，身体力行地参与劳动。

这很像原始社会初期，体力强大、可战胜猛兽的人会被拥戴为王，他们可以指挥众人，收取俸禄，阶级也由此出现分化。

小王这样的领导，在短期会给大家带来安全感，克服生存危机，找到避难的山洞、野果和淡水。但其粗暴的劳动统治、严厉的克扣，赢得的是众人表面的逢迎，却无法抹除众人暗藏在内心的疏离与不满。

**张总**

于和伟饰演的张总就是一个对小王不满的人，既出于其原有公司领导者的身份而存在的固有傲慢，也因其有聪慧的头脑和管理的能力。

张总无意间发现一些物资后，便据为己有，开启了新一轮的领导。此时，众人已基本克服了生存危机，于是，他制定了一套新的生存法则，从小王领导时期的众人劳作变成以物易物和货币交换，船上发现的扑克牌成了他们的货币。因此，张总又获得了一些追随者。

张总更像大机器时代的领导，有资本的积累，有较为完善的劳动规则和买卖制度，并由此掌控世界的运转。但实质上他的领导是利益诱导，冰冷控制，压榨劳动力，人们在这套体系下成了机器。

**马进**

黄渤饰演的马进在现实生活中本是一个在社会底层摸爬滚打的小职员，急于走出自己的生活困境，其内心也在孤岛的生活中得以成长。

在岛上，马进一直想逃脱这个大家都以为世界覆灭到只有这一座孤岛的小世界，回到现实世界，并且不满于前面两位对于这个虚幻小世界的满足。

因此，他靠着自己的善念和幸得的食物赢得了第一步积累，并制造了一场小王和张总各自领导的小团队的纷争，进而赢得了领导的主动权。此时，小岛的资源也较为富足，大家有序劳动，但传统的利益诱导和冰冷的制度管理已不能维系原有的控制。

马进成为一个创新型的领导，他有智慧，有胆识，不再压迫，不再强权，鼓励全体成员描绘未来的蓝图，创造轻松平等的生活环境，更用内心的善念带领团队走出虚幻的孤岛世界。

资料来源：《一出好戏》：一座孤岛，三个领导．(2018－08－15). https://new.qq.com/omn/20180815/20180815G1YJPF.html.

---

《一出好戏》这部电影不但收获了高票房，还引发了高热度的话题讨论。电影中所描述的极端情况虽然与日常的工作和生活有些距离，但并不妨碍我们得到领导与管理方面的启示，比如非正式领导（informal leader）的产生、领导所面临的情境、团队成员自发的互动、说服力与影响力、管理机制的建立等。今后的管理实践中，将发生越来越多与此类似的复杂情况与动荡。从这个故事中可以看到，人人都有成为领导的可能。当需要时，我们应该承担领导的角色和责任，这些角色和责任是动态的，在不同的条件下和时间内，可能由不同的人来承担。设想一下在这个故事中若没有人或很少人承担这些不同责任的可怕结果。对自己说“我应该是领导”，并不意味着你要成为具有行政职务

的管理者，而是意味着你也要承担一定的领导职责，掌握一定的领导技能，具有一定的领导行为，锻炼出一定的领导力。

# 第 1 节　分布式领导

## 一　英雄式领导与分布式领导

### （一）英雄式领导

提到领导这个词，你会想到谁？是中外历史上那些伟大的领袖毛泽东、华盛顿、甘地、丘吉尔，还是当代那些成功的商业巨头比尔·盖茨、史蒂夫·乔布斯、任正非、马云？领导一词经常与这些名字相关联，并被赋予英雄主义的光环与气质，格罗夫与英特尔，郭士纳与 IBM，韦尔奇与通用电气，张瑞敏与海尔……这些故事被认为是凭借一己之力挽既倒狂澜、扶将倾大厦的典范，是对英雄式领导（heroic leadership）的完美诠释。即便不与这些显赫的名字画等号，领导一词也往往代表着能力、知识、智慧、信念、权力，是一个与普通人不一样的群体。英雄式领导强调个人的作用，强调正式领导的职位、功能和角色。从领导者个人的角度看，英雄式领导几乎是无所不能的人物，他具有一般人所不具备的特质，而被领导者离开了领导者则会一事无成。

英雄式领导在管理实践中起着举足轻重的作用，但也遭受了广泛质疑。比如领导学著名学者加里·尤科（Gary Yukl）认为，现代领导理论中只关注“英雄式领导”是一种偏见，完全忽视了不同领导间的相互影响过程。与此同时，另一种领导力形式——分布式领导越来越引起人们的关注，并逐渐在实践与理论中扮演重要的角色，和英雄式领导形成了很好的互补。

### （二）分布式领导

**1. 分布式领导的含义及其性质**

分布式领导的概念出现在 20 世纪中期，但当时并没有引起学者的关注。到了 2000 年左右，分布式领导的思想才逐步受到重视。分布式领导（distributed leadership）是指在实现组织目标的过程中，领导职能与角色由不止一个成员承担的模式。这些领导可以是正式的，也可以是非正式的，可以处于组织中的任何位置，所承担的领导职责也可多可少。与传统领导学研究领导者个人特质、行为或角色不同，分布式领导主要探讨由多人担任领导角色的领导模式，突破了传统领导学研究中的理论思维惯性，开始关注领导的功能分布在各个层次或部门的实践形态，也突破了固守的静态研究视野。共享式领导（shared leadership）、集体式领导（collective leadership）、合作式领导（collaborative leadership）和分散式领导（dispersed leadership）等新兴概念都可以放到分布式领导的大框架下进行讨论。比如，学术研究中一般在团队层次上用共享式领导这一概念来指代领导力分布和共享的模式，很多关于团队研究的文献都发现了共享式领导的正面作用。

学者说

**共享式领导有助于团队建立信任和提升绩效**

来自德国和美国的几位研究人员研究了动态的共享式领导是如何影响团队绩效的。他们假设，随着时间的推移，团队内部共享式领导的扩张会对团队信任的增强产生影响，而团队信任的增强又会对绩效的提升产生影响。研究跟踪了 142 个进行战略模拟游戏的团队，获取了 4 个月的纵向数据。经过分析，数据支持前述假设，即随着时间推移，共享式领导的扩张有助于建立信任和提升绩效。

研究建议，组织需要意识到，领导力的变化可能出现在团队的整个生命周期，并且使团队间的相互影响达到最高水平。当我们设计、建立、管理团队时，必须认识到共享式领导会让团队成员有更多的机会建立相互信任的关系，而这是团队正常运作和取得成功的关键。

组织可以通过提供让大家相互交流和了解彼此能力的机会来确保领导力在团队内共享。比如，一些智力模型相关的团队培训可能引发或加速共享式领导的扩散。因此，组织应该营造一种氛围，使团队成员乐于承担领导职责且服从其他团队成员的领导。

资料来源：Drescher M A，et al. The dynamics of shared leadership：building trust and enhancing performance. Journal of Applied Psychology，2014（99）.

分布式领导模式要求组织的正式领导者学会授权，但并不仅仅局限于此。它还要求组织的普通员工能够根据任务和时间的不同来承担领导角色，并具备不同领导角色之间的互动和协调。不同领导角色之间的互动和协调源于成员间的相互依赖，具体可以分为重叠性依赖和互补性依赖两种。重叠性依赖是指成员对于信息和资源存在共同的需要，形成角色上的重叠。这种重叠可能会导致冗余和低效，但有两个优点：第一是这样的相互依赖会产生相互强化的作用，因为可能对于某些领导职责，履行的次数和人数越多越好，或者不同的领导职责会相互促进功能；第二是可以降低决策失误的风险，因为当多人履行同一领导职责时，他们可以互相监督和反馈。互补性依赖是指不同的领导角色共享各自的技能和资源，这使他们得以相互交流和沟通，既可以提高自身的能力，又可以增强成员间的信任，建立相互支持的关系。领导力的分布因而有了现实的基础。

任务、情境与个人专长相匹配是分布式领导的重要原则。比如，在足球场上，前锋、中锋、后卫、守门员各司其职，无论谁抢断到对方的球都自动承担起这一轮的决策任务，他会根据对手的布防进行组织，在球场的不同位置会有不同的协调方式和人选，只要能够向前推进，谁都可以成为领导者。而在赛后，教练、领队和队长会担当不同的领导角色。除了根据任务的不同，领导角色也可以根据时间的不同来进行分配，比如在大雁群的人字队形中，头雁正面迎风，消耗了最多的体力，为了有效保存体力，保证长时间飞行，雁群会按照一定规律轮换头雁的角色，让每只大雁都有可能担当领导角色。

**2. 分布式领导的模式**

近年来，学者对分布式领导进行了深入的研究，并对其做了重要的论述，丰富和发展了分布式领导理论。

剑桥大学教授格隆（Gronn）指出，分布式领导有三种形成方式：自发的、本能的和制度化的。为了解决某问题，多人甚至是所有人都贡献出知识和领导力，问题得到解决后合作自动消解，但几乎没有人意识到自己提供了领导力，这就是自发的分布式领导。若经过一段时间后，两人或两人以上形成了紧密的合作关系，合作伙伴之间都意识到自己是"共同领导"，这就是本能的分布式领导。这两种情况在项目研发团队或咨询团队中比较常见。而如果组织通过正式制度或结构调整将领导力分散下去，不管是正式领导还是非正式领导，都是在正式的安排下产生的，这就是制度化的分布式领导。对于一个组织而言，现实中的分布式领导往往以三种形成方式存在，但通常以一种方式为主。比如海尔"人单合一"的自主经营体就是分布式领导的一个典型例子。张瑞敏提出"让每个人面对市场成为独立核算单位"，自负盈亏。如采购人员要对采购的成果自负盈亏，而不只是付款买货；制造部让每条产品线像一个公司一样经营，要自己核算成本；同样，销售人员也组成了以市场为中心的经营公司。这种体制要求自主经营体以员工为中心，领导和员工各自发挥领导力，一起听客户的指令。

## 二 分布式领导引起重视的原因

分布式领导之所以能够引起越来越多的重视，主要有如下几方面原因。

第一，领导者本身的限制。CEO 所面临的环境越来越复杂，具有比以往更高的不确定性。有限理性的管理者无法通过个人的命令对下属进行全面的控制，也无法通过个人的努力来梳理纷乱庞杂的信息，为所有的问题找到答案，更无法仅通过个人的决策就引领好整个组织。在企业中，种种问题也开始困扰英雄式领导，比如，接二连三的财务丑闻引起公众的愤怒。安然公司的成功和失败都和一个名字紧密相关——前 CEO 肯尼斯·雷（Kenneth Lay），这个英雄式领导后来虚报利润 5.8 亿美元，成为安然倒闭的原因之一。再如，雅虎创始人杨致远曾被视为英雄，2007 年被董事会请回雅虎，以期带领雅虎走出泥潭。但是 8 年后，雅虎以极低的价格贱卖给 Verizon，事实证明了杨致远的失败。这些故事告诉我们，当过于依仗某个英雄式领导时，组织也会面临极大的风险。"救世主" CEO 单枪匹马就可以拯救和发展企业的例子越来越成为神话，过于依靠单一领导的风险也在今天的动荡环境下越来越大。领导力在这样的背景下向外分布在某种程度上已成为必然，与此同时英雄式领导所承担的巨大压力也会得到相应的释放。今天，包括戴尔公司在内的很多企业中，CEO 的责任是由 CEO 办公室的两名或多名执行官共同承担的，而并非由单一的 CEO 完全承担。华为公司则采用了"轮值 CEO"的治理制度。

**篇中案例**

### 华为：8 名高管"轮流坐庄"CEO

轮值 CEO 是起源于华为的一种特殊企业文化，在这里，CEO 由 8 名高管轮值出任，任期 6 个月。大约在 2004 年，美国顾问公司帮华为设计组织结构时，认为华为没有中枢机构，而且高层只是空任命、不运作，提出要建立经营管理团队（executive management team，EMT）的建议。

任正非不愿做 EMT 主席，就开启了轮值主席的制度，即由 8 位领导轮流坐庄，每人半年，经过两个循环，演变到2011年的轮值CEO制度。CEO作为企业最高行政首长，由经营管理团队轮流坐庄的方式产生，对企业战略策划和制度建设短期负责；而企业的日常经营管理，由经营管理团队的成员分头负责。

显然，这是一种独特的制度设计，最大的特征就是最高行政首长并非生产经营决策者，而是战略策划和制度建设的主持者，且只是短期负责。他们将日常经营决策的权力进一步下放，以推动扩张的合理进行。

轮值制度平衡了公司各方的矛盾，让华为得以均衡成长。它的好处是，每个轮值者都在一段时间里担负起公司CEO的职责，不仅要处理日常事务，而且要为高层会议准备起草文件，这无疑大大地锻炼了他们。同时，他也将他管辖的部门，带入了全局利益的平衡，公司的“山头”无意中被这几年的轮值削平了。轮岗制度如今已成为培养人才、保留高潜人才的一种有效方式。

**全面发展**

EMT轮值制度的实施，有利于促进管理团队人员能力提升，促进后备人才能力培养，降低部门间沟通成本，提高跨部门团队协调能力，培养潜在的高层领导者。每个轮值高管在一段时间内都既要处理日常事务，又要为高层会议准备起草文件。

**荡平山头**

通过轮值制度锻炼管理团队人员，对轮值人员的决策具有一定制衡作用，能够平衡全局利益，在决策时会考虑得更全面，有利于公司各项政策的推行和贯彻。

华为轮值CEO更主要的是着眼于未来三到五年的战略，使公司不至于因为短期的财务指标压力而影响了未来的发展，也不会因为CEO的个人风格而出现大的管理变化。任正非说：“华为实在是找不到什么好的办法。轮值CEO制度是不是好的办法，是需要时间来检验的。”“过去的传统是授权于一个人，因此公司命运就系在这一个人身上。成也萧何，败也萧何。非常多的历史事件都证明了这是有更大风险的。”

“授权一群聪明人作轮值的CEO，让他们在一定的边界内，有权力面对多变世界做出决策，这就是轮值CEO制度。轮值期结束后并不退出核心层，就可避免一朝天子一朝臣，使优秀员工能在不同的轮值CEO下，持续在岗工作。而且也不会发生对一部分优秀的员工使用不当的情况，因为干部都是轮值期间共同决策推举的，他们不会被随意更换，保证公司可以持续稳定地发展。同时，受制于资本力量的管制、董事会的约束，又不至于盲目发展，也许是成功之路。不成功则为后人探了路，我们也无愧无悔。”

资料来源：根据网络资料整理。

除了高层，中基层的正式领导与非正式领导更是极大地分解了高层领导的职责，同时，中基层的领导力也可以继续分布下去，让每一个普通员工都可以在需要时承担起领导的责任。

第二，下属的要求。从金字塔顶端自上而下的领导模式往往意味着权威和控制，员工素质的普遍提高动摇了这种领导模式的基础。知识型员工对管理者提出了新的挑战，面对专业技能越来越强的员工，管理者再也不是“万能”的，而下属也有了领导和决策的能力及意愿。尤其是具有专业知识的下属往往是一个组织的核心竞争力之所在，因为个人的专长常体现为隐性知识，而隐性知识是高度个体化且难以言传的。当知识和领导力不匹配时，可以选择将知识转移给有领导力的人，或是将领导力转移给有知识的人，考虑到专门知识转移的难度，后者经常是企业的首选。一项对美国某城市急救中心的研究成果发现，具有专业能力的队员会临时组成高水平的救护团队，共同实施难度很大、结果难以预料的紧急外科手术。这些责任重大的突发性外科手术关乎病人性命，需要团队成员之间的相互依赖和协调。在这样的团队中，技术和经验最丰富的医生往往主动承担协调工作，但当他认为实习医生能够处理问题时，便会放手让后者承担领导责任，独立完成手术。而当发现实习医生遇到难以解决的困难时，他又会主动承担起领导责任。在很多情况下，甚至护士也会承担领导责任，成为非正式的领导者。这种“动态授权”的领导过程越来越普遍。

以前文提到的团队层次共享式领导的研究为例，有些学者也发现，共享式领导模式只有在高水平专业技能和能力的团队中才发挥作用，反之则无效。这也侧面解释了为什么这种领导模式越来越普遍，即今天的知识型员工的技能水平越来越高使得分布式领导更可行和有效。

学者说

**共享式领导总是能有效促进团队绩效吗?**

根据 62 个专业团队组成的样本，研究者发现：团队绩效能力调节了共享式领导与团队绩效之间的正向关系，使得当团队绩效水平达到一定程度时，团队成员能力越高，正向关系越强，而团队绩效水平越低，正向关系越弱。

简言之，当成员可以为团队提供高水平的专业技能和能力时，共享式领导的凝聚力网络结构可以有效地将他们的影响力引导到最需要的地方和时间，从而加强共享式领导与团队绩效之间的关系。相反，如果一个团队的能力水平较低，缺乏有经验的成员，拥有一个共享的领导结构可能不会有助于提高团队绩效，因为团队成员可以很容易地将责任推卸给这个相互依赖系统中的其他人。这一发现说明，共享式领导的结构不一定总能促进团队效能，特别是对于个体能力水平较低的团队来说。

资料来源：Chiu C C，Owens B P，Tesluk P E. Initiating and utilizing shared leadership in teams: the role of leader humility，team proactive personality，and team performance capability. Journal of Applied Psychology，2016，101（12）.

虽然张瑞敏是一个强有力的领导，但海尔还是喊出了“每个员工都是自己的 CEO”的口号，通过内部创业的机制打造平台型组织，甚至已经超越了传统的授权管理模式，员工自驱动、自管理，将领导力散布于各个小微体之中。其实不只是海尔，互联网时代，许多企业内部的集权制度都日益衰弱，分布式领导和自我领导等新兴管理模式逐渐流行，普通员工被赋予更多的权力。这意味着我们每个人都可以是领导，都应该承担一定的领导职责，掌握一定的领导技能，具有一定的领导行为，锻炼出一定的领导力。

## 篇中案例

**人人都是 CEO**

张瑞敏高中毕业被分配到工厂，后来成为一名管理者。他说：“我曾经在工厂里见过很有创意的员工，但没有人鼓励他们（将创意付诸实践），或者他们因自主思考而受到责备。最终他们不再自主思考，只干别人要求他们做的事。那时我便下定决心未来领导的公司一定是能鼓励员工思考和创新的。”如今，张瑞敏是海尔集团的CEO，而海尔是全球最具突破性和启发性的公司之一。张瑞敏在中国有“企业家中的哲学家”的美誉（据说他每周要读两本书）。员工对他的尊敬和喜爱从给他的“CEO大师”这个称谓上就能窥见一二。他无疑是世界上最有趣也是最有创新精神的CEO典范。

成立之初，海尔只是一个市级冰箱厂；而现在它已经在全球范围内开展业务，有大约8万名全职员工。数以万计的“在线员工”在海尔搭建的平台上开展业务，他们与海尔之间不是雇佣关系，而是通过海尔的众多平台开展业务。如今，海尔是全球最大的白色家电制造商之一，占据了全球大型家电第一的市场份额。在CEO张瑞敏的带领下，海尔开始进行量子公司的转型，这一转型吸引了众多西方企业管理者、商学院教授和商业期刊的注意，大家都认为海尔的转型具有突破性、创新性。

海尔公司的理念是“每个员工都是自己的CEO，每个员工都具有成为创业者的潜能”。张瑞敏在交谈中引用了中国道家学派的先哲——庄子的精神，并阐述道：“无论领导才能有多大，都不及众人智慧。”

一个小微业务的负责人说：“在海尔没有领导，用户才是真正的领导。”海尔的企业文化也支持所有员工独立思考，支持员工怀着疑问进行实践试验，支持他们完成从员工到创客的转型。海尔把这种培养方式称为创客文化。这是对量子原则里“参与式世界”的实践——企业里每个观察者都是现实的共同创造者，都对世界负责。

在实际组织结构方面，海尔摒弃了传统的自上而下、由一层层中层管理者向员工下达命令的金字塔组织结构，取而代之的是自创的一种平台式组织：高层管理者成为平台主，中层管理者成为独立的创业者，运营各自的小微组织，每一个小微组织都直接面对用户，感知他们的需求、直接向他们提供利基产品。这点十分符合张瑞敏的信条：“永远不要只走一条路。”海尔不会无视用户的需求，无论这些需求看上去有多么不靠谱。在这方面有个很出名的案例，一些农村用户向海尔售后服务人员抱怨，用海尔洗衣机洗土豆的时候，泥土会堵住洗衣机部件导致洗衣机停止工作。海尔的工作人员并没有告诉这些用户洗衣机不该用来洗土豆，负责产品的小微组织将情况反映给了研发设计人员。最终的结果是海尔推出了一款既可以洗土豆又可以洗衣服的洗衣机。这个实现二合一功能关键部件的独立发明人从海尔得到了25万元的专利权收益。

在海尔，平台管理者需要在特定的市场领域内（包括清洁、厨房等）为独立的小微组织提供服务，包括帮助梳理商业发展计划和研发并联、获取风投等。还有一些平台管理者的服务对象是平台内部的，比如供应链、IT、法务等。每个小微组织由5～9人组成，有自己的CEO。“为什么这么小？”张瑞敏解释道，“理论上讲，一个10人公司的连接度是10的平方。如果小微组织里有100人，那么连接度将大到无法控制。”每一个小微组织都通过各自和用户的联系开展市场研究，开发自己的产品。张瑞敏把这些组织叫作“自组织小微生态圈”，因为如同量子的自组织系统，“它们各自和外部世界对话”。小微组织自负盈亏，而海尔作为平台可以持有小微组织股份，并在后期风投进入后受益，同时平台也可以收取服务费用，比如IT系统。

在海尔平台上蓬勃发展的小微组织就像是“量子伸向未来的触角（虚拟转变）”。每一个（小微触角）都在无限的用户需求里探索和挖掘能量。张瑞敏受海森堡不确定性原理的启发，将这些小微组织称为“能量球”。“能量球”系统的特点就是根据各自不同的环境显示出不同的潜能。传统企业将资源大量投入到某个产品或产品系，如果需求逐渐消失或趋于平稳，利润增长就会乏力，市场开拓也会越来越难。而海尔所做的截然不同，依靠小微组织，海尔在不断定义未来。张瑞敏说：“海尔与其他公司最大的不同是它重塑自我的能力。很多公司的思维模式及运营方式已经固化、难以改变，尤其表现为它们的组织结构。在海尔，变化可以来得非常快。”这种不断改变的能力归功于海尔在不确定的环境中，仍能根据市场需求和科技的快速变化维持稳定并逐步发展。小微组织在“混沌的边缘”成长和兴盛。

资料来源：丹娜·左哈尔．量子领导者：商业思维和实践的革命．北京：机械工业出版社，2016.

第三，组织的变化。传统的组织形式难以适应目前快速变化的市场，集权化的领导形式增加了组织运行的风险。经过多年的管理演变，平台型组织、内部创业、合伙人制度、阿米巴、扁平化、跨职能团队、虚拟团队、自我管理团队等模式日渐兴起，以适应市场的快速变革。这些组织模式为分布式领导的推广奠定了基础。在很多组织中分布式领导已经成为现实，特别是在一些教育研究机构、高层管理团队、咨询公司、律师事务所或项目管理团队中，分布式领导有着越来越多的体现。

简言之，由于知识经济大潮不可阻挡，知识型组织和知识型员工不断涌现，加之决策的外部环境越来越动荡和不确定，分布式领导必将成为相关组织重视的领导模式，以增强自身的决策效率和效果。

## 三 对于分布式领导的认识误区

分布式领导拓宽了领导力的来源，允许某一时点有多个个体执行领导职责，强调组织中每个个体对领导力的贡献。这一新概念与以往的组织理论和领导理论存在很不一致的地方，引发了对分布式领导的很多疑问。比如，分布式领导是不是就等于授权，分布式领导是否会导致多头领导、是否会演变为无领导状态，以及分布式领导和集权式领导是否互相排斥等。厘清这些疑问无疑有助于更好地理解分布式领导的概念。

要想从根本上解答这些疑问，首先必须理解分布式领导的本质。事实上，以上对分布式领导的诸多疑问，其产生的原因都在于其将分布式领导的本质定位于权力而非影响力。分布式领导研究将焦点由权力转向影响力，重点关注的不是权力该不该分布、分布到哪一级、分布给哪个职位，而是哪些影响源对所追求的结果是重要的，哪种分布方式或影响模式对某一结果的追求是有效的，是谁在实际上发挥了领导者的作用等。在这里，究竟是采用由上至下的领导还是由下至上的领导，是考虑正式领导还是考虑非正式领导，是强调纵向领导还是强调横向领导，其实都是次要的。

在深入理解分布式领导概念的基础上，下面具体阐述理解分布式领导概念可能存在的误区。

误区一：分布式领导就是授权或者分权。事实上，分权分出去的是决策权、人事权、财务权等处理具体事务的正式管理权限，而分布式领导分出去的则是愿景激励、个性化关怀、领袖魅力、德行垂范等与特质和行为相关的影响力。

误区二：分布式领导排斥集权式领导。其实由于权力和领导力并不必然相关，分布式领导自然也可以与集权式领导同时出现。从运行模式来看，层级组织是分布式领导的保障，在一个实施分布式领导的团队中，很多重大的决定仍然由团队外部的层级领导做出。

误区三：分布式领导会导致多头领导。分布式领导是一种集体领导模式，在这种模式下，组织成员根据组织任务的需要以及个人完成任务的能力轮换担任领导角色，或者一项任务的不同工作由多个有相应专长的个体负责，强调组织成员的协同作用，而非同一工作由多人共同领导；员工共同完成从决策到执行的一系列工作，可以根据任务的需要和个人的专长来自主决策、自主管理，以增强灵活性，让组织运行更加快捷、高效。因此，分布式领导不等于多头领导。

误区四：分布式领导等于无领导的无政府状态。分布式领导给予每个组织成员发挥自身影响力的机会，但是，个体能否担任领导角色，要视其个性、能力与任务要求是否匹配而定。组织成员通过长期共事逐渐了解了各自的才能，他们基于信任和实现共同目标的需要，愿意在不同阶段根据任务特点的变化听从最有能力的成员的安排。因此，组织的每一个阶段实际上都有领导，并不是处于无政府状态。

可以看到，分布式领导模式的普及为普通员工承担领导角色带来了可能。他们或者是其他成员认可的正式或非正式领导，或者其虽不被认为是领导，但具有相应的领导能力与领导风格，实际上起到了一定的领导作用。

## 第2节　自我领导与领导涌现

分布式领导作为团队和组织层面的领导现象，其实现需要个体层面的支持。自我领导和涌现型领导的视角指向的就是体现出领导特点的个体。

### 一　自我领导

在现实生活中，很多团队的优秀成员不一定个个都是在某专业领域的行家里手，但每一天都在争取“做更好的自己”；他们深谙自省之道，致力于完善值得信赖的内在品质，以便在最恰当的时机服众并统筹全局。君子“慎独”，内在的自我完善因无人督促更显得弥足珍贵。这样一种借助自我督促、激励来不断提升个人能力素养的自我影响过程即自我领导（self leadership）。这是一种特殊的领导现象，其领导者和追随者是同一个主体，所以也有着特殊的形式和意义。在我国传统儒家文化中，自我领导就像是一个自我超越的过程，人们在自我修养的过程中不断扩大自我界限，继而推己及人地发挥个人影响力。

#### （一）自我领导的策略手段

进行自我领导可从认知和行为两个层面同时进行。首先，这需要人们积极主动地强化自我认知，在清晰、理性地把握自身优势及能力短板的基础上，借助自我暗示形成积极的自我评价；与此同时，则可通过自我奖惩等方式规范个人言行，杜绝拖沓、懒散的工作作风，不断提高工作能力，提升个人修养（见表3-1）。

表 3-1 自我领导的策略与手段

| | |
|---|---|
| 认知策略 | 自然报偿 |
| | 积极思维 |
| | 想象 |
| 行为策略 | 自我奖励 |
| | 自我惩罚 |
| | 自我监督 |
| | 自我确定目标 |
| | 自我演练 |
| | 自我暗示 |

资料来源：加里・尤克尔．组织领导学：第 5 版．北京：中国人民大学出版社，2004.

**1. 认知策略**

在认知层面上，曼茨与西蒙斯（Manz & Sims，2001）等学者将自我领导策略进一步划分为自然报偿策略及积极思维策略。具体而言，前者关注的是工作本身能够为人们带来的内在激励，例如志愿者在从事社会公益活动时所获得的内心满足感；而后者则强调怀抱希望、憧憬未来，借助积极的心理暗示与自我对话（self talk），培养乐观心态、增强信心，为未来的成功打下基础，比如，在面对复杂任务时，可以先想象自己做了这个任务，然后想象自己成功后的满足感受。

自我对话的典型例子就是皮格马利翁效应，也称自我实现预言（self-fulfilling prophecy），即积极的期望可以带来积极的结果。“说你行，你就行，不行也行；说不行，就不行，行也不行”，这句话也可以看作对皮格马利翁效应的生动写照。1968 年在美国心理学家罗森塔尔和贾克布森开展的期望实验中，随机选中的学生在“我是最有潜力的学生”这一暗示下，不知不觉地更加努力学习，从而有了飞速的进步。这个实验让人们叹服于心理暗示在个体潜能开发中所产生的深远影响，并为如何借助乐观昂扬的自我对话进行自我领导提供了重要启迪。

**2. 行为策略**

在认知策略之外，学者同时也强调了行为策略的重要性（Manz & Neck，2004），并建议在高度自主化的组织中以合理的目标体系为张弛有度的领导实践提供保障，即以期望的目标作为进行行为纠偏的参照，通过客观的自我评价与严格的自律来消除消极行为、促成积极结果。比如新东方创始人俞敏洪在自我领导、自我提升中就采取了目标管理的做法。他认为一个人要产生成功感，则应该设立阶段性目标。“比如，我今天要把这篇课文背出来，到睡觉之前我背下了就是阶段性的小成功和小成就。把这些小的成功加起来，可能最后就是一个大成功。”此外，俞敏洪会每周写一次日记，回顾七天的经历，并根据收获大小给自己打分。

### （二）自我领导对团队的积极影响

自我领导以“自利”为出发点，首先做到“独善其身”，进而逐渐扩大自身的影响以“兼济团队”，实现利他的结果。这一双赢的局面得益于高效的自我领导对人们的奉献精神、创新意识乃至自主性等起到的促进作用；与此同时，自我领导也将进一步增强员工对授权的感受及自我效能感，从而大力推动绩效在组织各个层面的改进（见图3-1）。

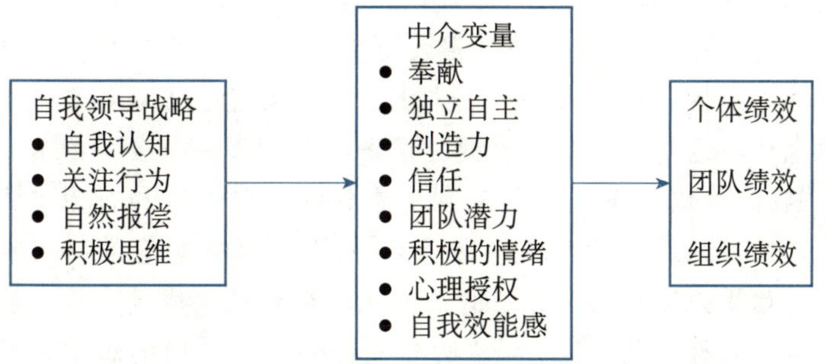


**图3-1　自我领导的积极效应**

资料来源：曹威麟，陈元勇，郭江平．自我领导研究前沿探析与未来热点展望．外国经济与管理，2009（7）。

### （三）超级领导

在理论和实践上，自我领导总是与另外一个概念结伴出现，那就是超级领导。从组织领导者角度来看，卓越的领导者应该懂得如何引导下属进行自我领导，提高他们的能力与自信，并增强集体荣誉感。曼茨和西蒙斯（Manz & Sims，1990，2001）将这样的能够促成下属自我领导的领导者称为超级领导（super leadership）。百胜领导者诺瓦克在企业内部宣导超级领导力概念，并专门设计了相关的培训课程，以期能够帮助每个下属实现自我学习、自我超越，进而都可以做到自我领导和领导他人。

## 篇中案例

### “超级领导”大卫·诺瓦克

“作为一名领导者，我想我要成为一个激起巨大涟漪的人，但这仅靠一个人跳下去是无法实现的，所以你要带领你的团队一起跳下去。”大卫·诺瓦克（David Novak）说道。作为百胜餐饮集团前董事会主席兼CEO，他连续十年带领百胜保持了至少10%的增长率，但他并没有将这一切归功于自己，而是说数以百万计的百胜员工参与了这一切——13年来，他在百胜内部开设了一门叫作Taking People with You的专门提升超级领导力的培训课程。

毫无疑问，这门课程如诺瓦克计划的那样如期展开，“领导力意味着我们要提升员工的能力与素质；更大程度地满足更多客户的需求；赚更多的钱。”他对《第一财经日报》细说自己所理解的领导力，并特别强调，“你不能本末倒置，将赚钱放在第一位，而忽视了赚钱的手段和途径。”

而诺瓦克钟爱的、向人们一再宣导的超级领导力，则是一个从小我到我们，让每一个人都感到自己是团队和项目的一部分，让每一个人都投入和参与的概念，这是他让百胜成长和发展的秘密武器。

**宗教般的文化**

“伟大的企业，都应该有宗教般的文化”，诺瓦克将商业作家吉姆·柯林斯的这一观点奉为圭臬。起初，百胜人都对关键词为“相互信任”“认同鼓励”“为客疯狂”的“群策群力、同心同德”的企业文化耳熟能详，但这仅仅是“第一回合”。很快，诺瓦克意识到，这家公司正在向着下一阶段进发，在这个过程中，需要增加一些新的原则，比如“积累文化”“追求跃进”“攻坚团队”等，他将这一阶段的企业文化总结为“群策群力、百战百胜”“坚持你的核心价值观，并时常改变重点”。诺瓦克确信，文化的转变不需要牺牲核心价值观的一致性。他承认，企业文化这个词太过于宏观，自己并不喜欢它；而谈到价值观，他也认为这是一个太过模糊的词语，似乎每一个公司都有，却都不是那么令人印象深刻。“我们确认了希望在员工身上看到的一些素质和行为方式。它包括一些非常具体的做法，能够帮助执行和实现业务目标。”诺瓦克更喜欢将宏观和模糊的概念具体化。他强调，如果想取得公司价值的最大化，得到最优成绩，那么共同的价值观和行为模式是达成这些目标的关键因素。“所有人都必须有共同的追求，投入到共同的目标中去。”

举例而言，那些被定义为“超级领导者”的员工，就必须拥有如下的素质和行为方式：其一，超级领导者意志必须非常坚定，目标必须非常清晰，知道自己肯定能实现某个目标；其二，必须能够大胆地提出一个伟大的构想，并且必须证明有能力去实现它；其三，必须成为痴迷于不断学习知识的人，可以循序渐进地提高自己的才干和能力；其四，必须展示自己是一个很好的人才开发专家，能够很好地辅导属下，帮助属下共同发展。

**少一些“鲍勃”**

在早期的职业生涯中，诺瓦克就已经意识到，如果想了解真实的情况，就必须深入到员工中间去。有一次，他以百事瓶装集团业务负责人的身份前往美国圣路易斯的一家工厂，在谈到一些有关商品销售的话题时，几乎每个人都表态，其中一位名叫鲍勃的员工是这方面的专家，他是最棒的。在场的鲍勃却泪流满面，这个在公司工作超过40年的员工，即将在两周后退休，却第一次知道有人会对他做出如此高的评价。深感不安的诺瓦克，在接下来的时间里一直处于一种遗憾的情绪当中：事实上，所有人都能够从鲍勃那里学到专业知识，而如果他有机会被提升的话，企业会得到提升，他自己也会因此更加精进。

“如果鲍勃感到被忽视和低估的话，那么，工厂中的其他人也同样如此。”诺瓦克决定不让这样的事情再次发生，他决定亲力亲为，让那些员工知道自己有多么重要，并且在工作中收获喜悦。

这是一个领导者让领导力变得有效的关键节点。此后，诺瓦克开始身先士卒地认同鼓励员工：“你可以制定一个很好的流程，以改变你的想法，改变你想要领导的人的想法，然后制定一些计划来解决他们的困惑，满足他们的需求，让他们追随你。这样你肯定会获得想象不到的成功。”

“如果一个人离开公司，只会有两个原因：一是他觉得不被需要，没有得到认可；二是他不喜欢自己的老板。”诺瓦克坚信，认可鼓励员工这种人性化的方式，能够切实带来业务成效。

**对的人不断进取**

“进取上瘾的人”，必胜客前首席执行官斯科特·贝格恩形容那些能够帮助公司达到卓越的员工时说。诺瓦克毫不掩饰他对这样的员工的渴望：“他们是我们最理想的员工，也是我们自己希望成为的样子。”因此，尽管诺瓦克所领导的百胜集团已经保持了多年的高速增长，他仍然在几个词语当中选择“增长”作为百胜集团的重要目标，但要“以恰当的方式增长”，他补充道。

新兴市场的巨大发展潜力，让他把百胜集团的发展阶段定义在了“初期”，“中国代表了世界上零售餐饮业最大的机会所在，同样我也关注印度和俄罗斯，以及亚洲和非洲的其他国家。”他并不吝惜对中国团队的赞许：“百胜中国的苏敬轼是我见过的最好的领导者，不管取得了怎样的成功，他和他领导的团队都不会满足于现状，而是不断迎接新的挑战。”当然，前提是放权式的领导方式，“那是他们自己应得的权力。”诺瓦克憎恨官僚体系，他说：“我们给所有的国家或地区（的分公司）很大的可以本地化的权力，只要（其本地化措施）符合我们品牌的价值观、品牌的框架。”

作为20世纪100个最失败营销案例之一的“水晶可乐”事件的当事人，诺瓦克从未讳言这个职业生涯中最大的失误，他因此也更愿意给员工以试错的机会。不过，犯错归犯错，但要带来业务成果。“若单是犯错却没有办法带来恰当的成果，我们只好让他为我们的竞争对手打工了。”诺瓦克承认，事实是残酷的，“我们是一家业绩非常好的公司，所以每个人都要承担起自己应当承担的责任。”

资料来源：大卫·诺瓦克：领导力就是带着团队激起巨大涟漪．(2012-06-29). https：//www.yicai. com/news/1854724. html.

具体来讲，为促使他人进行自我领导，领导者应该做到：

首先，起示范作用。要实现组织的自我领导，领导者不仅要自我领导，而且要把自我领导的过程和成效展现给员工，进行自我领导的示范。

其次，为自我领导提供支持和服务。领导者要授权给下属，下属有了权力和机会才能实现更多的自我领导。当下属遇到困难时，鼓励下属，为下属提供资源，并提供规则和制度上的保障。领导者还要接受别人的思想、采纳他人的意见并及时给予肯定与褒奖，从而激发员工自我领导的动力。领导者还要给员工试错的机会，要认识到没有犯过错误的员工可能就是循规蹈矩、谨小慎微、性格保守的员工，很难在未来担当大任。

最后，创建自我领导的组织文化。组织的自我领导需要人人认同、人人参与，因此必须形成一种崇尚独立、追求成长和发展的组织文化。在这种文化下，每位员工都有机会、有动力成为一个自我领导者。

## 二　涌现型领导与自组织

顾名思义，涌现型领导（emergent leadership）是一种不受制于“官方指派”的职权系统，是由敢为人先的团队成员凭借个人实力主动对他人施加影响、自发承担领导角色的动态领导形式。单从字面上看，这种形式体现出领导的非正式性，其似乎与长久以来“尊卑有序”的领导方式相悖。然而，“错综复杂”“动态涌现”早已成为当前商业社会的关键词，以降低不确定性为目的的操控往往显得遥不可及；相反，才思敏捷、彼此信任的组织成员在充分沟通、频繁互动的基础上自发涌现为团队领导，才更能率领众人随机应变，从而凭借着极强的环境适应力掌握变革主导权、出奇制胜。

在这一具体过程中，领导地位的确立源于其他成员的自愿追随而非自上而下的正式指派，因而只要个人的领导才能与当前的阶段性目标相契合，任何一位成员均有可能担负起领导职责。这样一种动态涌现的领导机制不仅能弥补个别领导者的能力短板，也能使团队整体领导力实现可持续发展。正如现代管理学之父彼得·德鲁克所说："倘若一个机构需要天才或超人来管理，就不可能存续下去。领导层要由普通人组成，机构必须这样组织，才能在领导层的带领下前进。"

互惠式影响（reciprocal influence）是涌现型领导的核心特征。组织成员通过频繁的沟通交流形成一条"信息反馈环路"，并以此来确认领导地位（Anderson，1999）。在这一过程中，他们体现出了典型的自组织（self organization）特征——积极主动、分工明确，并能在目标体系、制度规范的约束下依据形势变化自发地承担领导职责。这也正是自组织得以在秩序中促成有利涌现而不致引发多头领导等混乱局面的关键所在。此外，由于自组织中的领导者能够清晰地认识到这一涌现机制的重要性，因而并不会因所谓的"威胁"而打压下属的成长；相反，他们更愿意成为幕后推手：通过积极地营造创新氛围并提供强有力的支持来激励、引导成员的自发涌现，继而推动组织进化发展。

在组织结构日益扁平化的今天，孕育着领导涌现的自组织作为划时代的具有里程碑意义的组织形式有其独特的历史含义。自组织是一种顺应时代发展趋势及自然演化法则的组织形式。团队成员彼此信赖、相互理解、共享信息资源，并在相应的目标制度体系下自觉维护动态而又秩序井然的组织运作，让"受控的混乱"为接下来的领导涌现提供一个自主而宽泛的空间。它在动荡环境中体现出的超强适应性及灵活应变能力吸引了不少亟待革新、突破现状的企业家，但近乎颠覆性的领导模式又让跃跃欲试的他们心存疑虑：在多年来官僚层级制度的熏陶下，该如何建立一个全新的机制来支持自组织的运作?

西方的企业在这方面有更为极端的案例，比如下面介绍的 Zappos 的合弄制（holacracy）。这会不会在中国出现并形成趋势还存在很多争议，但其做法仍给中国企业提供了很有价值的借鉴。

## 篇中案例

### Zappos 的自组织：合弄制

在当下职位头衔的世界里，Zappos 这家曾因创新商业模式获得媒体关注的在线零售商，却准备跟很多职业人士奋力争取的职位头衔说再见。2015 年 11 月，Zappos 首席执行官谢家华（Tony Hsieh）宣布，该公司不久后将成为一个"自治"管理系统，以期在所有员工之间提升透明度。2016 年 3 月，美国鞋类电商 Zappos 首席执行官谢家华在发给员工的内部备忘录中，宣布将在全公司范围内加速推动自我管理，解散管理层，全面实行"合弄制"这一新型管理方式。

这种管理模式也被称为"全体共治"，它鼓励员工和员工团队实现自我领导——这种团队也被称为圈子，Zappos 在推行期结束时组建起了 400 个圈子。此外，Zappos 已经开始建立实行全体共治的方法，并称他们将会遵循两大关键要素：

- 分布式权限——让人们有机会改变组织结构，针对现实情况做出调整。
- 自我组织——每个人都被赋权可以采取任何有助于表达自身目的的行动，只要这些行动不妨碍其他人。

**合弄制是什么**

合弄制是构建、治理和运营组织机构的一套完整做法。它通过分权的新方式达到控制效果，并以此取代如今自上而下的预测和控制范式。它是一种新的操作系统，能够让组织机构的核心流程快速演进。合弄制作为组织运行的新方法，去除权力的管理层次结构，将其清晰分布在各个职位角色中，然后使其自动执行，没有一个微观管理的老板。合弄制有明确的规则和流程，并定义其角色明确的责任和期望。传统的工作与合弄制的对比如表 3-2 所示。

**表 3-2 传统的工作与合弄制的对比**

| 传统的工作 | 合弄制 |
| --- | --- |
| • 工作描述：每个人都有一个岗位。工作描述是不精确的，很少更新，经常无关紧要<br>• 委托权威：经理委托权威，最终，他们的决定总是得到通过<br>• 组织：组织结构很少从顶部审视<br>• 办公室政治：隐性规则让人们知道的越来越少 | • 角色：角色定义的是工作而不是人，并定期更新。人适应不同的角色<br>• 分布权威：权威是真正的分布式，决策在本地产生<br>• 快速迭代：每一个团队自组织的组织结构定期更新迭代<br>• 透明规则：每个人都遵守相同的规则，包括首席执行官，规则可见 |

**合弄制的结构模式**

(1) 价值创造能力结构——创新力。合弄制公司的价值创造能力体现在创新力上，也就是说采用合弄制最终就是要发挥出企业的创新力。“未来事物变化的速度比十年前要快得多，幅度也要夸张得多。因此我认为在这个年代，工作制度的弹性和适应性对于一家创新公司来说将会是其竞争力的来源。合弄制赋予我们更大的弹性和适应性。”这是谢家华对合弄制价值的看法。合弄制管理就是要最大限度地挖掘员工的创新力，如果“变化”成了市场的代名词，那么“创新”必然会成为企业的代名词。

(2) 公司治理结构——分权、自主。要想发挥创新力，保障创新的实现，企业内部必然要采取分权体制。一个合弄制公司中，虽然也存在管理层级，但并不存在固定的管理人员和上下级关系，而且实行民主决策。也就是说，企业中的管理关系不再是一种固定状态，而是一种动态关系，这是对传统的彻底颠覆。公司权力从固定的职位转移到管治会议（governance meeting)。公司 CEO 会签署一份“合弄制宪法”（holacracy constitution)，同意放弃自己的大部分权力并转给管治会议，重大决策都由管治会议集体讨论决定。合弄制就等于管理从专制变成法制，人们按照一定的规则自主行事，而不是按照传统的上下级关系行事，更不必效忠于任何个人。

(3) 组织结构——流程化、网络化。要想落实分权，同时保障企业能够高效运行，必须采取流程型组织结构。在合弄制企业中业务流程被称为“圈”(circle)，市场的频繁变化导致几乎每位员工都会或多或少地做一些他们职责之外的事情，这让传统管理模式变得非常被动。合弄制的目的在于“去中心”“去部门”“去职位”，员工可以依据业务流程自由组合成一个个“圈”。

公司的管治会议根据公司战略把工作分块，变成一个个具体的功用（即业务流程），每个圈子则对应这些具体功用。管治会议还可以根据工作需要在圈中再成立“子圈”（次级流程），规定每个子圈的功用和子圈中有些什么“角色”（roles），并由“链长”（lead link）指定每个子圈的链长，圈是角色的集合。此时企业运行系统完全流程化，不同流程对应不同的圈（团队），圈圈相连，企业内部逐渐形成一种流程网络。

（4）价值单元结构——圈（团队、小组）。在合弄制企业中，每个圈有一个链长（即流程管理人），链长对自己圈的工作没有决定权，但是具有“选人”与“踢人”的权力（即人事任免权），“没有任何人可以命令你干什么，你根据自己的角色和权力自己决定干什么”，但是你的工作表现将决定能否留在圈子中，一旦不能胜任角色，就会立刻被迫离开这个圈子。合弄制的一个妙处在于每个人可以同时拥有多个不同的角色，你可以是某个高层圈（一级流程）的链长，又同时是某几个低层圈（次级流程）的普通角色，这就会出现一个非常奇怪而有趣的现象：一个人可以成为另一个人的上级，同时也是这个人的下级……在合弄制中人与人之间的确实现了理论上的平等。在 Zappos，一名来自呼叫中心的员工可能要承担多达 5 个不同角色的任务。能够胜任不同的角色也意味着对员工综合素质提出了更高的要求。

（5）文化结构——独特性。传统企业多数以业绩为导向，以成败论英雄，所以员工想的往往是如何晋升。“而在合弄制中开始以文化为导向，每个员工都如同公司的传感器，判断公司是不是正在朝着既定目标前进，并主要看组织成员做的事是否符合公司文化”，“如果发现有问题，他就可以在管制会议上提出来。很多情况下甚至不用等开会，他自己就可以做出判断。这种自主权可以大大减少办公室政治”。在企业中要想实现这种管理效果，必然需要塑造强有力的特色文化，文化特色越明显，越便于指导具体管理活动与员工行为，这是合弄制的典型特点之一。

资料来源：Zappos 的管理与变革．（2016－04－20）．https：//wenku. baidu. com/view/c4649960b0717fd5370cdc59. html.

事实上，没有人天生就是领导，也没有人能够从始至终地独挑大梁、胜任团队领袖角色。反观大雁群中头雁轮换的自发涌现，这种简单、自然的组织形式为当代企业管理实践带来的启发不言而喻：作为组织的一员，无论是否拥有标志性的权威头衔，都可以并且应当承担起相应的领导角色——这是个人能力的体现，更是职责所在。因此，在这个能力与责任成正比的自由竞争时代，与其故作谦逊遮掩才能，何不当仁不让地崭露头角，告诉自己：

“我，应该是领导。”

## 小 结

长久以来，英雄式领导以其力挽狂澜之姿态在管理实践中发挥着举足轻重的作用，但对于单个领导者的过分倚重无疑忽视了团队的整体力量。随着时代的变迁，那些单凭一己之力的商业巨头难免会力不从心；与此同时，复杂动荡的商业环境也考验着企业团队的适应性及应变力。在这一背景下，团队成员间相互影响、彼此配合的领导模式应运而生：“人人都可当领导”的理念不为争权，旨在共赢。

其中，具有代表性的分布式领导是指在实现目标的过程中，领导职能与角色由多位成员交替承担的模式。这种领导模式有三种形成方式：自发的、本能的和制度化的。不同于传统的集权式领导，分布式领导关注领导职能在组织各个层次或部门的实践形态，但它并不排斥集权式领导。由于分布式领导分下去的是领导力而非权力，因此它不会导致多头领导或者无政府状态。在此过程中，组织领导者能否有效授权，员工能否自发承担起领导角色以及团队不同领导者之间能否互动协调，都将决定分布式领导的实践成效。

高效的自我领导是推行分布式领导的重要前提。对此，人们可采取认知及行为两种策略，在借助自我对话培养积极心态的同时通过自我奖惩强化工作行为、提高个人能力，为接下来的领导涌现创造条件。进一步地，相互了解、彼此信任的团队成员将借助互惠式影响主动承担起领导职责，在充分的互动中进行角色轮换以更好地应对动荡的外部环境，不断提高组织的适应能力。

## 关键术语

英雄式领导（heroic leadership）
分布式领导（distributed leadership）
自我领导（self leadership）
自我对话（self talk）
涌现型领导（emergent leadership）
互惠式影响（reciprocal influence）
自组织（self organization）
合弄制（holacracy）

## 思考题

1. 你觉得你可以当领导吗？为什么？
2. 在分布式领导模式下，组织中的正式领导需要做些什么？分布式领导模式是否适用于所有组织？为什么？
3. 思考一下自己担当某个正式或非正式领导角色时都做了些什么，体会分布式领导的特点。
4. 如何进行有效的自我领导？请结合个人的具体经历加以说明。
5. 为什么说涌现型领导不会扰乱组织的日常运作秩序？
6. 通过本章的学习，你怎样理解“不想当将军的士兵不是好士兵”？
7. 你认为合弄制适用于中国企业吗？为什么？

## 案例分析

### 阿里巴巴如何玩转分布式领导

按照管理专家彼得·圣吉的话说：“领导力是分布的，领导力并非只属于CEO，它能够且应该渗透到公司的所有层级中。”马云似乎是这句话的笃信者，他讨厌企业越做越大，领导力被集中于越来越少的几个人手中，进而让企业越来越僵化，越来越没有创新的活力。

于是，马云在近几年将旗下企业一再分拆，从“七剑下天山”到现在的几十个事业部，领导力不断下放，重新激发创新；但也有人担心这样做会使部门间“竖起高墙”，以致“山头林立”，管理效率下降。但马云有自己的对策：一则，底层数据平台被打通，彼此透明，各事业部无法“竖起高墙”；二则，建立内部的SNS平台，实现跨部门、跨级别的沟通。

在这样的SNS平台上，大家畅所欲言。但是，到了要共同完成工作的时候，不同部门的人会在这里迅速集结，贡献出各自的知识和领导力，围绕问题制定出高效的解决计划，快速落地执行，而不用在各种高管协调会中虚耗时光，待问题解决后，大家的合作又自动消解。在该过程中，几乎没有人意识到自己也提供了领导力，但这就是一种自发的分布式领导，既有自由组合创新的灵活，又不乏“众包”领导力的担当。

事实上，马云明白，阿里巴巴成长得太快，组织迅速膨胀，越来越纵横交错，也越来越具有模糊属性的生命系统。其实，在这样的微生态中，需要的不是“上帝”，而是一套自耦合、自协调的社交化平台，一套内部透明、开源的数据信息底层，如此，企业才不至于在超速增长中畸形、散架。

而在高层，阿里巴巴从2010年起推行合伙人制度。蔡崇信曾解释阿里建立这一制度的考虑：“不少优秀的公司在创始人离开后迅速衰落，但同样也有不少成功的创始人犯下致命的错误。我们最终设定的机制，就是要用合伙人取代创始人。道理非常简单：一群志同道合的合伙人，比一两个创始人更有可能把优秀的文化持久地传承、发扬下去。”阿里巴巴对合伙人的要求极高——必须在阿里巴巴工作5年以上，具备优秀的领导能力，高度认同公司文化，并且对公司发展有积极性贡献。2014年在美国上市时，阿里巴巴有30名合伙人，至2018年，其合伙人数已增至36位。

传统的公司治理下，股东依据持股比例提名董事候选人，并最终由董事会对公司的经营进行决策，由董事会掌管公司事务。但阿里巴巴进行了特殊的约定，即董事候选人提名权并不依据持股比例确定，也就是说其同股不同权。合伙人可以提名董事会半数以上的董事人选，并且，在公司因任何原因而导致董事会成员中合伙人提名的董事不足半数时，合伙人可以额外再提名，直至超过半数！也就是说这些合伙人共同拥有极大的公司决策权，这在一定程度上分担了马云的职责和压力，同时合伙人各自独当一面，这也是一种分布式领导的体现。马云能够顺利将董事会主席位置交班给张勇，在很大程度上正是得益于阿里巴巴合伙人制度的成功运行。

资料来源：上市之外，阿里巴巴如何玩转分布式领导？.（2013－09－10）. https：//mp. weixin. qq. com/mp/appmsg/show? biz＝MjM5NDE3MTg4MQ＝＝&appmsgid＝10000113&itemidx＝1&sign＝f9a0260b4d899b6098daa0dac3fe41dd；马云的三次“退休”和这背后的阿里合伙人制度.（2018－09－11）. https：//m. cyzone. cn/article/468266. html；深度解析阿里的合伙人制度，你可以用吗？.（2017－05－12）. https：//www. sohu. com/a/139807632_750125.

根据上述案例，尝试回答如下问题：

1. 总结阿里巴巴领导模式的特点。

2. 你认为阿里巴巴之所以能够成功实施分布式领导模式，公司内部可能有哪些支撑要素？其他公司如果想学习阿里巴巴的分布式领导，应该注意些什么？

3. 为什么说马云顺利交班在很大程度上得益于阿里巴巴的合伙人制度？

## 参考文献

［1］Anderson R. Complexity theory and organization science. Organization Science，1999，10（3）.

［2］Carson J B，Tesluk P E，Marrone J A. Shared leadership in teams：an investigation of antecedent conditions and performance. Academy of Management Journal，2007，50（5）.

［3］Manz C C，Neck C P. Mastering self-leadership：empowering yourself for personal excellence. London：Prentice Hall，2004.

［4］Manz C C，Sims H P. Super leadership：leading others to lead themselves. New York：Berkeley，1990.

［5］Manz C C，Sims H P. The new superleadership：leading others to lead themselves. San Francisco，CA：Berrett-Koehler Publishers，2001.

［6］冯大鸣．分布式领导理论的教育管理意义．现代基础教育研究，2012（12）.

［7］加里·尤克尔．组织领导学：第5版．北京：中国人民大学出版社，2004.

［8］李洁芳．分布式领导概念内涵、角色关系辨析与未来研究展望．外国经济与管理，2008（8）.

［9］刘松博，许惠龙．领导力的未来：分布式领导．领导科学，2012（26）.

［10］杨中芳，高尚仁．中国人·中国心：人格与社会篇．台北：远流出版事业股份有限公司，1991.

# 第 4 章 领导力与权力

## 学习目标

- ◎ 掌握社会权力基础
- ◎ 了解领导权力的其他来源
- ◎ 理解领导者与追随者的不同影响策略
- ◎ 区分个人化权力与社会化权力
- ◎ 了解权力距离的定义
- ◎ 理解高权力距离下的授权原则

## 引例

### 看万科王石如何“无为而治”

万科董事长王石可以称得上中国最典型“无为而治”的企业领导。1984 年，王石用 300 万元的第一桶金创立了万科。经过近 40 年的发展，万科已经成为中国乃至全世界最大的住宅供应商。除了其亮丽的业绩之外，更让人津津乐道的是王石强调的“弱化个人作用，强调制度作用”的理念，以及强调管理队伍整体建设的做法，这种管理模式确保了万科不会因为任何一个领导的离开而出现动荡。万科培养职业经理人的相关制度手册争相成为其他公司学习复制的模板。

1999 年，王石辞去万科总经理的职务。自此开始，王石主要以董事长之职管不确定的事情，而总经理主要负责确定的事情。所谓确定的事情，就是董事会已经做出决议的事情。

王石逐步把权力放给管理层。在万科团队中，80 后已经成为一支非常重要的力量，总数占公司全体员工的 80%左右。王石表示会给管理层更大的权限。“实际上，现在万科的管理团队不仅在管确定的事情，也已经在管不确定的事情。也就是说现在我分内的工作，他们已经切入，但他们的事情，我绝对不会切入。”

通过无为而治的管理方式，王石从繁忙的公司事务中解放出来，寄情山水之中，来思考有为的事情，规划公司的战略和方向问题。而攀登珠峰成功，则成为其独特生活方式和管理公司方式的顶峰之秀。

资料来源：赵建华，刘建平．领导艺术的修炼．北京：人民邮电出版社，2015.

王石将权限尽可能授予下属，既解脱了自己，也有效保障了公司的高效运转，即便在“宝万之争”等影响公司的大事发生时，万科的运行也没有受到太大的影响。当然，他的做法是否合适引起了广泛讨论，甚至是饱受争议。这表明，领导者权力的运用将在很大程度上影响组织的发展。在组织的不同发展时期，领导者对权力的掌控是否应该不同？当组织处在不同的环境，尤其是不同的文化环境中时，领导者对权力的运用又应当有什么不同？这些都是现实生活中的组织需要面对和解决的问题。

那么，你又是如何理解权力的？它是否专属于那些位高权重的主管？如果不是，普通人又将如何拥有权力？而权力又是否等同于领导力呢？本章将对这些问题做出回答。

## 第 1 节　权力与权威

### 一　权力、权威及领导力

人们常常用“气场强大”来形容一个团队中的领导者，他的一言一行、一举一动甚至日常穿着打扮都有可能影响到组织中的其他成员。赫德森（Hudson）在成为通用动力公司的第一位女性总裁后，对此深有体会：上任第一天她就发现办公室里许多女员工开始模仿她系围巾的方式。“我与周围的环境正在为这个组织确定基调，作为一个领导者，人们以一种难以想象的方式盯着你。”她感叹道。微软的比尔·盖茨对公司员工的影响则更为深刻。

**篇中案例**

**微软的“盖茨效应”**

作为公司、组织、社会团体、运动或团队的领导者，请记住，你手下的每个人会一直观察你的行为，留意你是否“言行一致”。领导者每时每刻的一言一行，都是在对员工进行着许多微不足道但却十分重要的习惯和行为的培训。这是一场缓慢的“持久战”，将从根本上改变员工做事、处世的方式。

作为微软最炫目的人物——比尔·盖茨的个人行为对微软产生了显著的影响。1992 年，《财富》杂志记者准备写一篇有关盖茨的封面文章，盖茨首先邀请他去旁听著名的“盖茨式产品会议”。在长达 4 小时的紧张激烈的会议里，盖茨和负责某一条产品线的团队进行了讨论。

整个会议过程令人受益匪浅。许多其他公司的首席执行官都只与部门主管面谈，部门主管再与项目经理交流，而后项目经理才和每个员工进行讨论。盖茨却把与该产品线有关的所有员工都召集起来，进行一场激烈的、马拉松式的讨论。在这个过程中，每个员工都能看到盖茨是如何提出疑问并反驳某些观点的。他们有近距离了解盖茨的思维模式的机会。

当员工崇拜某个企业领导时，会不由自主地把自己和他们的某些方面联系起来。接着就会不由自主地遵从他们的行为规范，尤其是当他们的行为重复不断发生时，微软员工对于比尔·盖茨更是如此。据说在刚开始经营微软公司的时候，比尔·盖茨总习惯开会时不停地前后晃动身体，尽管他做出这种行为的原因无从考证，或许还有可能是边缘性自闭症的表现。不过有趣的事情还是发生了，微软的许多管理者和工程师都开始模仿盖茨前后摇摆的习惯。

这只是"盖茨效应"的一个缩影。随着类似的情况不断出现，盖茨的许多个人行为对微软都产生了至关重要的影响。其中最鲜明的例子就是，尽管有些独立的市场观察员把微软定位于相比于弱势对手竞争的"市场领先者"，盖茨本人却认为微软处于劣势，一直都竭尽全力与难缠的对手争夺市场份额。盖茨的"危机意识"影响着管理者和工程师，他们从盖茨身上感觉不到一点儿对公司已取得的超人业绩的自我满足。通过近距离的观察，微软中许多人的观念及人生态度都慢慢与盖茨趋同了。微软人没有对他们在操作系统领域近乎垄断的领先优势感到丝毫自满。不久之后，微软的产品取代了 Lotus 软件，成为电子制表领域的领头兵；在文字处理系统方面，击败了 WordPerfect；并抢夺了 Borland 作为计算机语言和软件开发工具的老大位置。

资料来源：领袖要则之五：以身作则 微软：比尔·盖茨的影响力．当代经理人，2010 (11).

这种能够改变他人的行为、态度乃至信念的无形力量来源于领导者的权力。从一般意义上说，权力（power）是人们拥有的能够通过影响他人实现自身目的的能力。这种能力一方面来源于正式的职位头衔，并将赋予领导者一种居高临下的强势地位。例如，作为主管经理，你在委派工作、推行相关政策时可以要求下属员工无条件服从。另一方面，权力也有可能来源于非职位的影响，比如个体娴熟的技能、广博的知识或是高尚的品德。权威（authority）实际上等于广义的权力，泛指从上述职位和非职位两种来源获得的影响力，而狭义的权力仅仅指来源于正式职位的权力。在本教材中，权力大多指广义的，与权威同义。

权力是一种施加影响的潜在能力，而并不是必须使用这种权力来对他人施加影响。一般，对他人的影响是基于他人对权力的感知，而并不需要去真正行使权力。如果说权力代表的是促成改变的能力，领导力则着眼于实际改变的成效。领导力关注的不仅仅是服从以及过往的经验成就，还有如何借助权力这一有力工具突破现状、推动变革，进而引领团队逐步实现目标和理想。可以断定的是，领导者需要权力来完成任务，权力对于领导力的有效性是至关重要的。但对于领导者，最大的不同之一就是如何使用他们的权力。一些领导者用权力来威胁和压制下属，一些领导者则把权力看作他们说服力的助手，用它来营造一个团队合作和共同努力的氛围。

## 二 社会权力基础

在权力的概念中提到了权力的职位和非职位两种来源，但还比较粗糙。下面将具体介绍对权力来源的细致分类，以更好地理解权力的内涵。

### (一) 静态的社会权力基础

权力在很多时候是由正式的职权体系赋予领导者的一种工具——他们以此衬托并维持其权威地位。但在组织中拥有权力的不一定都是主管，普通员工也有可能凭借自身的道德修养、专业技能水平等个人特质，从“非正式渠道”获得权力。从这个视角出发，弗伦奇和雷文（French & Raven，1959；Raven，1992）分别从职位与个人两个角度追溯了权力的来源，并进一步将其划分为如下六种形式。

**1. 职位权力**

(1) 法定权（legitimate power）。顾名思义，法定权随组织正式授予的权威头衔产生。身处其位的领导者为谋其政，在上至战略调控下至资源调配，以及相关政策的制定与实施过程中，都会借助法定权。层级分明的权力体系能够清晰地界定不同成员的职责范畴。

(2) 奖赏权（reward power）。“胡萝卜加大棒”是一种古老而经典的激励手段，以众人垂涎的“胡萝卜”作为成员完成绩效目标的嘉奖，此时领导者便拥有了奖赏权。奖励的具体形式从加薪、授权到职位晋升等不一而足，但其关键在于对员工内心需求的把握：是满足于物质激励，还是寻求更高层面的自我发展。

(3) 强制权（coercive power）。与奖赏权相对，强制权就像是一柄予以威慑、恐吓的“狼牙棒”，代表领导者拥有的惩罚权。对于上级训斥指责、撤销奖金甚至解雇的畏惧，往往能从反面警醒员工规范言行，恪尽职守。

职位权力以组织正式制度体系为强大的后盾，尽管能够为掌权者带来令人敬畏的影响力，却不能保证下属心悦诚服地追随。在一个团队中，真正的领导者无论是否拥有正式的职权，都具有强大的影响力。这种“气场”在很大程度上来源于成员的个人特质，并将进一步决定领导权的实际影响力。

**2. 个人权力**

(1) 专家权（expert power）。“知识就是力量”可以很好地诠释这种专家型权力。在团队中知识渊博、技能高超或是在某特定领域具有丰富经验的成员通常会为众人敬仰并信服，从而得以对他人施加影响。

(2) 参照权（referent power）。卓越领袖作为团队的灵魂人物，接受来自下属的认可、尊敬和羡慕。这种钦佩的力量为领导者带来了参照权，使他们以表率的姿态激发他人由衷地仿效甚至膜拜，这一影响力也将随着上下级关系的加深而逐渐扩大。

(3) 信息权（informational power）。团队中有的人消息非常灵通，掌握了最新资讯，并且具备说服他人的能力，这种人就拥有了信息权。他们并不一定像专家那样通过形象（比如法官和医生的着装）来展现可信度，但是他们必须对最新的资讯十分敏感，经常更新自己所掌握的信息，并且具备争辩的自信和技巧。

一般而言，领导者并不需要具备以上所有六种形式的权力，其只要令人信服地拥有其中的一两种就可以成为真正意义上的领导者。比如，网络上热捧的某些公共知识分子的微博拥有巨大的访问量和引用率，他们的言论不论对错都对其拥护者有着不容置疑的影响力，专家权本身就足以支持其领导力的发挥。

### （二）动态的社会权力基础

上述社会权力分类基于特定的个人或是职位，从一个相对静止的角度展现了领导权力的来源。但现实世界里的领导者往往需要在错综复杂、动态变化的环境中履行相应的职权。如此一来，本就形式多样的权力更显倏忽不定、难以把握。为此，美国学者皮尔斯和纽斯特罗姆（Pierce & Newstrom，2003）指出，权力实际源于“形势所迫”，是为了应对重要的组织问题而产生的，影响力的大小取决于个体在整个组织中的地位，其职务的中心性、他人的依赖性以及在紧急关头的危机处理能力都将在不同程度上奠定领导权的根基。

（1）中心性。当团队某位成员在企业主营业务流程中承担关键职务，并能显著地影响最终的结果产出时，他将轻易地拥有举足轻重的权力地位。

（2）依赖性。依赖性往往与稀缺的、关键的资源相关。工作中的互通有无、协调配合使得人们在对那些资源控制者“有所求”的同时，也赋予了后者相应的权力，尤其是当后者掌握的是独一无二、不可替代的资源时。

（3）不确定性。变化的环境致使领导过程体现出高度的复杂性。在共同利益的驱使下，临危不乱的领导者往往更能安抚人心，并将通过降低环境不确定性进一步树立威望。

权力会随组织环境的变化而动态转移，人们可以从美国公司高级主管的历史演变中体会到这一点。直到 20 世纪 50 年代初，许多大公司都仍由生产管理者和工程师领导。但是，当生产定型化和机械化以后，许多公司面临的问题便是如何销售自己生产的产品，因此销售主管开始走上权力的舞台。多年后，当公司需要大量的资本以保持市场和生产的稳定时，财务主管就登上了权力的宝座。当法律调查和反托拉斯案例在 70 年代变得越来越普遍时，法律顾问开始处于权力的前沿。

## 三 权力的其他来源

除了个人特质、职权等级制度以及外部局势的变化，一些看似微不足道的细节也将影响人们对于权力的感知。设想一下这些情境：国家法院或是政府机关大门两侧的石狮、立柱，它们总能于威严肃穆的氛围中烘托出权力机构的神圣不可侵犯性；而隔着总裁办公室宽大、厚重的办公桌，无论是部门领导还是基层员工，都唯有毕恭毕敬地聆听来自 5 米开外的最高指示，战战兢兢、如履薄冰。服装选择甚至也会影响个人的可靠性及独特的领袖魅力：想想在全副武装的警察面前，有多少人会下意识地噤声挺立、肃然起敬？

周围环境能够潜移默化地影响人们的言行举止，近年来意识到这一点的领导者纷纷借外力造势，并逐渐形成了一股潮流。其中，美国前总统小布什与苹果公司的传奇人物史蒂夫·乔布斯可谓知名典范，虽然广大受众对此似乎褒贬不一。美国传播学者哈米斯（Khamis）曾说，21 世纪初的领导人和商业精英都在模仿两种演讲：一种是小布什式的，一群听众组成人墙站在讲台后面，即便演讲内容并不诱人，但身后有众多捧场者营造气场；另一种就是乔布斯式的，作为舞台上唯一的故事演绎者，一边用幻灯演示一边款款陈词，穿着随意而率性，手中还时不时拎瓶矿泉水。

## 四　影响策略

在团队中，评判一位领导者是否成功，标准之一是看他能否对自身的权力体系进行合理规划，进而在不同的情境下采取最合乎时宜的影响策略。艾森豪威尔曾用拉动桌上一根细绳的例子对领导力进行了形象的阐述："正如你能够拉动这条绳子，却无法推动它一样，军官的职责在于引领并带动将士，一厢情愿的推动只能是徒劳的。"这也意味着，领导是由双方共同成就的。此外，个人权力的涌现打破了传统意义上对领导权的垄断，因而组织的领导者能够在多大程度上影响、改变追随者，取决于双方的力量博弈。只不过，这不应该是一场旨在争权夺利的零和博弈；相反，正是领导者与追随者之间的这种交互影响激活了团队，使之高效运作。在第 2 章中已经介绍了积极追随者及其领导者各自应该做些什么，这里进一步从权力的角度再来谈一下领导者和追随者可能会用的影响策略。

### （一）领导者策略

在这场博弈中，不同的领导者对于权威的认识及偏好各异，而为了巩固或维护自身的权威地位，他们也将相应地采取多样化的策略手段。

（1）激发情感——"动之以情"。领导者通过构建理想愿景与下属共享价值理念，进而凭借其强烈的情绪感染力点燃成员的奋斗热情。

（2）理性说服——"晓之以理"。确凿的事实或是严密的逻辑推理能够为战略愿景的"落地"提供强有力的支撑，为团队的其他成员所信服并使之诚心追随。

（3）建立联盟。基于彼此间的信任与尊重，领导者通过积极的社会交往寻找志同道合的"自己人"，在与他人联袂而行的过程中不断扩大影响力以实现共同的目标。

（4）政治施压。必要的时候领导者也会运用组织赋予的正式职权强制他人服从，不过该策略需要领导者承担较大的风险并具备较强的决断力。

### （二）追随者策略

第 2 章中介绍了"合格的"积极追随者应该做些什么，本节则通过权力概念，帮助追随者成为"强大的"积极追随者。合格的积极追随者会强力执行领导的决策或者向领导者提供建议，但更强大的积极追随者还会以组织的共同愿景作为自己的行动准则，努力影响领导者的资源分配和决策过程，从而更有效地协助领导者展开日常工作，降低领导成本，保证组织的良性发展，努力实现组织目标。

个人权力是追随者影响力的主要来源，组织成员的个性、品质、知识经验等均会在上下级的相互影响中起重要作用。在这一过程中，追随者又可采取魅力影响及决策支持两种具体形式；此外，下属的社交技巧以及行为态度也可作为特殊的奖惩机制，一定程度上起到约束的作用。

（1）魅力影响。个体可以凭借自身的卓越品质及道德修养获得他人的尊重、钦佩乃至效仿，这一参照式权力的受众自然也包括领导者。

（2）决策支持。拥有较强专家权或信息权的员工往往比他的上级更了解具体的业务流程，由此其可获得有力的决策发言权；此外，下属的接受与认可也是支持领导决策顺利推行的关键要素。

（3）领导激励。以其人之道还治其人之身的“胡萝卜加大棒”式激励同样能对领导者产生影响。追随者向领导者表达敬意或是仰慕之情可视为赢得后者信任的策略手段，这同时也可视为一种特殊的奖赏权；而与之对应的阳奉阴违或是消极怠工则体现为对上级领导的惩罚权。

管理学者提出了“向上管理”的理念，并提出了一些追随者影响领导者的方法和思路。

学者说

**向上管理，与你的老板相互成就**

要想工作卓有成效，下属发现并发挥上级的长处是关键。我们大部分人对于管理的思维定式是向下管理、向上负责。我觉得应该修改我们的管理思维定式，即向下负责，向上管理。

**为什么要向上管理**

彼得·德鲁克在《卓有成效的管理者》一书中说：“工作想要卓有成效，下属发现并发挥上级的长处是关键。”这和我们的平常认知并不一样。很多时候在我与管理人员聊天时，如果问大家：你对谁负责？你管理谁？几乎所有的管理人员都认为负责是向上的、管理是向下的，其基本都会这样回答：我向领导负责，我管理下属。

但是，这个回答是错误的。管理的对象是谁，一直是一个看起来明确而实际上非常不明确的问题。很多人认为这是一个常识性的问题，根本不值得探讨。但是，当我们面对“管理者的社会义务是什么？”“社会反应如何？”“社会责任与经济绩效的关系如何？”“管理者到底对谁负责，到底管谁？”等这样一些问题的时候，关于这些问题的讨论会非常激烈，会出现很多答案。

近年来，产生这么多答案的根本原因在我脑中逐步清晰：这是管理的思维定式问题。我们大部分人对于管理的思维定式是向下管理，向上负责。这个思维定式的结果，导致人们对管理者的社会义务和责任的认知出现了问题，也无法协调社会责任和经济绩效之间的关系，更不知道什么样的社会反应才是正确的反应以及管理者应该对谁负责、应该管谁。我觉得应该修改我们的管理思维定式，即改为正确的：向下负责，向上管理。

**做好向上管理“五要”**

众所周知，管理需要资源。那么，资源的分配权在谁的手上呢？很显然，在上级手上，这也是由管理的特性决定的。既然这样，那么当你需要进行管理的时候，就必须获得资源，而这就需要对上级进行管理。所谓向上管理，我的定义是“为了给你、你的上级和公司取得最好的成绩而有意识地配合上级一起工作的过程”。由定义可见，向上管理的核心是建立并培养良好的工作关系。

向上管理，简单地说，就是迎合上级的长处，尽量避免上级的短处，自问：“我/我的下属怎么样做才能使得上级的工作较为顺利？”为了实现建立并培养良好的工作关系这个核心目标，向上管理，主要须做好以下五个方面：

(1) 要建立和谐的工作方式。和谐的工作方式要求采用双方能够接受的形式处理问题、交流看法并明确各自的职责。这种关系类似于团队角色的关系，每一个人的角色都是不可替代的，都更关心荣誉，而不是权力；更关心责任，而不是地位；更关心互补，而不是彼此的差异。

(2) 要不断提升相互的期盼。相互期盼，对于提升各自的能力和管理效果来说是最关键的因素。在多数情况下，得不到好的结果，是因为存在对彼此的不理解和失望。生活中有一句很流行的话叫"因理解而分手"。我觉得大家可能误会了这句话，如果因为理解而分手，那么就意味着在合作的开始阶段，并没有很好地交流各自的期望。等到能够理解各自的期望时，才发现相互之间无法达成对方的期望，最后只好分手。在与上级的配合中，非常重要的一点就是要经常沟通双方的期望，并通过不断提升期望，来提升各自的能力。一旦形成这样的状态，双方都会发现对方是一个最好的参照物，进而不自觉地提升自己的期望，使得各自都逐步上升到一个新的高度。

(3) 要确保信息流动顺畅。在组织管理中，最困难的是组织信息管理。管理不好组织信息是组织失控的根本所在，因为一个组织所要传达的信息是一个隐性因素，同时，组织信息本身又是对组织状态这个系统的描述。向上管理的一个方面就是信息流动，包含的命题有：组织信息的正式传递、组织信息的过滤、组织信息的发布、组织信息的沟通方式、"意见领袖"、组织信息的形成与控制，等等。在所有这些命题中，贯穿始终的要素就是你和上级之间的信息流动。既然你们之间的信息交流是否顺畅如此重要，那么，一定不要借助第三者来传递信息，更不要在信息方面有所保留，否则都会影响信息流动。

(4) 要有诚实和可靠的关系。如果你和上级之间只能用一种状态来描述的话，那就是诚实可靠。向上管理是相互依赖的关系，是配合和协作的关系，而不是管理与被管理的关系。

作为下属，永远不让上级觉得难堪：事前警告他、保护他，以免在公众前使其受辱；永远不要低估他，因为高估没有风险，低估会引起反感或者报复；对上级不要隐瞒。这些，都是形成诚实可靠关系的要求。

(5) 要合理利用上级的时间与资源。上级的时间与资源都是要争取的内容。时间的意义在于可以让信息流动顺畅，可以感受各自的期盼。时间最好的作用是能够带来一个可以信任的机会。上级的资源最直接的功能就是为你的工作提供帮助，每个上级都希望他能够为公司的工作发挥作用。

很多时候我们忽略了这一点，即很多管理人员得意于独自解决问题，自豪于独立完成任务，但是他没有想到，也许借力会有更好的效果。

在向上管理上，彼得·德鲁克还认为：有效的管理者了解他的上级也是普通人，肯定有其长处和短处。如果能在上级的长处上下功夫，协助他做好工作，便能在帮助上级的同时也带动自己。要使上级发挥所长，不能靠唯命是从，而应该从正确的事情着手，并以上级能够接受的方式向其提出建议。

资料来源：向上管理，与你的老板相互成就．(2018-08-07). http://www.ceconlinebbs.com/search.jspa?q=%CF%F2%C9%CF%B9%DC%C0%ED%A3%AC%D3%EB%C4%E3%B5%C4%C0%CF%B0%E5%CF%E0%BB%A5%B3%C9%BE%CD.

其实，领导者与追随者运用权力的策略形式多种多样，各自的影响力在组织中交织成了一张无形大网。至于在这场博弈中，双方的影响力是水火不容、相互牵制的关系还是彼此成全、互相促进的关系，则取决于整个团队是否秉承共同的价值理念。毕竟，对于一个团体而言，狭路相逢的敌手姿态绝不利于整体目标的实现；相反，致力于成就他人的影响力比强权压迫更具有说服力。在一个团队中，最为有效的权术策略应体现为在相互影响的过程中将双方的权力凝聚起来，从而激励彼此、互惠共赢。

## 第 2 节　领导者需要多少权力

虽然有专家权、参照权和信息权的存在，但对于大多数人来说，提到权力二字，最先映入脑海的多半还是声望与地位，而由此触发的好奇与渴求会驱动他们进一步认识谋求权位的具体途径。

古往今来，宦海商场的权术数不胜数，硝烟背后，既有一朝得势、翻手为云覆手为雨的风光，也有为人作嫁、一将功成万骨枯的凄凉。在一场场明枪易躲暗箭难防的权力斗争中，有人唯恐避之不及，有人却乐此不疲。权力像潘多拉魔盒一样充满着亘古不变的诱惑力，但历史上也不乏张良、范蠡等在辅助帝王成就霸业后不为功名所累的明哲保身者。不同的人对于权力有着深浅不一的需求，美国哈佛大学教授麦克莱兰（McClelland）将这种意欲控制、影响他人的动机称作权力需要（need for power），并进一步指出：对于那些具备高权力需要的人而言，由权力带来的地位、影响能够为其提供极大的心理满足感，而这也是引发权术斗争的幕后推手。

### 一　权力需要的表现途径

人们常用“野心家”形容那些具有高权力需要的人：他们健谈、直率，善于提出问题和要求，时常滔滔不绝地表达自己的观点，并不断运用辞令技巧以期引领团队思潮；此外，他们在构建信任关系、拓展人际网络等方面也同样具有绝佳的敏锐性；他们极为注重对权位及影响力的获取；在他们眼中，他人的臣服——无论是否发自内心——就是最大的奖赏，这将坚定他们对于权力的执着信念。

需要指出的是，这一信念本身是无可厚非的，但历史上的枭雄与英雄却往往因一念之差踏上截然不同的征途，其背后的根源则在于他们表达自身权力需要的方式不同。因此，根据领导者的行为动机是出于一己私利还是团队利益，可以进一步做个人化权力需要与社会化权力需要的划分。

（1）个人化权力（personalized power）需要。拥有较高个人化权力需要的领导者很可能相对自私、狭隘、我行我素；搬弄权术，左右他人只是为个人服务却无视全局利益。

（2）社会化权力（socialized power）需要。与个人化权力需要相反，社会化权力需要是为群体目标服务，领导者为此甚至不惜牺牲个人利益，在情感动机上相比前者更为成熟，也将更有利于整体目标的实现。马丁·路德·金就是追求社会化权力需要的典型例子。

## 篇中案例

### 为民权运动牺牲的领袖马丁·路德·金

马丁·路德·金是民权运动的领袖，他留给后世人以高大、伟岸的印象：促进了民权进步，为黑人带来了福音，也为整个人类群体带来了更多公平和正义。

金出生在一个牧师世家，爷爷和父亲都是牧师，他和父亲同名，都取自16世纪欧洲宗教领袖马丁·路德。在25岁那年，金正式受聘成为一名牧师，并投入到民权运动中，在那个种族隔离泛滥的年代，积极争取种族平等。

一开始金不相信“非暴力”的方式，后来金认识了自己的导师、资深民权活动家贝雅·拉斯丁，受后者和平主义理念的影响，金渐渐改变了自己的看法，更重要的是，他知道了圣雄甘地，知道了“非暴力不合作运动”。他还亲自去了一趟印度，对非暴力的内涵也有了更深刻的感受：“在来到印度之前，我从未如此相信对于受压迫的人们来说，非暴力抵抗是争取公平和尊严的最有力的武器。”后来他也拿起了这件武器。

1955年，蒙哥马利的一位黑人女裁缝罗莎·帕克斯因为拒绝在公交车上给白人让座而被捕，这件事成为一个导火索，点燃了人们对于种族隔离由来已久的不满。金和另外两位民权运动的斗士也趁势发起了著名的蒙哥马利罢乘运动：黑人集体拒绝乘坐公交车，而宁愿选择走路，以此对抗种族不公。

金向来擅长演讲，在这次罢乘运动中他也发挥了这一优势，引经据典，言辞极富感染力。他说，美国的种族隔离已经严重到“除了抵抗我们别无选择”的地步，我们要恢复正义，我们没有做错，“如果我们错了，那么万能的上帝也错了”。

要抵抗，同时他又强调要用“非暴力”的方式：非暴力并不是一味地屈从于邪恶势力，而是用爱对抗邪恶。以暴制暴只会让暴力和仇恨更加猖獗，而爱却可以感化对手，让他们感到羞愧，重新做人。

金在这场罢乘运动中的出色领导力为他赢得了声誉和人们的信任，且该运动最后大获全胜：在罢乘整整385天之后，蒙哥马利终于取消了公交车座位种族隔离，从此不再区分“白人座位”和“黑人座位”，黑人也不会再被迫给白人让座。

在这一年多的时间里，金不断受到各种威胁，他的家被炸毁，自己也锒铛入狱。一些温和派的白人给狱中的他写信，他们既同情他，又觉得他踩过界了：你的非暴力行动让事态更紧张，不利于现行法律和秩序的稳定。

而金给他们的回信则是：我们没有制造紧张，我们只不过是让存在已久的紧张浮出水面，让人们看清它，解决它。疥疮不破，便无法治好。

罢乘运动不仅是美国民权运动的一个转折点，也是金职业生涯的一个重要节点，他从此成为黑人民权运动的领军人物；随后，他又当选为南方基督教领袖大会的主席。

民权运动是一个漫长的过程，种族平等的实现也非一朝一夕。罢乘运动之后，金又陆续在全美组织了许多非暴力行动，这一系列行动的最高潮，自然就是1963年的“向华盛顿进军”——就是在这场游行中，金发表了在美国历史上的最优秀的演讲：我有一个梦想。

面对着25万人，金说出了他的梦想：我梦想有一天，我的四个孩子将生活在一个不以皮肤的颜色、而是以品格的优劣作为判断标准的国家。

资料来源：我们该如何看待一个伟人的功绩和私德？. 马丁·路德·金.（2017-06-29）. https://baijiahao.baidu.com/s?id=1571510437720031&wfr=spider&for=pc.

学者的实证研究也验证了领导者追求社会化权力需要确实可以提高领导效能的观点。下面的“学者说”介绍的就是这样一项研究。

学者说

**社会化权力的调节作用**

索思克和丁格（Sosik & Dinger，2007）希望能够对领导者的风格如何影响他所提出的愿景这一机制进行研究。他们的一个假设是领导者的社会化权力需要将在其中起到重要的调节作用。具备社会化权力需要的领导者能将组织利益置于个人利益之上，这不仅有助于领导者提供与员工真实需求相契合的奖励，同时也将为领导者赢得民心，触发情绪共鸣。因而对于风格不一的领导者，其社会化权力需要均能在一定程度上保证愿景的有效性。

该项研究的样本覆盖了183名来自金融业、IT业、制造业、服务业、教育部门、生命科学研究领域以及政府机构7大行业的职业经理人以及809名下属员工。而相应的数据分析结果也都有力地支持了如上假设。

资料来源：Sosik J J，Dinger S L. Relationships between leadership style and vision content：the moderating role of need for social approval，self-monitoring，and need for social power. Leadership Quarterly，2007（18）.

## 二 权力需要与领导有效性

在讨论权力需要与领导有效性的关系时，如下因素值得思考。

### （一）自我克制

长久以来，“克己奉公”的信条在国人心目中始终占据着举足轻重的地位。古有“先天下之忧而忧，后天下之乐而乐”的范仲淹，今有“以人民疾苦为忧，以世界前途为念”的周恩来总理。从他们的身上，我们不难看到克制与谦逊的传统美德。尽管高度的权力需要在很大程度上与领导有效性指标息息相关，例如高级经理人的绩效评级、晋升速度等（McClelland & Boyatzis，1982），但为了避免引起大众对“野心家”的本能反感，领导者对于这一动机的克制往往是很有必要的。对此，麦克莱兰教授也曾提醒那些具有高权力需要的领导者：如果缺乏一定的自我克制，对于权力的狂热追求或许能够在短期内获得成功，但却极有可能以失去成员的信任为代价，而由此酿成的紧张氛围也不利于双方的长期合作。

### （二）情境

领导过程是在具体的情境中实现的，在领导者自身的权力动机之外，环境的复杂性决定了领导有效性将受其他诸多因素的共同影响。例如对极为重视成员知识水平的企业技术部门来说，领导者的专家权发挥着关键作用，而这类权力是通过实实在在的价值贡献获得的，与领导者主观意愿的关系并不大。

### （三）追随者的权力需要

凡事都有两面性，谋求权力就像是一项风险与收益并存的投资。因此，既有人为其光鲜的回报急红了双眼，也有人因其潜伏的危机而退避三舍。范蠡了解勾践是可以同患难但绝非共富贵的人，于是在辅助其复国后毅然弃官从商，并在富甲天下后仗义疏财；而张良在达成了最初“为韩报仇强秦”的夙愿后，也逐步退出了人们的视线，淡出了政治舞台。如果说低权力需要的追随者是因为志不同道不合，满足个人精神追求而不受权力驱动，那么，对于那些高权力需要的人来说，领导者的颐指气使或过河拆桥往往会令“屈居人下”的他们心有不甘，甚至做出与权力体系相抗衡的行为，并最终损害整体的利益。

### （四）对于权力需要的理解

此外，上级有时会错误理解下级对于权力的需要，这也将影响到领导的有效性。在历史上，太平天国的将领就曾盲目地将加官晋爵视为笼络人心的捷径。早期的太平天国只有 5 个王，而到后期，太平天国封的王达到 2 700 多个，可谓中国历史上的一个“奇迹”。然而，如此本末倒置地将浮华的权位表象等同于权力本身的轻率举动不仅难以服众，反而加速了组织的衰亡。处在变局中的领导者经常会提拔下属的下属，甚至许给他们一些高过其直接上级的承诺。诚然，这些领导者并没有进行认真的调查，也来不及了解真实的情况，他们只是希望用自己的影响力来阻止事情的进一步恶化。这样一来，组织内的职务就迅速贬值，组织成员不再在乎轻松得到的组织荣誉，甚至更加蔑视组织内的职务，以致组织成员对基于行政层级的组织缺乏基本的敬畏，而组织只能更加不稳定，就像后期的太平天国一样。

## 第 3 节　权力距离与领导

### 一　不同文化下的权力氛围

权力一词似乎天生给人以距离感。在深受儒家文化熏陶的中国社会，人们自古以来就遵守“君君臣臣父父子子”的礼数。无论是封建时代至高无上的皇权天威，还是当今备受拥簇的国家元首，他们在不经意间就与追随者拉开了令人肃然起敬的距离。即使是在平民百姓的日常生活中，也不乏层次分明、等级森严的制度结构。多数企事业单位严格奉行的报告制度就是一个很好的例子：无论事态是否紧急，报告的呈递不可越级；此后则需耐心等待自上而下的审批，否则就是质疑领导者的权威。久而久之，人们逐渐形成了各自的角色定位：按部就班地发号施令或是接受指派。领导者的亲和力相比高高在上的权威感显得无足轻重、可有可无。

随着西风东渐，欧美企业不同的价值理念给一直以来遵循传统等级制度的国人带来了强烈的冲击：微软“散漫”成风；谷歌推崇以T恤和牛仔裤替代刻板的西服领带，让员工在最自由的空间里发挥创造力；以人为本的宝洁公司上至CEO，下至基层员工，全部直呼其名，从而为员工营造了轻松、温馨的工作氛围，同时也在一定程度上避免了论资排辈、拉帮结派的问题。在这些企业中，令人敬畏的权威感消失了，取而代之的是和谐、融洽的团队氛围。

## 二 员工授权

所谓授权（empowerment），就是上级将用人、用钱、做事、协调等决策权转移给下属，并且明确其完成该项工作的必要责任。很多管理实践和研究都表明，让奋斗在组织前线的员工自主决策，不仅能够实现内部激励，更能让组织灵活地应对市场需求的变化，第一时间为顾客解决问题，提高产品及服务质量。闪耀着人性化光辉的授权仿佛天然地与高水平的员工满意及工作绩效息息相关。

不过，一厢情愿的授权有时也会带来问题。对于原本惯于听从主管指令，甚至无条件接受派遣的员工来说，突然间放开，鼓励他自行决定工作方式、独立应对工作中的问题，他可能并不会按理论预期的那样从中受到极大的内部激励，而是面对突发状况手足无措，并将一切过失归罪于放权的领导者。领导者必须在实践中掌握好授权与收权之间的平衡。

## 三 权力距离

在不同的文化背景下，人们对组织的权力体系往往有截然不同的理解，并由此形成了约定俗成的行为模式。在现实的企业环境中，这将在很大程度上决定以激励员工为目的的授权是否能如领导者所愿。

分布悬殊的权力、等级森严的官僚制度以及家长式的领导风格等都会在不同程度上造成上下级之间日益隔阂的局面，而组织成员对此的认同与接受程度则被描述为权力距离（power distance）。权力距离是霍夫斯泰德五维度文化模型中的一个重要维度，这部分内容将在第9章进行详细介绍。例如，在传统的中国社会中，组织往往存在较高的权力距离，成员对森严的职权等级习以为常，也惯于按部就班地接受上级的指令，但这种对领导者的依赖极易使员工丧失积极进取的动力，并在需要单独做出决策时陷入手足无措。

相反，在扁平化的组织结构中，上下级之间的权力距离相对来说被拉近；领导者不再是高高在上的权威象征，而是作为整个团队的强大后盾为下属的成长提供助力，并以此为初衷合理运用权力，在平等、尊重、融洽的团队氛围中培养成员独立自主的工作能力。曾接受硅谷“散漫”作风熏陶的百度CEO李彦宏就是这样一个人，在日新月异的IT行业里浸染多年的他相信，唯有提供一种简单、轻松的环境氛围，身居前线的工程师才能全身心地投入到工作当中。员工会感觉到他们与上司是平等的，不需要诚惶诚恐。而这种宽松的工作氛围也令那些喜欢简单环境的工程师十分满意。中国一些企业也在不断学习，比如阿里巴巴中的每个员工都有“花名”，大都以武侠小说中的人物为原型，刚刚接任马云的张勇就被亲切地称为“逍遥子”，马云本人则叫“风清扬”；再如在腾讯内部大家互相称英文名字，马化腾很喜欢别人叫他“Pony”，而非马总；百度也没有人会称李彦宏为“李董事长”或“李总”，而是直呼其英文名“Robin”。有些其他行业的企业也在借鉴低权力距离的管理方法，并且取得了不错的效果，比如下面案例中的龙湖地产。

## 篇中案例

### 龙湖的组织和权力距离

一个权力距离高的组织会认可组织内权力的巨大差异，员工对权威显示出极大的尊敬。称号、身份及位置占据极重要的地位。而在权力距离低的社会中，上级仍有权威，但员工并不恐惧上级。低权力距离与平等有很强的相关性，组织氛围越平等，权力距离就可能越低。在低权力距离的组织里，权力甚至会让拥有它的人感到不好意思。很多人会尽量低调行事，让自己看起来没有任何官威。

在一个权力距离低的公司里，如果想让上级为你做一件事情，你很可能会说：“请在星期一中午前给我明确的意见”。但在一个权力距离比较高的组织里，你更可能这样说：“如果不是很麻烦的话，请您在周末百忙之中抽点空看看，写得不妥的地方请您批评指正。”在后一种情况下的结果很可能是：领导周末根本没看（他也没觉得你那么急），结果周一没给你意见，贻误了战机。

在这个维度上，龙湖的明确取向是低权力距离：如果以 0 分为最低，100 分为最高的话，龙湖所处的位置应该在 10～30 分。而我们所处社会的平均水平在 60～80 分。当然，权力距离太低也会产生问题。比较明显的包括，从一些权力距离高的组织来到龙湖，会觉得龙湖的领导没啥威严。有些人甚至会因此对领导产生轻慢之心。还有就是如果有的领导为了权力距离低而低，把亲和力变成自己的第一优点，这就过了。亲和力是好的，但这不是员工对领导的首要要求（取得结果、建立竞争力是更优先的要求）。权力距离低的组织里，平等的讨论更多，而讨论往往会比专断要多费些时间，所以在某些时候也会影响决策和工作效率。

与低权力距离这个取向相关，在文化管理方面就会有很多敏感控制点。龙湖在公司内部所提倡的“简单直接”，其内在的本质就是低权力距离。其他的敏感控制点就是一些管理细节，包括：

- 领导的办公室不能很大，一般不超过 20 平方米；
- 领导办公室的位置（要把光线好的开放办公位让给员工）；
- 不给任何领导设专职秘书、助理，在龙湖甚至就根本没有秘书、助理这些职位名称；
- 下级不允许给上级提包、开车门、扶电梯；
- 反对下级对上级点头哈腰，也不重用这样的人；
- 严禁说“请××总做重要讲话/指示”；
- 不提倡很容易被理解为以服从命令为天职的“军队文化”；
- 在内部提出工作建议时，使用倒置法（即先讲建议、结论，再讲依据）；
- 给上级提出工作建议时，多让上级做选择题，少做开放式的问答题；

- 严禁在公司内部使用“阅”“拟同意，转××阅”这样的用语；
- 反对开大会时让领导坐到主席台上面向员工；
- 内部聚餐时不能按职务高低分层排桌；
- 不能以虚高的职位名称（如总裁助理、区域总经理助理）去吸引潜在员工，或用来在内部明升暗降；
- 反对给领导排座次、排出场顺序；
- 反对内部文件用政府红头文件的样式；

…………

资料来源：企业就是个“小社会”，龙湖的组织和人力资源实践．(2018－01－13). https：//www. sohu. com/a/216393812_165191.

由此看来，低权力距离的组织环境更有利于营造创新氛围，从而让员工满意并提高工作效率。在今天新生代员工登场、环境动荡、组织剧烈变革的背景下，“未来已来”的口号激动人心，有些观点甚至认为所有企业都应该彻底摒弃传统的官僚层级制度。且不论这一浩大的文化改造工程是否具备可操作性，如果不顾及价值观的匹配性而盲目打破层级结构，可能会产生矫枉过正、适得其反的后果。一些跨文化研究的调查数据显示，通过鼓励决策而营造的“自由”“自主”等氛围，在诸如中国、印度等国具有高权力距离的组织中，也许并不能显著地提高员工满意度与工作绩效（Huang & Van de Vliert，2003）。这也提醒我们，非互联网企业，尤其是传统企业，比如制造业或者国有企业，对于盲目的扁平化要抱有警惕态度。

事实上，在源远流长的传统文化中发展、壮大的中国企业，组织成员对上级领导敬畏有加，但相对疏远的上下级关系却又时常流露出浓厚的人情色彩。一方面，下属依赖领导者给予其工作指示并提供资源支持；另一方面，由于主管往往在“自己人”及“局外人”之间建立差别化的工作关系，其“限量”的支持与信任也就会形成一种无形的嘉奖或资源，而受此激励的“亲信”为了回报上级的青睐，会进一步加强彼此间的紧密联系，也将更努力地工作。由此不难看到，在具有中国特色的管理实践中，人际关系网络扮演了相当重要的角色，也自然而然地成为在高权力距离下进行有效授权的重要媒介。

## 四　高权力距离下的授权建议

相比倡导平等、鼓励员工成长发展的管理氛围，高权力距离下的组织成员在等级制度的约束中各司其职：对上，不冒犯、不越级；对下，发号施令、委派调遣。但近年来，随着员工参与、决策授权等管理理念的广泛传播，尤其是强调平等、自主的知识型企业纷纷涌现，分布式领导的理念给中国企业带来了冲击，此外加之有动力、有能力接受授权的新一代知识型员工的崛起，社会各界纷纷展开了思索与探讨。而如何在以中国企业为代表的高权力距离组织中推行授权更是成为人们关注的焦点。

从一般意义上说，授权的有效性取决于上下级双方的配合。首先，权力的让渡来源于领导者对下属的信任与支持。因此，企业的主管首先要明确推行授权的目的——实现员工激励，以提供更好的产品或服务；接下来，借助真诚的沟通把握员工内心需求、了解他们是否已经做好接受授权的准备。以此为基础，领导者才可以大胆地进行放权。结合上面对人际关系网络的分析可以看到，来自上级的支持能够体现出对员工的关怀与尊重，进而激励他们投入更多的精力以尽职尽责地完成工作；与此同时，上级提供的方向性指导也能帮助惯于依赖的员工发掘自身潜力、提高工作效能感，辅助授权的顺利进行。

就授权而言，唯有能够在工作中独当一面的员工才可能不辜负这一信任。为此，领导者可针对性地开展员工培训，将其作为一种支持信号，即组织愿意通过授权培养成员，并为其影响力的发挥提供契机、拓宽渠道。这无疑会极大地鼓励员工参与决策、增强自信，从而积极主动地提高自身的综合能力；与此同时，完善基于绩效的报酬机制也将确保授权的员工及时获得认可，从而进一步强化高效授权行为。

## 小　结

权力是人们所具备的通过影响他人来实现自身目的的能力。权力可由组织正式的职权体系赋予领导者，具体可分为法定权、奖赏权及强制权等三种形式；而在职位权力之外，组织中的成员也能凭借自身的道德修养、专业技能水平等获得专家权、参照权、信息权这三种个人权力，从而对他人施加影响。

对于不同的个体，其职位的中心性、来自他人的依赖及危机处理的能力都将为领导权力的获得奠定基础。此外，环境布置、衣着打扮等细节也将在一定程度上影响人们对权力的感知。在此基础上，领导者与追随者双方须协调各自的影响策略，避免因权术斗争影响整体目标的实现。

权力需要体现出了领导者意欲控制、影响他人的动机，而根据其初衷是攫取私利还是谋求团队福祉则可将领导权进一步划分为个人化权力需要与社会化权力需要，权力需要对提高领导有效性具有一定的影响。

受到特定文化背景的影响，人们对组织中的权力体系有着不同的理解。权力距离则是用以描述组织成员对等级森严、职权悬殊这一高压权力氛围的认同度。相比较而言，低权力距离的环境更有利于领导授权，而在高权力距离中推行授权则需注意结合本土情境下的管理特点。

## 关键术语

权力（power）
权威（authority）
法定权（legitimate power）
奖赏权（reward power）
强制权（coercive power）
专家权（expert power）
参照权（referent power）
信息权（informational power）
权力需要（need for power）
个人化权力（personalized power）
社会化权力（socialized power）
授权（empowerment）
权力距离（power distance）

## 思考题

1. 在组织中，领导者可以通过哪些方式获得权力？

2. 普通员工的个人影响力是否会影响到领导者履行职权？

3. 你如何看待当前一些领导者对下属“功高盖主”的顾虑？

4. 同样具备高权力需要的野心家与卓越领袖之间的最大区别是什么？

5. 在引领团队达成目标的过程中，你认为领导者可以采取怎样的影响策略？可结合现实生活中的亲身经历加以说明。

6. 新生代登上历史舞台、外部环境激烈动荡，中国企业正在经历前所未有的变革，你认为在这一背景下，中国企业中的高权力距离是否还存在？应如何把握授权的原则？

## 案例分析

### 国士钟南山

毫无疑问，2020 年的春节是一个无比特殊且艰难的春节，没有走亲访友，也没有外出游玩，大部分人都很听劝地“宅着”，因为提建议的，是他。甚至在整个假期，“钟南山”三个字频频登上热搜，人们更希望知道，面对来势汹汹的新冠肺炎疫情，他作何判断，又有何建议。

17 年前“非典”一役，敢医敢言让钟南山家喻户晓，也赢得了广泛的公众信任。而自那以后，但凡有急性传染病，广东省公布的防控组名单大多由他“挂帅”。即使年过八旬，也并不妨碍他走上抗击疫情的第一线。

这一次，没有例外。

连日来，疫情防控工作牵动人心，每个人都拿着“标尺”在测量。有质疑少数领导干部失职不作为的，有批评捐赠物资发放不及时的。与此同时，也有不少人感慨，幸好 1 月 20 日这天，钟南山“叫醒”了大家，否则后果不堪设想。

那日当晚，身着格子衬衫的钟南山出现在央视《新闻 1+1》视频连线中，肯定了“有人传人”现象，证实有医务人员感染，坦言现在对它（新型冠状病毒）的了解还很不够，同时提醒大众戴口罩有用，没有特殊情况不要去武汉。

十多分钟问答，丝毫没有虚言。事后不少朋友表示，直到那时才意识到疫情已然升级，应该提高警惕，而钟院士竟然已是 84 岁高龄，这在视频中却完全看不出来。

中国疾控中心在回复相关论文质疑的说明中提道：论文中提及的 15 名医务人员感染病例，分别由国家卫健委高级别专家组组长钟南山院士于 1 月 20 日晚、武汉市卫健委于 1 月 21 日凌晨向社会公布。

直面疫情、关键发声，17 年过去，还得是他。有媒体评价钟南山，“有院士的专业、战士的勇猛，更有国士的担当”。

这位 84 岁的“战士”真的很拼。

有人把他称为“逆行者”，可钟南山说过，他“不过是一个看病的大夫”，不到前线，不看病人，又怎能肯定地说，大家把他和 SARS 联系是很自然的呢？

"我看过病人，发病的情况、白细胞的情况、胸片的情况，有近似的地方。"尽管有很多同源性，但新型冠状病毒和SARS、MERS是平行的，这次疫情"刚刚开始，正在'爬坡'"。

1月28日，钟南山在接受新华社采访时说，学生传信息告诉他，现在大家的心情有很大改变，斗志都上来了。

钟老哽咽着说，劲头上来了，很多东西都能解决，"全国帮忙，武汉是能够过关的"，"武汉本来就是一个英雄的城市"，说到这里，他满眼泪光。

身在广州的他，在努力"攻坚"的同时，不忘为支援湖北医疗队的战友们加油鼓劲。

"你们是去最艰苦、最前线、最困难、最容易受感染的地方战斗，我向你们致敬。应该相信，情况会慢慢好的。我们必须要有一个坚强的斗志，克服各种困难，要尽我们的责任，更要保护好自己，才能够救治别人。我们等你们胜利回家。"

相信会好的，必须有斗志，言语间充满了力量，我们很难用"老人"来形容眼前这位目光矍铄的"战士"。面对任何一场战役，心理防线不能垮，而提振士气，他更是身体力行。

一位朋友感慨，家中四位老人已然把钟南山的话奉为"铁律"，必须照章办。要知道，对长辈们而言，放下在春节期间走亲访友的习惯，比年轻人要困难许多，但既然钟院士都说了，"就要听（话）"!

"春节前我说过，请大家目前不要到处跑。现在我还是强调不要出行，特别是武汉一带的，这不仅仅是个人的事情，也是全社会的事情。"钟南山在1月28日受访时再次强调。

这是信任的力量，没有人会对此感到奇怪。

"有一座山叫钟南山。"广州城建职业学院教授刘境奇夫妇把对钟老的敬重放进了一幅素描肖像（图4-1）中，并以之命名，广为流传。

刘境奇说，眼下正是疫情控制的关键时期，谁也不能打扰钟院士，但希望他能看到这幅画，这是我们的一点心意，"我想，这也一定能代表很多中国人此时此刻对钟南山院士的情感。"

**图4-1 有一座山叫钟南山**

资料来源：有一座山，叫钟南山．(2020-02-02). http://www.nbd.com.cn/articles/2020-02-02/1404584.html.

根据上述案例，尝试回答如下问题：

1. 钟南山为什么符合领导的定义？
2. 作为领导，钟南山的权力基础都有什么？
3. 请比较钟南山的社会化权力和一般领导的个人化权力的不同。

## 参考文献

[1] French J，Raven B H. The bases of social power，in studies of social power，MI：Institute for Social Research，1959.

[2] Huang X，Van de Vliert E. Where intrinsic motivation fails to work：national moderators of intrinsic motivation. Journal of Organizational Behavior，2003（24）.

[3] McClelland D C，Boyatzis R E. Leadership motive pattern and long-term success in management. Journal of Applied Psychology，1982，67（6）.

[4] Raven B H. A power/interaction model of interpersonal influence：French and Raven thirty years later. Journal of Social Behavior and Personality，1992（7）.

[5] 冯秋婷．西方领导理论研究．北京：人民出版社，2008.

[6] 乔恩·L. 皮尔斯，约翰·W. 纽斯特罗姆．领导者与领导过程：第 2 版．北京：中国人民大学出版社，2003.

[7] 罗伯特·萨顿．好老板的尽职清单．商学院，2010（10）.

[8] 吕峰．领导进化．北京：机械工业出版社，2010.

[9] 一丁，王宇霖，徐敏惠，等．苹果为什么这样红．竞争力，2010（8）.

# 第 2 篇
# 领导什么样

# 第5章 领导特质

## 学习目标

- ◎ 了解不同的领导特质与领导行为之间的关联
- ◎ 理解由性别、年龄及教育背景等引发的领导力争议
- ◎ 了解人格特质理论的内容
- ◎ 掌握大五人格模型
- ◎ 体会个体的智商和情商与领导力之间的关系
- ◎ 领会领导者奉行正确价值观的重要性
- ◎ 领会领导者的态度的重要性

## 引例

### 雪莉·桑德伯格向前一步

如今的桑德伯格被公认为“硅谷最具权势的女性”，并被当作整个女性群体的符号受到关注。当她站得越高走得越远的时候，就越来越强烈地感受到职业女性可能遭遇的不公以及为平衡工作和生活所需做出的牺牲，不少女性在成为母亲后甚至直接退出了职场。

在全世界范围内，《财富》500强的首席执行官里仅有4%是女性，董事会中的女性成员更是几乎为零。为此，桑德伯格做了TED演讲“为什么女性领导人那么少?”深刻剖析了男女不平等现象的根本原因，除性别歧视、社会成见、男女性别差异和家庭分工等因素外，更主要的原因是女性内在的恐惧与不自信，“男性往往是越成功越受欢迎，强势的男性被尊为领袖。可同样强势的女性却常常被贴上女魔头、母老虎这样的标签。这就是为什么很多女人害怕站在领导岗位上”。她说，“社会告诉女人不要表现得比男人强势。这种性别偏见形成了强大的内在阻力，让我们在需要向前一步的时候，选择了退缩。”

桑德伯格认为，女性的成功秘诀就是跳脱出性别这个思维定式，从改变自身做起，勇敢地争取和拥抱职场权力。“命运偏爱有勇气的人，如果不尝试，你永远都不会知道你的能力有多强。”

在《向前一步》中，桑德伯格坦言自己的女权主义是受外婆和母亲的影响，外婆在那个女孩子只能靠嫁人谋生的经济萧条期，依然坚持读书，从加州大学伯克利分校毕业，靠一人的薪水养活全家人，成为桑德伯格的人生楷模。

她母亲则选择了与外婆截然相反的道路，为了家庭牺牲事业，这让桑德伯格希望唤起更多女性的自我意识，追求自己想要的生活。而桑德伯格写这本书的原因则是为了女儿。4 岁的女儿问妈妈，为什么美国总统都是男孩？简单的问题让桑德伯格意识到，"激励广大女性追求自我，让我们的子女成长在平等自由的世界里，是自己注定去做且责无旁贷的工作。"

桑德伯格用自己的事例告诉所有女性，人生不应设限，只有打破思维定式，勇敢地"向前一步"，才能拥有选择自己人生的权利，在平等自由的环境中成长为更美好的自己。

资料来源：硅谷女王雪莉·桑德伯格，追梦路上向前一步，痛失挚爱绝境重生.（2017-08-16）. https：//www.sohu.com/a/165186593_714586.

---

女性领导力是一个日益重要的话题，越来越多像桑德伯格这样的职业女性攀登到了公司的顶层。从传统意义上看，女性承担着相夫教子的重任，并不适合征战商场，更遑论成为凡事为人先的领导表率。她们在世俗眼光、家庭责任与事业发展之间竭力周旋，却仍难逃外界对其领导角色及工作能力的质疑。而在性别之外，人们对于领导力的争议还涉及个体的年龄、学历、个性品质乃至价值观等一系列因素。那么，领导成功与某些领导特质之间是否存在必然的联系？领导者又该如何利用个人特质展现个性化的竞争优势呢？本章将对这些问题做出回答。

## 第 1 节　领导的人口统计学特征

### 一　性别

长久以来，人们心目中的卓越领袖往往胸有丘壑、坚毅沉着，敢于直面挑战、引领变革。无论是说一不二的决断魄力，还是令人振奋的冒险精神，都烘托出其铁腕霸气的领袖形象，举手投足间无不流露出硬朗、阳刚的气息，仿佛只有这样，才能受命于人心惶惶的变革时代，力挽狂澜。

然而，2008 年的金融危机却颠覆了这一固有观念。强势铁腕的华尔街天才们一夕之间纷纷落马：雷曼兄弟申请破产保护，花旗、汇丰等昔日金融神话纷纷破灭，而由此引发的多米诺骨牌效应则令华尔街主要投资银行在两周内或被收购，或被迫转型……震惊之余，人们不禁开始反思历来在商界备受尊崇的刚性领导力。

亨利·明茨伯格曾在《关于管理的十个冥想》中指出："组织需要培育，需要照顾和关爱，需要持续稳定的关怀。"这不禁令人联想到善解人意、细腻体贴这一类女性化的特质。而相应地，近年来涌现出一大批优秀的女性领导者：脸书的桑德伯格、eBay 的梅格·惠特曼、雅芳的钟彬娴、格力的董明珠、龙湖地产的吴亚军以及在商界与传媒界游刃有余的杨澜等，她们在传统的以男性为主的职业领域获得的巨大成就，吸引了社会各界的广泛关注，也进一步推动了女性领导特质的研究。

#### （一）女性领导力的特点

天性使然，大多数女性领导者待人处世自然而柔和、心思缜密，相比男性更能感同身受地体察下属的需求，因而在如下几个方面体现出独特的竞争优势（董晓艳，2009）。

（1）直觉：在依据环境变化制定决策方案时，敏锐的直觉洞察力能够有效地为果断决策提供帮助，这也是女性领导特质中最重要的内容之一。

（2）细腻：细腻是女性普遍具有的性格优势，这也使得她们更有亲和力，在待人接物上耐心、细致，力求全面周到。

（3）民主：女性在决策过程中更善于倾听，支持参与式决策，并注重团队人际和谐。

（4）魅力：她们擅长沟通协调，常借助“和风化雨”的领导方式来营造富有人情味的组织氛围，从而发挥个人魅力的影响。

### （二）玻璃天花板现象

人们往往用“女强人”形容一位事业成功的女性，却没有“男强人”这一说。尽管具备一系列优异的领导禀赋，古往今来能够脱颖而出的女性领导者始终凤毛麟角。某些人口群体（女性、少数族裔等）要晋升到高级经理及决策阶层的障碍被称为玻璃天花板（glass ceiling）现象。长久以来，根深蒂固的世俗礼法、社会的刻板印象以及女性的自我意识等逐渐形成了一道无形却又难以逾越的玻璃天花板，阻碍了她们的职业发展通道。

（1）世俗礼法。尽管日益开放的社会环境为崇尚自由独立的女性提供了宽松的发展平台，但世俗礼法使得男尊女卑的观念深入人心，“男主外，女主内”这一约定俗成的角色规范在无形中成为女性追求事业发展的最大障碍。

（2）性别刻板印象（sex role stereotype）。人们通常用优柔寡断、情绪化等这类形容词来描述女性，这种性别上的刻板印象流露出了人们对女性自立自主、独当一面的疑虑。因此，组织成员往往对女性主管缺乏坚定的信任与支持，进而对其领导行为产生消极影响。

（3）自我意识。受到社会整体文化氛围影响，多数女性具有较强的依附心理，相比于“崇高”的事业追求，她们更安于稳定的个人生活，从而自觉不自觉地在家庭与事业之间做出妥协乃至牺牲。

（4）其他解释。玻璃天花板现象的其他原因也得到学者的广泛研究。这包括：1）缺乏机会；2）对女性比男性有更高的绩效标准；3）在专业型和管理型工作中，女性不得不压抑消极情感，并且要比男性表达出更积极的情感；4）有利于晋升的信息网络对女性而言是封闭的；5）一些男性仍然有意识地为自己保留最强有力位置的影响。

这方面的研究比较多，下面这篇文献通过分析女性晋升到最高领导职位的条件，探讨了女性在晋升后所面临的机遇和挑战，从而推进了女性与领导力的相关研究。

**学者说**

**走向巅峰：女性职业天花板中的挑战**

该研究利用了两个数据来源：第一是对所有曾在《财富》500 强中担任过 CEO 的女性的职业轨迹与男性 CEO 的匹配样本进行比较，第二是对不同行业的女性高管进行深度访谈。

该研究更关注女性在天花板之上的状况，并得到了如下结论：

(1) 女性被任命为陷入困境公司CEO的可能性更大。与以前的理论相一致，该研究发现女性往往会被提升到风险极高的职位，在危机时期更有可能被任命。每位受访女性高管都承认其被要求承担具有高风险甚至是处于危机中的职位。对女性高管的采访表明，女性在男性主导环境下所面临的挑战，会促使她们寻求具有更高风险的职位，以证明自己有作为领导者的勇气，而这给女性高管带来了比男性高管更大的绩效压力。随着时间的推移，她们管理危机与变动的更大可能性会导致她们成为有能力的变革推动者、危机管理者或转型专家。

(2) 女性领导者在晋升后会面临更大的挑战。对职业轨迹数据的分析显示，女性CEO比男性CEO更不可能担任CEO和董事会主席的双重职位。这会给女性CEO带来更大的挑战，因为这意味着她们所获得的董事会支持更少，对董事会结果的影响也更小。

(3) 女性领导者任职时间更短。对职业轨迹数据的分析同样显示，与男性CEO相比，女性CEO也比男性面临更大被迫辞职或被解雇的可能。研究中女性受访者表示，在执行工作时要求自己表现得完美无缺；此外，她们对印象管理的焦虑程度也很高，从工作表现到身材、头发和衣着都不例外。鉴于此，女性领导者经历了许多与工作相关的负面压力，包括那些影响她们健康的压力。所以，女性比男性更有可能提前退出这些工作岗位，在她们的领导任期结束后离开公司。

资料来源：Glass C，Cook A. Leading at the top：understanding women's challenges above the glass ceiling. The Leadership Quarterly，2016，27 (1).

所有关于玻璃天花板现象的解释并不是互相排斥的，它们可能交织在一起，从整体上创造了一种不利于女性领导者的氛围。

因此，要在提升领导力的同时处理好个人生活，这对很多女性来说是个现实的问题。她们中的一些人不得不将家庭与工作割裂开来，平时住在公司的公寓里，或者周一到周五都在出差，到了周末才回家。尽管面临一系列的现实压力，当今社会仍然不乏这样一些优秀的女性领导者：通过寻求工作和生活的平衡点，她们在追求个人成就的同时漂亮地赢得了他人的尊重。

### （三）突破女性领导困境

如果能摒弃社会固有的刻板印象，充分发挥女性的性别优势，无疑将极大地促进社会领导力的整体发展。结合上文不难发现，女性在职业发展中面临的障碍除了来自社会的舆论影响，更有着其自身存在的不可推脱的内在因素。为此，在具体的领导实践中，女性一方面需要充分地发挥先天优势，凭借出众的工作绩效扭转外界的消极评价，例如通过良好的人际沟通拓展社会交际圈、增加工作阅历，或是采取充满亲和力、真诚而富有人情味的领导方式来获得团队成员的信任与支持；另一方面，在自我意识上也要摒弃潜在的性别刻板印象，提高自身追求事业成功的意识，进而成长为积极、果敢而富有魅力的女性领导者。雅芳总裁钟彬娴的坚持和梦想为女性领导者提供了很好的借鉴，她说："很多时候，我们会感觉面对的挑战令人无法招架，每个人都会有这样的阶段。而当试着努力一步步往前走，做出一些成绩的时候，我们就会惊奇地发现，这些困难无影无踪了。所以，在我最艰难、最绝望的时候，我总是鼓励自己，要坚持，除了坚持，别无选择。坚持会帮助你渡过困境，梦想能给人希望和勇气。这就是为什么有的人能够到达顶峰，而有的人却不能。”

从组织的角度看，企业可以通过确立男女平等的文化来重新打造晋升机制，并且为女性管理者提供针对性的管理技能培训，帮助她们获得更多的信息、鼓励、指导和机会。

## 二 年龄

所谓“三十而立，四十不惑，五十而知天命”，对于每个人而言，不同的成长阶段都对应着独特的人生体验。在追求事业稳步发展的过程中，人们需要结合自身综合素质以及能力水平来设定个性化的职业发展目标。这其中，年龄占据着举足轻重的地位，它为人们提供了相应的资本，如旺盛的精力、活跃的思维等。

由于在中国经济发展进程中有过惨痛的教训，今天的企业普遍认为领导者的“高龄化”是横亘于普通职员职业生涯发展中的壁垒，也经常是组织失败的重要原因。随着知识经济的蓬勃发展，动荡的商业环境要求企业具有极强的环境适应力，并最大限度地“求新、求快、求发展”，这就需要引领变革的领导者整合多方资源，为企业注入源源不断的创新活力。在这种情况下，若能突破传统的年龄限制，适时提拔才华出众、富有激情的青年才俊，往往能为企业整体发展带来更大的裨益。

这是被很多实践经验证明的，但也有可能是一种矫枉过正的做法。历尽沧桑的长者成熟睿智，这是因为其有在岁月长河中积淀的经验教训与人生感悟。年龄和与之相关的“工龄”作为阅历的代名词，为领导者的行为举措提供了令人信服的凭证。在很多大型国有企业或是政府机关中，组织成员在升任领导职务之前往往需要积累一定年限的“工龄”或“党龄”的做法也有一定的道理。日本企业所推崇的年功序列制也相应地体现出这一特点。尤其对领导者而言，年龄会成为增强其个人影响力的要素之一。褚时健先生是令人尊敬的长者，很多追随者都被他的传奇经历所吸引。

### 篇中案例

**传奇长者褚时健**

少年时，他抓过鱼、酿过酒、种过地，挑起了家庭的重担；青年时，他当过自救队指导员、征粮组组长、区长；中年时，他是农场副场长、糖厂副厂长；1979 年 10 月接手玉溪卷烟厂时，褚时健已年过半百。

他把资金短缺、技术落后、连年亏损的玉溪卷烟厂，打造成了亚洲第一、世界第五的集团企业，为国家创造了 991 亿元的税利，褚时健也成为“亚洲第一烟王”。同时，他以其独到的商业智慧出拳金融、医药、能源等各个领域，“红塔”映红了中国经济的半壁河山。

然而，在最辉煌的时刻，褚时健折翼滇南，从“烟王”的神坛上跌落。

73 岁，身患多种疾病的褚时健保外就医，重回哀牢山，筹措资金改造山地，种起了橙子。十年后，一种名为“褚橙”的水果风靡全国，它被称为“云南最好吃的橙子”，也被称为“中国最励志的橙子”。

他有独到的商业眼光、深邃的管理智慧，他也有对国家、民族、土地、人民的广博情怀。他是褚时健，神话一般的存在。

资料来源：先燕云，张赋宇．褚时健：影响企业家的企业家．长沙：湖南文艺出版社，2014.

褚时健70多岁再次创业并取得成功，虽然有其特殊性，但是在年轻化被普遍认可的今天，企业界也应该认识到年龄与领导的有效性并非必然相关，在任用干部时也要注意老中青的结合，让不同年龄人群的优缺点相互弥补。

## 三 教育水平

罗马政治家塞尼卡曾说，受过教育的人一天中经历的事情比没受过教育的人一生中经历的事情都多。从这句话中可以体会到教育对一个人的认知、感悟以及心智成熟度等产生的深远影响。近年来，人们对领导者教育背景的关注与日俱增，这由社会上方兴未艾的工商管理硕士（MBA）、高级管理人员工商管理硕士（EMBA）热潮可见一斑：企业经理纷纷重返校园，争相热捧那一纸烫金的文凭，并以此作为晋职发展的敲门砖，可谓对“万般皆下品，唯有读书高”的时代新解。

领导是教育与经验的产物（哈格斯等，2016）。规范的学校教育是帮助个人开阔眼界、吸纳知识、提升综合素养的重要途径。伴随着理论的积淀、经验的积累，个体的决断力、协调力、沟通表达力等一系列核心领导能力都会获得相应的开发。但教育的成效最终取决于个体的学习精神与接纳意识，学历只是反映领导力的“标志”之一而非其本质；而如果一味地追求学历这一标志，则显然是犯了本末倒置的错误。在一个重能力、轻文凭的社会里，谁会在乎身边的创业英雄有无博士文凭、是否名校毕业？最让人津津乐道的反例莫过于比尔·盖茨退学创业的故事，这个故事曾经让大批心怀激情的创业青年为之鼓舞。

综合前面性别、年龄、教育水平这些要素来看，人口统计学因素不应该作为企业选拔任用干部的主要依据，因为这些因素所带来的领导差异很可能都是人们的刻板印象，企业应该避免相关的偏见甚至歧视，营造一个公平的组织环境。从另一个角度看，个人也不应该因为自己的性别、年龄或学历而妄自菲薄，在性格上磨炼自己，能力上提升自己，才是取得成功的正道。

# 第2节 领导特质要素

有的人热情外向，而有的人则腼腆内向；有的人反应敏捷、高谈阔论，而有的人则思维迟钝、沉默寡言；有的人不善交际，而有的人则左右逢源。这些差别的产生在相当程度上取决于个人特质。特质（trait）是指独有的个人特征，本节重点讨论领导者的人格、智商和情商。

## 一 人格

学术界所说的人格（personality）其实就相当于我们日常所说的性格一词，是指区分个人行为的特质的组合。当前存在许多关于人格的分类方法，大五人格模型（big five model of personality）是得到最广泛使用的划分人格类型的方法之一。

### （一）大五人格模型

大五人格模型的目的是将人们的大多数特质划分为外倾性、随和性、责任心、情绪稳定性以及经验开放性五个维度。

（1）外倾性（extroversion）。这一维度描述的是个体对关系的舒适感。外倾者倾向于喜欢群居、善于社交和自我决断；内倾者则倾向于封闭内向、胆小害羞和安静少语。

（2）随和性（agreeableness）。这一维度描述的是个体服从别人的倾向性。高随和性的人是合作的、热情的和信赖他人的；低随和性的人是冷淡的、敌对的和不受欢迎的。

（3）责任心（conscientiousness）。这一维度是对信誉的测量。有高度责任心的人是负责的、有条不紊的、值得信赖的、持之以恒的；在该维度上得分低的人很容易分散精力、缺乏规划性，且不可信赖。

（4）情绪稳定性（emotional stability）。这一维度刻画的是个体承受压力的能力。积极的情绪稳定性者倾向于是平和的、自信的和安全的；消极的情绪稳定性者倾向于是紧张的、焦虑的、失望的和缺乏安全感的。

（5）经验开放性（openness to experience）。最后一个维度针对个体在新奇方面的兴趣和热衷程度。开放性非常高的人富有创造性、凡事好奇、具有艺术的敏感性；处于开放性维度另一端的人则很保守，对熟悉的事物感到舒适和满足。

研究者将大五人格模型和领导力联系起来，发现与领导力相关系数最高的是外倾性，其次是责任心，随后是经验开放性，它们都与领导力正相关。换言之，具有较强外倾性的人更像一名领导者，他们努力工作，通常情况下富有创造性。

### （二）高效领导者的人格特质

60 多岁的中国企业家王石以爱好登山著称。他不仅担任深圳万科企业股份有限公司董事长的职务，而且是中国登山协会的特邀副主席。在王石看来，他骨子里有一种强烈的探索未知的冲动。这种冒险精神在很大程度上也影响了王石早期的商业经营风格。比如，王石先后经历了君安证券意图鲸吞万科、合资子公司万佳的股东试图架空万科的经典战役。虽然在宝能与万科的角斗中，王石成为争议的中心，但是最终万科有惊无险地进行了权力的过渡，王石的离去为中国房地产业界留下一个潇洒的背影。人们在为王石在登山途中表现出的决绝、勇气、自信以及坚毅信念所折服时，不禁平添了对这位优秀企业家的景仰之情；对于万科旗下的众将士来说，榜样的力量更是点燃了他们追随左右、开拓地产界未知荒野的斗志与激情。作为领导者，熠熠生光的人格品质无疑为王石的影响力添光增彩，进而引领万科上下同仁为领跑中国房地产行业而不懈奋斗。

虽说成功不可复制，但纵观历史发展进程，各行业的卓越领袖总是体现出一些共通的优秀品质，例如自信、诚实、富有强烈的进取心与开拓精神等。领导者的人格特征会不会确实有很多共性呢？在早期的领导学研究领域，学者们就开始关注领导者在日常工作及人际交往过程中所体现出的共性特征，由此建立并发展了人格特质理论以探索领导力的个体来源。特质理论又称通用理论，该理论并不太关注如大五人格模型那样对人格的系统分类，而是致力于找到高效领导者拥有的一系列特质。人格特质方面的研究从20世纪开始延续至今，在近一个世纪的历史变迁中，为求细致周全，研究者在原有基础上不断做添加或修正，逐渐派生出了形形色色的特质清单供领导者参考借鉴（见表5-1）。

**表5-1 成功管理者的基本特质一览**

| | |
|---|---|
| 勇敢<br>尽责<br>好学<br>自信<br>正直 | 有魅力<br>激情<br>鼓舞人心<br>有远见 |
| 善于思考/见解深刻<br>开朗/宽容/创新<br>善于沟通/好的倾听者<br>保持联系/信息通畅<br>敏锐 | 精力充沛/满怀热情<br>情绪高昂/乐观<br>雄心壮志<br>坚决/执着/热忱 |
| 坚定不移<br>灵活变通<br>善于平衡<br>擅长综合 | 协作/参与/合作<br>乐于助人/同情/体谅 |
| 有思想/有才智/有智慧<br>善于分析/客观<br>务实<br>果断（注重行动）<br>主动 | 稳重<br>可靠<br>公正<br>负责<br>道德/诚实 |

资料来源：亨利·明茨伯格．如何让管理卓有成效（二）．IT经理世界，2010（8）．

事实上，这些“超人”一般的特质要素看似五花八门，却能折射出一些共同的人格品质。刘澜（2011）在综合国内外研究调查结果的基础之上，归纳出领导者应具备的八大品质。不难看到，纵然领导者独树一帜、个性相异，但诸如诚实、激情、富有责任心以及创造力等优秀品质历经时代考验，依然能够为领导力提供核心的价值支撑。归纳起来，这八大品质如下：

（1）诚信。在一项全球调查中，研究人员询问员工：在你们愿意追随的领导者身上，最值得期待和最令人推崇的品质是什么？诚信是唯一超过80%的人都选择的品质。

（2）胜任。这并非指业务所需的具体技术能力，而是指过往业绩和办事能力，即管理者在人际交往以及统筹分析等方面的能力。

（3）远见。领导者如果想要有人自愿追随，就必须知道自己正行向何方。

（4）激情。实现梦想是历经坎坷的漫漫长途，因此人们期待领导者热情洋溢、活力十足、乐观积极。

（5）谦卑。吉姆·柯林斯在《从优秀到卓越》一书中，把谦卑作为“第五级领导者”的核心品质。因为领导者的任务是解决未知难题，首先要知道自己还有很多东西不知道。

（6）责任心。领导者要承担解决难题的责任。

（7）创造力。面对困难的处境，人们期待领导者能创造性地解决问题。

(8) 冒险精神。尽管还有很多未知，但领导者还是要勇敢地去解决难题，而不是刻意回避。

但需要注意的是，卓越领导力与特定领导品质之间的联系并不是绝对的，即使拥有了这些特征，领导者能否成功也得看他是否身处天时地利的客观环境之中。此外，那些对自我有着清晰认识、能够充分挖掘自身领导潜质的人比依葫芦画瓢的刻意模仿者，往往更能游刃有余地施展领导才能——唯有独一无二的自己才有可能制造举世无双的创举。在当今的互联网大潮中，也有一些新兴的领导者，他们具有自己独特的风格，比如2018年带领拼多多上市的黄峥个性叛逆、霸道，坚持自己的信念和选择的道路，是一个典型的80后创业者。

## 篇中案例

### 80后创业者黄峥

头发理成圆寸，一身裁剪妥帖的西装，一副标准黑框眼镜，嘴唇右上方有颗明显的黑痣，出现在公众面前的黄峥永远是一副体面打扮。他说话的时候，眉毛会不自觉地上扬。

黄峥性格里当仁不让的“霸道”成分，确实总让身边的朋友忧心。整个公司，除他外，无一人可代表，殿前麾下，没人能在社交网络上留下姓名。工作上的金口玉言与生活中别无二致——黄峥选择离婚的时候，直接将协议递到妻子面前，旁人连劝也不敢。

黄峥个人微信公众号的签名上写着：从小到大我都是学校的第一名，目标导向太明确，在追求第一上、在努力做一个好学生上浪费了过多的时间。

时移世易，因成绩优异而跃过龙门的黄峥，认为当时的自己“好好学习太过浪费时间”。拼多多生意红火起来后，他从一个幕后老板走到台前，屡次“献唱”。

黄峥以个人名义开设了微信公众号，从2016年2月9日陆陆续续更新到2017年9月26日，坚持一年多，更新了十篇。本来他计划从“我的中学大学”写到“胜利的不同，歼灭战和击溃战”，最后坚持写到“把资本主义倒过来”就长期停更。但他“希望几十年后，能像巴菲特给股东的信一样，依然可读”的愿望却暂时被搁置。

优秀如黄峥，在2006年与李开复等人一起回国开设谷歌中国办公室时，就享受着前呼后拥的尊贵待遇——出入豪华酒店，往来无“白丁”。那个时候，他被称为“黄总”，在祖国工作还享受出国津贴，不过涉及外企在华的管理方式，“黄总”手头需要签字拍板的事务却具体到搜索结果中所显示的汉字字体颜色和大小。

只坚持了一年，他就辞职创业了。

在段永平毫无保留的支持下，他先后做过Ouku.com电子商务网站，销售电子产品和手机；乐其公司，帮助淘宝或者京东公司开拓市场服务；游戏公司，在微信平台上提供角色扮演游戏。

2015年，黄峥创建了“只拼水果生鲜”的拼好货，发展壮大后，拼“全产品”的拼多多由游戏公司内部孵化而成。2016年9月，两者合并。在发展壮大期间，每轮投资都以“亿”为计数单位，“分享”“团购”“低价”等都是他附于其上的标签。

财务自由的黄峥说，自己创业并不是为了赚钱：用通俗的话来说，做这个公司更多是为了刷存在感。

资料来源：根据网络资料整理。

## 二 智商

在国外，借助智力测验工具识别潜在领导者的历史可追溯到第一次世界大战期间，并一直沿用至今。一般认为，智商（intelligent quotient）较高的领导者思维活跃，具有较强的学习能力与统筹能力，能够更好地创设理想愿景并开发出可行的战略方案，其绝佳的联想及逻辑推断力也有助于充分地预见决策的现实影响，以便周全、从容地应对。

智力是领导力不可分割的一部分。但作为一种难以捉摸的素质，智力有着怎样的形态构成，又该如何开发呢？对此，探索多年的学者热议不断，建树颇丰。其中，美国耶鲁大学的心理学家斯滕伯格（Sternberg，1997）建立的智力三元理论具有较强的说服力，为该领域研究做出了突出贡献。

### （一）智力三元理论

根据智力三元理论，人们的智力可以划分为三种基本类型，即分析型、实用型以及创造型。斯滕伯格认为，在一般情况下，人们运用分析型智力解决基本问题，发挥实用型智力拓展综合素质。例如，那些逻辑思维严密、在校成绩优异的学生往往有着较高的分析型智力；而那些易被误解为爱耍“小聪明”的人则通常具备高水平的实用型智力，这具体表现在他们更关注知识与经验的积累，注重对特定领域专业技能的培养，并能机敏地应对环境变化，从而在社会交往中游刃有余。创造型智力则是用来衡量兼顾新颖性与实用性的创新能力，以规避不切实际的天马行空或囿于现状的陈规固守，帮助人们在变革的环境里平衡、稳健地成长发展。

### （二）对于领导实践的启示

对于领导者来说，分析型智力中的逻辑推理及知识整合能力对制定战略、分析决策等核心领导职能有重要的支撑作用。结合科举制度与智商测试来看，传统的选拔机制显然关注的是领导者的分析型智力。但面对越发不可预见的未来，领导者不仅要对现行方案予以细致周全的分析统筹，更应及时转变作为“全知者”的心态，并不断积累相关领域的知识经验，而这就要求他们注重构建并灵活运用实用型智力来增强自身的环境适应力。

作为组织变革的引路人，领导者个人的创造型智力当然也非常重要，但运用创造型智力的关键之处在于怎样营造出一种能充分激发团队创造性的管理氛围（哈格斯等，2016）。为此，领导者首先要搭建起根基牢固的“灯塔”，即清晰宏大、富有开创性的战略愿景，并在此基础上进一步引领团队拿出切实可行的方案以辅助战略“落地”，调动群体创造力来推动企业变革。

## 三 情商

一个才华横溢的“聪明人”是否一定能胜任团队领导的角色呢？或者说，一个团队中的领导必然是其中头脑最灵活、智商和能力最出众的人吗?

汉高祖刘邦曾慨叹：夫运筹帷幄之中，决胜千里之外，吾不如子房；镇国家，抚百姓，给饷馈，不绝粮道，吾不如萧何；连百万之众，战必胜，攻必取，吾不如韩信。但最终成就霸业的却是“尽不如人”的他，而非骁勇善战的西楚霸王，并且智商奇高的张良和韩信也甘心为刘邦所用。后人曾评价刘邦的帝王气中自带三分痞气，市井而圆滑，但其先项羽入关后“不为财色所动”，而被“勒令”退出咸阳时竟也并无二话，可见其圆滑中自有隐忍之意。而反观项羽，尽管“羽之神勇，千古无二”，性情中人的刚愎自用、喜怒无常的特质却一步步地将霸王推向了穷途末路。这正是将二人情商做对比后的必然结果。项羽败在他的恣意妄为、刚愎自用，难以设身处地去理解、信任他人；汉高祖刘邦得以君临天下，其收放自如的情绪驾驭力功不可没。这种“胜不骄，败不馁”的情绪管理能力以及基于信任构建合作关系的移情能力均可视为刘邦高情商的体现。

情商（emotional intelligence，EI），又称情绪智力，这一概念与前面提到的人格特质有很大的相通性，指察觉和管理情绪线索和情绪信息的能力。相比智商，情商更多地体现为对情绪的驾驭，比如移情能力、情绪控制力以及逆境耐受能力等。《纽约时报》的专栏作家戈尔曼（Goleman）基于前人的研究成果将情商划分为自我意识（self-awareness）、自我激励（motivating oneself）、情绪控制（managing emotion）、同理心（empathy）、社交技能（social skills）等五种基本成分，并列举出了对应的 25 项具体属性（见表 5-2），为领导者的情商“修炼”提供了参考借鉴。

**表 5-2　情商的 25 项属性**

| | |
|---|---|
| 自我意识 | 情绪认知，自我评价，自信心 |
| 自我激励 | 成就动机，归属感，主动性，乐观精神 |
| 情绪控制 | 自我控制，可信赖感，责任心，适应力，创新意识 |
| 同理心 | 服务导向，培养他人，利用多样性，政治常识，换位思考 |
| 社交技能 | 影响力，沟通能力，领导能力，推动变革，冲突管理，建立联系，协调合作，团队建设 |

资料来源：Goleman D. Working with emotional intelligence. New York：Bantam Doubleday Dell，1998.

自我意识能帮助人们理解自己的需要，因而有利于评价可选择的解决方案。自我激励能调动人的成就动机。在面对困难的时候，情绪控制有利于稳定感情和处理信息，有助于领导者在遇到障碍时保持乐观主义和热情。同理心和社交技能可以发展人际关系，有利于维护领导者和追随者之间的关系。而正所谓“君视臣如心腹，臣视君如手足；君视臣如草芥，臣视君如寇仇”，上下级之间的理解与尊重是成就领导者的关键前提，这正需要领导者的可信赖感。在现实生活中，领导者同样应注重对自身同理心能力的培养，在将心比心的换位思考中充分体察下属的想法与需求，促进双方的沟通交流，并借助情绪的感染力和影响力激发起昂扬斗志，引领全体同仁为实现共同目标而不懈奋斗。很多优秀的领导人都非常注重同理心，比如带领公司再次腾飞的微软第三任 CEO 萨提亚·纳德拉将同理心作为自己最基本的经营管理原则。

## 篇中案例

### 微软新 CEO 的领导力独家心法：同理心

十几年前，风光无限的微软，曾经在很长一段时间是全世界市值最大的科技公司。而后，谷歌风云突起，苹果强势爆发，市值都相继超过了微软。微软离舞台 C 位，好像越来越远了。然而，近几年，微软这个公司却在悄无声息地发生一些变化，市值不知不觉地超过了 7 000 亿美元。

这就不得不提到微软的现任也是第三任 CEO——萨提亚·纳德拉（Satya Nadella）。比起盖茨和鲍尔默，相信很多人还不知道他的名字。这位低调的近乎进入无我境界的印度裔 CEO，在上任的几年中带领微软完成了一个巨大的转型，将微软的市值从 2 000 多亿美元带向 7 000 多亿美元，甚至很多业内人士预测，在未来，微软有可能重回第一。

萨提亚在印度出生和长大，属于印度一批典型的工科男，但又是幸运的那批工科男。正如萨提亚在《刷新》中说，自己很幸运能赶上几个重要的历史性机遇：印度脱英独立、美国民权运动（导致美国移民政策改变）和全球性科技繁荣。萨提亚抓住了这几个机遇，在 20 世纪 90 年代就以软件技术专家的身份来到了美国，赶上了全球性科技繁荣的前期。

1992 年，萨提亚进入微软，是微软名副其实的“老人”。20 多年来，他几乎又塑造了一个微软“老好人”的形象。其间，他与盖茨和鲍尔默紧密合作，多次得到两位前 CEO 的肯定和支持。

“几乎没人说他不好，对于一家公司的高管来说，这非常罕见。”微软印度业务前主管拉维·温卡特桑评价萨提亚：“要做到这种级别，你肯定得非常强势，但他很谦逊，谦逊得令人难以置信……”

盖茨这样评价萨提亚：“他是一个谦逊、有远见和务实的人，他既能针对策略提出有见地的问题，也能与核心工程师融洽相处。”

萨提亚的这种谦逊和温和，与他的家庭有很大关系。在加入微软几年后，萨提亚和他的妻子有了第一个孩子。然而，遗憾的是，孩子自出生起就重度脑瘫。像这样的脑瘫儿童，跟其他病患还不一样，他的最大障碍不是在身体上，而是在智力上；对于父母的呵护和爱，他只会接受，很少有反应和反馈。这就需要父母全身心且不计代价地去陪伴和呵护，还得特别有耐心。

正是因为生活的变故和对孩子不计回馈的爱，帮助萨提亚历练出比一般人更平和更宽厚的性格；通过接受孩子的遭遇，萨提亚非常能理解那些不同却有能力的人。通过爱和包容能够达成一切，这让他拥有了越来越强的同理心，而萨提亚也把这样的同理心带进了微软。

萨提亚接任 CEO 后，除了对微软这部“臃肿的机器”进行战略转型，最重要的是“刷新”了微软的文化。他上任不久，就在公司内部向所有高管推荐马歇尔·卢森堡的《非暴力沟通》一书。该书认为：在交流过程中，通过专注于自己和他人的感受和需要，可以减少争辩和对抗，培育彼此的尊重与爱；这样，通过建立双方的感情联系并促进理解，矛盾就能以非暴力的方式得以解决。

在萨提亚上任之前，微软企业内斗和各自为营的文化已经非常严重。那时，微软对员工的考核非常看重个人的能力和成就，这助长了很多人的傲慢态度和攻击性。微软早期的文化倡导“建设性冲突”，但后来只有过多的“冲突性”，却少有建设性。

而萨提亚改变了这一切，他的方法相当温和。在绩效管理中，他要求员工不仅写明个人对团队的贡献，还要呈现对他人及其他团队提供的价值；他相信人类天生就有同理心，这不仅是为了创造和谐的工作环境，同时也是为了制造能够引起共鸣的产品。他一上来就用各种各样的流程制度和自己的以身作则，把这种同理心及共情力渗透到微软的上上下下。

萨提亚的共情和同理心，体现在很多维度上：

第一，微软的产品。要制造能引起共鸣的产品，需要保持好奇心，用不断革新的技术去满足客户潜藏的需求。如果对客户的需求缺乏同理心，是无法做到这一点的。

第二，微软的组织和团队。萨提亚特别强调每个人尤其是团队的领导者要有共情和同理心。鲍尔默造就了微软强有力的执行力文化，但这种执行力有时带有暴力性。

第三，微软未来的发展方向。在萨提亚看来，未来的科技产业趋势是需要有共情和同理心的。未来的微软应该从共情和同理心来突破。它既是一种产品思维，也是一种管理思维，更是一种微软面对未来的整体方向。如果没有办法做到共情和同理心，那微软就没有未来。

资料来源：泰洛普领导力学院．微软低调走向 7 000 亿，新 CEO 领导力的独家心法：同理心．(2018-05-10). http://blog.sina.com.cn/s/blog_182c7f3140102xbpx.html.

# 第3节 价值观与态度

针对领导特质所展开的一系列论述都围绕一个共同的主题：在正确的既定前提下，具备何种特质的个体才能表现出高效的领导行为？在这个诉求多样的商业时代背景下，什么样的前提是正确的，又如何才能保证前提的正确，保证组织不偏离正确航向呢？

## 一 价值观

### （一）价值观：领导行为的“导航仪”

价值观（values）代表了人们最基本的信念：从个人或社会的角度来看，某种具体的行为模式或存在的最终状态比与之相反的行为模式或存在状态更可取。价值观是相对稳定和持久的。价值观有两种属性：（1）内容属性：某种行为模式或存在状态是重要的；（2）强度属性：某种行为模式或存在状态有多重要。

在社会规范的约束之外，人们的日常行为举动主要受自身价值观的重要影响。因此，评价领导者的是非功过也必须依据价值框架，而不仅仅是考虑各项客观的绩效指标。第4章探讨个人化权力需要与社会化权力需要时曾提到，领导者所秉持的价值观将显著地影响权力的使用方式，进而决定所在组织是会迈向共生共荣的昌盛，还是不可避免地日渐衰落。

## （二）价值观的类型

社会学家罗克奇（Rokeach）列出了价值观的一个清单，明确了在跨文化领域应用比较广泛的 18 种终极价值观和 18 种工具价值观（见表 5－3）。

**表 5－3　罗克奇的终极价值观和工具价值观**

| 终极价值观 | | 工具价值观 | |
|---|---|---|---|
| 舒适的生活 | 享受 | 野心 | 想象 |
| 平等 | 救援 | 有思想 | 理性 |
| 激动人心 | 自尊 | 才干 | 逻辑性 |
| 家庭安全 | 成就感 | 振奋人心 | 爱的能力 |
| 自由感 | 社会认可 | 干净 | 忠诚度 |
| 健康 | 真诚的友谊 | 勇气 | 顺从 |
| 内部协调 | 明智 | 宽容 | 有礼貌 |
| 自然情感 | 世界和平 | 有帮助的 | 责任感 |
| 民族安全 | 美丽世界 | 诚实 | 自我控制 |

资料来源：理查德·L. 达夫特. 领导学原理与实践：第 2 版. 北京：机械工业出版社，2005.

（1）终极价值观（terminal values），指理想的终极存在状态，是关于值得追寻的目标或者结果的一种信仰。比如，有的人认为安全的生活和良好的健康状态高于生活中的其他事情，是人生中值得奋斗的重要目标；而有的人则更重视社会认可和激动人心的生活。

（2）工具价值观（instrumental values），指个体更偏好的行为模式或实现终极价值观的手段。比如，有的人在追求自己的目标时可能不择手段，有的人则谦卑顺从。

可以看到价值观和情商在概念外延上似乎有重叠之处，比如都提到了自我控制、责任心、成就感等，但其实二者所指代的内容并不一样。比如，价值观中的自我控制指的是行为主体认为自我控制是一种可取的正确的行为方式，但并不见得必然能够做出自我控制的行为，而情商中的自我控制则是指行为主体具有自我控制的能力。

## （三）价值观的影响及形成

价值观影响着人们的言行举止。例如，对于一项决策“是否合乎规范”“是否违背伦理”“将为公司创造怎样的价值”“对我自己有什么好处”等问题的看法，都在一定程度上折射出领导者内心的价值理念。

首先，价值观会影响领导者的人际关系网络。物以类聚，人以群分。价值观在领导者建立人际关系网络时起到了界定亲疏远近的重要作用，进一步影响着上下级双方的合作协调性。

其次，价值观会影响领导者的环境洞察力。基于不同的利益出发点，人们对于问题的关注角度不同，因此往往会制定出截然不同的解决方案或采取多样化的行动方式。

最后，在不同的价值观下，领导者对于成功以及通向成功的合理途径有差异化的认知，因而往往引发领导道德问题。下一章将聚焦于领导道德。

总体而言，价值观几乎会影响到每一个领导者的行为，反过来，人们也可以通过领导者的行为来推断其价值观是怎样的。不同的文化背景、家庭氛围、成长环境塑造了个性鲜明的价值观，甚至人们在生活中的某件小事都可能会深深影响其价值观的形成。

## 二　态度

### （一）什么是态度

态度（attitude）是关于物体、人物和事件的评价性陈述，这种评述可以是赞同的，也可以是反对的，反映了一个人对于某一对象的内心感受。行为科学家认为，态度由三部分构成：认知成分、情感成分和行为成分。认知成分（cognitive component）是一个人对某一事项所持有的想法或认识态度，比如一个领导者对某个特定员工的能力的认识和看法。情感成分（affective component）是关于一个个体对某一事项或人物的情感。行为成分（behavioral component）则使一个人以特定的方式行事，比如领导者可能会在一个会议上选择批评某个雇员，或者在一个两难处境中坚持自己的看法和决策。这三个成分的界限并不非常分明，而且往往相互影响，最终形成态度。

### （二）态度如何影响领导力

首先，领导者对自己的态度会影响其领导力。一般来说，通常给自己做正面评价的领导者心态豁达、乐观向上，具有强烈的自尊心与自信心，能够为自身乃至下属的成长发展营造积极的氛围，而非求全责备、苛求完美，甚至限制他人的成长和发展。

其次，领导者的态度会影响其与追随者之间的相处方式。正如麦格雷戈在他提出的 X 理论和 Y 理论中所述，领导者对于组织成员天性“勤勉、积极”或“怠惰、消沉”的不同假设，将决定领导者采取的方式是“润物细无声”的人性关怀还是“胡萝卜加大棒”的威逼利诱。

此外，领导者的个人态度也会在很大程度上正向或负向地影响企业整体的经营理念和战略取向。比如，太阳微系统公司的前任 CEO 对于经营和战略的强硬态度深刻影响了公司的发展，这也提醒公司领导者应该学会倾听他人的合理意见。

**篇中案例**

**强硬的 CEO 斯科特 · 麦克尼利**

斯科特 · 麦克尼利（Scott McNealy）是太阳微系统公司的前 CEO，也是这家企业的创办人之一。他是一位非常健谈的人，经常出语惊人，例如“传统智慧里面实际上没有什么智慧的成分”。他的这种看法源自其亲身的经历。1995 年，当太阳微系统公司的竞争对手们都在忙于开发能够运行微软 Windows 软件的服务器时，麦克尼利没有追随，相反却增加了对太阳微系统公司自有的 Solaris 软件的投入。接下来发生的故事让麦克尼利获得了极高的声誉。由于软件受制于人，竞争对手的服务器在速度、可靠性和安全性方面落后于太阳微系统公司。随着互联网大潮的兴起，新兴企业和财务公司对太阳微系统公司服务器的需求不断提升，公司获利丰厚。

5 年后，随着 20 世纪 90 年代后期互联网泡沫的破裂，华尔街又给麦克尼利出了新的主意：为即将来到的风暴做好准备，削减研发开支，裁减员工，准备推出低成本的产品。麦克尼利再次固执己见，然而这次他却犯下了大错。太阳微系统公司的销售量在3年里下降了48%，丧失了1/3的市场份额，甚至当竞争对手已经开始恢复的时候仍在一路败退。在这轮技术热潮衰退中，没有一家企业像太阳微系统公司败得这样惨。

在采访了38位现任和前任太阳微系统公司高管（包括9名离职者）后，《商业周刊》报告说，当太阳微系统公司的状况出现恶化时，外部的顾问和内部的助手们都向麦克尼利进行过抗争。2000年，当技术产业开始步入长期衰退时，几乎整个管理团队都要求麦克尼利放弃愿景而为艰难时期做出调整。2004年，麦克尼利裁员10%，算是做出了某种程度的妥协。

不过，在更多的时候，麦克尼利拒绝妥协。他本人在哈佛大学学习的专业就是经济学，他坚信经济会很快复苏。他还坚信，互联网已经成为企业的关键设施，它们不可能长期不做该方面的投入。2001年早期，麦克尼利说，“互联网还远未达到过热，远未发挥效用以及远未得到足够的实施。”“我认为我们正面临有史以来最大的设备投资热潮，成长的机会大得惊人。”为下一轮热潮做好准备，要远比为了短暂的挫折而削减开支更为重要。

随着技术衰退的趋势从下降转为灾难，麦克尼利的反直觉意识开始变得坚定。起码在过去的日子里，他不顾及公司内部反对的决策都是有效的。在80年代，他曾经应对了公司高管们的摇摆，用公司自己生产的芯片替换了摩托罗拉的芯片，而这一决策为公司带来了巨大的回报。这一次，当团队要求他做出调整时，他却将之视为更大的冒险机会。他决心击退所有来自他称之为短视者的压力，特别是来自华尔街的压力，让太阳微系统公司保持创新的动力。

在技术繁荣期他曾经考虑到退出管理层，但在2001年后他决定继续全力投入，相信依靠自己的声望、经验和坚定能够帮助公司度过最黑暗的日子。他对员工说：“我就在这里，我不会离开。现在已经到了严酷的时刻，我们要渡过难关。”然而麦克尼利显然低估了衰退的严重性，忽视了顾客对低成本服务器的需求。随着时间的推移，亏损越来越大。麦克尼利曾经的睿智和坚定在他人眼中渐渐变成了单纯的思维偏执。他的管理团队成员一个又一个失去了信心，选择了离开。在过去3年中几乎有超过10名麦克尼利最信任的助手离职，其中包括服务器部门的总裁。

2002年退休的贾巴尔（Masood Jabbar）是长期服务于太阳微系统公司的销售总裁，他像其他许多人一样崇拜麦克尼利的勇气。但他也认为这种坚持得不偿失。贾巴尔说：“这种战斗没有什么价值，是难以为继的。”然而太阳微系统公司董事会无意让麦克尼利下台，董事会成员认为他是一名伟大的领导者。

麦克尼利认为自己仍然有能力带领太阳微系统公司走出困境。他说：“也许现在是到了让我退出的时候了。但是这家公司为我的培训和发展已经做了巨大投入。我有20年的领导经验。我今年49岁，身体健康，富于精力和智慧，关系网络遍及全球。”他似乎对过去几年间摧毁性的批评视而不见。尽管承认自己犯了一些错误，但他还是同过去一样尖刻和骄傲。他不屑于自我怀疑，也许连自我反思都没有。

麦克尼利全神贯注于将太阳微系统公司引向他所说的“破坏性创新”，他过去就是凭着这一方法多次挽救了公司。当绝大多数竞争对手都开始制造平价计算机并陷入价格战的时候，太阳微系统公司的目标却是改变整个游戏的规则。在服务器的高端市场上，太阳微系统公司正在开发能够并行完成数十项任务的芯片。在低端市场上，太阳微系统公司的服务器采用的是便宜的芯片，但它们不仅可以处理任务，还可以实现竞争对手做不到的网络功能。太阳微系统公司的定价方法极为大胆，还没有任何一家竞争对手敢于尝试：将低端服务器免费送给客户，只收取几年的软件使用费。麦克尼利说："我们的策略是卓尔不群。我相信现在仍然有巨大的机会。"

麦克尼利相信太阳微系统比其他竞争对手更专注。例如，戴尔公司同时还销售打印机和数字音乐设备，而IBM则有一半的收入来自服务。麦克尼利说："我们不生产数字照相机，我们也不生产打印机，我们比任何其他企业都更专注于自己的业务。"

资料来源：坚韧的CEO.（2015－12－14）. http：//www.12reads.cn/33967.html.

## 小　结

个体的性别、年龄与教育背景等特质对领导行为有着不同层面的影响。其中，以敏锐、细致为特征的女性领导力弥补了刚性领导力的不足，然而，若要充分发挥女性的领导优势，还需从女性的自我意识与外部客观环境两个方面共同努力。此外，尽管青年一代具备创新活力，但是高龄领导者具有经验阅历上的优势，同样有助于企业发展。一系列的社会现象更是引发了人们对学历与领导力关系的思考。个人的人口统计学因素不应该作为企业选拔任用干部的主要依据，因为这可能带来偏见或歧视。

每个人的人格特质都不同，而卓越领袖所具备的闪光品质，诸如诚实、激情、创造力等基本特质仍可作为检验领导有效性的重要标志。此外，识别并开发个体的智力水平及情商等特质将有助于对领导力的培养。前者将在一定程度上预示个体的决策分析及统筹调控能力，后者则与其移情能力、情绪控制能力以及逆境耐受能力等息息相关。

价值观几乎决定了每一个领导的行为。正确的价值观将对组织领导者起到重要的指引作用，帮助他们全面、理性地衡量领导绩效，避免因一己私利而置组织乃至社会整体利益于不顾。与此同时，领导者的态度将在一定程度上奠定组织的管理氛围，并对企业经营理念产生潜移默化的影响。

## 关键术语

玻璃天花板（glass ceiling）
性别刻板印象（sex role stereotype）
特质（trait）
人格（personality）
大五人格模型（big five model of personality）
智商（intelligent quotient）
情商（emotional intelligence）
价值观（values）
态度（attitude）

## 思考题

1. 作为组织领导者，女性自身的优势与劣势体现在哪些方面？

2. 在有些大型国有企业中，论资排辈盛行，对此你如何评价？

3. 有些企业会以星座和血型为依据来选拔管理者，你是如何看待这种做法的？

4. 古往今来，你最欣赏哪一位领袖人物？请结合他的事迹谈谈领导者应具备的优秀品质。

5. 你是否认同“相比智力水平，个体的情商更有助于领导成功”这一观点？为什么？

6. 同理心为什么对于领导而言非常重要？你有同理心吗？请举例说明。

7. 请列举表5-3中对于你而言最重要的三项终极价值观和三项工具价值观。

## 案例分析

### 初创企业激发女性领导力

2014年7月28日，柳青被证实加盟滴滴打车，出任首席运营官（COO）一职。加盟滴滴打车之前，柳青在高盛待了12年，那是她出校门后的第一份工作。尽管父亲是柳传志，柳青的职业生涯却与联想无关。

2002年，柳青加入高盛（亚洲）集团投资银行部负责“分析员工作”，2004年转投直接投资部，2008年晋升为执行董事。2012年，晋升为高盛（亚洲）有限责任公司亚太区董事总经理后，柳青成为高盛历史上最年轻的董事总经理之一。

为什么会在高盛待这么久？柳青的解释是，在高盛漫长的工作经历更像是一个自我发展的过程。“在进入职业化生涯以后，真正地了解自己，接受自己的长板和短板，进而再去实现自己，这三个阶段都是在高盛实现的，高盛这个平台让我见到了不一样的世界。”

而从高盛跳槽到滴滴打车这样一个初创企业的举动则被其定性为突破自我。“这个（高盛的）职业生涯我做了很多我喜欢做的事情，但我现在需要突破，进一步突破，就是做一些真正的事情，做一些我认为想起来就会很兴奋、会很有意思的事情。”之前接受媒体采访时，柳青给出了这样的答案。柳青正随着大势，搭上“创业”这趟列车。

一个让她难忘的故事是，2007年，柳青的两位女性朋友想回国创业投资一家妇产医院。这两个同样出身于知名投行的姑娘当时就因为年纪轻，又是女性而被“拒之门外”。“她们雇了一个长得比较帅的司机又去了，把司机当作董事长，她们两个坐在旁边，一个当CEO，一个当CFO，董事长只要点头微笑，然后就谈下来了。”

这样艰难的情形，今天不再会出现了。在柳青看来，互联网、移动互联网的发展已经为女性创业提供了更好的土壤和环境。

“我做了十几年投资，见了很多很成功的企业家，也很受启发。我非常相信科技引领生活，科技引领趋势。一个人在自己的黄金年代投入到一个真正有颠覆性的产业是很幸运的事情，这中间会有风险，但我就觉得这件事情是很有意思的，应该值得尝试。”柳青说。

“中国女性讲究温良恭俭，所以我们在做任何事的时候永远能感觉到有一把尺子在衡量，总是需要考虑到方方面面。其实在美国也是一样，在最顶尖的投行里，随着级别的一步一步上升，女性也越来越少。”在长江商学院“女性领导力与职场多样性对商业的启迪”的论坛上，柳青这样解释为什么女性高管如此稀少。

“要通过理解这些成见，通过拒绝这些成见去改变成见。”桑德伯格在参加同一个论坛时说，“人们喜欢把非常强势这个词用在女性身上，就是说女性不可以领导。所以我想说对于女人来说，如果你非常强势，请举起手。”桑德伯格突然停顿了几秒，然后加重语气说道，“到了该改变成见的时候了。”

不过，情况正在发生变化，尤其是在那些创业公司里。而女性管理者也通过各种各样的方式表达自己。根据长江商学院创办院长项兵提供的数据，今年长江商学院EMBA的女性学员占比达到了27%，创历史新高，而MBA学生里有57%是女性。

对于几乎所有女性高管都会被问到的如何平衡工作和家庭的问题，柳青的回答是用高质量的时间安排，平衡自己的生活更多的是用心，而不是用时间。

“我自己接触过的大部分女性其人格绽放是在生完小孩之后，这是她们最具智慧的阶段，基本上想问题会非常全面，做事情会很有勇气，所以企业最需要留住这部分女性。结婚生子是大多数女性无法回避的问题，而处于这个阶段的女性至少已经交出了一份成绩单。”柳青解释道。

资料来源：赵陈婷．初创企业激发女性领导力．第一财经日报，2014-11-21.

根据上述案例，尝试回答如下问题：

1. 为什么互联网、移动互联网的发展使得女性创业有更好的土壤和环境？

2. 从案例中有限的信息来看，你认为柳青具有怎样的情商属性与价值观？

3. 你认为在中国，女性成为领导者的障碍主要是什么？

4. 如果你是女性，请谈谈你将如何应对如上的障碍？如果你是男性，请为女性如何克服如上障碍提供一些建议。

5. 请描述下你曾遇到过的性别歧视场景，无论是针对女性的还是针对男性的。

## 参考文献

[1] McGregor D. The human side of enterprise. New York：McGraw-Hill，1960.

[2] Sternberg R J. The concept of intelligence and its role in lifelong learning and success. American Psychologist，1997，52 (10).

[3] 理查德·哈格斯，罗伯特·吉纳特，戈登·柯菲．领导学：在实践中提升领导力：第8版．北京：机械工业出版社，2016.

[4] 董晓艳．女性领导的特质及其领导能力的提升．领导科学，2009 (24).

[5] 顾琪．领导力的“标志”．21世纪商业评论，2010 (9).

[6] 刘澜．领导者该有哪些品质．IT经理世界，2011 (3).

[7] 斯蒂芬·罗宾斯，蒂莫西·贾奇．组织行为学：第16版．北京：中国人民大学出版社，2016.

# 第 6 章
# 领导道德

## 学习目标

- ◎ 了解领导道德引起重视的原因
- ◎ 理解道德型领导的含义
- ◎ 了解影响领导者道德抉择的个性特质
- ◎ 掌握在不同道德修养层次中人们的行为特点
- ◎ 理解进行道德反思的前提条件
- ◎ 了解由道德辩护引发的消极影响
- ◎ 体会道德领袖的责任及义务

## 引例

### 拒不受贿的王石

王石曾说，一个企业若想持续发展，“不行贿”就应该成为做事的底线。

曾经，王石被贴了一个标签，即“不行贿者王石”，他在得知这个称号后不无感慨地说：“这种为人做事最基本的要求，反而成了我的标志符号，这究竟是王石的荒诞，还是这个社会的荒诞?”

1995 年，万科上海的一个工程部从工程部经理、副经理、工程主管到工程师四个人一块在受贿，颇有“你知我知天知地知，四个人不说似乎谁都不知道”的意味。但是他们没想到行贿方在其他地方出了事，后来在公安局把在万科行贿的事交代出去了。这件事对王石刺激非常大。

他的第一个反应就是给当时有万科投资的城市的检察院写一封公开信，表明自己的态度。如果发生这样的事，万科绝不姑息、绝不包庇，一定把受贿者送到检察机关，这是一个态度。第二个反应就是深刻反思，管理制度到底在什么地方出了问题，管理到底出了什么漏洞。到底是哪些地方的疏忽，让万科的员工走上了这条路?

王石回忆道：“当时我还写了一篇文章谈这件事。我觉得作为一家企业，在做生意过程中无论是盈利还是亏损，都是正常的事情。亏损 3 000 万、5 000 万，我们都可以再做，然后把它赚回来；但如果因为我们管理的疏忽，让员工走上犯罪的道路，这是非常不值得的。一个人如果走上了犯罪的道路，影响的就不仅是他个人的一辈子，还会牵连整个家庭。作为管理者，这是我们的失责。”

究竟该怎样避免这种情况出现？他认为应该建立一套监察系统，建立制度性的怀疑、制度性的监督，因为每个人的心里都可能同时存在天使和魔鬼，所以建立一套这样的制度就能将犯罪扼杀在摇篮中。

万科不擅长“关系”，“关系”分为朋友关系、权钱关系、酒肉关系。万科把权钱关系和酒肉关系都拒绝了，只要你找到市场，不喝酒不行贿是有难度，但不是想象中那么难。对于廉洁的官员，只要抓住他需要的荣誉感，树立品牌，成为当地政府的骄傲，也一样可以立足于市场。

有种奇怪的现象是，某个官员被“双规”了，就有一批企业家受牵连。在中国，房地产行业涉及的产业链非常长，难免要和政府部门打交道，而万科在全国30多个城市搞房地产开发，也肯定会遇到当地一些官员出事的情况，但是无论如何，万科不会受到牵连。因为万科有自己坚守的原则：不违规，不行贿。这是底线，宁可不做生意，也要坚持保持自己的人格和尊严。

一个企业在最初的创业时期可能要寻求一些关系，但是要实现持续发展，就不能像这样一条道走到黑。中国进入市场经济，逐步规范化和透明化是必然的，因为市场经济的特征不光是自由竞争，还有道德、法治、信用、契约这些约束因素。企业要在这个环境下长久生存，就必须规范操作。

市场竞争以公平为原则，就像登山一样，选择你要走的路，坚定地走下去，一步一个脚印，可能抬头一看，你会豁然发现：怎么就到了山顶？这就是减法生存。

资料来源：王石：创业33年来，我为什么一直死死坚持“不违规，不行贿”原则？.（2017-02-16）. http：//www. iheima. com/article-161243. html.

有些领导者，如王石，秉持着自己心中的道德带领公司做正确的事，有些领导者却会为了公司的利益做出一些在道德及法律上不正确的事。例如，贿赂经销商是为了打开产品市场；谎报财务状况是为了帮公司摆脱低股价的污名……对于这些行为，或许作为旁观者时，人们总是能够义正词严地加以批判；然而，对于“局中人”，特别是对于那些手握决策权、在道德边缘徘徊的领导者来说，做正当的事并不总是轻而易举。上一章已经触及领导者的价值观和态度问题，本章将重点讨论与之有关的领导者道德问题。

## 第1节 为什么关注领导道德

### 一 “缺陷”的领导力

第5章曾探讨领导者的智力水平、情商等个人特质与领导有效性之间的关联，并特别强调了高情商的重要性——将心比心的同理心、收放自如的情绪驾驭力将有助于领导者在日趋庞杂的人、事、物关系中游刃有余。但是，一位睿智且擅驭情绪的领导者就一定会是优秀的领袖吗？若王石选择了行贿这一非道德行为，那么就算他战略正确、聪明绝伦、情商卓越，仍然不是好的领导，因为他会将企业引向歧途，风险巨大，终究可能会害了万科。

面对一个需要给出是非判断的问题，试图依赖本身“价值中立”的智商、情商等特质，无异于缘木求鱼。但在现实世界里，这样的困境却并不鲜见。一度被公认为“最佳投资银行”的雷曼兄弟因用房地产抵押债券的华丽名号掩盖垃圾债券的本质，在 2008 年的美国次贷危机中轰然倒塌；同年，石家庄三鹿集团生产的奶粉被查出因含化工原料三聚氰胺而致使婴幼儿患肾结石。而此后，愈演愈烈的“毒奶粉”事件波及伊利、蒙牛、光明、圣元等曾被国人引以为傲的乳业巨头，这不禁令人顿生畏惧、心寒不已。甚至直到 2011 年 3 月，根据央视《每周质量报告》的调查，仍有七成中国民众不敢买国产奶；2013 年苹果公司在中国深陷“维修门”漩涡；2017 年耐克公司在中国又遇“气垫门”……一时间，无商不奸的社会舆论此起彼伏：那些才智出众、谋略非常的精英高层管理者，在日趋激烈的商业大战中是否还保有最基本的伦理道德，而竞争中的胜出又是否可以以舍弃最基本的伦理道德为代价呢?

## 二 领导道德的重要性

### （一）领导道德对组织的影响

多年以前，人们普遍认为智商是让一个人成功的决定因素，随后情商的研究让人们了解到情绪管理比人的聪明才智更重要。然而，情商在大多数情况下是价值中立的，它不能帮助人区分对与错。所以，情商并不必然会导致持续、长久的成功。

莱尼克（Lennick）和基尔（Kiel）提出，德商（moral intelligence）才是长期经营成功的核心。他们把德商定义为“决定如何将普遍的人类原则运用到我们的价值观、目标和行动中的能力”。这些原则主要有四项：正直、责任、同情心和宽容，它们构成了“道德罗盘”的基础，从而为具体的目标和行为提供向导。

莱尼克和基尔强调，出色的道德技能不仅是个人领导力的核心元素，而且是一种经营优势。道德性弱智（moral stupidity）会使企业蒙受重大的损失。很多企业都因此遭受灭顶之灾。比如前面提到的苹果和耐克，都是由于不愿意承担因产品缺陷而带来的社会责任，导致销售量的严重下滑。忽视道德，组织就无法经受市场竞争的挑战。粗制滥造、以次充好的产品质量问题，欺骗隐瞒、敷衍塞责造成的服务质量问题，商业欺诈、不正当竞争造成的信誉问题，环境污染等造成的社会责任问题等，都需要领导者引领组织进行正确的道德决策，使组织基业长青。良好的德商，不仅可以为个人成功打下基础，更可以使组织由于具有良好的声誉而获得更多的商业机会和更好的财务表现，并支持组织的长期发展。而且，这种竞争优势不是竞争对手能够通过模仿而迅速赶上的。

作为中华民族传统美德中最耀眼的一部分，道德诚信在当今的商业社会中仍然被频繁提及，而早在明清时期，经营盐业、票号的山西商人（晋商）就以崇信尚义而名闻四海，他们凭借卓越的道德形象积累起了富可敌国的财富。

## 篇中案例

### “以义制利”的晋商之道

晋商“轻财尚义，业商而无市井之气”“重廉耻而不失体面”，以崇信尚义为准则时刻约束自身，将严守信誉的商业美德代代相传。他们“绝不赚昧心钱”，以做信义取利的诚贾廉商为荣。他们受一事诺一言，把信义和取利结合在一起，在商界中美誉相传，形成了稳固的商业地位。

晋商崇尚信义，以诚待人，并非仅表现在个别人身上，而是其普遍和一贯的准则。晋商发展之初，大多采取合伙经营的方式，合伙经营要想成功，靠的就是诚信的经营理念。晋商票号多为东家出资、掌柜经营的运作模式，两者之间良好关系的维系，靠的也是一种道德自觉，即“信义”。

清朝末年，平遥城内有个讨吃要饭几十年的穷老太太，有一天拿着1 200两的汇票，到日升昌票号要求兑付白银。这张汇票与存款时间相隔30余年，日升昌经查验无误后，立即如数给这个讨饭的老太太兑付了现银本息。原来，这个老太太年轻时，其丈夫到张家口做皮货生意，赚钱后办成汇票，却在回家途中染病身亡。几十年后老太太在摸丈夫当年留下的唯一遗物夹袄时，无意中摸出了这张汇票。通过这件事，日升昌童叟无欺、诚信为本的声誉大振，业务愈加红火，事业如日中天。

运营资本对于商家而言犹如血脉，须臾不可缺少。但做生意，难免有短缺之时，如何对待借债，对商家和个人的品格来说无疑是一大严峻的考验。有“天下第一乔”美称的乔家，对债务的态度是：“借外的一文不短，外借的听其自便”，足见其胸怀的宽阔和品格的高尚。

有一家商店关门时，尚欠乔家复盛公钱当行1 000两银子，复盛公经理就去那家店里拿了一把斧头了事；有一家商号倒闭时尚欠复盛公5万两银子，经理登门向“乔老爷”（复盛公“东家”乔致庸）请罪，“乔老爷”只是安慰，并不追究欠债。若仅从表面上看，乔家让借债人“听其自便”，而借债人的“自便”除感恩戴德，也就是广为传颂了。此事在当时被传为美谈，而乔家的信誉也随之流传开去，其后的财源滚滚自然也就不足为奇。

资料来源：周广宇．中国商之道：大起底：让藏而不露的不再雪藏！．北京：外文出版社，2010.

学者们也做了大量的研究，发现领导者的品德会影响企业的财务绩效，这也提醒领导者必须避免做出非道德的行为。

**学者说**

### CEO有节操，公司业绩高

高管道德败坏造成事业翻船、公司后院起火的消息已司空见惯，这不得不说是个悲剧。但这是否意味着，道德高尚的领导和其公司，表现就一定出众呢？

明尼阿波利斯领导力咨询公司KRW International的一项研究表明，答案是肯定的。研究发现：那些在品德方面获得高分评价的CEO，两年内的平均资产回报率为9.35%，而在品德方面得分低的CEO，平均资产回报率仅为1.93%，两者相差约3倍。

为衡量品德这一特性，KRW联合创始人弗雷德·基尔和同事仔细研究了人类社会中已知的500多种行为和性格，识别出四大公认道德标准：正直、责任、宽容和同情心。他们对84家美国公司和非政府组织的员工进行了匿名调查，看其CEO和管理层能否坚守这四大标准。他们还访问了很多高管，并分析了这些公司的财务状况。

得分表中，得分最高的一群人是10位被基尔称作“大师级”的CEO。他们的员工对其个人及高管层的四项打分都很高。调查发现，这些领导者的优秀品德经常表现在以下方面：有原则，关心集体的利益，原谅自己和他人的错误，富有同情心。

而得分最低的10名CEO被基尔称作“自我中心”的CEO。他们常常被描述为：“为个人利益掩盖真相；只关心自己和自己的财务安全，全然不顾他人利益。”（测试从一开始就保证不公开所有参与调查者的姓名，后来只有1/3的调查者同意公开姓名。）员工们说，自我中心的CEO讲话基本上真假参半，出尔反尔，经常把自己的错推给别人，频繁惩罚好心做错事的人，尤其缺乏对别人的同情心。

除了在财务表现上胜过自我中心的CEO外，大师级的CEO在战略思想、集中度、责任感上也表现得更为优秀，其管理团队也表现出高素质。

但那些品德有待提高的高管意识到自己的人品和公司业绩之间的关联了吗？多数情况下，答案是否定的。当自我中心的CEO被要求给自己的四项品德打分时，他们自评的分数比员工评分高得多。而大师级CEO的自评分数反而略低于员工给他们的高分，这从另一侧面反映出他们的谦虚和优秀品德。但基尔指出，通过了解同事和身边亲人对自己的客观评价，高管能够提高对自我的认知。但前提是，他们必须能听进去这些评价，而那些品德缺陷最严重的人则很难听取别人的意见。

那么最失德的领导怎样才能修身养性？基尔建议，他们应该向可靠的导师和顾问求助。基尔及其客户的例子给了我们启示，优良品德不一定是与生俱来的，你可以在领导团队、行动和决策的过程中不断修身养性、提升自我。事实证明，你的同事以及公司也会从中受益。

资料来源：CEO有节操，公司业绩高．（2015-04-21）．https：//www.hbrchina.org/2015-04-21/2898.html.

## （二）领导道德对追随者的影响

班杜拉（Bandura）提出的社会学习理论（social learning theory）认为，个体关于行为规范的认识主要来自对周围人的学习，这既包括直接的观察和模仿，也包括间接的阅读和体会。在解释下属如何确定道德行为准则方面，这一理论可以作为工具之一：领导者由于身处上位，通常成为下属观望和模仿的对象，下属通过观察领导者的行为来揣摩领导者的意图，并以此作为自己行为的向导。所以，以身作则（role modeling）的重要性不言而喻。在日常活动中，领导者扮演着道德模范的角色，其一言一行都将对下属的道德意识产生潜移默化的影响，继而奠定他们的行为基调。试想，如果一个员工眼中在人品素养、处事作风等各方面都有缺陷的经理仅仅因为业绩好就获得提拔，那传递给组织的信息是什么？一旦个人利益与社会规范或伦理道德相矛盾，受上述“启发”的员工又会做出怎样的取舍？

此外，领导者的道德对追随者的满意度和工作绩效等也有一定程度的影响。道德型领导关心支持员工，在工作中对员工予以积极的引导和监督，帮助他们提升自信，从而取得较高的工作绩效。道德型领导通过愿景感召、组织道德价值观的传递，使员工充分意识到其所从事的工作对国家和社会的意义、对组织与他人的价值。同时，道德型领导也关注员工的个人目标与个人价值的实现，通过工作中的关怀、支持及充分授权帮助他们达成人生追求。道德型领导会使下属感受到组织对他们的尊重、认可与欣赏，使其产生目标实现与任务达成的自信，自愿为组织做出更多贡献。

道德型领导还可能对追随者产生更多影响。比如，下面这篇文献就发现，道德型领导还会促进下属为组织和上级提建议的建言行为，继而促进下属创造力的发挥。

学者说

**道德型领导对建言行为和创造力的影响**

企业社会责任和企业伦理已成为越来越重要的问题，领导者必须表现出道德行为，才能树立较高的道德标准，进而培养追随者的道德行为。过去的研究主要集中在道德型领导的角色及其对追随者的道德行为或非道德行为（如适得其反行为和越轨行为）的影响上，很少有研究关注道德型领导对研发人员创造力的影响。本研究利用多个来源的三阶段多层次数据，收集了291名员工和58个工作小组的数据。研究结论如下：

(1) 员工感知的道德型领导与员工建言行为正相关。在工作实践中，领导者从自身的道德和利他动机出发，构建并展示道德模型；下属通过社会学习获得道德动机。通过自己的行动和表达的价值，领导者鼓励下属去模仿他们，从而在领导者和下属之间产生一致的价值观。在一个由道德型领导管理的工作环境中，员工不仅会对上级提出建议，而且在表达自己的想法和意见时也会与其他团队成员进行互动。

(2) 建言行为与创造力正相关。当道德型领导创造了一个公平和诚实的环境、产生了道德资源时，员工会更愿意提出他们的建议，以获得和保护这些资源。因此，员工会感到自己能够毫无畏惧地说出想法，并提出新颖的想法，从而改进工作程序，解决潜在的问题。通过这种方式，鼓励研发人员提高他们的创造力。

(3) 建言行为在道德型领导与创造力的关系中具有中介作用，且在创新氛围强的团队中这种中介作用更强。创新环境鼓励员工从道德型领导那里获得更多的资源，并将这些资源转化为组织内部的声音与行为。这种行为在组织员工中传播，为创新和积极的工作行为创造了良好的氛围。此外，在高度创新的环境中，员工之间的感知一致性很可能引发行为感染，从而将特定的声音行为转化为更广泛的创造力。因此，良好的创新氛围往往会调动员工的团队努力性，使其积极地进行工作行为。

资料来源：Chen A S Y，Hou Y H. The effects of ethical leadership，voice behavior and climates for innovation on creativity：a moderated mediation examination. The Leadership Quarterly，2016，27 (1).

# 第 2 节　道德型领导

近年来，随着一系列商业丑闻的曝光，领导者的道德问题被推到了舆论的风口浪尖。那么，怎样的领导者称得上道德型领导？若单从字面来理解，是否独善其身、陶冶个人道德情操就足够了？

## 一　道德型领导

### （一）道德型领导的定义

上一节已经提到道德型领导这一概念。具体来说，道德型领导（ethical leader）指的是这样的领导者：他们以自身的道德行为来影响、感染身边的人，通过建立一种合乎规范的伦理氛围（ethical climate）来激发成员的道德行为，引导他们持续地提升个人的道德修养。在这一过程中，“知行合一”是重要前提。与此同时，道德型领导也需要将个人价值观与社会整体需求结合起来，承担起兼济天下的社会责任，避免因私利蔽眼而盲从自我。

由上述定义可以看出，道德型领导有两个维度：道德人和道德经理人。道德人维度意味着，人们认为这个领导者拥有特定的个人特征（比如诚实、正直），表现出某类行为（比如关心下属），同时依据道德准则制定决策。道德经理人维度则意味着领导者通过追随者可见到的行为树立道德模范角色，同时与追随者就道德标准、原则和价值进行沟通，使用奖惩制度以保证追随者的行为与道德标准一致。尽管有众多学者对道德型领导的维度进行了诸多研究，并得出了不同的测量方法，但是其本质均可以归纳为上述两个维度。

### （二）实践中的道德型领导

在一个团队中，道德型领导将以个人品德修养为出发点，通过持续发挥道德模范作用来促成团队其他成员的道德行为，并引领他们为所在组织乃至社会整体谋求福祉。在这方面，组织中的领导权威似乎总是具备一种不可名状的惊人力量：员工始终对领导者保持高度关注，无论其潜移默化的言行效仿是源于崇敬、逢迎抑或是畏惧。

因此，借助这一优势来为团队营造良好的道德风尚，领导者责无旁贷。一旦面临道德困境（ethical dilemma），他们关注的问题层面及随后的处理方式都将作为组织的“隐性规则”传承，因此个人言行更需慎重；而在以身作则的同时，借助良好的沟通平台将帮助成员进一步加深对组织道德规范的理解。不仅如此，领导者也可设立相关的规章制度来增强道德观念对行为的教化作用，例如针对员工的道德行为给予公平、公开的奖惩措施等。但始终如一地坚守道德底线毕竟不是一件容易的事情，比如，曾担任谷歌中国区总裁的李开复在苹果公司工作时，就遇到过道德困境。当时李开复必须裁掉业绩不佳的师兄或者一个有潜力的新员工。“公正”和“负责”的价值观告诉他应该裁掉师兄，而其“知恩图报”和“怜悯心”的观念却告诉他应该裁掉那位新员工。经过激烈的思想斗争，李开复裁掉了他的师兄，因为“公正”和“负责”的价值观对他而言更崇高、更重要。

## 二 领导者的道德抉择

即使如李开复般成熟的领导者，在面临道德抉择（moral judgment）时也极易陷入摇摆不定的两难境地：对于合乎规范的道德行为尺度，应该如何去把握？一方面，特定的历史文化、家庭环境、教育背景乃至社会舆论氛围都会催生出截然不同的价值理念；另一方面，由于立场不同，看待问题的角度、评判对错的标准自然也不一样。在规则的盲区，一不留神就会陷入众说纷纭的迷局，是非难辨。因此，这就更需要面临决策的领导者具备“将普遍的人类原则运用到我们的价值观、目标和行动中的能力”。

然而，进行道德抉择并不是一件容易的事情。在进退维谷的道德困境里，与唾手可得的个人利益相抗衡的极有可能是来自员工、股东乃至其他各个层面的利益相关者（stakeholders）的利益，而愈演愈烈的市场竞争更是在商业时代的大背景下鼓吹急功近利之风气。现实世界的领导者并非圣贤，不同的个性特质、道德修养层次决定了他们在面对诸多诱惑时权衡取舍的能力。

### （一）领导者的个性特质

说一不二的决断魄力、强烈的自尊心和自信心都有助于领导者在大是大非面前力排众议。此外，步步为营的心态也将在一定程度上帮助领导者将核心价值理念根植于企业发展、变革的过程中，从而避免因陷入唯利是图的飞速扩张而迷失发展方向。

日本企业家稻盛和夫亲手培植出了京瓷与 KDDI 两家世界 500 强企业，这一辉煌成就源于其“敬天爱人”的经营哲学。作为京瓷的引路人，稻盛和夫不仅以“作为人，何谓正确”为判断标准来处理经营中的各种问题，更将这一价值理念付诸行动，为企业成员树立了一个坚定“利他”的榜样形象。

**篇中案例**

**坚定全方位“利他”的稻盛和夫**

京瓷公司设立第二年，招进了 10 多名高中毕业生，经过一年的磨炼他们已成长为生力军。创办不久的小企业，工作条件艰苦，员工常常加班，工资也不高，但目标要求又非常高，为此年轻人无法忍受，他们持联名状，向稻盛和夫提出“集体交涉”。联名状上写明了每年最低工资增幅、最低奖金，而且必须连续增长到将来等，要求稻盛和夫予以承诺并做出保证。当初招聘面试时，稻盛和夫曾明言：“公司究竟能成何事，我自己也不知道，但我必定奋力拼搏，力争将其办成一流企业。你们愿意到这样的公司来试试吗？”他们听过稻盛和夫这些话，知道稻盛和夫事先并无工资奖金增幅方面的承诺，但仅过了一年就写联名状，按上血印，并威胁稻盛和夫不答应条件就集体辞职。

“新公司正缺人，他们已形成战斗力，如果走了，公司必遭损失。但是，如果他们无论如何都固执己见的话，那也没办法，就让公司从头再来吧。”稻盛和夫不肯妥协，明确答复：“不接受你们的条件。”

稻盛和夫说：“谈判从公司谈到我家，僵持了三天三夜，我这样对他们说，作为经营者我绝不只为自己，我倾全力把公司办成你们从内心认可的好企业，这话是真是假，我无法向你们证实，你们姑且抱着'就算上当也试试'的心情怎么样？你们既然有勇气辞职，希望你们更有勇气相信我，我拼了命也要把事业做成，如果我对经营不尽责，或者我贪图私利，你们觉得真的受骗了，那时把我杀了也行。"

这样熬了三天三夜，推心置腹，他们总算相信了稻盛和夫的话，撤回了联名状。

稻盛和夫说："京瓷公司不是显耀稻盛和夫个人技术的场所，更不是经营者一个人发财致富的地方，而是要对员工及其家属现在和将来的生活负责，京瓷公司应该成为全体员工共同追求幸福的场所。"

此后，稻盛和夫将"在追求全体员工物、心两面的幸福的同时，为社会的进步发展做出贡献"作为京瓷的经营理念。因为企业作为社会一员必须承担相应的社会责任，所以这后一句也是必不可少的。可以说，正确的经营理念为京瓷的腾飞打下了基础。

资料来源：白立新．竞争力在于全方位"利他"．商学院，2010（1）.

## （二）道德修养层次

稻盛和夫的案例同时反映了一个人的胸襟、眼界、涵养会在很大程度上决定他的处世原则及行为出发点，这与其所处的修养层次有很大关系。图 6－1 展示了一个简化的道德进化模型（Kohlberg，1976），模型依据不同的伦理判断标准将道德发展分为三个层次，从低到高分别为道德成规前期（pre-conventional level）、道德成规期（conventional level）以及道德自律期（principal level），形象生动地展现了个体的道德修养过程。

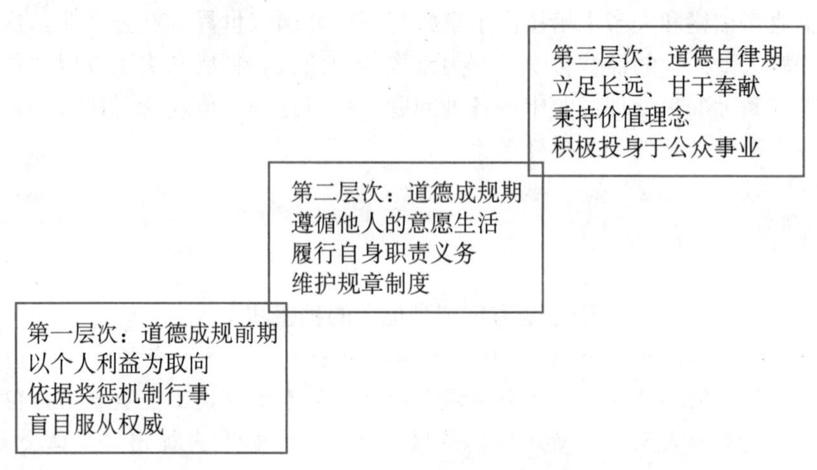


**图 6－1　个人道德发展的三个层次**

资料来源：Kohlberg L. Moral stage and moralization：the cognitive development approach//Moral development and behavior：theory，research，and social issues. TX，Holt：Rinehart and Winston，1976；Graham J W. Leadership，moral development and citizenship behavior. Business Ethics Quarterly，1995，5（1）.

（1）道德成规前期。处于这一层次的人总体表现为以自身利益为出发点。他们服从权威，逃避不利于个人的后果。在该阶段领导者有绝对的权威，使其得以搬弄权术、图谋私利，并凭借"胡萝卜加大棒"的奖惩机制迫使人们形成道德认知。

（2）道德成规期。循规蹈矩、照章办事是身处该层次的人的最大特征。相比前一层次，领导者能意识到关注个人利益的狭隘性，开始设身处地地为别人着想，能顾全大局。而来自他人的期望、组织的规章制度等群体价值理念则成为约束领导行为的重要依据。

(3) 道德自律期。政策法规有一定的约束功能，却未必能放之四海而皆准。身处道德自律期的人坚持以价值理念为评判标准，甚至不惜对抗与之悖逆的规章制度。作为领导者，他们立足长远，行为举止独立而高尚，并能积极地投身到为公众利益服务的伟大事业中。

领导者的眼光、境界与其道德修养的提升密不可分，这是一个漫长的过程，却也是一场由量变产生质变的历练。大多数领导者尚处于第一层次和第二层次，只有进入到道德自律期的领导者才能自如地遵循最高的道德标准，而这就需要领导者长时间的修养。历史上不乏将大众的福祉置于个人利益之上的卓越领袖，比如倡导"非暴力不合作"的圣雄甘地，再比如秉承这一精神的马丁·路德·金，他们将个人生死置之度外，超脱狭隘的民族和种族利益，引领规模浩大的解放运动，终生为捍卫高尚和公正而战。所谓"以德服人者，心悦诚服也"，他们在这一过程中展现出来的超凡影响力无疑为其伟大事业的传承提供了源源不断的动力。

## 第 3 节　从现在做起

2004 年 9 月，日本监管当局要求花旗集团自 2005 年 10 月起关闭其在日本的私人银行业务。因为调查表明，花旗集团在与客户打交道时存在众多违规行为。花旗集团"爱打擦边球"的企业文化其实由来已久。CEO 普林斯则希望彻底告别这种企业文化，10 月底，他宣布公司解雇三名与日本私人银行业务丑闻有关的高层管理人员。与之类似，假货给淘宝网带来了巨大的声誉和经济损失，2011 年 2 月，马云不得不忍痛整肃高层管理团队，淘汰掉对于假货持宽容态度的淘宝网 CEO 卫哲。显然，扭转一直以来打"道德擦边球"的形象并不是一件简单的事情，花旗集团和淘宝网为此付出的代价足以令观者引以为戒，但从中也不难看到公司领导者的努力与决心。成为道德领袖，意味着要顶住舆论的压力、旁人的质疑以及无处不在的利益诱惑。但在物欲横流的商业社会，有人质疑这是企业在作秀，更有人不解：不追求利益最大化这种有悖市场规律的事还"正确"吗?

### 一　道德反思与自我辩护

在回答上述道德反思之前，让我们先来看看哈佛大学教授迈克尔·桑德尔提到的一个案例。

**篇中案例**

**铁轨边的道德难题**

假设你是一辆有轨电车的司机，电车正以每小时 100 千米的速度沿着轨道疾驰而下。前方，你看见五个工人手持工具站在轨道上。你试着停下来，可是刹车却失灵了。

你无比绝望，你知道，如果你冲向这五个工人，他们将全部被撞死。突然，你注意到右边有一条岔道，那条轨道上也有一个工人，一个。你意识到，你可以将车拐向那条岔道，撞死这个工人，而挽救那五个工人。你应该怎么做呢？大多数人会说："拐！撞死五个人将会更糟糕。"虽然会牺牲一个人的生命，但可以挽救五个人的生命。

这看起来确实是正当的事情。现在让我们来考虑另外一种假设。这一次，你不是司机，而是一个旁观者，站在桥上俯视着轨道。轨道的那头开来了一辆电车，这一头有五个工人。

刹车又一次失灵了，电车即将冲向五个工人。突然你发现，你身旁站着一个身材魁梧的家伙。你可以将他推下轨道，挡住疾驰而来的电车。他可能会被撞死，但是五个工人却将获救。

将魁梧大汉推到轨道上是否为正当之举呢？大多数人会说："当然不是！这简直是犯罪。"

这便产生了一个道德难题：为什么同样是牺牲一个生命以挽救五个生命，在第一种情况下看起来是正确的，而在第二种情况下看起来则是错误的呢？

如果我们认为，数量很重要——挽救五个比一个好，那么，为什么我们不能将这一原则应用到第二种情形中呢？即使有一个很好的理由，将一个人推向死亡仍听起来非常残忍。但是，有轨电车撞死一个人就不残忍吗？

将桥上的人推下去之所以不对，也许是因为这样做违背了他的意愿。毕竟他并没有选择参与其中。

然而，我们可以为那个在岔道上工作的人做同样的辩护。人们可能会反驳说，也许铁路工人甘愿冒这样的危险。然而，牺牲自己以挽救他人的生命并不在这份工作的职责范围之内；并且任何人都不愿意放弃自己的生命。也许这里的道德差别不在于对受害者的影响，而在于决定者的意图。

资料来源：迈克尔·桑德尔．听一堂哈佛最火公开课．21世纪商业评论，2011（3）.

或许在现实生活中，发生上述突发状况的概率微乎其微。但即便场景是虚构的，谁又能自信满满地说"我绝不会让自己陷于如此艰难的抉择中"呢？假设我们真的遇到了类似的事情，要如何做出那个艰难的决定呢？"如果我们有理由相信，那个站在桥上的人使那辆电车的刹车失灵，以企图撞死那些在轨道上工作的工人（让我们假设他们是他的敌人），那么，将他推向轨道的道德理由会变得更加有力。我们可能仍然需要知道，这些敌人是什么人以及为什么他想杀死他们。如果我们知道，轨道上的那些工人是法国抵抗运动的成员，而桥上的那个大个子是个纳粹分子，他企图使刹车失灵而撞死他们，那么，将他推落桥下以挽救那些工人的理由，将在道德上更有说服力。"

上述理由就像是一个支撑点，让我们凭借内心的价值判断推导出正义和道德的事实。但判断一件事是否符合正义和道德仅仅通过内省就可以吗？如果是，我们又怎能肯定这不是个人偏见，我们又凭什么说服他人接纳，又如何理直气壮地将这一道德信念付诸实践呢？

对此，桑德尔教授给出了最后的答案："道德反思和内省是一种公共的努力，它需要一个对话者，我们必须借此辨明正义的含义以及最佳的生活方式；而开展这场对话需要各种观点和信念作为基础，无论它们有多么片面和无知。"

桑德尔教授的答案告诉人们，道德反思需要让持不同观念的公众进行对话，需要公众的共同努力。然而，观念的多样化也意味着这绝不会是一场心平气和的对话；更何况，即使可以经过理性说服或持续的道德教化协调好各方的利益诉求，但知易行难，个体的道德行为也并不总是与他所赞同的价值观相一致。而为了缓解这种不一致所带来的不适感，人们往往会通过其他一些途径来为看似不道德的行为进行辩护。

就像是面对分岔路口的一次艰难抉择，如何抵御虚饰表象的自我辩护，如何于众说纷纭的道德反思中突出重围、辨明由价值理念指引的方向，将是坚守道德信仰的第一步。

## 二 长期目标与短期收益

人非圣贤，天性里固有的贪、嗔、痴等执念总会在人们陷入道德困境时蠢蠢欲动：一份“不慎”落入竞争公司手里的机密文件或许能换回达数十倍工资的酬劳；减少几道质检工序，产品的利润或许就能翻番……任市场竞争如何残酷，这样的收益也能唾手可得。

然而，越是在这样的情形下，矢志不渝地坚守价值理念就越显得弥足珍贵。在一个讲求诚信的企业里，人们相互信赖，领导者也能够放心地将权力交予员工，让他们最大限度地发挥自身的才能。例如，在微软公司，员工可以看到许多源代码，接触到很多技术或商业方面的机密；这样的信任无疑为微软赢得了民心，从而激励那些富有责任心的员工全力推动公司的持续创新。

正如谚语所说，好的品德才是最好的买卖。作为企业的引路人，领导者应坚持维护商誉，告慰良心。循序渐进的道德修养难以在短期的财务报表中体现，但纵观历史发展进程，有些企业（如老字号同仁堂）之所以能够于风起云涌的经济浪潮中几番沉浮而屹立不倒、基业长青，关注长期目标而不仅仅是短期收益在其中起到了举足轻重的作用。亚马逊的贝佐斯以长期目标为道义之所在，便是让公司取得持续而稳定的成功的重要因素。

### 篇中案例

**做贝佐斯那样的长线 CEO**

贝佐斯在 1990 年创立亚马逊这家在线书店时，就对公司的管理方式怀有明确的愿景。他在 1997 年写给股东的信中称：“我们认为，衡量我们成功与否的一个基本指标就是我们为股东创造的长期价值。这一价值将是我们发挥能力，扩大和巩固当前的市场领先地位的直接结果。我们的市场领先地位越稳固，我们的经营模式就越强大。市场领先地位能直接转化为更高的收益、更高的盈利能力、更快的资本流动速度以及由此换来的更丰厚的投资回报。”

在接下来的 20 年间，贝佐斯一直保持着对长期目标的关注，将利润再投资以提升产能，将产能转化为创新性的新业务线，将其他业务线得来的利润也用于再投资，以扩大产能和增加新能力，如此循环。亚马逊不仅在原有市场中占据了领先地位，还开辟了新的市场。从在线书店起步的亚马逊，现在已经涉足电视和电影节目的制作、在线存储和服务器、仓库机器人系统、无人机、平板和移动设备、在线参考咨询服务，此外其还是大多数美国人上网买东西的首选网站。贝佐斯如今在世界富豪榜上名列前茅，其身价已超过 2 000 亿美元，亚马逊的市值已超过 1 万亿美元。

贝佐斯是一个由上市公司 CEO 组成的小群体中的一员，他们在运营企业时都能长期关注同一个目标。这一能力并非因他们所在的市场或行业有什么本质上的差异——罗盛咨询（Russell Reynolds Associates）的调研显示，越来越多的证据证明，其中的关键还是在这些 CEO 身上。

能以长远的眼光运营业务已经成为一种越来越稀缺的品质，这在一定程度上要归咎于投资者。为了拿出短期财务业绩，上市公司往往承担着许多来自投资者的压力——股价要上涨，分红要丰厚。结果，企业的高管往往就会重视每个季度的业绩。尽管多数公司（和领导者）对未来有着清晰的愿景，可在为其股东提供短期财务回报时大多难以实现这一愿景。

面临经济衰退时，越来越多的领导者希望公司能具备长远眼光。“长期主义”的支持者主张，公司应当关注有一定时间跨度的深刻转变，以打造可持续的价值并维持经营的稳定性。他们声称，长期回报比在此之前放弃的任何短期收益都重要。

长期和短期的目标并不一定是水火不容的。真正以长期收益为导向的公司不会因为短期的波折和业绩轻举妄动。组织应该在追求长期战略的同时兼顾短期收益，而不是自乱阵脚——为了每个季度的财报和随之而来的市场反馈而动摇整个组织的重心。

对某些领导者来说，向长期领导者转型的动力还包括道德上的因素。他们觉得这才是道义之所在。以长期的时间跨度为限，他们最终得以在价值创造和价值捕捉之间达成平衡，并为他们的股东和利益相关者创造回报。联合利华的前 CEO 保罗·波尔曼（Paul Polman）就属于这一类领导者。自 2009 年 1 月接管这家全球消费品公司之后，波尔曼誓言要将公司的规模翻一番，同时减少公司对环境的影响，提高公司给社区带来的福利。作为实现这些目标的一环，波尔曼取消了短期财务目标，而将重点持续放在长期绩效上。这种做法的回报开始显现：公司的收入从 2008 年时的 400 亿欧元提高到 2015 年的 530 亿欧元，同时营业利润也从 50 亿欧元提高到 75 亿欧元。同时，公司每生产一吨产品的碳排放量下降了 39%，取水量下降了 37%，废弃物总排放量下降了 97%。

也许是由于心中有种渴望，想去做正确的事，长线 CEO 会关注他们留下的成就，希望能打造出经得起时间考验的体制。在这些领导者构建强大的品牌和企业声誉时就能看出这种想法。其实，长线 CEO 在管理品牌和声誉方面付出的不懈努力绝不亚于财务绩效方面。这些人通常分为两类：要么注重对现有行业或市场的改革，对于如何转变有着清晰的愿景；要么能设想当下并不存在的市场，能理出一条清晰的路线去开创新的市场。

资料来源：做贝佐斯那样的长线 CEO.（2018-01-03）. http://www.ceconline.com/leadership/ma/8800091359/01/.

## 三 从我做起——道德领袖的责任

知行合一是一种境界，于个人的处世作风中折射出成熟而耀眼的光辉。道德的重要性不言而喻，但要落实到具体行动上仍然有很长的一段路要走。为了不让“恪守职业道德”（professional ethics）沦为一句口号，领导者以及组织中的全体成员都需要付出不懈的努力。

首先，领导者的道德立场受到其内心信念、价值观、个性特征以及道德修养层次等诸多因素的影响。因此，在自我修养的过程中，时刻保持高度的自制力、践行道德承诺是成为道德型领导的个人基础。

其次，通过道德型领导建立讲道德的组织文化。这可从三个方面入手：第一，配备相应的培训、沟通表达机制，帮助建立组织内部的道德规则，为道德风尚的推广提供制度上的支持；第二，在法人治理结构中，讲究诚信原则，注重对投资者的保护、对董事会的忠诚等；第三，在谋求组织利益最大化的过程中，遵守各项法规，履行对组织成员、消费者、股东、政府等利益相关者的社会责任，建立起与消费者、供应商、股东、政府等的信任关系。

最后，培养追随者。以追随者替代下属，是成为道德型领导的基础之一。与下属不同，追随者无须来自外在的严密监督，他们会自己做出必要的决策。但是培养追随者并不等于培养“追随领导的人”，追随者所追随的更多的表现为“他们所依附、所坚信的目的、事业、愿景、信仰、价值观和标准”。也只有当领导实践是建立在对理念的依从上时，追随才可能出现。

亨利·福特曾说：“很长时间以来，人们一直认为工业的唯一目标是创造利润。他们错了，工业的目标是为大众谋福利。”尽管时过境迁，但如何兼顾企业盈利与大众福祉仍然是当前领导者所面临的巨大挑战。道德型领导为解决“鱼和熊掌”这一看似不可兼得的难题提供了可能，但要找到柳暗花明的出路绝不是指仅头戴一顶“卫道士”的高帽，在那里空喊口号。《大学》里的一段话能够很好地说明这个道理：“古之欲明明德于天下者，先治其国；欲治其国者，先齐其家；欲齐其家者，先修其身；欲修其身者，先正其心；欲正其心者，先诚其意；欲诚其意者，先致其知；致知在格物。物格而后知至，知至而后意诚，意诚而后心正，心正而后身修，身修而后家齐，家齐而后国治，国治而后天下平。自天子以至于庶人，壹是皆以修身为本。”

## 小　结

强大的权威影响力使领导者责无旁贷地承担起了组织道德模范的角色，他们不仅左右着组织的发展方向，自身的言行举止也将对下属员工的道德意识产生潜移默化的影响。但近年来的一系列商业丑闻在将舆论矛头对准领导者道德问题的同时，也使道德型领导受到了社会各界的广泛关注。

总体而言，组织的道德型领导将以自身的道德行为来影响下属成员，并通过建立一种合乎规范的伦理氛围激发员工的道德行为，引导他们不断提升个人道德修养。在这一过程中，知行合一是成为道德型领导的重要前提，而在面临道德抉择时，领导者的个性特征、道德修养层次都将产生不同程度的影响，他们对问题的关注层面以及随后的处理方式也将进一步传递到组织中，形成无形的道德规则。

基于道德反思的价值坚守是帮助人们摆脱道德困境的有力工具，但持有多样化价值理念的人们并不容易达成共识。此外，人们为掩饰言行不一所进行的自我辩护也为道德行为的落实设置了障碍。因而，实践中的道德型领导还需组织全体成员的长期共同努力，而在从意识上重视个人道德修养的同时借助相应的培训及沟通机制为营造组织道德氛围提供了制度上的支持。

## 关键术语

德商（moral intelligence）
以身作则（role modeling）
道德型领导（ethical leader）
伦理氛围（ethical climate）
道德困境（ethical dilemma）
道德抉择（moral judgment）
利益相关者（stakeholders）

## 思考题

1. 在注重个人道德修养的同时，组织的道德型领导还承担着怎样的责任与义务？

2. 当不能兼顾时，“用人以德”与“用人以才”哪一条准则更有利于企业人力资源储备？

3. 领导者的非道德行为将造成怎样的恶劣影响？请结合现实生活中的例子加以说明。

4. 回想一下你的道德观受到考验的情形，你是否认为某些价值理念可以在一定程度上灵活变通？

5. 领导者在进行道德反思的时候，最重要的依据是什么？

6. 为保护商业机密，许多企业不遗余力地构建信息安全保密系统，但同时也不乏诸如维基解密等以揭露政府及企业腐败为宗旨的组织，对于这些颇有些侠气的“黑客”，你如何评价他们的行为？

7. 2018 年 9 月，美国证券交易委员会（SEC）达成和解协议，根据协议，特斯拉公司的埃隆·马斯克被要求卸任董事会主席一职，且马斯克和特斯拉将需分别支付 2 000 万美元的罚款。原因是当年 8 月 7 日，马斯克在推特上发布公告：特斯拉考虑以每股 420 美元的价格私有化，资金已到位。随后特斯拉股票出现大涨。紧接着在 8 月 24 日，马斯克又取消了私有化计划，导致股价大幅跳水，此举涉嫌证券欺诈。SEC 指控，马斯克知道这笔潜在交易存在的不确定性，且容易受到意外情况的影响，但其并未与任何潜在融资伙伴讨论具体交易条款，包括价格。而且马斯克关于私有化的陈述缺乏足够的事实依据，这是一种误导，并导致了严重的市场混乱。但马斯克本人回应：这一不公正的指控让我既难过又失望，我总是本着诚实、透明的心，为投资人的利益考虑。正直是我人生最珍视的价值，我会用事实证明我从未在这一品格上妥协。

你是否认同马斯克的做法及其回应？你是否认同 SEC 的做法及其指控？在个人道德与公众道德发生矛盾时，应该做怎样的取舍？

## 案例分析

### 商业伦理的外显：CEO 的个人道德

虽然因为性丑闻或是财务事件导致 CEO 下台的事件在欧美并不鲜见，但 2010 年不足2万美元的虚假报销导致的马克·赫德的火速离职还是让业界为之震惊。在过去的5年中，赫德是第三位被迫离职的惠普高管。惠普公司的声明称，尽管有关调查并未发现赫德违反了公司关于性骚扰的规定，但赫德“判断意识的深度缺失严重破坏了他的信誉，也破坏了他领导惠普的有效性，董事会在上个月就开始商议赫德离职一事”。

对惠普来说，赫德在惠普的复苏和转型过程中起到了关键作用。其上任后进行了三次至关重要的收购，包括收购IT服务商EDS、通信厂商3COM以及老牌智能手机PALM公司，将惠普的业务从传统的硬件生产延伸至服务领域，使公司的营业额突破了1 200亿美元，跃升全球第一大科技公司宝座。

尽管如此，惠普仍然决定“痛下杀手”。“业绩显然不能代替道德，在惠普内部有名为Standards of Business Conduct的员工行为准则，对例如吃回扣、性骚扰、恶性竞争、贿赂等的行为都是零容忍。”对此该惠普高管表示。这也是为何在一些国家看起来根本没什么大不了的事，会最终使得惠普宁愿承担市值缩水100亿美元的后果也要将赫德辞退的原因。

惠普首席法律顾问霍尔斯顿在当地时间2010年8月6日的新闻发布会上介绍说，虽然调查显示赫德并没有违反公司有关性骚扰的规定，但已查实他有申报虚假发票的行为，这让董事会确信他已“无法有效领导公司业务，因此必须辞职”，“他做出了严重缺乏判断力的事情……我们发现的事实促成公司最终做了这个决定，这跟领导者的正直、信用和诚实有关”。

在国外，对于类似性丑闻、性骚扰等个人的道德问题很容易上升到违法的行为，公司必须在第一时间表明立场，不至于受此牵连，影响公司的正常运作。

CEO在企业内掌握着重要的职权，以权谋私也成为他们犯下错误的必要条件，但更多的原因还是要归咎到个人的道德层面。公司高管的个人道德虽然是其个人问题，但与公司的商业道德和社会形象有着千丝万缕的联系。公众对公司的认识常常是借助其对公司领导者的认识而来的，领导者的一举一动对公司的形象都会产生很大的影响。

而一旦上升到违反法律的高度，CEO的行为将影响到公司。事实上，从这个层面上看，公司已经不仅仅是经济组织，也是社会的重要组成部分，公司必须早做打算，以免伤及自身的品牌形象。

赫德的辞职再一次将CEO的商业伦理道德问题推向前台。在经历过商业道德标准不断崩塌的金融危机后，CEO个人道德已成为公司商业伦理的缩影。CEO的形象在相当大的程度上代表着公司的形象，一旦其行为失当，就会给公司的形象带来极大的负面影响。

2005年，波音公司总裁兼CEO哈里·斯通塞弗因与公司女主管的婚外情事件曝光而选择辞职；2006年，汽车制造商日本丰田公司北美分公司总裁兼CEO大高英昭因卷入性骚扰诉讼案而离职；2007年，世界银行行长保罗·沃尔福威茨因“女友门”事件而辞职；2007年，英国石油公司CEO约翰·布朗被曝同性恋，但在如何与其相识的问题上向法庭撒谎而被迫辞职……

许多跨国公司都对商业伦理非常重视，比如在公司高管的行为规范中，为了防止上级利用权力或许诺利益对异性下属进行骚扰，明确规定了针对不正当关系的条款。对那些不小心踏过“红线”的高管，迎接他们的只有一条路——扫地出门。

资料来源：惠普商业伦理的外显：CEO的个人道德．（2010-08-17）．http://www.ceconline.com/leadership/ma/8800057285/01/?_ga=2.31395775.100006854.1589866909-323756123.1589866909.

根据上述案例，尝试回答如下问题：

1. CEO的个人道德为什么会影响其前途？
2. CEO的个人道德已经成为公司商业伦理的缩影，对此你是如何理解的？

## 参考文献

[1] Brown M E，Treviño L K，Harrison D. Ethical leadership：a social learning perspective for construct development and testing. Organizational Behavior and Human Decision Processes，2005 (97).

[2] 何惠．道德领导力：社会学习理论角度的研究．管理学家·学术版，2011 (5).

[3] 迈克尔·桑德尔．听一堂哈佛最火的公开课．21世纪商业评论，2011 (3).

[4] 刘松博，梁丹宁，杜晓琳．道德领导的概念辨析与研究进展．中国软科学（增刊），2012 (12).

[5] 芦青，宋继文，夏长虹．道德领导的影响过程分析：一个社会交换的视角．管理学报，2011 (12).

[6] 史根林．道德领导的目标与策略．教育发展研究，2007 (7).

[7] 徐本华．论道德领导与企业道德资本．领导科学，2012 (5).

[8] 曾国华．商业的道德引擎．21世纪商业评论，2006 (26).

[9] 周丽．道德领导乃企业长寿之道：论造就有道德的企业和道德型领导．HR经理人，2009 (10).

# 第 7 章 领导风格

## 学习目标

- ◎ 区分独裁型与民主型领导风格
- ◎ 了解指挥型领导风格的主要特征
- ◎ 掌握领导授权的潜在优势与局限性
- ◎ 体会追随者在授权过程中的重要性
- ◎ 了解松-紧式领导模型
- ◎ 了解授权赋能型领导与公仆型领导的定义
- ◎ 领会在不同领导风格下的权变思想

## 引例

### 迪士尼曾经的“暴君”迈克尔·埃斯纳

**“暴君”的特殊家教**

迈克尔·埃斯纳自小家教就十分严格，小时候父亲要求他每看一小时电视就得读两小时书。他事后回忆说：“所以，如果我不想看电视的话，我就不用读书了。但是当我慢慢长大后发现，有很多电视都非常流行，而老爸非常严格，因此我只好另想办法。我喜欢读杰克·伦敦的书，其实我 5 岁时就开始读了，也就是说从幼儿园开始，而长大后我就喜欢上了冒险故事。”

入主迪士尼后，他开始实行独裁式管理。然而自 2001 年以来，持续滑坡的业绩让这个“王朝”面临轰然坍塌的危机，俾斯麦式的领袖埃斯纳被前所未有的指责声浪包围，为此他把自己变成了事无巨细的领导者：从剧场演出、迪士尼的电视广告到公园里演员们的服装，他事必躬亲，他甚至在对饭店的设计中亲自挑选每件家具，和每一位油漆工进行讨论。几乎没有哪位娱乐大亨会像他那样过问电视台每日节目的安排，连默多克对这种做派都表示不解，可埃斯纳就是喜欢享受这种大权在握的感觉。

**“暴君”的辉煌**

正是因为他这种独裁的管理方式，有人称他为“暴君”。但是那些尖刻的批评者忘记了他是怎样力挽狂澜把迪士尼从衰落中振兴起来的。1984 年，当埃斯纳踏进迪士尼城堡时，这家多年低迷不振的企业正处于群龙无首的混乱状态：主题公园逐渐失去生气，米老鼠和唐老鸭几乎成了久远的记忆。埃斯纳如同唤醒迪士尼这位睡美人的王子一样，再次扮演救世主角色，成功推出了多部盈利大片。而他也越发变得有“性格”。

其实他并非不信任下属，只是不愿意被抢风头。他依赖并热爱团队，声称自己特别喜欢被一群优秀的人才包围着，事实上他喜欢的只是众星拱月的气氛。每个人都笼罩在他的思想之下，失去了独立的创造性。他在有效地组织并宣扬团队的同时，又极力维护自己的至高地位不容他人侵犯。在好莱坞，他是出了名的冷酷无情，甚至在办公室怒打员工。他要求下属绝对忠诚，一旦遭到伤害就耿耿于怀，甚至像被激怒的狮子一样伸出爪牙施以严厉报复。

曾为梦工厂三巨头之一的卡森博格离开迪士尼时，索要了高额的补偿，从此就没有得到过埃斯纳的原谅。他没有错过任何一个复仇的机会，他麾下的 ABC 拒绝播放梦工厂制作的电视节目。埃斯纳的狂妄傲慢使很多人才愤而离去，而这也确实令他成为迪士尼唯一的真正明星。

**“暴君”的落寞**

后来，这种唯一性受到了严重质疑。迪士尼的又一个黄金时代正在成为过去，营业收入递减，股票价格下跌，埃斯纳已经好几年没有拿到奖金，他的声望更是一落千丈。

许多人认为，这个一意孤行独裁者的不少错误判断亲手把这家公司从巅峰上推了下来：耗巨资投拍《珍珠港》，夸下海口要打破《泰坦尼克号》的票房纪录，结果血本无归；并购 ABC 浪费了太多的时间和精力，却没有带来任何实质性的收益；巴黎迪士尼乐园因为没有仔细研究当地人的消费观念和消费习惯，犯下了策略性错误；低估网络对娱乐业的影响，迟迟没有做出反应，仓促行动进军网络业遭遇滑铁卢。

昔日不可一世的“王朝”如今岌岌可危，埃斯纳在一手打造了迪士尼的辉煌后，又一手酿成了困境。

资料来源：迪斯尼“暴君”迈克尔·埃斯纳的背影．(2005-03-17). http://news.sina.com.cn/w/2005-03-17/16056113409.shtml.

在许多人的心目中，浓厚的英雄主义情结始终挥之不去。影视作品里经常能够看到人们慌乱无助的眼神：他们期待着可能的“救世主”在千钧一发的危急关头挺身而出、扭转乾坤，哪怕那是一个“暴君”，一如曾为迪士尼带来无限荣光的埃斯纳。然而，独裁在为他加冕“优秀领导者”桂冠的同时，也使之与“卓越领袖”的称号渐行渐远。事实上，当今商业社会中的领导者风格各异，除了有在行为取向上冷酷独裁或者民主之分，还有在具体的决策制定时偏重指挥还是参与的不同。另外，有的领导者喜欢授权，还有的强调服务，这些人以独树一帜的个性化方式引领企业迈向辉煌。上一章中的道德型领导也可以看作一种领导风格，但是考虑到道德的重要性，本书单独将之列为一章。在本章中，我们将了解几种典型的领导风格。

## 第 1 节　独裁型领导与民主型领导

走进一家书店，人们一定能与那些铸就商业传奇的领袖“不期而遇”。传记封面上的他们无不带着成功者的微笑，于沉静中彰显睿智，那宠辱不惊又不失决断的王者风范不禁令人啧啧称叹、艳羡膜拜。面对残酷的市场竞争，人们迫切地需要这样的成功典范来帮助其窥探“卓越领袖”的成长途径。然而，成功可以复制吗？人们既可以从“苹果教主”史蒂夫·乔布斯的自传中获悉，正是他的铁腕独裁推动了苹果公司的高效创新，又可以看到成功的微软公司主张“全员领导力”的成功理念。同样如星光般璀璨的传奇背后，竟然是两种截然不同的领导风格。那么，人们是要从这两种领导风格中二选其一，还是继续思索寻找自己的出路？

早在 80 多年前，就有学者对不同的领导风格进行了研究，并从中区分出了独裁型领导（authoritarian leadership）与民主型领导（democratic leadership）两种模式。作为先驱者之一的美国学者勒温（Lewin）于 1938 年与同事在美国艾奥瓦州立大学进行了一场实验，由此揭开了领导行为研究的序幕。

## 一　家庭中的领导者和先驱者的实验

在将镜头切换到 1938 年的那场实验之前，不妨让我们先回忆一下在日常生活中见到的家长教育孩子的场面。面对“不听话”的孩子（他们可能只是不愿意按父母的意愿继续参加钢琴、舞蹈等课外兴趣班），一心望子成龙的家长通常会采取什么对策？有的家长选择威逼利诱，软硬兼施；有的家长耐下性子循循善诱，摆事实讲道理；而有的家长则尊重孩子的意愿，放任其天性让其自由发展。那么，哪种方式的效果更好呢？

人们时常发现，那些慑于父母权威（具体来说，或许是一把鸡毛掸子加上一顿劈头盖脸的责骂）的孩子表面乖巧听话，对于父母的要求一一照办，但心里未必能够予以理解或认同；等到了青春期往往会爆发出惊人的逆反力量，决然地划出隔绝父辈的“代沟”，并声称“他们从来不在乎也不会理解我想要的生活”。而那些能够以平等的姿态与父母对话，被鼓励充分表达自己想法的孩子却很少表现出这样的极端行为；相反，他们因为“参与”到了自己的成长过程中而逐渐学会理解、适应及包容。

仿照类似的情境，勒温与同事在一群孩子中展开了研究，以探寻由不同类型的领导风格引发的孩子的差异化表现。在实验过程中，每一个孩子都将接受一位行事风格或独裁专断或民主开放的成年人的领导，而孩子们在听候指令时的态度、行为等差异则会被一一记录下来。

实验的结果几乎再现了日常生活的场景。在那些动辄颐指气使的领导者手下，慑于权威的孩子尽管在按指令行事，但也会逐渐生出抵触甚至敌对情绪，并且一旦脱离独裁者的监控范围，他们往往会一反此前的良好表现，仿佛挣脱了桎梏、如释重负。相反，另一群备受关怀的孩子并没有因为缺乏鞭策而在相对宽松的环境中放任怠惰，无论领导者是否在场监督，这一组“自觉且懂事”的孩子同样能够有很出色的表现；不仅如此，他们在听从要求或接受任务委派时也没有流露出不满情绪。

## 二　独裁型领导与民主型领导

在对实验进行了简单回顾之后，两种截然不同的领导形象也逐渐浮出水面。

顾名思义，独裁型领导最忌讳他人的干涉与质疑，甚至认为组织中其他成员存在的价值就是无条件地服从与追随。独裁型领导大权在握、说一不二，惯于推行铁腕强势的高压统治，将目标的实现凌驾于员工的真实感受与内在需求之上。近乎冷酷无情的领导风格使得下属多带着敬畏甚至敌意完成工作，并且极易陷入失落、沮丧的情绪之中。长此以往，员工的工作积极性将受到严重打压。

而提倡“人性关怀、全员参与”的民主型领导则恰好相反，他们致力于营造平等、信任、尊重、开放的团队氛围，并积极地给予员工以支持和鼓励。同时，领导者对民主的推崇也奠定了权力共享的组织基调，他们相信由员工自主决定工作方式、掌握工作进度能够为之提供宽广的创新发展空间，并激发出其强烈的责任意识与主人翁精神，进而点燃全体成员的工作热情，带来高水平的绩效回报。

在此前的实验中，勒温等学者也对民主型领导风格褒扬有加。进一步地，他们将实验结论推广到现实世界当中，认为民主型领导不仅能够增强团队凝聚力、促使员工保质保量地完成工作任务，同时也将大幅提高员工的工作满意度。

## 三　理论的发展与启示

此后的很长一段时间，民主型领导风格赢得了社会各界近乎“一边倒”的高度赞誉。但后来的研究发现，理想化的领导似乎没那么简单：尽管在某些情况下，闪耀着人性光辉的民主风格会比一意孤行、独断专横带来更高的工作绩效，但在另外一些场合中两类领导者的团队绩效水平也并未表现出显著差异（Yukl，1998）。而且民主型领导风格也有自己的缺点，它的一个令人不能容忍的方面就是无休止的会议，因为需要深思熟虑、听取各方意见，而一致的意见又往往很难达成，所以唯一可以做的就是安排更多的会议。有一些民主型领导倾向于把一些关键问题推后讨论，而员工最终会感到迷惘及无人指导。这种风格在有些情况下甚至可能导致冲突升级，且它在员工不胜任或没有得到明确的建议时作用也不大。

此外，在企业管理实践中也少有走极端的领导者。在多数情况下，他们游走于独裁型及民主型两种风格之间，并根据环境的变化进行及时调整。因此，单纯在两种各有所长的领导风格中分出孰优孰劣是无意义的。而且，权变领导理论（参见第 9 章）已然揭示了这样的道理：没有所谓的“万能”与“最优”，那些能在云谲波诡的现实世界里崭露头角的卓越领袖，必定深谙灵活、权变的领导艺术。

## 四　权变的独裁与民主

独裁型领导固然有其不近人情的冷酷一面，但他们对于目标的高度关注也在一定程度上为团队的工作效率提供了保障。当一个组织正处于动荡不安的转型期或是察觉到日益迫近的危机时，民主协商不仅无益于缓解人心惶惶的危急局势，反而更容易让组织陷入众说纷纭、难以定夺的尴尬境地。而独裁型领导说一不二的决断魄力不仅能为化解危机争取宝贵时间，他们的强势与坚毅本就是对动乱军心的最佳安抚。特别是当他们曾不负众望地取得辉煌业绩时，其高瞻远瞩的战略导向更易令人信服。

由此，不难看出民主型领导的缺陷——需要足够充裕的时间来实现相对漫长的团队磨合。但多数情况下，残酷的市场竞争并不允许人们如此挥霍稀缺的时间资源，理想化的“一致”有时仅仅代表着无数令人头疼的会议和精疲力竭的折中妥协。

总体而言，当时机紧迫或身处危难关头时，领导者往往更倾向于运用独裁式霸权，这将在一定程度上帮助其稳定军心、把握军心。但独裁是否有效则在很大程度上依赖于领导者的个人能力与战略敏感性。以史蒂夫·乔布斯为例，他专断甚至粗暴的领导风格似乎与优雅的苹果产品格格不入；但人们知道，正是这位“偏执狂”无与伦比的审美眼光、战略思维以及于IT、电影、音乐三界游刃有余的转型能力浇灌出了今天的“苹果”。

## 篇中案例

### 乔布斯：独裁促成高效创新

在苹果产品大行其道，众多模仿者望尘莫及的时候，总有事实让业界郁闷：苹果是如何以低于同行的研发费用比例来支撑远远超出同行的持续创新的？

强大的领导力是企业最根本的创新动力，这一点毋庸置疑。“创新跟资金没有关系，其关键是你所拥有的人，你如何领导他们，以及你对创新的理解。”但与主流领导理论相悖的是，乔布斯坚信“过分的民主将致使创新缺乏效率”。他在团队中引入了凝聚力和纪律观念，使之形成了独特的研发管理与创新机制。

乔布斯对于苹果的巨大价值就在于他的存在简化了苹果研发体系的构建，从而极大地缩小了未来的不确定性。乔布斯拥有对市场的敏锐直觉、卓越的战略规划能力、丰富广泛的人脉资源以及毫不让步的决断能力；他清楚地知道市场需要什么、顾客期待什么，这是一种超越了技术、理性和现实的直觉判断力。

在苹果公司工作很不容易，要忍受乔布斯的暴躁、挑剔和独裁，以至于有一种说法，“没有人可以跟乔布斯合作一次以上”。乔布斯认为，设计并不是线条与空间的简单组合，而是一种审视世界的态度，是人们解决问题的方法，即一种具有普遍意义的态度和方法。没有对完美的疯狂与忘我，就不可能成为苹果的人才。因此，完美主义者乔布斯对下属求全责备，其过程甚至相当残酷。

乔布斯在苹果公司的研发队伍中建立了强大的纪律，简直是在与硅谷传统的散漫作风为敌；但他总是能让研发人员对他又恨又爱，恨他的暴君作风和粗鲁态度，爱他真正挖掘出了设计时的工作潜力，创造出了大师级作品。在产品研发遇阻碰壁时，技术、设计等部门往往容易给自己设定天花板，然后进行缩水处理，而这时就需要一位铁腕领导者。很多人承认，乔布斯的压力让他们做出了一些超越自己能力的成果。

资料来源：苹果为什么低肥高产．竞争力，2010（8）.

通常情况下，一项决策越关键，对决策者的能力要求就越高，而此时的领导者也越倾向于独揽大权。这点在乔布斯身上体现得相当明显。然而，这往往会导致追随者越发依赖这位强大的领袖，甚至陷入一种恶性循环。不仅如此，领导者的独裁也将对员工士气造成极大的打击。从长远来看，漠视人们的情绪感知与内在需求的做法极有可能因累积的怨怼引发灾难性后果。这也就不难解释为什么有一段时间离开了乔布斯的苹果公司会陷入创新乏力的局面了。

事实上，特定领导者的行为风格是否有效，需要在特定的情境中才能体现出来：天时、地利、人和，缺一不可。多样性而不是单一性的领导风格，有助于领导活动有效性的提高。因此，在实现领导有效性的过程中，只有牢牢把握权变的思想，才能以不变应万变。

## 第2节 指挥型领导与参与型领导

尽管历史造就了众多深入人心的独裁者或民主领袖形象，但乍一听独裁型领导或是民主型领导，难免会让人产生一种似是而非的模糊印象。作为团队的高层统帅，领导者的独裁或是民主具体体现在哪些方面？

随着勒温领导风格理论的进一步发展，后来的学者相应提出了指挥型领导（directive leadership）与参与型领导（participative leadership）这两种类型，二者与上述独裁型领导和民主型领导概念的外延类似且重叠，不同之处是指挥型领导与参与型领导更多地从领导者截然不同的决策形式的角度出发，也更为直观地呈现出了两种对比鲜明的领导形象。

### 一 指挥型领导

对诸葛亮推崇备至的企业领导者在读到“出师未捷身先死，长使英雄泪满襟”之时，往往会为事必躬亲的孔明先生鸣不平；若其再联系到自己平日里的忙碌与操劳，甚至可能顿生“时运不济，同病相怜”的感慨。

事实上，这源于对指挥型领导感同身受的情绪共鸣。在这类领导者看来，决策是由自己制定的，并且一旦做出，接下来的工作就是紧锣密鼓地着手布置。他们关心的不仅仅是目标是否实现，从流程进度到员工的工作方式，其无不悉心过问甚至直接包办替代，每一个细节甚至都需要他们亲自指挥。指挥型领导的最大优势在于能够为缺乏工作经验、个人能力也相对薄弱的员工提供明确的指示，以免其在摸索的过程中绕太多弯路，甚至因方向不明而缘木求鱼。

由此看来，这也难怪大多数指挥型领导都终日繁忙，甚至大有效仿诸葛亮“鞠躬尽瘁，死而后已”之态势。但仔细回顾诸葛亮的一生，其“出师未捷身先死”的背后，除了时运不济、造化弄人外，恐怕也有其自身难以推卸的责任。从某种意义上说，他似乎“过分负责”了。而这也正是指挥型领导最容易出现的问题。在多数情况下，他们因为对下属的办事能力不放心而亲力亲为，但这样一来，本就欠缺锻炼的员工更是失去了锻炼和成长的机会。对于一个新员工来说，其若缺乏在实践中摸索的亲身经历而仅是听从指令行事，则难以使自己的群体思维得到拓展，从而无法应对时代所提出的创新挑战。

在知识经济蓬勃发展的今天，领导者大可对员工的综合素养与开发潜力充满信心。因为他们中的许多人都具备较为扎实的专业功底，而如果能够获得足够的发展空间，并被稍加点拨，就能够被引导着培养、强化自己的个人能力，并且这样做有助于将这些聪明的头脑转化为企业的智慧资源。相反，事无巨细的干涉与指挥极有可能打击员工的工作积极性，甚至引发他们的反感，最终费力不讨好。

## 二 参与型领导

当公司酝酿着要出台一项员工福利计划时，习惯于执行的普通员工会希望可以将自己的一些建议向上级反映，甚至希望自己的建议能够被采纳，或者负责落实其中的相关政策。因为在员工看来，这已经不仅仅是工作任务了，而是关乎员工切身利益的事。在这种情况下，员工的工作积极性就会得到促进，员工会高度投入到工作任务中并与同事精诚合作，使方案得以顺利推行。

类似的情境在现实生活中并不鲜见，而深谙内部激励之道的高层管理者正是参与型领导的代表。他们鼓励员工积极参与到决策过程中，群策群力，帮助自己更加全面地看待问题，并借此获得决策的支持与认同，以促进接下来的政策落实。不仅如此，在与成员共同制定了工作目标后，他们还相信“条条大路通罗马”，而自己为下属指定的那条路也不一定是康庄大道；甚至相比让下属听从他们的指挥，他们更相信通过让下属亲身参与获取经验才能为企业的发展储备人才资源。

需要注意的是，参与型领导倡导的是“放宽自主空间”，而非“无为而治、放任自流”。他们与员工商定的绩效目标、任务完成时限以及可用资源等都会在看似自由的环境中起到无形的约束作用，从而确保组织在轻松、融洽的氛围中高效运作。福特公司的全员参与决策制就是这种领导形式的典型表现。20 世纪 90 年代，福特公司总经理贝克制定了员工参与计划，在各车间成立由员工组成的解决问题小组。全员参与决策制的另一项重要措施就是公司向员工公开账目，每位员工都可以就账目问题向管理层提出质疑，并有权获得合理解释。因此，员工的投入感、合作性不断提高，进而使福特每辆车的生产成本减少了 195 美元。

## 三 指挥与参与

在理论与实践中体现出的种种优势让参与型领导看上去近乎完美，且在知识经济的大背景下，人们对于员工参与计划的呼声始终居高不下。但在下结论之前，与此前学习独裁型领导与民主型领导风格时类似，我们需要先将满堂喝彩放在一旁，换一个角度审视这两种领导风格，以力求客观公正。

在现实生活中，除了以福特公司为代表的成功案例，也存在一些“看上去很美”的员工参与计划（employee involvement program）。一方面，企业的管理层通过设置邮箱、发放问卷等形式来征集员工意见；另一方面，统计得到的数据却因分歧过大或不切实际被放在一旁，而照旧依高层领导的决策倾向制定相关方案。从某种意义上说，这实际上是一个重在参与的决策过程。因此，如何避免员工参与“走过场”的决策是推行这一领导方式的关键所在。导致类似问题发生的部分原因是双方沟通不到位。既然想让作为合作伙伴的员工真正参与进来，就要把与决策问题相关的重要信息一一传递下去；这不仅包括告知其最终的奋斗目标，还包括一系列的现实约束条件甚至是敏感的利益关系。在这一过程中，双方的真诚与信赖非常重要。

此外，领导者“有心授权参与，无奈难获响应”的尴尬场面也时有出现，这与员工自身的工作量和参与意愿有关——参与决策需要投入大量的时间与精力。因此，如果在员工自顾不暇时硬将他们纳入决策过程，效果可想而知。

此外，以“传、帮、带”为初衷的指挥型领导尽管看似落伍，但仍有可圈可点的固有优势。特别是一些组织由于存在制度系统、人才资源等方面的限制而无法充分地支持决策参与时，就需要领导者具备较强的指导性来弥补员工在个人能力与独创性等方面的欠缺。同时，由于与民主型领导风格一脉相承的参与型领导需要充裕的时间资源，因此一旦时间紧迫，延续独裁者决断、果敢行事风格的指挥型领导显然更合时宜。指挥型和参与型领导方式的结合显然更具有可行性和必要性，通用电气的韦尔奇在这方面就是个很好的例子。

**篇中案例**

**韦尔奇：权变授权的艺术**

美国通用电气公司前CEO杰克·韦尔奇曾在1999年被《财富》杂志冠以“20世纪最伟大经理人”的头衔。事实上，韦尔奇却不仅仅是卓有成效的管理者，他还是一名商业奇才，拥有近乎天赋的领导才华，所以可以引领通用电气一次次地突破桎梏，从优秀到卓越。

韦尔奇高超的领导艺术理论很大程度上依赖于授权的力量。在他看来，所有组织都需要有授权机制，并应精心选择具有这种能力的人。“在任何事情上，重要的是人。”韦尔奇解释道。通用电气尤其重视人的重要性及对其授权的重要性。与可口可乐公司这种业务单一的企业相比，经营一个业务多元化的公司，CEO要掌握更多的知识。分身乏术的韦尔奇需要“真正懂行的专家和真正得力的骨干”去进行经营管理。“一旦没有了他们，也就没法玩了。”

但是领导者不应该将所有的权力拱手交给骨干人员，而放弃自己应有的权威。韦尔奇巧妙地在放权管理和集权领导之间把握平衡，授予下属企业的主管完全自治和做决定的权力。除了重要的全体行动，韦尔奇还直接干预某些次要的事情，例如断然否决一次广告活动或是决定进入英国宠物保险市场等。

资料来源：罗伯特·海勒．杰克·韦尔奇：为投资者创造了亿万财富的商界奇才（一）．中外企业家，2010（2）.

参与型领导更关注对员工资源的激活与运用，而指挥型领导更依赖于领导资源的指引及弥补功能。但无论采取哪种领导风格，都需要领导和员工相互扶持与彼此配合。在决策的过程中，只有当员工愿意并且能够积极地调动自身的知识技能、提供建设性意见时，参与型领导才能够营造出民主、自治、高效的组织氛围。但如果条件尚未成熟却硬要跟风推行员工参与计划，不仅难以实现内部激励，甚至会适得其反，损害领导效率。此时，就需要领导者采取相应的指导或督促手段来规范员工的言行，进而凝聚团队合力、指向共同的愿景目标。

## 四 指挥型领导与参与型领导的结合

既然指挥型领导和参与型领导各有所长，那么为什么不将两者进行融合，以取彼之长，补己之短？实际上，这种领导模式与中国文化推崇的中庸智慧相契合：并非“鱼与熊掌，二择其一”，而是“扬长补短，兼收并蓄”。以色列学者塞吉（Sagie，1997）建立的基于弹性指挥的松-紧式领导模型（loose-tight leadership model），就是这样一个将领导指挥（紧）与员工参与（松）融合的尝试。

塞吉分别从目标制定与实施、战略与战术的区分以及决策的框架与实质三个层面阐释了松-紧式领导的内涵。首先，领导者可在目标制定阶段运用参与的形式，以强势指挥手段促进目标落实。通常情况下，领导者与员工所掌握的是差异化的知识技能，前者在宏观战略决策方面具有丰富的经验，而后者则擅长微观操作层面的落实。因此，在目标制定阶段可根据决策问题的战略/战术性质，针对性地采取领导指挥或是员工参与的形式。此外，领导者在运用指挥手段确立以目标为导向的总体框架的同时，应保留员工参与补充决策具体内容及选择工作方式的自主权，以完成对目标的制定；而在实现目标的过程中，领导者则需及时地予以反馈，并在必要时通过指挥进行方向性纠偏。

学者说

**张弛有度，统筹兼顾：松-紧式领导模型**

有研究人员发现，许多日本企业尽管等级森严、奉行权威，但主管也十分注重培养员工的创新精神，并能积极地采纳可行性建议（Hull et al.，1988）。那么，这两种看似矛盾的行为背后又有着怎样的关联呢？塞吉（Sagie，1997）将指挥型领导和参与型领导结合在一起，建立了松-紧式领导模型，并与相关领域的学者不断探索将领导指挥与员工参与进行有机结合的具体形式及深层次的机制原理。

塞吉等人在一家经营全球服装生意的以色列纺织企业中展开了实证研究。在这期间，他们一方面在101名专业技术人员中展开问卷调查，另一方面也对其中一个部门的20名员工进行了半结构化的深度访谈，试图综合定量与定性的研究结果进行更深入的分析。结果表明：权变地采取指挥型或是参与型的领导方式对于提高员工满意度、增强组织情感承诺的确有积极的促进作用；值得一提的是，多数受访成员认为尽管领导者的指挥行为显得相对强硬，却能有效地促进信息共享，进而推动整体效率的提升。

此外，通过访谈，该研究也为模型在实践中的运用提供了一些启示：一般说来，员工希望各自的上级更多地采取“温和而民主”的参与方式，同时他们也相信上下级之间的影响是相互的，决策不能只依靠自上而下的命令指派（但是，管理人员多对此持相反观点）。尽管在地位从属性、决策主导权等问题上还存在争议，但双方在下面这个观点上达成了共识：来自追随者的影响力在决策制定过程中发挥着不可或缺的作用，并且随着上下级关系的日益密切，双方的交互影响将对决策质量起到至关重要的作用。因此，如何结合现实环境适时适度地与员工分享决策权、增进协调合作，进而将这一共识落实到行动上，将是当前领导者需要考虑的首要问题。

在对中国样本的实证研究中也证明了松-紧式领导模型的作用。刘松博等（2014）调研了上海市两家中小型手机研发企业，收集了80个研发团队的数据，采用跨层研究方法，发现松-紧式领导可以通过团队学习对员工个体的创新性产生正向的影响。

资料来源：Sagie A，et al. An empirical assessment of the loose-tight leadership model：quantitative and qualitative Analyses. Journal of Organizational Behavior，2002（23）；刘松博，戴玲玲，王亚楠．“松-紧”式领导对员工创造性的跨层影响机制．软科学，2014，28（11）.

# 第3节 授权赋能型领导与公仆型领导

## 一 员工力量的崛起

在传统的领导关系中，员工似乎总是处于“弱势”地位：受制于权威，服从派遣，尽职尽责，本分地当好追随者……但逐渐地，人们开始意识到领导者尽管“强势”，却难免会受个人能力的限制；而数量众多、精通各领域知识技能的团队成员则能较好地弥补这一缺陷。因此，蕴藏在广大组织成员中的潜能逐渐吸引了人们的目光，进一步将领导学的关注焦点由“全能、全知”的英雄式领导力转向团队整体的潜力。

这并非一件新鲜事，早在人们热捧民主型及参与型领导风格时就有所体现。在信息大爆炸的今天，不断涌现的非正式团队、虚拟组织等对组织成员的综合素养提出了更高的要求，这无一不在提醒人们：团队的潜能亟待开发，且觉醒后的力量不可小觑。

## 二 授权赋能型领导

### （一）授权赋能型领导及其特征

得益于学者的不懈探索，一个好的理论总是能够随时代的变迁获得进一步的完善。经过全面、理性的审视，社会各界对参与型领导的追捧热潮逐渐降温，转而寻求能够弥补其应用局限的新型领导方式。结合以往对参与型领导的相关研究可以看到，褒贬不一的争议多集中于授权参与的时机与对象上。正如前面所述，实现形式上的民主并不难，关键是在这一表象之下，能否如愿地实现内部激励并运用集体智慧优化决策。

这一过程，不仅需要上下级之间的协调与沟通，还需要发挥参与成员的能力素养的重要作用。因此，真正意义上的授权既是指领导者在主观上的授予决策权，同时也意味着员工要具备一定的“受权”能力——具备积极的意愿以及自主决策的能力来接受权力、承担职责，进而将员工授权从以激励、集智为初衷的管理手段提升为开发员工领导潜能的赋能型领导艺术。而这也正是近年来方兴未艾的授权赋能型领导（empowering leadership）所关注的焦点。国内学者提出，授权（empowering）的重点不仅仅是在形式上的授权，更重要的是如何在这一过程中提高下属员工的自我效能感，使之具备较强的工作能力来接受授权，因而以授权赋能型领导表述 empowering leadership 的含义，扩展了领导授权的内涵，并与参与型领导相区别（张燕、王辉、陈昭全，2006）。

在延续参与型领导风格的基础上，授权赋能型领导主要体现为如下行为特征：

（1）将员工视为具有自主意愿的独立个体；

（2）善于倾听，尊重团队成员的不同意见；

（3）营造积极的授权氛围，引导员工进行自我激励以更好地完成组织承诺；

（4）关注员工个人能力、道德规范等综合素养的提升。

前面我们曾对杰克·韦尔奇的授权艺术进行了简要介绍。即便享有“全球第一CEO”的盛誉，韦尔奇也深知单枪匹马的成就不过是昙花一现，通用电气的成长与基业长青有赖于领导力的薪火相传。从简单的授权参与到授权赋能，韦尔奇要做的，是将麾下的精英主管培养为出色的商业领袖。他认为，战术上的工作要留给其他人，也就意味着不干预。韦尔奇充分利用各种会议和委员会，却并不是进行控制，而是将之视作他最有力的管理工具。这些会议也将迫使高层管理者直面挑战与考验，互相分享与交流来自不同企业成败得失的经验教训和新的思想理念，进而更为全面地认识彼此的业务。

### （二）如何做一个授权赋能型领导

授权的艺术性就在于领导者是否有能力判断哪些是不能授权的工作，哪些是可以授权的工作。成功的授权行为的基础通常是选择出可供授权的对象和任务。首先应确定哪些任务是可以授权的，例如员工自己的问题，类似准备报告、备忘录的文字工作，类似订购物品、安排行程的常规工作，领导者自己不必亲自参与的技术工作，以及能够培养员工的工作；而被指派亲自负责的任务、机密任务、危机任务则是不能轻易授权的。其次应针对特定的任务选择授权对象，而此时就要充分考虑对象的能力、兴趣以及任务的时间期限，通过询问相关人员等办法考察对象和任务是否匹配。

总之，授权赋能型领导始于授权，又不止于授权。在他们看来，通过鼓励参与、共享决策权的形式进行内部激励、完成眼下的任务目标固然重要，但同时更应密切地关注成员的胜任力问题，因为后者关乎组织的长远发展，并将为后继有人的领导力培养计划奠定坚实的根基。

## 三　公仆型领导

同样将目光聚焦于下属成员的还包括这样一类领导者：他们并不凭借领导权威妄自尊大，而是将员工的成就置于个人利益得失之上，并以此作为长期行为准则。颠倒的领导方式似乎掩盖了他们的领导头衔，使之更类似于在幕后运筹帷幄、为员工的能力培养鞠躬尽瘁的组织“公仆”。

### （一）公仆型领导及其特征

最早提出公仆型领导（servant leadership）或服务型领导理念的是麻省理工学院的格林里夫（Greenleaf，1970）。该理论发展到后来，类似的领导形式还包括催化型领导（facilitative leadership）、生成型领导（generative leadership）以及伙伴型领导（fellowship leadership）等。从总体而言，他们都将服务员工、成就他人作为首要目标，以倾听替代臆断，用真诚培养信任，关注并极力满足员工在成长过程中的多样化需求。

邓小平同志号召“领导就是服务”，中国媒体也在倡导公仆型领导“为人民服务”，所以很多人都把这个理念仅仅应用于党政领导干部身上。但从西方的企业实践来看，公仆型领导可以适用于任何类型的组织。公仆型领导具有哪些特征？西方学者在这方面的研究成果和西方企业的实践经验是否能直接搬到中国？

国内在这方面的研究还不多，孙健敏和王碧英（2010）的研究比较具有代表性，揭示了公仆型领导的构成要素。他们发现，在中国社会背景下的公仆型领导是一个五因素的多维概念，包括利他主义、情绪抚慰、智慧、说服引导、社会责任感。

（1）利他主义。公仆型领导不将一己私利作为追求目标，而是尽己所能为下属提供服务，为满足下属的需要甚至不惜牺牲自身利益。

（2）情绪抚慰。公仆型领导在帮助下属克服情绪问题方面具有天赋，能够帮助下属从不良的情绪中转变过来，使他们快乐工作。

（3）智慧。公仆型领导十分关注正在发生的事情，往往善于通过自己的分析能力和洞察能力预测决策的一系列后果。

（4）说服引导。公仆型领导非常具有说服力，往往能够提出强有力的理由来说服下属做事，并通过言语和非言语等手段鼓励下属对公司的发展前景充满希望。

（5）社会责任感。公仆型领导鼓励下属在工作场合中发扬集体主义精神，为大局着想。他们能看到公司为社会做出贡献的潜力，并且时刻准备着让公司为社会发展发挥更加积极的作用。

对于许多人来说，沃尔玛的成功简直就是一个神话。“公仆文化”体现了沃尔玛把员工当作其最大财富的人才竞争思想。领导以员工为中心，促进了员工的发展，增强了企业的人才竞争力，并满足了企业长远发展的需求。不仅如此，公仆式的服务还有助于提升员工的主人翁意识：不管领导者在不在，不管公司遇到什么样的挫折，员工都愿意全力以赴，帮助公司去创造更多的财富。沃尔玛中国前人力资源副总裁王培在长沙的一次论坛上介绍了沃尔玛的这一文化。

## 篇中案例

### 领导是为员工服务的“公仆”

**主持人：**王总，您好！作为世界500强企业的高层领导，应该让人感觉很有威严。但在沃尔玛有一个理念，把公司领导称作“公仆领导”，这听起来有点像人民公仆一样，让人感到很亲切、平易近人。那么为什么把领导称为公仆领导？这对人力资源管理有什么意义？

**王培：**开展人力资源管理工作时，在实施一些政策或者理念之前，我们总会问这些政策或理念对我们的工作有没有帮助，有哪些帮助，这是我们开展人力资源管理工作的重要指针。具体来说，就是留住人，发展人，吸引人。公仆领导就是这样一个体现这种指针作用的理念。它实际上也是沃尔玛的全新人才管理概念。我们在制定一些管理政策时都以这一理念为指针。

公仆领导，也就是领导和员工之间呈现的是一个“倒金字塔”形组织关系，领导在整个支架的最基层，员工是中间的基石，顾客永远是在第一位的。领导为员工服务，员工为顾客服务。为什么这样说？零售业属于服务行业，顾客就是“老板”，这是一个真真切切、实实在在的事实。

**主持人：**顾客是员工的“老板”，那么领导的角色是什么呢？

**王培：**我们只是员工的服务者。员工整天都在为“老板”服务，那谁来服务员工呢？在沃尔玛，就是公司领导。员工的工资和生活享受不是从总经理那里获得的，而是来自他们的“老板”——顾客。只有把“老板”伺候好了，员工的口袋里才会有更多的钞票。员工作为直接与“老板”接触的人，其精神状态至关重要。因此，领导的工作就是指导、支持、关心、服务员工。员工心情舒畅，有了自豪感，就会更好地服务顾客。

**主持人**：作为为员工服务的领导，你们是如何让员工“心情舒畅”的？能举个例子吗？

**王培**：在沃尔玛，任何一个员工佩带的工牌上都不会标明职务，包括最高总裁。公司内部没有上下级之分，见面就直呼其名，营造了一个上下平等的气氛。我在沃尔玛工作9年了，从一开始这一点就让我印象非常深刻。刚进沃尔玛时，我也有过疑虑，是不是直呼其名显得不够尊重别人，然而，这种规定显然让我们放下了这个包袱，我们从这个理念中分享到了平等分工的快乐。这种快乐也促使我决心要成为沃尔玛的公仆领导。

**主持人**：在沃尔玛，员工还有一个著名的称谓——“合伙人”。你们一方面把公司领导称为公仆，一方面又把员工称为合伙人，这与许多企业强调管理者的领导地位迥然不同。那么为什么把员工称为合伙人呢？

**王培**：沃尔玛以其对雇员平等相待来赢得雇员对企业的忠诚。我们把员工当作沃尔玛的合伙人，正是沃尔玛留住人、发展人、吸引人的指针的直接体现。我们的工资一直以来在同行业中并不是最高的，但是员工却以在沃尔玛工作为快乐，因为他们在沃尔玛是合伙人。零售业是一个非常重视细节的行业，要求每一个员工在工作中都能充分体现自己的主人翁精神，因为没有主人翁精神，要做到细节化的管理是根本不可能的。所以我们强调员工就是我们的合伙人，强调沃尔玛是所有员工的沃尔玛。

资料来源：沃尔玛中国HR副总裁王培：领导是员工的公仆．(2020－05－19)．https：//baike.1688.com/doc/view－d5913239.html.

### （二）公仆型领导的影响

公仆型领导奉献和自我牺牲的精神具有强大的感召力和榜样作用，不仅对追随者有影响，在团队层面和组织层面也具有积极的作用。

从下属的角度看，公仆型领导以下属为中心，以促进下属的自我实现和个人成长为目的，对下属的影响主要表现在三个方面。首先，公仆型领导对下属的工作态度有影响。公仆型领导能够建立起高质量的领导-下属关系，并通过信任与公平的心理感知，影响下属的工作态度，如工作满意度和组织承诺。其次，公仆型领导对下属的生产行为有影响。国内学者指出，在控制人口统计学变量的情况下，公仆型领导对员工的周边绩效、异常行为以及任务绩效均有显著的单独预测效果（孙健敏、王碧英，2010）。而且，公仆型领导对下属的生产行为有积极的正面作用，对下属破坏物品的行为有显著的预测作用（马跃如、李树，2011）。最后，公仆型领导对下属的组织公民行为有影响。西方学者纽伯特（Neubert）、卡克马尔（Kacmar）和罗伯茨（Roberts）的研究证实了公仆型领导的下属会表现出更多对组织有益的组织公民行为。此时，下属将有更多的助人行为、更强的个人首创精神，以及更自觉的公民道德和自我发展。

从团队的角度看，公仆型领导通过树立正确的榜样，刺激他人朝着共同的利益努力，从而更有利于团队合作。领导者有较强的接纳能力，能够在组织内创造信任、公平的工作氛围，使员工有集体归属感。

从组织的角度看，公仆型领导行为对组织的服务氛围有较大影响。服务氛围是指员工对关于组织要求、奖励、支持服务工作和服务行为的政策、管理措施和程序的共同看法。公仆型领导为人正直、思想开放、行为道德、关爱他人，并且勇于承担企业外的责任。这些做法能够在组织内部营造良好的服务氛围，增强员工的服务导向意识，激励员工为顾客提供优质的服务。Liden et al.（2014）在实证研究中确认，公仆型领导通过创造一种服务型文化来发扬和扩散自己的公仆型领导行为，这种服务型文化与餐厅绩效和员工的工作绩效、创造力和服务顾客行为都有正相关关系，且与离职意向有负相关关系。

致力于为他人在物质与情感上的收获提供机会，公仆型领导相信自己的一番苦心不会白费：通过这种方式培养出的员工不仅独立自主，善于自我管理；更重要的是，受到领导者的感染，他们也能将心比心地把这一份关怀传递下去，对伙伴施以诚挚的援手，向顾客提供贴心的服务，从而共同营造出互惠共赢的整体氛围。

需要了解的是，单一的公仆型领导风格的作用仍然是有限的，推而广之，任何一种领导风格及其带来的组织氛围都不应该被神话，就像松-紧式领导将指挥型领导和参与型领导结合在一起更具效果一样，公仆型领导风格与其他领导风格也不矛盾，可以结合使用。比如，Jiang et al.（2016）发现，服务氛围和道德氛围可以相互加强彼此的作用，这也启发我们应将公仆型领导风格和道德型领导风格结合起来。

学者说

## 服务氛围和道德氛围

以往的研究表明，服务氛围可以通过指导员工的服务行为来满足客户，从而提高组织绩效。但是大量的案例显示，仅仅追求卓越的服务不足以帮助服务组织取得高绩效。本研究对于之前的研究进行了扩展，探讨帮助服务组织取得高绩效的其他因素。

Jiang et al.（2016）将针对客户的道德氛围确定为服务情境中另一个不可或缺的组织氛围，并研究了服务氛围如何（how）以及何时（when）与道德氛围相结合来提高服务组织的业务绩效。他们选取了一家连锁影院企业作为研究对象。经营影院属于典型的服务行业，也是一个影响巨大的行业，2014 年中国电影总票房为 294 亿元人民币，已经位居世界第二。而在这个行业中，票房造假等非道德行为也比较普遍。根据从这家连锁企业的 196 个电影院收集来的多来源多阶段数据，他们发现服务氛围和道德氛围对业务绩效是有不同影响的，其中介机制分别为增加服务行为和减少非道德行为。此外，学者们发现服务行为和非道德行为会交互影响业务绩效，具体来说就是当不道德行为少时，服务行为与业务绩效更为正相关。高市场动荡和激烈竞争会进一步加强服务行为与不道德行为之间的这种交互效应。

本研究确认了卓越服务只是服务组织产生高绩效的必要条件，而非充分条件，服务组织必须重视道德氛围的营造以遏制组织的非道德行为，在今天这样一个充满动荡的市场环境下，这显得格外重要。

资料来源：Jiang K，et al. Do it well and do it right：the impact of service climate and ethical climate on business performance and the boundary conditions. Journal of Applied Psychology，2016，101（11）.

### （三）如何培养公仆型领导

公仆型领导的众多特质与我国“全心全意为人民服务”“做人民公仆”等社会主义道德观不谋而合。面对当前食品安全卫生、环境污染等缺乏社会责任感的现象，培养公仆型领导是十分必要且重要的。

首先，倡导公仆型领导的价值观。高层管理者自身应首先认识和理解公仆型领导的价值，主动贴近员工、关心员工、帮助员工，然后向其他管理人员传达这种价值观，并树立榜样。比如走动式管理就倡导高层管理者到工作现场同员工直接沟通，及时处理员工面临的问题。

其次，考核、奖励公仆型领导行为。组织应对公仆型领导行为及其效果进行考核，及时告知被考核者考核结果，帮助其加强公仆型领导行为，并据此奖励与提拔管理人员。

再次，招聘具有公仆型领导特质的员工。在发布招聘广告、进行招聘甄选过程中，组织可通过个性测试、情境模拟和角色扮演等方式考察应聘者的服务和公仆意识，有针对性地进行招聘录用。

最后，培养公仆型领导技能。公仆型领导的技能主要有五方面：倾听、移情、治愈（即关心员工的心理健康和精神状态，治愈员工的精神创伤）、劝说以及授权。组织可以通过开展相关培训，指导管理人员更好地掌握有关技能。

## 小　结

以勒温为代表的早期研究者将领导风格分为独裁型与民主型两种。其中，独裁型领导具有强烈的目标导向，他们独断的领导方式尽管有利于在高压下推动目标的实现，但对于员工需求的长久漠视却极易打击员工的工作积极性。相反，民主型领导提倡共享决策权，鼓励自主化的工作方式以实现员工满意，但其应用往往受到时间等现实因素的制约，因而需要领导者根据情境有选择地加以运用。

指挥型领导继承了独裁型领导的部分特征，他们不仅关注目标的达成，对于员工的工作方式也多加限定，这对缺乏经验、能力弱的员工起到了一定的辅导作用，但并不利于员工的独立成长。参与型领导则与早期的民主型领导一脉相承，通过鼓励员工参与实现内部激励及决策优化，从而提高组织绩效。为了不使参与流于形式，领导者需加强与成员间的沟通交流，同时避免一厢情愿的授权行为。近年来松-紧式领导模型的提出，对于指挥型领导和参与型领导二者的融合具有开拓性意义，更有可能应用于国内管理实践。

近年来备受关注的赋能型领导比参与型领导更为注重员工的能力素养，包括他们参与决策的意愿以及自主决策的能力，这也为组织领导潜力的开发提供了重要途径。同样以员工为关注焦点的新型领导风格还包括公仆型领导，此类领导者致力于满足员工的需求，并通过以身作则影响下属、服务他人，进而为团队营造出互惠共赢的整体氛围。

## 关键术语

独裁型领导（authoritarian leadership）

民主型领导（democratic leadership）
指挥型领导（directive leadership）
参与型领导（participative leadership）
员工参与计划（employee involvement program）
松-紧式领导模型（loose-tight leadership model）
授权赋能型领导（empowering leadership）
公仆型领导（servant leadership）

## 思考题

1. 领导者的独裁行为与民主行为分别会给追随者带来怎样的影响？
2. 相比指挥型领导，参与型领导的优势与局限体现在哪些地方？
3. 在领导者进行授权时，你认为何种类型的工作适合交给下属去完成？
4. 领导者的哪些行为有助于提高员工参与决策的有效性？请结合具体案例加以说明。
5. 不少经理人认为授权总是“看上去很美”，请结合本章内容思考一下在现实生活中，领导授权可能遭遇到的阻力。
6. 公仆型领导者的“服务理念”与领导力有着怎样的关联？
7. 你是如何理解邓小平所说的“领导就是服务”的？

## 案例分析

### 硅谷需要独裁者吗

乔布斯去世后，硅谷的新偶像是掌管 SpaceX 和特斯拉、参股 Solar City 的埃隆·马斯克。马斯克一样充满了人性的缺点，一样极度苛刻，并且向员工提出不切实际的要求。但是，他单枪匹马，改变了人类生活中的好几个产业——SpaceX 改变了太空产业，特斯拉改变了汽车行业，Solar City 改变了能源产业。

硅谷的小道消息说，埃隆·马斯克身边已经聚集了硅谷最有影响力的一群“晚辈”，硅谷俨然有了“马斯克俱乐部”，而全球的科技圈都烧起了“马斯克崇拜”。这种崇拜，同时也带着对马斯克工作方式的神化与谅解。

可是，马斯克是否被过分神化了？独裁究竟指的是什么？在公司管理的范畴内，独裁一般指的是个人意志的“一意孤行”，对员工的苛刻要求，以及对决策的严格执行。可是，它包括粗暴、乖戾、喜怒无常，或者是欺人太甚吗？

*MIT Technology Review* 在一篇文章中指出，硅谷应该停止这种将成功人物“神化”的行为。试想：如果马斯克的脾气比现在好，说不定他取得的成就比现在还要了不起。因为，如同乔布斯或者马斯克这种极端的性格，在公司的运作过程中已然造成了不少的损耗。

可是，因为硅谷的英雄崇拜主义，这些损耗都被忽略不计了。况且，拿几个科技名人的成就，去代表或者取代整个科技界的发展，合理吗？拿几个科技界名人的独裁领导风格，去作为以后科技公司的管理标杆，说得过去吗？

在传记作者阿什莉·万斯（Ashlee Vance）的笔下，马斯克很喜欢独占功劳，枉顾他人的付出和成果。人们确实常常忽略了支持马斯克成功的背后因素：大量的政府资金，以及他身边不辞劳苦的众多工程师。每一个发明和创造，都是由很多人组成的团队去完成的。

独裁者的领导，是有"寿命"的。如维韦克·瓦德瓦（Vivek Wahdwa）所言：独裁的领导方式，一旦崩溃，就是彻底崩溃，且整个公司都可能因此而崩溃。独裁的 CEO 经常也会成为决策过程中的瓶颈，成为员工们需要承担的创新阻力。

公司的管理，犹如人性和社会的管理，讲求平衡：需要有强势的领导力，也需要有个体的自治权力。有时，独裁的领导者如果知道自己的独裁阻碍了公司的发展，就要学会退让。

思科 CEO 钱伯斯（John Chambers）就主动辞职了。他意识到自己是个强势的领导者："我喜欢这样：当我说向右转的时候，全公司 67 000 个员工都得向右转。"这听起来显然有些不切实际，有些危险。

资料来源：硅谷需要独裁者吗？.（2016-06-25）. https：//www. ifanr. com/674044.

根据上述案例，尝试回答如下问题：

1. 你认为马斯克和乔布斯这样的独裁型领导风格算是成功的吗？为什么？案例中所说的损耗可能都包括什么？

2. 你理想中的 IT 企业的领导风格是什么样的？

3. 你是否支持钱伯斯主动辞职的做法？

4. 你认为在独裁型和民主型的领导风格之间应该如何做出平衡或取舍？

## 参考文献

［1］Greenleaf K. The servant as a leader. Indianapolis，IN：Greenleaf Center，1970.

［2］Lewin K，Lippet R. An experimental approach to the study of autocracy and democracy：a preliminary note. Sociometry，1938（1）.

［3］Lewin K，Lippet R，White R K. Patterns of aggressive behavior in experimentally created social climates. Journal of Social Psychology，1939（10）.

［4］Liden R C，et al. Servant leadership and serving culture：influence on individual and unit performance. Academy of Management Journal，2014，57（5）.

［5］Yukl G. Leadership in organizations. 4th ed. Upper Saddle River：Prentice Hall，1998.

［6］丹尼尔·高曼美．成功的领导风格．企业管理，2001（8）.

［7］刘松博，戴玲玲，李育辉．收放自如，张弛结合：松–紧式领导述评．社会心理科学，2013（1）.

[8] 凌茜．公仆型领导的塑造与培养．中国人力资源开发，2007 (6).

[9] 马跃如，李树．公仆型领导与下属反生产行为关系的实证研究．郑州航空工业管理学院学报，2011 (4).

[10] 齐朝乐．国外公仆型领导力研究述评．内蒙古财经学院学报（综合版），2012 (3).

[11] 孙健敏，王碧英．公仆型领导：概念的界定与量表的修订．商业经济与管理，2010 (5).

[12] 张燕，王辉，陈昭全．授权赋能研究的进展．南大商学评论，2006 (4).

# 第 8 章 魅力型领导与变革型领导

## 学习目标

- ◎ 了解魅力型领导的个性风格及其对组织和追随者的影响
- ◎ 理解魅力型领导可能会引发灾难性后果的原因
- ◎ 了解交易型领导的定义
- ◎ 掌握变革型领导的行为特征
- ◎ 体会魅力型领导、交易型领导与变革型领导之间的相似点与差异

## 引例

### 独具魅力的领导曼德拉

“钟声响起归家的讯号，在他生命里，仿佛带点唏嘘，黑色肌肤给他的意义，是一生奉献……” 这是 Beyond 乐队向曼德拉致敬的《光辉岁月》，他是最伟大的南非人。

**领导力的发挥需要借助爱和宽容**

很难想象曼德拉当上总统后如果没有爱和宽容，南非会是什么样子。在曼德拉走进总统官邸时，他所做的就是用爱和宽容来化解白人和黑人之间多年来的仇恨，让这个国家的公民能够和谐、平等地生活在一起。

为了这一目标，曼德拉做了三件事：

第一件，曼德拉的上任让很多白人产生恐惧，他们以为曼德拉一上任就会把他们的工作机会全部剥夺掉。但曼德拉的公开演讲安抚和团结了那些曾经的反对者。

第二件，他让白人保安和自己多年来的亲随一起工作，即便他们一开始剑拔弩张。曼德拉对保安队长说了一段感人至深的话：“当人们在公众场合见到我，他们会看到我的保镖，你们直接代表我，彩虹国度由此而始，和谐共处由此而生”。从而让所有人的注意力集中在做事上，而不是内部争斗上。

第三件，当曼德拉的黑人支持者聚集在一起希望通过投票来更换在他们眼中象征种族隔离的国家橄榄球队队名、队服、队徽时，曼德拉及时赶到现场阻止了这个有可能继续引发白人和黑人冲突的决议。他曾经说，当我走出囚室迈向通往自由的监狱大门时，我已经清楚，自己若不能把痛苦与怨恨留在身后，那么我将仍在狱中。

**领导力的发挥需要借助信念的力量**

是什么力量让曼德拉被关27年依然不放弃希望，依然拥有强大的内心？“感谢上帝赐予我，不可征服的灵魂。我是我命运的主宰！我是我灵魂的统帅！”这是威廉姆·恩内斯特·亨里写于1875年的一首诗——《不可征服》里的诗句，贯穿全剧。

这种信念支撑起了曼德拉27年的牢狱生涯，是他的精神力量；同时，曼德拉在接见跳羚队队长的时候也把这种信念传递给他。也许，正是因为这种信念，跳羚队击败新西兰队站上了世界杯冠军的位置。

**领导力的发挥需要借助激励**

电影《成事在人》中曼德拉为了激励跳羚队，在接见跳羚队的队员前记住了所有人的名字。领导者的这种做法让这些队员觉得自己很重要，受到了尊重。

“人，一辈子都在寻找存在感。当一个人觉得自己在企业中很重要时，他就会对工作产生使命感、责任感，并产生足够的动力。”何晓飞说，领导者要做的就是通过活动让员工感觉自己很重要。领导者可以组织举办让“人人成为主角”的活动，让不同的员工在不同的场景中成为主角。

资料来源：从电影《成事在人》看曼德拉的领导力．(2015-07-16)．http：//www.ceconline.com/leadership/ma/8800074540/01/.

2013年12月5日，曼德拉与世长辞，作别了他的光辉岁月，全世界人民都在悼念这位自由的使者。传奇的经历、宏大的格局、宽广的胸襟和对信仰的不懈追求，使他成为南非和世界人民的精神偶像，也让他具有了不可抵御的个人魅力。这是一位充满魅力的领导者。

马云、乔布斯也是魅力型领导的典型代表，在他们传奇般跌宕的人生中，许多事迹已经被披上了一层神秘的色彩，进一步渲染了他们独特的个人魅力。在他们进行公众演说时，台下听众的欢呼声和呐喊声总是狂热到要把会场淹没。魅力型领导那种超凡脱俗的魄力和想象力似乎总是能轻而易举地吸引一大批追随者心甘情愿地投其麾下，在这里，领导力被披上了极为绚丽的浪漫主义色彩。然而，任何美丽的事物都有两面性，在这看似与领导者浑然一体、契合得天衣无缝的超凡魅力背后，是否蕴藏着危机？而组织领导者为追求卓越，又是否有必要竭尽所能地奔赴这“浪漫的神坛”？

# 第1节　魅力型领导

如果时光流转，iPod，iPad和iPhone这些引领时代潮流的电子产品想必会让近一个世纪前的德国社会科学家马克斯·韦伯（Max Weber）感到震撼。对于这些产品的创始人，韦伯也大有可能一见如故。他曾经指出，“充满魅力的领袖”的影响力来自超凡脱俗的洞察力和想象力，受到他们的感染与激励，人们将心甘情愿地投其麾下，追随左右。这恰恰是对乔布斯的真实写照。

## 一　什么是魅力

英语中的魅力（charisma）一词源自希腊语，意思为天赋。这在为此类领导者披上神秘面纱的同时，也赋予了他们令人难以抗拒却又望尘莫及的强大吸引力。马克斯·韦伯曾这样描述魅力型领导（charismatic leader）："他们展示出了一项卓越的使命或行为过程；但如果仅限于此，那些潜在的追随者根本不会为之所动；而正是因为人们坚信他们的领导者具有特殊的天赋，所以该项使命或行为才得以进行。"

魅力是一种无形的感知，也是一种自然的流露，人们总能从领导者的一言一行中捕捉到"蛛丝马迹"：在不安于现状、追求自我超越中；在牺牲自我、甘心奉献中；又或者在熠熠生辉的人格品质中。领导者的魅力大体有如下三种类型：

（1）超越的魅力：具有超凡魅力的领导者能够营造变革的氛围，他们勾勒出引人入胜的未来图景，并向追随者灌输一种持久的信念，以激励大众不断突破现有的桎梏，超越自我。

（2）风险的魅力：为了获得人们的信任，魅力型领导者甘愿以个人安危为"筹码"，以此打动人心、增强情绪共鸣。在历史上，从圣雄甘地到马丁·路德·金，都受命于危难、置生死于度外，超凡的领导魅力展露无遗。

（3）个人的魅力：追随者尊崇魅力型领导并不是臣服于权威头衔，而是因深受其知识、经验乃至决策魄力等个人特质的感召——人性中最美好的部分，总是能够扶持一个人卓然立世。

## 二 魅力型领导的影响

魅力型领导对组织和组织成员都有相当程度的影响力。如果对这个具体的影响过程进行分析和归纳的话，可以总结为以下四步：第一步，清晰地陈述一个有吸引力的愿景（关于如何达到一个或多个目标的长期战略）；第二步，传达高绩效期望，并对下属达到这些期望表现出充分的信心；第三步，通过言语和活动向下属传递一套新的价值观系统，并且通过自己的行为为下属树立效仿榜样；第四步，通过情绪诱导和经常性的反传统行为，来表明他们的勇气和对未来前景的坚定信念。

通过上述影响过程，魅力型领导可以将积极的氛围在组织中散播开来，传导到整个组织并成为实现组织目标的推动力。同时，魅力型领导在组织寻求外界帮助时也可能具有一定的效果，他们使得组织更有吸引力并获得外界利益相关者的支持。对下属而言，魅力型领导所产生的效果之一，就是使下属模仿领导者的行为、价值观、自我观念和认知，并且魅力型领导能够影响下属的风险偏好，使下属更倾向于承担比平常更多的风险。魅力型领导对下属产生的另一种效果就是使他们设立和接受更高的目标，并更有自信地为达成这些目标而努力。理想化的影响力（idealized influence）源于人们真正渴望的事物，人们甘心追随魅力领袖左右并非出于畏惧或是金钱利诱，而是出于爱、出于热烈的献身精神（Tucker，1968），比如乔布斯。乔布斯与世长辞的消息传出后，一时间悲伤的氛围席卷全球：从普通民众到各国演艺明星、商业精英乃至政界领袖，无不表示沉痛悼念。美国前总统奥巴马形容乔布斯为美国"最伟大的创新者"，联合国前秘书长潘基文盛赞乔布斯的"全球影响力"。微软创始人比尔·盖茨以"能与这位对人类产生深远影响的人共事"为莫大荣耀，脸书创始人扎克伯格诚挚地感激了这位良师益友向所有人展示的改造世界的能力。在美国加利福尼亚州乔布斯家门外，许多苹果迷冒雨前去献上鲜花、卡片、蜡烛和苹果等，当地警方甚至不得不在该地区拉起警戒线以维持秩序；各地的苹果店门前更是集聚了哀伤的民众，他们不时地写下各种怀念乔布斯的字句以寄托哀思。

如此令人动容的魅力并非仅仅源于人格力量、独特个性或是标新立异的出位言行，其通常是在组织亟待变革、需要有人临危受命的紧急关头，由潜在的魅力领袖以及追随者的价值理念共同作用形成的。古语有云“上下同欲，士可为之死，为之生”。魅力型领导身上所展现出的强烈使命感与高涨热情铺就了信任的基石，并将带领团队全体成员倾情投入、忘我奉献，进而辅佐他们成为能够引发深远影响的卓越领袖。

学术研究也发现，魅力型领导有明确的正向促进绩效的作用，虽然对于不同背景的组织，对于组织的不同层次，这个作用大小不一。

学者说

**魅力型领导与组织绩效**

在对包含 12 933 个样本量的 53 篇有效文献进行元分析的基础上，学者们分别对营利性组织和非营利组织中魅力型领导与个体绩效、团队绩效、组织绩效的关系研究进行定量分析。

研究结果表明，魅力型领导与各层面的绩效水平均显著正相关，其中与组织绩效的相关性最高，团队绩效次之，个体绩效最低；魅力型领导产生的对多个层次的绩效的作用，主要是通过对组织文化、组织战略等的影响，使组织中每个成员、团队都朝着一个共同的愿景和目标去努力，从而提升了组织的整体绩效。魅力型领导的区域文化等因素对魅力型领导和员工绩效之间的关系起到调节作用。例如，欧美地区的魅力型领导行为与工作绩效之间的相关关系要强于东亚地区。这可能是由欧美地区的高水平个人主义以及较低水平权力距离的文化特征所造成的，在这种文化环境下，魅力型领导可以更有效地激发下属的工作动机，从而对绩效产生更强的作用。

资料来源：胡海军，翁清雄，曹威麟．基于元分析的魅力型领导与组织绩效的关系研究．管理学报，2015，12 (2).

## 三 魅力型领导的特质

豪斯的魅力型领导理论（charismatic leadership theory）指出，当下属观察到某些特定的行为时，会把它们归因为英雄主义的或者超乎寻常的领导能力。这种归因成为人们认为领导者是否具有魅力型特质的认知基础。如果说下属是在对领导者行为的观察后才将其归结为魅力，那么究竟什么样的行为特质才能令下属将其归结为魅力？整合前面的内容和其他研究成果，可以看到魅力型领导的杰出特质包括：

（1）提出愿景。愿景能令人感到振奋并产生吸引力。魅力型领导通过综合看似无关的问题、价值观和来自组织的问题，刻画引人入胜的愿景并对它充满热情。

（2）坚定的道德观。不变的信仰、强烈的道德观念和乐观的精神使得领导者更容易与下属建立互信。

（3）杰出的沟通技能。魅力型领导通过其巧妙的言辞、想象力和激情鼓舞下属的情绪，引导他们理解、接受并坚信其提出的愿景。

（4）向别人授权的能力。魅力型领导在给下属分派任务的同时会向其提供辅导、反馈和鼓励，以增进下属的自我效能感。

（5）敢冒风险。将自己置身于危险之中是魅力型领导用于宣扬愿景的方法之一，这样能够获得下属的仰慕和尊敬。

（6）精力充沛。魅力型领导几乎总是能准时地完成任务，他们将感情投入到每天的工作中，这让下属觉得他们热情洋溢并为此受到鼓舞。

总体而言，魅力型领导有如下特质：他们自信十足、信仰坚定，能够以身作则、树立角色榜样；他们深谙愿景的力量，敢于“造梦”并勇于“逐梦”，在传递梦想的同时运用精妙的辞令技巧将理想的价值信念根植于追随者的心底深处，触动人们的心灵和思想，并激发出强烈的情感共鸣。例如，在邀请当时的百事 CEO 约翰·斯库利（John Sculley）加入苹果时，乔布斯曾这样说道：“你是要继续卖一辈子苏打水，还是来和我一起改变世界？”

## 四　客观认识领导魅力

蕴涵在领导魅力中的情绪感召力十分激动人心。但古往今来，人们理智与情感的纷争不断，在现实生活中总会时不时地听说某某人因一时冲动而酿下大错；抑或是受他人情绪左右，迷失自我。

同样的道理，受到魅力型领导的情绪感召，员工往往会下意识地自发追随，而并不经过深思熟虑。由此点燃的激情及奋斗动力固然可贵，然而，一旦理性逻辑长久“缺席”，领导者的超凡魅力也极有可能转变成为一种蛊惑人心的诅咒。

水能载舟，亦能覆舟。就像我们在第 4 章中介绍过的个人化权力与社会化权力之分，领导者的利益出发点各有不同，因此基于情感的魅力感召并不是总能为所在组织乃至整个社会造福（尽管他们中的一些人坚称自己所散布的教义才是真正的“济世之道”），甚至这极有可能带来一些可怕的后果：当自我陶醉（self indulged）的领导者将天赋的魅力滥用于私人目的，随之诞生的团队信仰也往往被虚饰美化；此时若面对的是虔诚的追随者，本质为欺骗、操纵与剥削的行径也就会得到合理的掩盖。大卫·科瑞施是大卫教派的领导者，他使教派中的徒众相信自己就是先知，哈米吉多顿（《圣经》中所说的世界末日善恶决战的战场）即将来临。为了应对哈米吉多顿，他要求徒众搜罗大批手枪、攻击型武器和炸药，观看充满暴力的战争片，听他的摇滚乐集会，并让他们进行长时间的绝食。这种行为最终导致 85 人丧生。

即使对于正面的领导魅力，也有更清晰和客观地认识它的必要性。领导魅力并不总是普遍适用的，其有效性还与情境有关。首先，当下属的任务中包含很多主观成分时，或当环境中带有极大的压力与不确定性时，这种领导方式似乎更成功。这就是为什么魅力型领导更多地出现于政治、宗教冲突或战争期间，或者是组织刚刚创建或面临生存危机时。其次，限制领导魅力发挥作用的另一个情境因素是组织中的层级。一个人即使具有极大的魅力，也很难在低层管理工作中使用其领导力。这是由于愿景的创造是领导魅力的重要组成部分，而它们一般由高层管理人员创造。因此，领导魅力与高层管理者而非低层管理者的成功和失败更直接相关。此外，埃格（Agle）等几位美国学者在综合前人研究成果的基础之上，从一个新的角度对领导魅力与组织绩效水平之间的关系进行了探索。

学者说

## 领导魅力是晕轮效应吗?

以往的研究指出，企业中的魅力型领导能够引导员工打破思维定式、克服组织惰性，并说服他们积极参与变革过程以更好地适应新的环境；而无论是灵活的环境适应能力还是臻于至善的自我超越，都会在很大程度上提升组织绩效水平。但由于领导魅力无声无形，它将依托于人们的主观感知来影响其行为态度。因此，埃格等提出了该项研究的基本假设：

(1) 受到领导魅力的感召，团队的整体绩效水平将得到显著提高。但同时，他们也提出了另一种可能性：出色的团队绩效通常会营造出晕轮效应，从而使人们不由自主地将一些闪光的人格品质强加到组织领导者身上；不仅如此，高度不确定的组织环境也极有可能引发员工心理的微妙变化。基于这一系列考虑进一步做出下面的推测。

(2) 领导魅力只是领导者取得历史成就的附属产品，是团队绩效的结果而非驱动力。

(3) 环境的不确定性将在领导魅力与团队绩效之间发挥重要的调节作用，特别是，动荡不安的外部环境将显著地提升领导魅力对团队绩效的积极影响。

那么，究竟两者何为因，何为果？为了解开这个疑惑，他们一方面在一些美国主要大型企业的CEO和高层管理人员中展开问卷调查，另一方面对企业所处外部环境的稳定性、目标证券市场以及相应的会计数据进行测量。最终，数据分析结果有力地支持了假设 (2)，即杰出的组织绩效成就将平添“令人着迷”的领导魅力；反过来，即使是在环境高度不确定的情形下，领导魅力也并未显示出对于提升组织绩效的积极促进作用。

乍看之下，这似乎是一个令人失望的结果，但就此简单地得出结论说领导魅力不过是一个徒有其表的概念炒作无疑是草率的。事实上，一家大型企业的组织绩效通常受制于一系列错综复杂的影响因素，例如企业规模、公司治理结构以及组织生命周期等。因此，从中提取领导魅力的积极影响并不容易，更何况领导魅力本就是一把双刃剑——稍不留神，那暗藏杀机的自负偏执、自我膨胀以及滥用职权等负面特质就可能掩盖领导魅力的真实贡献。

然而，姑且不论领导魅力的利弊争议，该项研究至少为探寻领导魅力与组织绩效之间的关系提供了一个相对理性的视角：人们对于前者的迷恋可能只是因为被领导者的过往成就折服，而真正对组织绩效起到关键作用的，仍然是领导者的个人实力——包括领导技能、品德操行等。此外，这一结论也为该领域的后续研究提供了一些建议：由于组织绩效水平本身可以增添领导魅力，因此，研究者在今后考察企业CEO的个人魅力对组织绩效的影响时，需要对前者进行独立测量。例如在履新CEO接班之前或是上任之初就对其个人的领导魅力进行评估，在上任一段时间之后再结合组织绩效结果对两者进行相关分析。

资料来源：Agle B R，et al. Does CEO charisma matter? An empirical analysis of the relationships among organizational performance，environmental uncertainty，and top management team perceptions of CEO charisma. Academy of Management Journal，2006，49 (1).

## 五 对于领导实践的启发

总的来说，魅力型领导的最大优势在于他们能够凭借个人魅力将组织的愿景使命、价值信仰渲染得更加引人入胜，并为自己赢得足以摄人心魄的影响力。尤其是在危机四伏、充满动荡的环境中，惶惶不安的人会近乎无条件地信任魅力型领导，这将显著地提高组织变革的贯彻力度。与此同时，鼓舞人心的愿景也将帮助领导者在团队中建立起紧密的情感纽带，将全体成员的价值理念协调一致，以上下同心，共赴理想未来。

为了不辜负这一天赋，首先，魅力型领导要以身作则，为人者先。对于即将传递的愿景目标及价值理念，作为引路人的他们必须由衷地认可并予以坚定拥护。否则，如果连他们自己都半信半疑、踯躅不前，又将如何说服众人？在这一过程中，魅力型领导可以不雄辩，但一定不能沉默寡言，恰逢其时地运用睿智而不失真诚的言语是打动人心、燃点激情的有效手段。其次，魅力型领导还要能身体力行地担负起楷模与教练的双重角色。正所谓“坐而言不如立而行”，能够提供指导反馈并及时地鼓励、支持追随者，才有可能在将心比心的情绪共鸣中赢得他们的信任和拥戴。

然而，对于领导者个人的强烈依赖也构成了魅力型领导的“死穴”。

一方面，正如上面提到的，领导魅力越是令人难以抗拒，一旦误入歧途，就越有可能引发灾难性的后果。从这个角度看，唯有寄希望于组织的魅力型领导能始终如一地坚守价值理念，从而发挥魅力型领导的天赋力量。

另一方面，即便如此我们也无法回避另一个更常见的问题——超凡脱俗的魅力型领导极易引发个人英雄主义的崇拜热潮。《华尔街日报》曾撰文指出，只有乔布斯能将一场极为无聊的企业发布会变成一种文化现象，其简直可以媲美摇滚明星演唱会或者大型体育赛事，甚至成为一场科技布道。人们热爱英雄，但越是依恋，潜意识里对传奇谢幕的忧虑与恐惧就会越深。随着史蒂夫·乔布斯的健康状况时好时坏，每一次坏消息的爆出都会引发苹果公司股价的大幅震荡。2011 年 8 月 24 日，乔布斯宣布辞去 CEO 一职，一日之内，苹果市值就蒸发 200 亿美元；一个月后，乔布斯的辞世将人们心底的不安推向了极致：在乔布斯去世前一天，库克上台向世界推介了 iPhone 4S 的一系列新功能，但董事会没有听到他们曾经熟悉的那种强烈反响。有分析师从股价窥见，苹果公司自此将从激流勇进时代进入匀速发展时代，甚至预言苹果内部的创新机能将开始消失，取而代之的是保守求稳的风气。事实上，早在数十年前，马克斯·韦伯就提出过类似警告：一旦充满魅力的领袖撒手离去，围绕他构建起来的组织会仿若丧失灵魂力量，而其活力也必受重创；而唯有当他们的组织能够延续前人的智慧，并将其根植于企业文化和制度当中，方能够延续辉煌、基业长青。在这一方面，2019 年 9 月 10 日卸任董事长的阿里巴巴创始人马云，给领导者做出了表率，他淡化自己的个人色彩，提前布局，通过文化和制度设计，尽量避免魅力型领导可能给公司带来的伤害。

**篇中案例**

### 马云的接班人

阿里巴巴 20 周年年会现场，花名“风清扬”的阿里巴巴集团 001 号员工马云，将阿里巴巴这个庞大电商业体指挥棒，交到了现任 CEO 张勇手上。

晚 7 时 45 分左右，马云登场。马云如此前多次一样，强调了对企业制度、价值观的看重："阿里巴巴史上所有的重大决定，都跟钱无关，而跟价值观有关。"此前，他还曾表示，阿里巴巴最了不起的 20 年，不是做出了淘宝、天猫、支付宝、阿里云，而是坚持了 20 年的价值观。

从广为人知的"让天下没有难做的生意"这一愿景，到提出"成为一家持续发展 102 年的公司"，阿里巴巴的价值观的确在 20 年间发挥着很大的作用。

在 20 周年这一重要节点，阿里巴巴价值观——"新六脉神剑"也于当天正式宣布。

"这不是一个心血来潮的决定，为了这一天，我认真准备了 10 年。"马云说。

马云给现场的企业家提出建议："如果有一天，你也希望用制度、文化和人才来保障公司的传承，你至少今天就要开始去想，至少准备 10 年时间。"

自 1999 年创始之日起，阿里巴巴就提出未来必须要有良将如潮的人才团队和迭代发展的接班人体系。2009 年，阿里巴巴创始人团队辞任，开始探索合伙人机制。正是在新型合伙人机制的基础上，阿里巴巴形成了以使命愿景价值观驱动的独特文化和良将如潮的人才体系，为公司传承打下了坚实的制度基础，保障了此次面向未来的领导力升级。

资料来源：马云谈卸任：今天不是马云的退休，而是一个制度传承的开始．(2019－09－10). https：//baijiahao. baidu. com/s?id=1644338531684357718&wfr=spider&for=pc；马云卸任，换个江湖见．北京晚报，2019－09－11.

此外，对于魅力型领导的描述过于模糊，似乎每一个优秀的领导者身上都有这样或那样的魅力要素，所以往往也较难复制。而且，尽管领导魅力可以由后天培养而来，但有一些魅力型领导的特质在一定程度上是与生俱来的，例如外倾性、自信、成就导向。人们更感兴趣的是，如何做才能获得相应的魅力。与魅力型领导相比，交易型领导和变革型领导的概念边界更清晰。

## 第 2 节　交易型领导

对于一位陷入"996"（从早上 9 点工作到晚上 9 点，一周工作 6 天）的企业白领来说，工作仅仅是谋生的手段而非经营的事业；而对于他的主管来说，其只需要"配合"地提供相应报酬、奖金或是晋级机会等，大家各取所需。这样的领导者和下属是实践中的主流，交易型领导就是用来描述这一领导类型的概念。

### 一　交易型领导的内涵

在上述情境中，人们可以感受到一种利益博弈的气息：没有过多的情感交流，领导者与追随者通过某种交换关系各取所需，在公事公办的氛围中不动声色地完成一场场"交易"。因而，这一类的领导者被统称为交易型领导（transactional leader）。在对概念的阐述上可以具体划分为权变报酬及例外管理两个部分：一方面领导者会对下属承诺论功行赏、按劳给酬；另一方面领导者也会适时地采取一系列措施规范下属的言行并纠正其工作中的失误，从而确保所有的努力都指向交易的终极目标——实现组织整体与员工个人的利益双赢。例外管理又分主动例外管理与被动例外管理，前者是指领导者通过采取一系列预防性管理措施，如制定严格的规章制度来监督流程、避免意外事故的发生；后者则是指当员工确实出现工作纰漏时，领导者再进行干预。

与魅力型领导不同，交易型领导看上去更像是“人间的领导者”。相比创设未来愿景，他们更看重执行力（executive ability），并将大部分精力投入到眼前的事务中，例如团队的绩效水平、组织的运作效率、企业的现行秩序等。尽管已为下属设置了富有激励性的目标，交易型领导也将充分展现对于下属工作能力的信心及期待，并通过提供支持与认可来帮助他们建立自信、激发士气。但在这一过程中，大部分的激励效应来源于互惠式交易本身。“只要把这个项目圆满完成，部门经理的岗位非你莫属”“若能超额完成本季度的销售指标，年终奖给你加两成”“带薪休假？那本周五之前把策划书做好交给我”……类似的话对许多员工来说并不陌生。

交易型领导虽然没那么“浪漫”，但从某种程度上说也更容易潜下心来蓄势待发。他们沉静而低调，以不变应万变，与这个日益浮躁的商业社会形成了强烈反差，并凭借务实的领导方式引领企业稳步前行。

## 篇中案例

### 交易型领导任正非

2017 年底，华为提前发巨额年终奖的消息再次刷屏。

又是熟悉的味道，每到年底，华为、腾讯等大厂的年终奖总会让人嫉妒到发狂。百月的工资、小员工拿百万元年终奖……华为这次更狠，他们要提前发年终奖！

12 月 18 日，华为内部的心声社区有荣耀员工发帖，称荣耀在第四季度就要发年终奖，以后每个季度都有奖金，奖金不分职级，不看资历，只看贡献，13 级的员工都有可能拿到 23 级的奖金。

不怕你拿完钱走人，不怕你年底消极怠工，年终奖提前发！

年终奖变成了季度奖，还是华为会玩。

华为不搞论资排辈，有年头的就是领导，就该拿得多？

只要做出突出贡献，在新方案里，小员工也可以拿到 23 级员工的奖金。粗略估算下，华为 23 级员工的季度奖金近百万元。华为只看贡献，上不封顶，还不拖欠！

华为上一次提前发放年终奖是在 2015 年。当时，华为消费者业务在 5 月底已提前完成公司制定的全年经营目标。基于此，其在第三季度就提前启动了 2015 年奖金评议和发放的计划。一年开展两次奖金评定，在华为历史上鲜有先例。

此次奖金方案的出台也是基于荣耀在当年取得了不俗的成绩。

2017 年“双 11”期间，荣耀在京东、天猫双平台总销售额为 40.2 亿元，成为国产手机品牌销售冠军。同时，还夺得京东单日全球手机品牌销量/销售额双料冠军。

华为要创造价值，应承认有资本的力量，但更主要是靠劳动者的力量。特别是互联网时代，年轻人作战能力的提升很迅速。要敢于涨工资，只有这样人力资源改革的胆子才大一些，底气才足一些。华为需要多种学科人才，构筑对华为有长远影响的知识体系，不能只局限在通信、电子工程类的招聘，即可以招一些有神经学、生物、化学、材料、理论物理、系统工程等背景的人。应届生进来后，要坚持 2 年的保护期，2 年内不要淘汰。当年华为电源团队的一名干将曾是牙科医生。应届生有 2 年不太明白的适应期，将来能否脱颖而出就看他的实际贡献。

"先有鸡，才有蛋"，这就是华为的假设，对未来有信心，所以华为敢于先给予，再让他去创造价值。所有细胞都被激活，这个人就不会陨落。拿什么激活？血液就是薪酬制度。

像任正非这样的企业老板确实少见。43 岁才开始创业的任正非，一手将华为打造成了世界 500 强的科技巨头公司。他主张的股权激励制度，一直被大家羡慕。如果你对华为有所了解，应该听过这样一句话：三年一小坎，五年一大坎，意思就是在华为入职三年内大部分靠工资，三年后奖金逐步可观，五年后则主要靠分红。

据说，华为年终奖发放总额被定在 1 500 亿元！

在华为，任正非反思过这样一个问题：我们要找最好的人、最优秀的人才，但结果是经常会碰到像谷歌这样的竞争对手，那么，我们应该怎么做才能把这些人才吸引过来？任正非最终的结论是：钱给多了，不是人才也是人才。大胆对人才投入，收获是迟早的事情。华为不上市的一个原因就是员工共同持股，目前华为有员工 18 万左右，其中持股员工在 8 万左右，而作为创始人的任正非仅持股 1.01%。华为的员工持股，其实就是一种利润分享。

任正非说：今天最高兴的是，公司的战略方向跟我想的是一致的，短期内成不成功并不重要，我们走到这一条路上来，最后一定会成功，只是时间早晚的问题。

2017 年 3 月，华为发布 2016 年年报，再次成为外界关注的焦点，这不仅因为其超高的销售收入，还因为另一个让很多上班族艳羡的数据——员工薪酬。报告披露的雇员工资、薪金及其他福利的一项数据为 941.79 亿元，以此计算，华为员工的平均薪酬竟高达 63.1 万元。

任正非不是"人傻、钱多"，而是鼓励奋斗。他们整理出一套有效的、合理的激励体制，让奋斗的人能得到回报，而不是空谈梦想。你要交给公司的是业绩和功劳，公司保障给你的是收入和激励，这才是最公平的交易。年终奖，绝对是年底最热的话题之一。辛辛苦苦一整年，也许你不指望年终奖能给你带来多么大的物质愉悦。你的斤斤计较，你的羡慕嫉妒，也许只是希望自己的工作得到肯定，自己的努力有人点赞！

资料来源：任正非：钱给多了，不是人才也变成了人才．(2017－02－15). http://finance.sina.com.cn/manage/mroll/2017－02－15/doc-ifyarrqs9850176.shtml.

## 二 对于领导实践的思考

### (一) 讨价还价的利益博弈

既然是一场"交易"，人们的关注焦点自然会集中到双方的交换筹码上：一方要求员工履行职责承诺，另一方则关注从中获得的报酬。这本无可厚非。但值得注意的是，企业或组织存在的价值并非仅为利益交换提供内部市场：它就像是一个生命体，日益成长壮大，目的是有朝一日能肩负起创造社会财富、谋求大众福祉的宏大使命。

交易的初衷是以利益作饵，将领导者与追随者的工作高效地整合起来。但如果在这场博弈中，领导者与追随者之间此消彼长的力量抗衡吸引了过多的注意力，那么就极有可能妨碍到对组织整体利益的关注。舍本逐末将会无可避免地打乱组织的现行秩序，而这恰恰违背了交易型领导的初衷。

### （二）秩序与桎梏

交易型领导最大的优势在于，他们拥有强大的调控能力。尽管在当今“创新”“超越”的企业管理思潮中，过多地强调“计划”“控制”等传统职能多少都会显得有些跟不上时代潮流，但事实上，它们从未淡出时代舞台。相反，越是在复杂多变、危机四伏的商业环境里，由它们所维持的秩序就越显宝贵，而这也是帮助企业戒骄戒躁、沉稳度过动乱时期的重要手段。

一方面维持一定的秩序固然有助于提高企业内部业务流程的效率；但另一方面，物极必反。一旦交易型领导过分地强调秩序，则难免有粉饰太平的嫌疑，严重的话甚至会导致企业与世隔绝，困在发展的瓶颈期进退维谷。

综合上述内容，可以将交易型领导的特征概括为如下四点：立足当下，维持秩序，以利益为导向，重视效率与执行力。这些对于提高领导有效性——或者说，是“管理者”有效性——功不可没。但卓有成效的经理人往往同时扮演着管理者和领导者两种角色：这不仅要求他们成为“多面手”，能够全方位地履行各项管理职能，更要求他们具备足以展望未来的眼界与挑战变革的领袖气魄，即成为变革型领导。

# 第 3 节　变革型领导

## 一　变革与变革型领导

2005 年，在美国德鲁克图书馆和档案馆，宝洁公司 CEO 雷富礼（A. G Lafley）与管理学大师彼得·德鲁克进行对话时这样说道：“CEO 是将组织与外界连接在一起的人，这意味着，世界上所有地方的 CEO 都要思考一件最重要的事情：变革。这是我们可以期待的永恒主题，并且正在变得越发难以预测、错综复杂，时刻都有来自四面八方的变革。”

这并非一家之言。事实上，在信息量空前膨胀的今天，层出不穷的市场需求、日新月异的技术更替、越发狭小的生存空间等无一不在预示着安于现状的潜在威胁。强烈的忧患意识促使越来越多的领导者身先士卒地引领一场场高潮迭起的创新变革。在他们看来，历史上的辉煌成就转瞬即逝，唯有当下的“危险处境”是永恒的；一旦不能及时地打破现状、寻求出路，就会让企业困于墨守成规之中，再无出头之日。

如此的“不安现状”正是对变革型领导（transformational leader）的真实写照。变革型领导这个概念作为一种重要的领导理论是从政治社会学家伯恩斯（Burns，1978）的经典著作《领导学》开始的。伯恩斯强调领导者和追随者的联系，将领导者分为交易型领导和变革型领导。在伯恩斯出版著作的同时，豪斯出版了关于魅力型领导理论的著作，它常被认为是与变革型领导理论相同或相近的理论。巴斯（Bass）拓展了伯恩斯的研究成果，更关注员工的需要而非领导者的需要，认为交易型领导和变革型领导是一个连续体上的不同端点，而非彼此独立。巴斯也拓展了豪斯的研究成果，认为在变革型领导中，魅力是必要条件而非充分条件。总之，变革型领导与魅力型领导、交易型领导三者之间并非壁垒森严，而是互相重叠的，变革型领导更致力于改变现状，向追随者提出当前存在的问题和新组织将会转变成怎样的美好愿景。

对于变革型领导来说，变革不仅仅是在日趋残酷的商业竞争中谋取生存的手段；更重要的价值是，唯有历久弥新的变革方可为企业奔赴理想未来注入源源不断的动力，而这也正是领导者获得魅力的来源之一。2020 年 3 月 2 日，杰克·韦尔奇在纽约家中与世长辞，终年 84 岁，这位传奇 CEO 被称为“世界第一 CEO”，从 1981 年开始执掌通用电气 20 年，将通用电气的市值从 140 亿美元推高到 4 100 亿美元，创造了美国公司的神话，是变革型领导的杰出代表。

## 篇中案例

### 伟大的变革型领导韦尔奇

韦尔奇上任后，在战略、组织架构和文化上发动了彻底的变革。

**战略**

自杰克·韦尔奇上任起，他就确定了企业未来发展的战略核心，适时推出了通用电气四大战略，有力地推动了通用电气在新世纪的发展。

一是推行质量管理的法宝——“六西格玛管理”。

二是推行服务战略，争当服务型经济的“扛旗者”。

三是推行全球化战略，使美国通用电气成为“全球的通用电气”。

四是推行电子商务战略，目标在于再造一个电子化的“通用电气”。

在此后的 20 年里，这四大战略愿景就像一面旗帜，指引通用电气一步一步地成为世界第一。

**组织架构**

杰克·韦尔奇是从美国企业界的传奇人物雷金纳德·琼斯手上接下这家几乎是全球最成功、最古老的公司的，其组织流程涵盖分散化管理、财务分析与控制、战略规划以及管理培训，这些措施不仅是一流商学院必有的授课内容，同时也是整个企业界的典范。尽管通用电气的成就如此辉煌，它在 1981 年仍出现了严重的问题。分散造成“战略业务部门”激增，韦尔奇接手时，总共有 150 多个。过分强调财务分析与控制则造成管理层级过多。由于有这么多内部流程要处理，通用电气的部门大多只关注内部，而不管市场变化。决策过程既迟缓又费事，多半流于纸上谈兵，缺乏实际行动。财务表现虽然很稳定，但并不突出。韦尔奇认为，通用电气组织脉络的阻塞会威胁到生存，于是决心重建这家全球顶尖的成功企业。他首先要求每个业务部门都必须是市场上的第一名或第二名，如果做不到，业务主管就必须“整顿、出售或关闭”这个部门。这项措施导致一些韦尔奇认为“连上帝都搞不定的业务部门”被大量兼并、结合、重组与裁撤。那些长期以来与通用电气同名的业务，如小型家用电器和电视业务，都被卖掉了。20 世纪 80 年代末通用电气把原来的上百个业务部门变成了 13 个，而且每个都在市场上数一数二。

与此同时，韦尔奇也决定颠覆成本高昂的官僚体制。当初建立官僚体制，原本是为了尽一切可能控制通用电气这个庞然大物。但韦尔奇迅速削减了组织的层级，连公司的主要部门也无法幸免。公司的战略规划人员被裁撤后，战略决策便交由每项业务的执行人员和韦尔奇自己负责。

业务部门本身则要一律延长控制并精简人员，总经理拥有更大的营运主导权。每项改革都以战略必要性为工作重点，目的在于取得并维持数一数二的市场地位。凡是战略以外的人员和工作，全部裁撤。最后将近20万人离开通用电气，其原因不外乎服务部门被卖掉，或是服务部门虽然被留下来，但原有的工作被取缔。杰克·韦尔奇也因此成了众所皆知的“中子弹杰克”——这种炸弹只会让人丧命，却不会破坏建筑物。

在通用电气的带动下，美国很多公司都在20世纪80年代精简了机构。大多数人都只看到精简让财务表现在短期内获得改善，但很少有人知道精简之后怎么做才能让公司重新步入正轨或是重振雄风。

结果是有些公司便就此消失，有些公司则经历了迫切的危机才转危为安，IBM就是一个例子。但通用电气是个明显的例外，这主要是因为杰克·韦尔奇在精简机构后又展开了第二波动作，那就是建立新结构来取代旧结构。

取缔旧的层级与公司幕僚的职务催生出好几项新的或再生的管理流程，像是年度战略规划与预算编列机制、组织与人力资源审查、定期营运评鉴，以及定期内部稽核等。其中最重要的是“公司执行会”（CEC），这个结构简单的组织是其他项目运行的枢纽。公司执行会的成员包括通用电气13个业务部门的主管、几个重要的公司幕僚领导人（财务、法务、人力资源）、韦尔奇自己，以及他的副手拉里·博西迪和埃德·胡德。公司执行会每个季度碰一次面，后来成为通用电气的营运中枢。

**文化**

韦尔奇重构了通用电气的定位与制度文化，在通用电气庞大的身躯里，安装上了小公司的灵魂。他将通用电气的制度文化定义为“无边界公司”，即消灭了“官本位”思想，形成了扁平化组织结构；职员之间是平等的关系，所有员工都参与到企业管理中，并能够自由地发挥每个人的所长，每个人都为公司创造出非凡的价值。

伟大的领导者也一定是一个“精神导师”，韦尔奇提出了通用电气“卓越、开放”的文化定位，要求所有员工争取去做“学习型、高素质”的人才。他要求通用电气克服一贯以来“老子天下第一”的傲慢思想，对外来的文化和技术持开放和学习的态度，以追求“创意”为中心，把通用电气打造成了一个“有灵魂、有好奇心”的学习型企业。

资料来源：杰克·韦尔奇，约翰·拜恩．杰克·韦尔奇自传．北京：中信出版社，2001；杰克·韦尔奇如何在GE完成史上最大规模组织变革？．（2015-01-10）．https：//www.huxiu.com/article/105482.html.

## 二 变革型领导的特征

甘地说过：“变革者想要获得成功，就要先成为变革的一部分。”因此，在引领团队创造变革的过程中，变革型领导需身先士卒、为人表率，并通过对组织愿景的共同创造和宣扬营造出积极的变革氛围；同时，对下属成员的需求保持密切关注，借助真诚的鼓舞激励团队众志成城地推动组织中的适应性变革。根据阿沃利奥（Avolio）与巴斯等人的研究成果，变革型领导总体上体现出如下四项特征：领导魅力、鼓舞性激励、智力激发以及个性化关怀。

（1）领导魅力（idealized influence）。变革型领导通常具有较强的人格魅力，他们恪守高尚的价值理念，始终乐于伸开双臂迎接变革，他们身上体现出的自我牺牲精神将为他们赢得众多追随者的崇敬与信任，并进一步激励成员为顾全大局而把一己私利置之度外，坚定不移地拥护变革。

（2）鼓舞性激励（inspirational motivation）。放眼未来的变革型领导将充分运用团队精神与情感诉求以为成员勾勒美好蓝图，并向下属表达自己的殷切期望，真诚地邀请他们加入“逐梦”的团队，继而激励众人为实现共同的理想而倾力协作。

（3）智力激发（intellectual stimulation）。引领变革的是领导者，但实现变革绝非翻手为云覆手为雨的个人权力秀。变革型领导深知，上下同心的全员参与才是组织变革的原动力。因此，他们时常借助授权、参与等形式引导下属创新思维理念，并鼓励他们不断地挑战自我，从而最大限度地激发员工的潜力。

（4）个性化关怀（individualized consideration）。作为指点迷津的良师益友，变革型领导对于个体员工的成长会有莫大的裨益。他们耐心细致地聆听每一位员工的个性化需求，并根据每个人的实际情况提供针对性的指导，帮助员工沉着应对变革和挑战。

在上述一系列推动变革的行动中，最基本也最容易被领导者忽视的当属如何进行鼓舞性激励。做到这一点需要提出愿景并为人信服，结合组织的核心价值理念创作和讲述引人入胜的故事，将“我们是谁”“我们将去往何方”生动地传递给全体成员，并从中展现蓝图的美好及变革的必要性。但更重要的是，领导者必须在讲完故事后带头融入变革，在脚踏实地的行动中，用理想成就伟大。例如新东方创始人俞敏洪的理想就是把新东方做成中国最好的教育企业。所以，当他和他的合作者相处不愉快时，他可以选择牺牲自己的利益，甚至让合作伙伴尝试着轮做公司的一把手。正是他内心深处的理想，让他毫不犹豫地这样做。他的合作伙伴在尝试着做了一把手之后发现自己做得没有俞敏洪好，便又把位置还给了俞敏洪，从此认同他的伟大志向和领导能力。

## 三 变革型领导与交易型领导

变革型领导与交易型领导有不同的行为风格。交易型领导认为规定、指导、分析等硬性调控手段更有助于促进沟通、协调合作，从而顺利地完成“交易”，变革型领导则多凭借自身价值信念与人格品质等软实力来引领企业产品技术革新，推动战略变革。

不仅如此，变革型领导还扩大了交易型领导的影响力。他们致力于获取成员对组织目标的全面认同，从而建立起促进合作的激励关系（而非着眼于博弈的交易关系），这将在很大程度上规避利益纷争引发的混乱，进而提升工作效率以及员工满意度。

此外，在为下属设置目标时，变革型领导能够意识到并且深度挖掘成员更高层次的需求，而不是一成不变地加薪、发奖金，从而激励他们不断地超越自我、突破性地完成既定目标。

纵观两种领导方式：交易型领导立足当下，擅长计划、控制等传统的管理职能，往往依循规范化模式维持着企业秩序，于商海起伏中平稳过渡；变革型领导则放眼未来，持续性地引领变革，于突破中觅发展，在动荡里创传奇。尽管后者更顺应时代潮流，但二者并不矛盾对立。在现实生活中，有效的领导者不仅注重创设愿景以及引领他人执着逐梦的能力，更能凭借绝佳的沟通技巧，设计出辅助战略落地的组织结构、控制系统和报酬机制等，避免愿景沦为缺乏现实根基的空中楼阁。

## 四 变革型领导与魅力型领导

对于变革型领导，有学者曾做过如下描述："富有远见卓识的变革型领导能娴熟地运用修辞及印象管理技能，在与追随者形成强烈情感纽带的基础上极大地提升众人的情绪层次；同时，变革型领导鼓励员工超越自我，始终引领着组织成员为实现共同梦想而坚定前行。"（Avolio，Bass & Jung，1999；Bass，1985.）"愿景""超越""情感纽带"等关键词是否有一种似曾相识的感觉？没错，它们在魅力型领导身上同样有着鲜明的体现。那么，这两者之间究竟有着怎样的关系？是否可以将它们等同视之？

正如前面所说，变革型领导的概念比魅力型领导的概念更加明确和细致，具有更强的操作性。另外，变革本身是魅力的来源之一，即超越的魅力。所以从这个角度来说变革型领导应该是魅力型领导的一种，而魅力型领导却未必是变革型领导。

尽管一些学者探讨两种领导理论时在提法上存在差异，但现实中它们的相似之处远大于相异之处。下面从三个方面来比较变革型领导和魅力型领导。

（1）愿景。变革型领导与魅力型领导都能认识到当前秩序的缺陷，并提供愿景以克服这些缺陷。然而，一些魅力型领导不能被归到变革型领导一类，是因为他们提出愿景是为了满足自己作为领导者的需要。

（2）形象与构建信任。变革型领导能以符合其愿景和价值观的方式做事，并且通过针对追随者的需要许诺来构建信任关系。而有些魅力型领导所做的不外乎是将别人的成就归于自己名下、夸大个人能力，甚至更关注创建成功的表象而非成功本身。

（3）个人化的领导。追随者对变革型领导或魅力型领导都有一种明显的参与感。其中，魅力型领导对追随者的情绪状况极为敏感，似乎更擅长找出社会线索，并相应地调整自己的信息。同时，他们往往也善于表达出自己的情感，特别是通过非语言渠道。而变革型领导则通过增强下属的自信来鼓励他们参与和更新技能，并创造出一种提升预期的正面环境。

### 小　结

魅力是一种天赋。魅力型领导所体现出的强烈使命感、自我牺牲精神以及高涨热情是他们获得拥护与信任的重要前提。同时，他们将构建出引人入胜的理想愿景，并运用丰富的辞令技巧将其传递给追随者以触发情感共鸣，从而激励团队成员为实现共同目标而不懈努力。但除此之外，非理性的魅力感召也极易因领导者的自我膨胀而将众人引入歧途；此外，极端的个人主义崇拜也不利于组织的长远发展。

交易型领导与追随者通过某种交换关系各取所需，相比创设未来愿景，他们更注重执行力，并将大部分的精力投入到眼前的事务中，例如员工绩效、组织运作以及如何维持秩序等。交易型领导主要依靠与下属之间的互惠式交易实现员工激励，以现实主义者的姿态引领企业平稳发展。

与交易型领导不同，变革型领导始终怀着一种居安思危的心态，他们深信唯有历久弥新的变革才能为企业发展注入持久动力，因而致力于不断地突破现状，寻找新的生存空间。拥有领导魅力的他们同样会借助愿景与个人感召力获取成员的信任与追随，并通过授权参与等形式锻炼员工的工作能力。

## 关键术语

魅力型领导（charismatic leader）
理想化的影响力（idealized influence）
交易型领导（transactional leader）
执行力（executive ability）
变革型领导（transformational leader）
领导魅力（idealized influence）
鼓舞性激励（inspirational motivation）
智力激发（intellectual stimulation）
个性化关怀（individualized consideration）

## 思考题

1. 魅力型领导具有哪些典型的个性及行为特征？
2. 领导者主要通过哪些途径获得魅力？这将对追随者产生怎样的影响？
3. 为什么说领导魅力是一把“双刃剑”？试举例说明。
4. 交易型领导者通常采取怎样的手段来激励下属员工？
5. 在复杂多变的环境中，你认为交易型领导是否还有可取之处？
6. 变革型领导与魅力型领导间的差异主要体现在什么地方？

## 案例分析

### 法国总统马克龙

2018 年 1 月 8 日到 10 日，马克龙对中国展开了为期三天的国事访问。这是 2017 年 5 月就任法国总统以来，马克龙首次访问亚洲国家。他也是党的十九大后第一位访华的欧洲大国领导人。访华期间，马克龙用独特的方式向中国人民展现了他的个人魅力——学着说中文并晒出了他学习“让地球再次伟大”这句汉语的过程。

我们注意到：在英国脱欧而德国艰难组阁的大背景下，人气正旺的法国总统马克龙成了“建设强大欧洲”的旗手，法国表现出了推动改革的积极意愿。马克龙此行访华不只是为了招揽订单和帮助法国缩小将近 300 亿欧元的双边贸易逆差，作为政坛新人的他还想在外交事务上取得成绩，提升他国内外的人气。

**最年轻总统，挑剔的法国人怎么评价他**

“为人随和”“办事高效”“雄心勃勃”。法国大多数中小企业家都赞同马克龙的政策，能够帮助中小企业发展，比如鼓励科创、颁布灵活就业的政策、增加投资等都对企业产生了切实有效的作用。其令企业更加国际化的政策，对法国企业家来说很有吸引力。

马克龙年轻，代表着积极向上、开放的精神。他充满活力，是铁杆的“挺欧派”，继续推动欧洲一体化。从防务到经济，从数字经济到应对气候变化，他都提出了一系列加强法国和欧盟发展的措施。马克龙在经济上属于亲商的自由派。他表示要将法国的企业税率从33%降到25%。马克龙毫不掩饰他的雄心壮志——要让法国成为欧盟的领头羊，在经济、社会、环保等方面发挥关键作用。“我们将向欧盟提出清晰的未来愿景——构建一个更团结、更民主、更加大的欧盟。”他说，“我们要给欧盟注入发展的雄心，让欧盟与中美形成三足鼎立之势，相互竞争。”

毫无疑问，这些都需要马克龙有持续且强大的领导力，不断创新、进步。

马克龙有想法、有魄力的举措已经让更多的法国人对未来重拾信心，这与欧洲其他国家对比形成了乐观的局面。

**马克龙的变革型领导力——“探险者”的五大特质**

(1) 审时度势的先见力。对于中国提出的“一带一路”倡议，马克龙在演讲中表示，相信它能给中法带来广泛而深入的合作机遇，但前提是双方共同做出演绎。他透露，中法将在“一带一路”框架下制定共同的合作路线图，明确共同的投资原则，更好地惠及沿线国家的经济和社会发展。

“中国的变化非常迅速，也带来了巨大的机遇。当大风来的时候，有人垒墙，有人建风车。我们应该做的是后者，这样可以更好地利用风。”马克龙认为，中国市场日新月异的需求给法国企业带来了商机。

“中国一直以来都没有怀疑过欧盟，甚至当欧盟以不公正的方法对待中国的时候，中国依然忍辱负重。”在西方社会仍然流行“中国威胁论”的背景下，年轻一代政治家马克龙对与中国的关系十分重视并保持合作姿态。他在自传《变革》中强调，应该改变对中国的态度：“如果我们能够放弃成见，调整做法，中国对我们来说不但不是威胁，反而是机会。”观念、知识、行动三者的有机统一才能造就审时度势的先见力。

(2) 快速把握机遇、规避风险的先决力。英国《卫报》称，随着马克龙访华，中国将关注点从英国转到了法国。文章认为，北京和巴黎都将马克龙此访视为加强中国和欧盟伙伴关系的机会。事实上，时任英国首相特蕾莎·梅也在1月底访华。而让英媒耿耿于怀的，是马克龙访华日期的安排比特蕾莎早了半个多月。在英媒看来，这意味着法国抢占了“先机”。

“在‘脱欧’之前，英国被中国视为在欧洲的主要对话者，但是现在英国在这方面的价值不大了”，英媒称，“毫无疑问，中国视法国为欧洲的政治代表。”

在《参考消息》的报道中，中国国际问题研究院欧洲研究所所长崔洪建表示，英国媒体的担心可能主要来自两个方面：一方面纠结于日期安排等技术性问题；另一方面，如果就像法国所声称的那样，若马克龙此行不仅代表法国，还代表欧洲的话，那么相对于英国来说，法国总统此访的重要性就要高于英国首相了。这种先决力直接决定着下一步行动的成败。

(3) 推动内部外部合作者密切合作的整合力。2017 年 9 月，马克龙在联合国发表了很多与特朗普截然相反的观点，比如提倡多边主义、反对美国退出《巴黎协定》，认为美国在朝核伊核等问题上做法失当，等等。但这并不意味着马克龙要和美国对抗。2016 年法国国庆日时，特朗普受邀赴法，二人也约定在重要的时候“保持通话”。马克龙在西方大国领导人中，是唯一与美、俄均保持良好关系的。这很不简单。在欧洲内部，马克龙提出“重建一个主权、统一和民主的欧洲”。此外，马克龙还在中东、非洲事务上或经常发声、或参与调停。

(4) 站在全球角度的融合力和搏击力。“合作”是此次马克龙中国之行最为亮眼的关键词。中法经贸合作过去主要集中在核能、高铁以及航空航天领域。随着马克龙访华，两国在继续巩固传统优势项目的基础上，在新能源、电子商务、人工智能等前沿领域都展开了热烈的沟通和讨论。变革型领导具备全球角度的融合力和搏击力，也就是所说的全球领导力。

(5) 科学的创新力。中国进入了新时代。这个时候马克龙来访，实际上中法双方的思想为当前国际形势的变化找出了一些共同的解决办法，而且要进一步提升中法关系。所以在这个基础上，我觉得这一次无论是双方表达的共同意愿，还是在很多领域达成的一些合作都体现了中法关系、中法合作的创新性。中国国际问题研究院欧洲研究所所长崔洪建如是说。

马克龙身上具有典型的变革型领导特征，在法国政治经济社会面临困境的时候，他带来的是更积极、更现代和更具有创新思维的政策，不断挑战传统、变革创新。

马克龙在担任法国经济部长期间，就已流露锐意改革之意。短短两年内，他至少推出了两大举措：一是主导出台被称为“马克龙法案”的《促进经济增长、活动与机会平等法案》，推动允许法国商店周日营业的落地；二是公布“新工业法国”二期计划，为法国制造业升级转型优化顶层设计。

而在外交舞台，马克龙给全球观众留下了深刻印象。特别是在与美国总统特朗普、俄罗斯总统普京的“正面交锋”中，他的强势不让步，为人乐道。

2017 年 5 月 25 日，特朗普与马克龙见面，两人进行了“史诗般”的握手：四目相对，都抿紧了嘴唇，看似两人在进行一场“握手之战”。在最后时刻，仿佛是特朗普率先希望结束握手，法国人在这一刻体现了“不退缩精神”。

在《巴黎协定》问题上，马克龙与特朗普展开了一场真正的较量。《巴黎协定》是在法国大力推动下达成的全球性协议，是法国重大的外交成果。马克龙在特朗普宣布退出《巴黎协定》的当天就发布了一则英法双语视频，批评美国退出《巴黎协定》。

马克龙以独特魅力、不退缩精神，实践着他的领导艺术。风起云涌，马克龙能否百折不挠、意志坚定地凝聚起人心渐散的法兰西，带来民众需要的真正变革？这需要时间来给出答案。期待他带领法国乃至欧洲开启一个新的篇章。

资料来源：不只是高富帅！一文讲明白马克龙的领导艺术．(2018-01-15). http://www.ceconline.com/leadership/ma/8800091513/01/.

根据上述案例，尝试回答如下问题：

1. 马克龙具有哪些典型的个性特征和品质？

2. 结合马克龙的案例，请谈谈你对变革型领导和魅力型领导的认识。

3. 这篇案例写于2018年，请查查后来马克龙在任期内的表现，谈谈你认为马克龙成功在什么地方，失败在什么地方？

## 参考文献

[1] Avolio B J, Bass B M, Jung D I. Re-examining the components of transformational and transactional leadership using the multifactor leadership questionnaire. Journal of Occupational and Organizational Psychology, 1999, 12, 72 (4).

[2] Bass B M. Leadership and performance beyond expectations. New York: Free Press, 1985.

[3] Bass B M, Avolio B J. Multifactor leadership questionnaire. CA: Consulting Psychologists Press, 1993.

[4] Burns J M. Leadership. New York: Harper & Row, 1978.

[5] Tucker R C. The theory of charismatic leadership. Philosophers and Kings: Studies in Leadership, 1968, 97 (3).

[6] Weber M. The theory of social and economic organization. New York: Oxford University Press, 1947.

[7] 冯秋婷，齐先朴．西方领导理论研究．北京：人民出版社，2008.

[8] 克里斯托弗·F. 阿川，罗伯特·N. 罗瑟尔．卓越领导力：理论、应用与技能开发：第4版．北京：清华大学出版社，2010.

[9] 理查德·哈格斯，罗伯特·吉纳特，戈登·柯菲．领导学：在实践中提升领导力：第8版．北京：机械工业出版社，2016.

# 第 9 章 权变领导

## 学习目标

- ◎ 了解以关系及任务为导向的领导者特征
- ◎ 理解高效领导行为对于情境的依赖性
- ◎ 掌握路径-目标理论及领导者行为的激励作用
- ◎ 了解追随者成熟度的概念
- ◎ 掌握赫塞-布兰查德的情境领导理论
- ◎ 体会环境变量所发挥的领导替代作用
- ◎ 理解不同文化下的领导差异

## 引例

### SAP 公司 CEO：如何在异国企业做领导

面对来自任何国家的企业领导者，SAP 公司 CEO 孟鼎铭的建议都是：理解和尊重企业文化，以及洞悉公司想要实现的目标，之后，再找到达成目标的方法。他回忆说：

29 岁时，我有了第一份海外的工作——在施乐公司担任销售经理，在成功管理纽约市的一个团队之后，1992 年公司派我去波多黎各扭转其不景气的业务。波多黎各办公室的人都认为会来一个大胆的美国人，把自己的愿景强加在他们身上，说出“我们在美国就这么做，所以你们也要用这种方式”这种话。

与之相反，到达时我并没准备任何议程，因为当时我既不了解当地文化也不懂当地市场。在工作前两周里，我与大家见面并听取他们的想法，以便理解为什么有些人表现糟糕。这个办公室的销售业绩每年都垫底，但我尝试着对形势保持乐观，并开玩笑说，要改变这个状况可真是一门艺术。我不会说西班牙语，早期我会让助理为重要的短语注音，以便我与新团队加深联系。

我的努力没有白费，通过改善区域消费者服务、提升员工士气，我们成功扭转了运营状况。举个例子：该办公室的业绩由垫底转为最佳以后，我们恢复了员工的圣诞晚会（它在一项削减成本的措施中被取消），把晚会办成员工所能想象的最大规模，请来在波多黎各排名第一的萨尔萨传奇歌手表演。

管理报告并不会提及这类事情。其实语言与文化的差异都不是谦卑的对手。领导们只须问人，因为人永远知道怎么做。

在亚洲和其他地区，我必须把工作节奏调慢，去了解消费者，关注关系，而不是关注交易。不同国家的地理与文化特点都是独一无二的。销售主管的工作让我对细微差别很敏感。我在施乐公司工作了17年，最终成为公司历史上最年轻的高管和分部总裁。我在施乐的经历，以及后来担任高德纳咨询公司和希柏系统软件公司全球高管的经历，都再次验证了领导拥有好奇心与同理心的意义。

每天与500位顾客打交道让我意识到，一个小动作，比如赞赏顾客或仅仅是表示尊重，都会产生很大的不同。这个理念可以运用在世界上的任何地方。

2002年，德国SAP给我打电话，让我担任其北美业务的总裁，当时其北美业务处于挣扎之中。我所在的希柏系统软件公司是其直接竞争对手，所以我知道这份工作的挑战性。SAP让一批德国高管负责美国业务，大部分都不太成功。销售代表太过关注工程和产品的设计细节，因为公司是研发巨擘，而这也是他们最骄傲的地方，所以有这种倾向是可以理解的。但要继续发展，他们须对消费者需求和目标有更多同理心。我认为，当时SAP北美业务深陷困境的部分原因是领导认为，他们只需要把用于其他市场（如德国）的策略转移到美国即可，但结果是行不通。

我开始飞到德国与公司执委会见面并做汇报。我也越来越意识到美德两国人的差别。德国的销售与管理风格并不总是能平移到美国，反过来也一样。美国人常常很容易兴奋，容易动情且精力充沛。如果向美国观众做展示，我会设法迅速带动起他们的情绪，从一开始就吸引他们。面对德国观众，我须列出更多的基于事实的说明，用更严谨的演讲风格来讲述案例，几乎就像在法庭上那样。我还发现，与美国听众相比，很多商业文化更加欣赏清晰承认问题的态度。例如，如果对美国人做演讲，我也许会说我们计划让该季度销售额提升30%，然后就会有掌声。在德国，我首先要解释目前业务所面临的问题，然后表达我们想提高30%销售额的意愿。在所有国家担任领导者，最重要的都是会看场合，尊重文化，理解人们感知信息的细微差别。不能仅仅关注自己的议题以及如何完成，你必须关心文化的需求。

资料来源：SAP公司CEO：如何在异国企业做领导．(2016-11-02). https://www.hbrchina.org/2016-11-02/4683.html.

---

跨国公司在面对不同文化背景的各种情况时，需要采取不一样的管理方式和权变的领导风格。孟鼎铭的故事就很好地诠释了这一点。前两章中，我们已经体会到权变对于领导风格选择的重要意义，并且对相应领导风格的权变要素已经做了相应了解。本章将针对性地介绍几种领导的权变理论和模型，章末会重点阐述文化这一权变要素。

## 第1节　费德勒的权变模型

### 一　领导者的关系/任务取向

美国著名心理学和管理学专家费德勒于20世纪50年代提出了领导学领域的第一个综合权变模型——费德勒权变模型（Fiedler contingency model）。该模型认为，有效的群体绩效可以从三个方面进行考察：领导风格、情境因素及二者的匹配程度。

### (一) 领导风格的确定

身处任何一个团队，人们都难免会与一些气场不合的人共事。假设你是某公司的项目经理，平时做事雷厉风行、力求效率，那么对于最难共事的下属或是同僚，你会做何种描述？是“不紧不慢”还是“办事拖沓”？显然，这两种描述都可以用在你认为会妨碍项目进度的那位同事身上。二者的区别在于，前者更加委婉，在表达不满的同时照顾了他人的情绪；后者虽一语中的，却极有可能引发怨愤。

费德勒指出，典型的领导风格主要有两种：关系导向和任务导向。为此，他设计了最难共事者评分表（least preferred co-worker scale，LPC）用以确定领导者的领导风格。LPC 由 16 组形容词构成，每组形容词各有 8 个评分等级（1～8 分），形成了双极的语义差别标度（见表 9－1）。费德勒首先请参与者回想起所有与之共事的人（包括现在与之共事的人及过去与之共事的人两类），并从中找出最难共事者，按照 LPC 对其进行描述和打分。这一评分模式可在一定程度上折射出个人的领导风格。若以人际关系为导向，领导者会倾向于用积极、正面的词汇来维护彼此间的信任与尊重，相应的 LPC 得分就会高，这表示这位领导者倾向于对下属做出积极评价（即使是他最不喜欢的人），并乐于在团队中营造良好的人际关系氛围。反之，以工作任务为导向的领导者由于更关注最终目标能否如愿达成，其对于最难共事者的描述会较为消极，相应的 LPC 得分就会低，这表示这位领导者重视团队绩效产出甚于维护团队中的“和气”氛围。

**表 9－1 LPC**

| 形容词 | 分值等级 | 形容词 | 得分 |
|---|---|---|---|
| 快乐 | 8 7 6 5 4 3 2 1 | 不快乐 | |
| 友善 | 8 7 6 5 4 3 2 1 | 不友善 | |
| 拒绝 | 1 2 3 4 5 6 7 8 | 接纳 | |
| 有益 | 8 7 6 5 4 3 2 1 | 无益 | |
| 不热情 | 1 2 3 4 5 6 7 8 | 热情 | |
| 紧张 | 1 2 3 4 5 6 7 8 | 轻松 | |
| 疏远 | 1 2 3 4 5 6 7 8 | 亲密 | |
| 冷漠 | 1 2 3 4 5 6 7 8 | 热心 | |
| 合作 | 8 7 6 5 4 3 2 1 | 不合作 | |
| 助人 | 8 7 6 5 4 3 2 1 | 敌意 | |
| 无聊 | 1 2 3 4 5 6 7 8 | 有趣 | |
| 好争 | 1 2 3 4 5 6 7 8 | 融洽 | |
| 自信 | 8 7 6 5 4 3 2 1 | 犹豫 | |
| 高效 | 8 7 6 5 4 3 2 1 | 低效 | |
| 郁闷 | 1 2 3 4 5 6 7 8 | 开朗 | |
| 开放 | 8 7 6 5 4 3 2 1 | 防备 | |

资料来源：理查德·达夫特．领导学原理与实践：第 2 版．北京：机械工业出版社，2005.

## （二）领导情境的界定

费德勒（Fiedler，1967）与他的助手在借助 LPC 对领导者的风格进行区分后，进一步指出：以关系或是任务为导向的两类领导者各有所长，但前提是要因时、因地制宜，具体体现为对领导-成员关系、任务结构以及职位权力三方面情境因素的权衡。

（1）领导-成员关系（leader-member relations）：双方的信任程度，员工对领导者的忠诚、尊重和追随程度。

（2）任务结构（task structure）：工作任务的结构化程度。比如，若一项任务有明确的目标、清晰的职责范畴以及客观的绩效评价指标，通常认为它具有较高的结构性。

（3）职位权力（position power）：正式的职权体系赋予领导者发号施令以及控制下属的权力。此外，职位权力还包含领导者得到的来自上级和组织的支持程度。

费德勒认为，对上述三个维度情境变量的评估结果显示了领导者所处的组织情境，这对于领导有效性的预测十分重要。经过系统分析，费德勒得到八种领导情境。比如，在这个模型下一种有利的情境可以是较好的领导-成员关系、较强的任务结构化程度、较高的职位权力，此时，领导者拥有对下属较高的控制力。试想一下，如果你作为领导者，带领着一个团队，成员尊重并信任你，工作流程清晰且明确，你在公司管理层中的强势地位使得你有权决定对员工的奖惩，那么，这种情况就表明你对情境有着较高的控制力。在相反的情境下，即在领导-成员关系差、任务的结构化程度低及职位权力小的情境下，领导者的控制力和影响力将大打折扣。

## （三）领导风格和领导情境的匹配模型

在自我领导风格诊断和情境分析的基础上，费德勒认为领导的有效性取决于两者的匹配程度（见图 9－1），当二者匹配程度最佳时，会达到最优的领导效果。以下是在不利、中等和有利三种情境下二者的匹配情况。

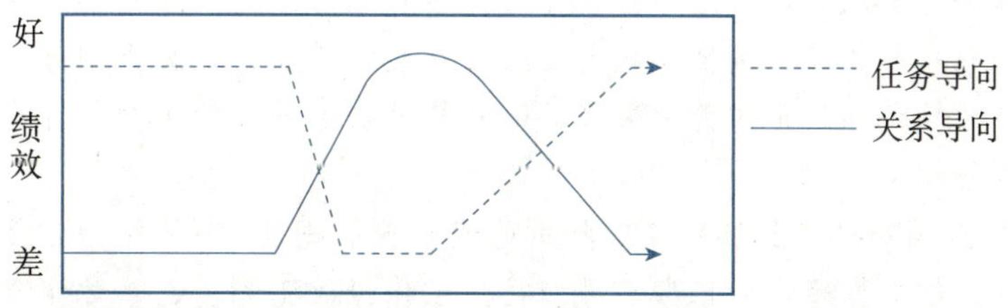


| 领导-成员关系 | 好 | | 好 | | 差 | | 差 | |
|---|---|---|---|---|---|---|---|---|
| 任务结构 | 高 | 高 | 低 | 低 | 高 | 高 | 低 | 低 |
| 职位权力 | 强 | 弱 | 强 | 弱 | 强 | 弱 | 强 | 弱 |
| 情境状况 | 理想 | | | 一般 | | | 不理想 | |

**图 9－1　领导风格与领导情境的匹配**

资料来源：Fiedler F E. A theory of leadership effectiveness. New York：McGraw-Hill，1967.

（1）当现实环境并不理想时，那些 LPC 得分较低，即体现出任务导向、略显“无情”的领导者更有可能激发出高水平的团队绩效。例如，当企业处于起步阶段，面对尚显混沌的发展前景及模糊不清的职责边界时，员工往往需要来自领导者的指导与督促。

（2）当一切渐入佳境时，那些 LPC 得分较高，体现出关系导向的领导则会凸显出优势。此时，良好的沟通能够帮助成员进一步明确任务结构，而友善、富有亲和力的领导氛围对于增强团队工作积极性、提升领导威信也有积极的促进作用。

（3）当领导情境转入另一个极端，即在十分理想的环境中时，由于成员目标明确、合作无间，领导者在关系层面的努力则显得多此一举。因此，高效的领导者更多地表现为以任务为导向，通过提供辅导支持帮助成员突破性地完成既定目标。

在预测领导效果方面，由图 9－1 可得出两个结论：（1）在非常有利和非常不利的情境下，任务导向的领导者会比关系导向的领导者更有效；（2）关系导向的领导者在中等有利的情境中工作绩效会更好。

## 二 关于费德勒权变模型的思考

费德勒权变模型可以说是早期最为著名的权变领导理论，该模型强调为了达到有效的领导需要根据情境采取什么样的领导行为，而不是从领导者的素质出发强调应当具有什么样的行为，这在 20 世纪中期具有开拓性的历史意义。

该模型破除了关于万能领导及天赋领导的陈旧理论。现实世界是复杂多变的，人们无法从中找到一种能够适用于所有环境的有效领导方式。正因为如此，费德勒权变模型也无法涵盖所有的权变要素，后续学者又进行了更多的研究，推动权变领导理论的进一步发展。以变革型领导为例，学者们发现了很多可以调节其影响路径的机制。

学者说

**变革型领导作用机制中的调节变量举例**

Ceasar Douglas（2012）通过对美国中西部一家制造业公司的 393 名员工进行调查，探讨了领导与下属的性别差异在领导行为与领导有效性关系中的调节作用，结果表明：变革型领导与领导有效性正相关，且与女性领导相比，男性领导的变革型领导行为与领导有效性之间的正向关系更强，即领导性别差异在变革型领导与领导有效性的关系中起调节作用。

Abdullah Z. Sheikh（2013）等以阿拉伯联合酋长国 10 个组织的 229 名员工为样本进行了研究，结果发现：变革型领导与员工工作投入正相关，集体主义取向在变革型领导与员工工作投入之间起正向调节作用，即对于高集体主义取向的员工来讲，变革型领导行为对其工作投入的效用更大。

Dongil Jung（2009）等做了一项跨文化研究，结果发现，在美国文化背景下，对领导的信任在变革型领导与领导有效性的关系中起调节作用，具体表现为：当信任程度高时，领导有效性随变革型领导行为的增加而快速增强；当信任程度低时，即使变革型领导行为增加，领导有效性也逐渐减弱。在韩国文化背景下，对领导的信任与变革型领导的交互作用不显著。

崔明哲（2010）等人通过在中韩两国发放问卷进行调查研究，考察了不同民族文化下，领导风格与组织承诺之间的差异。结果发现：将中国和韩国做比较时，后者比前者更偏向于集体主义。在中国和韩国，交易型领导和变革型领导都可以提升员工的组织承诺。在中国，交易型领导对下属组织承诺的影响更大，更能够获得员工的组织承诺。在韩国，变革型领导对下属组织承诺的影响更大，更容易获得员工的组织承诺。也就是说，民族文化在领导风格与领导有效性之间起调节作用。

资料来源：刘会，等．变革型领导的调节变量综述：一个整合的视角．人力资源管理，2015 (12).

# 第 2 节　路径-目标理论

将一项富有挑战性的任务交给员工之后，如何才能最大限度地激励他们尽心尽力地完成？一种观点认为，这个问题的答案是显而易见的："他们想要什么，就用什么作为报酬，这是胡萝卜加大棒的老问题罢了。"但在现实企业中，员工的需求多种多样——即便是都想要"胡萝卜"，还有对蒸、炸、炒、焖、炖的口味偏好；不仅如此，你又要如何鼓动一只年老体衰的"兔子"挑战自我，跳起来去够那高悬半空的"胡萝卜"呢？借助这个比喻，我们不难归纳出激励的两个要素：符合个人真实期望的目标及实现目标的可能性。这二者缺一不可。

多伦多大学的组织行为学教授罗伯特·豪斯开发的路径-目标理论（path-goal theory）正是以激励的期望理论为机制的。该理论认为，领导者的工作是帮助下属达成目标，并提供必要的指导和支持以确保各自的目标与群体或组织的总体目标相一致。路径-目标这一概念来自一种信念，即有效的领导者通过明确指出实现工作目标的途径来帮助下属，并为下属清理各项障碍和危险，从而使下属更为容易地履行职责。

## 一　领导行为

组织成员的个性迥异、需求多样，加之工作环境导致的任务结构、正式权力系统等的不同，一视同仁的领导方式显然是不合时宜的。这意味着领导者不仅要对不同员工采取差异化的行为方式，即使对于同一个人，领导者也不可照搬以往的经验，而需要结合工作环境做具体分析。根据这一权变的思想豪斯与德莱斯勒（House & Dressler，1974）将领导者的行为模式分为以下四类：

（1）支持型（supportive）：这类领导者通常体现出友善、平易近人的特征，能够给予员工真诚的信任与尊重，对下属表现出充分的关心和理解，这与费德勒权变模型中的关系导向型领导十分类似。

（2）指挥型（directive）：与前一种充满人性关怀色彩的风格不同，指挥型领导更多采用发号施令等硬性手段来委派任务——无论是目标水平、实现途径还是进度规划，他们都倾向于一手包办，将规章制度向下属讲得清清楚楚。结合权变模型来看，这通常在任务导向型领导身上得到体现。

（3）参与型（participative）：顾名思义，这类领导者鼓励员工积极参与决策，在集体协商的过程中他们会真诚地聆听员工的意见，共同探讨工作计划和实施步骤，借助群体智慧制定出既能兼顾多方利益又能实现既定目标的最佳方案。

(4) 成就导向型 (achievement-oriented): 该领导风格最为显著的特征在于鼓励下属将工作做到最好。在项目工作中，领导者为下属制定的工作标准较为严苛，这常常使得员工“又爱又恨”。与此同时，领导者也展现出殷切的期望，增强员工的自信心并适时地提供支持与帮助。

## 二 情境匹配

从组织环境来看，不同企业、不同机构在工作任务、工作挑战性、员工的性格特征及组织权力体系方面都存在区别。如果工作任务明确清晰，基层员工充满自信，组织权力体系严谨，那么，强化控制明显是多余的，会伤害员工的满足感；在相反的情形下，放松管制则易于出现偏差。

表 9-2 概括了不同情形下，上述四类领导者将如何发挥各自的影响力，进而有效地激励员工实现目标、获得奖励。不难看出，领导者承担的是“对症下药”的职责。

**表 9-2 路径-目标状况以及相匹配的领导行为**

| 环境 | 领导者的行为模式 | 对追随者的影响 |
|---|---|---|
| 员工缺乏自信 | 支持型 | 增强信心，达成目标，获得奖励 |
| 任务不明确 | 指挥型 | 阐明获得奖励的途径 |
| 错误的奖励 | 参与型 | 充分沟通，了解需求，改变奖励 |
| 工作缺乏挑战性 | 成就导向型 | 设置较高的目标 |

资料来源：Yukl G A. Leadership in organizations. 4th ed. Englewood Cliffs, NJ: Prentice Hall, 1998.

(1) 当下属缺乏完成工作的自信时，领导者的支持与关怀无疑是莫大的精神鼓舞，这在帮助员工树立信心的同时也为实现目标打下了心理基础。

(2) 当工作任务不明确时，领导的指挥、干涉将帮助员工规划任务流程，尽管略显简单粗暴，却也能在下属陷入迷惘时起到拨云见日的效果。

(3) 当原有的奖励对员工失去吸引力时，领导者需要将成员纳入决策过程，通过真诚的沟通交流倾听员工的心声，参照他们的内在需求重新设置富有激励的奖励机制。

(4) 不可否认，对于一些员工来说，富有挑战性的目标本身就能提供较大的激励；相反，长期囿于平淡无奇、按部就班的工作中则可能让他们陷入郁郁不得志的低迷状态。此时，领导者以员工成就为导向，提供“跳起来才能够到”的目标将重新点燃他们的工作激情。

豪斯认为，领导方式是具有一定弹性的，当领导者根据不同的组织环境斟酌选择不同的领导风格时，上述四种领导方式可能会体现在同一个领导者身上。他强调，领导者的责任就是根据不同的组织环境选择不同的领导方式，如果强行将某一种领导方式运用于所有的环境条件下，必然会导致领导活动失效。

# 第 3 节 赫塞-布兰查德的情境领导理论

存在这样一种现象，即在组织中能够得到上级悉心“关照”的员工往往并非那些能力强、绩效高、劲头十足的榜样，而是一些缺乏经验的职场新人或工作积极性不高的后进者；相反，面对那些工作得力的优秀员工时，领导者更多地在担当幕后运筹帷幄的角色，大胆授权，将他们视为组织的智囊团，鼓励他们参与到决策中。

组织成员间的差异是影响领导权变的重要因素，但这并不局限于形形色色的利益诉求或是成员个性。对此，赫塞与布兰查德提出了情境领导理论（situational leadership theory，SLT）。该理论认为，有效的领导来源于领导者风格和追随者成熟度（follower's maturity）的匹配，即根据下属所处的不同类型的成熟度选择合适的领导风格。

## 一 追随者成熟度

多数情况下，一名职场新人总是会经历相对漫长的蛰伏期，通过不断地积累知识经验，强化专业技能，逐渐成长为能够在工作中独当一面的业界精英。如果将这样一个羽翼渐丰的过程比作组织成员的“发育期”，那些历经磨炼、独立自主的员工相比职场新手来说显然更为成熟，也较容易获得宽松的成长空间。

追随者成熟度主要包括两个部分：工作成熟度与心理成熟度。顾名思义，前者用来衡量他们现有的知识储备、工作经验或是相关的专业技巧，与当前职位的胜任力息息相关；后者则涉及员工的心态、员工做某件事的意愿和内部动机，例如，下属的得失心、自信心以及激励水平等。这些潜在素质在很大程度上决定着该员工能否胜任未来的工作任务。

## 二 领导行为分类

如同父母不能持一成不变的方式去教导蹒跚学步的孩童与个性叛逆的少年一样，面对具有不同成熟度水平的员工，领导者自然也要采取差异化的领导方式。赫塞与布兰查德两位学者经过研究发现，相比于特征鲜明的单一模式，任务行为与关系行为的组合在某些情形下更为有效。因此，他们在模型中并未将这两种行为对立起来，而是将其作为领导行为的两个维度，经排列组合形成了参与型、劝说型、授权型和指示型四种类型的领导风格。四种领导风格特点的对比如表 9-3 所示。

**表 9-3 领导风格特点的对比**

| 领导风格 | 任务行为 | 关系行为 |
|---|---|---|
| 参与型 | 少 | 多 |
| 劝说型 | 多 | 多 |
| 授权型 | 少 | 少 |
| 指示型 | 多 | 少 |

参与型领导注重为员工提供支持与帮助，鼓励共同决策；劝说型领导会在决策拍板之前征求团队的意见，并在权衡利弊后借助理性说服的方式让成员充分认可该决策；出于对下属的高度信任，授权型领导一般会弱化监控，仅在必要时出手干预；相反，指示型领导则往往给予详细的流程指导以及严密的控制。

## 三 权变的领导行为

上述四种领导风格是如何对应员工参差不齐的成熟度水平，从而实现有效匹配的？图 9-2 为探索不同情境下的最佳组合提供了线索：将上述两个要点联系起来的关键在于图中的那条曲线，它指明了在面对具有不同成熟度水平的员工时，领导者应采取何种行为风格。经过大量的实证研究，赫塞博士按工作能力和意愿的高低程度将同一人的成熟度水平分为四类：M1，M2，M3 和 M4。其中，M1 代表低水平成熟度，员工表现为"没能力，没意愿"；M2，M3 代表中等水平成熟度，处于 M2 水平的员工表现为"没能力，有意愿"，而处于 M3 水平的员工则表现为"有能力，没意愿"；M4 代表高水平成熟度，员工相应地表现为"有能力，有意愿"。比如，假设一位项目主管认为他手下的一名技工工作能力尚可，但积极性有待提高，我们可以判断出他的成熟度处于 M3 水平，与曲线对应后可确定此时更适合采取参与的形式；随着员工成熟度水平上升到 M4，即当领导者面对一位能力出众、有高意愿和动机水平的员工时，他更可能打消此前的顾虑，放心授权。

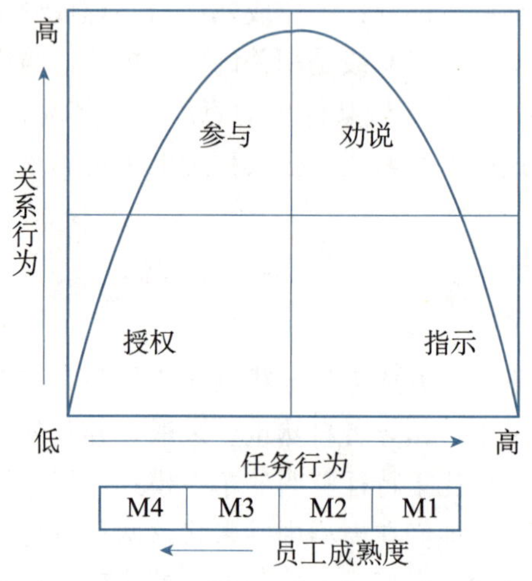


**图 9-2 对应不同员工成熟度采取的领导者行为**

资料来源：Hersey P，Blanchard K. Management of organizational behavior：utilizing human resources. 4th ed. Englewood Cliffs，NJ：Prentice Hall，1982.

赫塞把员工按照能力和意愿进行分类的方法，在现实的企业管理中有不同的变形，领导行为也随之变化，在很多企业中形成了各自独特的管理风格。比如，马云就根据业绩和价值观，把员工分为了五类，并针对性地进行管理。

### 篇中案例

**马云眼中的"小白兔"和"野狗"**

一般来说，中国大多数企业在进行绩效评估时，通常是把业绩放在第一位的，尤其是对于那些能为企业直接创造巨大利润的员工，更是厚爱有加。但是，在阿里巴巴，马云对人才的评估考核却迥异于大部分企业，其分为野狗、小白兔和猎犬等，按马云的话说就是：

“在阿里巴巴的平时考核中，对于业绩很好、价值观特别差，也就是每年销售额很高但是根本不讲究团队精神、不讲究服务质量的人，我们称其为‘野狗’，会毫不手软清除掉，因为这些人对团队造成的伤害是非常大的。当然，对于价值观很好、特别热情、特别善良、特别友好，但就是业绩永远好不起来的人，我们称其为‘小白兔’，也要清除。毕竟我们是公司，不是救济中心。不过，‘小白兔’在离开三个月后，还是有机会再进阿里巴巴的，只要他能把业绩搞上来，而‘野狗’就没有这个机会了。”

那么，阿里巴巴最需要什么样的人才呢？是业绩好价值观也好的“猎犬”型人才！“猎犬”型人才是马云最喜欢的，也是在阿里巴巴最受欢迎的，其不仅会得到重用，且在被确认为是真正的“猎犬”，进入阿里巴巴管理层的“法眼”后，还有机会接受最好的培训，成为企业的好苗子。

按照马云的原则，对于“野狗”，不管业绩多么好，都要坚决清除。所以，在具体规章制度方面，阿里巴巴有许多硬性规定：不能作假，不能作弊，不能欺骗客户，不能夸大服务，不能给客户回扣，不能为客户垫款。或许，马云的这种做法在外人看来有点不近人情，但是在原则问题上就是不能讲人情，用马云的话说：这是“天条”，永远都不容侵犯！

当然，阿里巴巴制度管理中也有很多人性化的东西。例如善待犯错误的人，容忍失败，敢于使用败将，全力帮助业绩不好的“小白兔”。马云是个人情味很浓的企业家。冷酷并不是他的特色，他一直希望能把企业变成家庭，变成学校，变成同甘共苦相濡以沫的战斗集体。所以，在科学严格的制度管理之外，马云也始终没有忘记人性化管理，这也是作为老板在管理实践中应该充分重视的一点，把任务导向和关系导向结合好。

除了猎犬、野狗和小白兔，业绩和价值观都不好的员工，被比喻为“狗”，在阿里巴巴是毫不犹豫要清除的；而各方面都中庸的人，被比喻为“牛”，是最为广泛的根基性群体，要帮助他们成长。

资料来源：马云：做生意，当老板，要区分使用人才，分清野狗、小白兔和猎犬．(2019-10-15). https://baijiahao.baidu.com/s?id=1647433272897802868&wfr=spider&for=pc.

## 第4节　领导的替代

目前为止，以任务或关系为导向的领导行为是本章关注的焦点，上述三种权变理论归根结底是在两大类别领导行为风格下进行的取舍或组合折中；而在这个过程中，变化的领导情境起到了至关重要的作用。这几种权变理论在20世纪中后期占据着主导地位。领导替代理论则换了一个角度切入领导学领域。

### 一　理论内容

领导替代理论（leadership substitutes theory）强调在正式的领导层级之外，来源于个体、工作和企业三方面的变量可以削弱（neutralize）或是替代（substitute）领导行为，从而降低领导的重要性，这也是它与上述三种权变领导理论的主要区别。

## 二 削弱或替代领导的环境变量

事实上，由于瞬息万变、错综复杂的情境会显著地影响到领导行为的有效性，自然也就存在积极强化与消极削弱这两股针锋相对的力量。相关研究在探索如何提升领导力的同时，也未曾忽视那些会对领导力产生“反作用”的环境因素。

表 9-4 分别列举了来自员工个体、工作及企业三方面的影响因素，这些因素会对领导行为产生不同程度的削弱甚至是替代作用（Kerr & Jermier，1978）。对于员工因素，我们可结合追随者成熟度加以理解——“成熟”的员工通常被认为是经验丰富、知识渊博的，具备饱满的工作热情，此时领导者的额外“关怀”往往只能产生微弱的边际效应，而“手把手”的督导甚至可能适得其反。类似地，目标清晰、流程规范的工作任务将为组织成员指明奋斗方向、界定职责范畴，而一份能够为员工带来愉悦、营造成就感的工作本身就能激励员工将其作为自己的事业悉心经营。此外，在应用远程办公的虚拟组织中，受到地理空间阻隔的领导者由于难以精确地掌控员工的工作进度，其监管效力难免会大打折扣。

**表 9-4 对领导的替代与削弱**

| 变量 | | 任务导向型领导 | 关系导向型领导 |
|---|---|---|---|
| 员工 | 专业技能 | 替代 | 替代 |
| | 经验 | 替代 | 无 |
| | 低奖励 | 无 | 削弱 |
| 工作 | 高度结构化 | 替代 | 无 |
| | 自动反馈 | 替代 | 无 |
| | 自我满足 | 无 | 替代 |
| 企业 | 凝聚力 | 替代 | 替代 |
| | 正式化 | 替代 | 无 |
| | 刻板 | 削弱 | 无 |
| | 较低的职权 | 削弱 | 削弱 |
| | 地理距离远 | 削弱 | 削弱 |

资料来源：理查德·L. 达夫特. 领导学原理与实践：第 2 版. 北京：机械工业出版社，2005。

## 三 各司其职的领导替代

面对上述一系列意欲“取而代之”的环境变量，领导者是否应怀着如临大敌的心态谨慎应对？他们是否应该采取或规避或打压的方式来维护自身权威？当然不是。从表 9-4 中我们可以看到，诸如企业的凝聚力、员工的专业技能以及从工作中获得的自我满足等变量正是提升团队绩效的动力源泉。作为领导者，通过针对性地改变领导情境，例如合理化设计工作或利用相关培训提高员工的专业技能等，都能在不同程度上辅佐其履行核心职能、提高领导效率。事实上，许多常规化、流程化的工作并不需要领导者事无巨细地过问，此时若能充分利用自治制度、员工授权等替代机制会很好地为终日忙碌的高层管理者分忧，帮助他们从琐碎的日常事务中解脱出来，关注更为宏观的战略问题。

不仅如此，领导者个人的知识能力储备多有局限，而来自群体的智慧无疑将发挥良好的弥补作用。对于“取团队之长，补个人之短”，任正非有非常深刻的认识。

**篇中案例**

**依靠集体决策的任正非**

华为 2002 年的销售收入达到 160 亿元，员工数量也突破 2 万，但任正非的个人作用依然如超人般强大，华为和很多传统企业一样，延续着高度集权的治理模式，任正非身兼事实董事长和 CEO，所有战略与经营的重大决策基本上都由他一个人说了算。但是就在 2002 年华为出现了历史上第一次负增长。一个很重要的原因就是，任正非个人当年对国内光传输市场做了错误预测。当时公司高层与任正非有重大分歧，后来事实证明任正非对市场盲目乐观，最终导致公司销售目标大幅下调，员工士气极其低落。

随着华为国际化的规模扩张和全球市场地位的提升，其战略能见度变得越来越低，依靠领导者个人能力判断市场难上加难。任正非开始意识到：效率很高但风险巨大的个人决策模式必须改变，否则将危及公司的生命安全。

此后，任正非通过与外部咨询公司合作，开始设计经营管理团队负责制。2004 年华为先从首席运营官（COO）开始轮值。公司运营管理的决策交由 COO 负责，由 8 位副总裁轮流执政，每人半年。涉及战略性的重大决策，依然由 CEO 任正非或董事长孙亚芳负责把守最后一道关隘。经过 2 个循环、七八年的试验，轮值 COO 制度逐渐成熟。到了 2011 年，华为开始实行轮值 CEO 制度。从 2018 年开始，华为又开始实行轮值董事长制度。

有人质疑这种集体决策是走形式，其实还是由任正非独揽大权。对此，任正非回答道：“这十几年来，华为是集体管理决策机制，所有的决策都不是我做的。我只是有发言权，跟大家讲讲我的想法，其实他们有时候也不听，我的很多想法也没有实施。”

资料来源：有董事长了，华为为什么还要设置轮值董事长．(2018 - 04 - 21). http: //mini. eastday. com/a/180421200701617 - 4. html.

## 第 5 节　不同文化下的领导

不难想象不同文化背景对领导有效性的巨大影响。不同国家民族文化的差异会导致领导者和员工在价值观念方面存在重大区别。比如，美国人崇尚个人主义、坦率直白，他们希望能够通过会议拍板定案，尽快采取行动，在谈判时，他们会事先准备一叠厚厚的法律文件，以便在出现意见分歧时做参照；相反，中国人崇尚和谐，喜欢面谈和集体协商，常常为达成团队一致而反复斟酌，很少进行即时决断，在谈判时，中国人更希望能在此过程中促进双方的友谊。

### 一　霍夫斯泰德的五维度文化模型

谈到文化差异，最知名的理论之一是 20 世纪 70 年代由霍夫斯泰德提出的五维度构架：

（1）权力距离（power distance）：指一个国家或地区的人们对组织机构内权力分配不平等的接纳程度。中国一般被归为高权力距离的国家，下属自愿遵从领导者的特权，并倾向于无疑义地执行上级命令。

（2）男性气质与女性气质（masculine/feminality）：该维度借助性别差异的理念，将社会分为男性社会和女性社会两种类型。男性社会中男性价值观占有绝对的优势地位，即追求权力和物质，不关心他人，美国是高男性气质国家的代表。相反，女性社会更加崇尚和谐的人际关系和良好的生活质量，中国是这类国家的代表。

（3）个人主义与集体主义（individualism/collectivism）：偏个人主义的民族文化中，个体崇尚自己做决策，他们希望依靠自己的努力达成目标，获得所需。偏集体主义的民族文化中，人们倾向于共同商讨，集体做决策，人们普遍希望得到群体中其他成员的认可和帮助。中国被认为是典型的集体主义国家。

（4）不确定性规避（uncertainty avoidance）：指一个国家或是地区的人们喜欢结构化而不是非结构化情境的程度。在不确定性规避程度高的国家或地区，人们会时刻感到前景的模糊性以及社会中存在的各种威胁，他们依赖法律和规章制度来消减自身的不安全感。从实践的角度看，这种文化维度下的员工会寻求安全的工作环境、稳定的收入和成文的条令制度。中国在这一维度上的得分较高。

（5）长期取向与短期取向（long-oriented/short-oriented）：偏长期取向的文化背景下，人们注重勤俭节约和储蓄，以动态的观点去考察事物，做任何事均留有余地，在享受当下的同时总是想到未来。相反，偏短期取向则使得人们更加重视过去和当下。中国被发现是长期取向的代表。

结构多样的现代组织正在全球化舞台上表演，不同种族与国籍的人们以前所未有的方式一起工作和生活。“地球村”已经不是趋势，而是现实，并且越来越成为世界的主流。多文化融合要求领导力也要打上多元化（diversity）的烙印，如何在全球化的大背景下成功应对由文化多元性（multiculturalism）带来的冲突逐渐成为领导者关注的焦点。

## 二 社会文化环境

正如《世界是平的》一书的作者弗里德曼（Friedman）所说：“哥伦布告诉世人世界是圆的，而我们让这个世界变平了。”思想意识、资本、产品、服务以及人力资源在全球范围内快速地流动，社会的巨大变化、员工队伍的更替和全球化速度的加快迫使组织开始应对文化差异。

一项覆盖全球62个国家和地区的跨文化领导研究显示，不同的社会文化背景对人们的价值取向、风险意识、眼界胸襟乃至行为范式都有潜移默化的影响（House et al.，2004）。在以中国为代表的东亚国家里占主导地位的是一种灵活、权变的中庸式思维。一方面，源远流长的儒家思想鼓励人们通过持之以恒的勤勉工作实现自我超越——“修身、齐家、治国、平天下”，同时也极为注重传统的家庭社会关系与人际和谐，并将其凌驾于锋芒尽显的个人成就之上，借以营造出一种以关系而非绩效结果为导向的组织文化氛围。此外，在某些以未来为导向（future oriented）的组织氛围中，人们通常具有较强的韧性，能够抵御眼前利益的诱惑并将其转化为奋斗的动力，他们逐渐习惯按部就班地进行长远规划，而非抱着随遇而安的心态“临场救急”。

在全球化进程加快的今天，一家企业的领导者极有可能面对来自不同国家和地区、成长背景截然不同的员工。他们是计较自我利益还是注重集体贡献？是乐于迎接挑战还是安于现状？是崇尚优胜劣汰的竞争还是竭力维持人际关系的和谐？由文化多元化带来的类似困惑不胜枚举，这也使得特定情境下的领导风格及上下级工作关系呈现出丰富多样的形式。如何在多样化中去繁就简，识别并灵活运用恰当的匹配模式依旧是提升跨文化领导力的关键。

学者说

### 不同文化中的领导力

是什么造就了一位伟大的领导者？虽然领导力的核心成分大多一致（例如良好的判断力、诚实正直和人际交往能力），但构成成功领导力的完整“配方”却因文化不同而各有千秋。其主要原因在于，每一种文化所隐含的领导力理论大相径庭（即在世俗观念中，要想成为广受尊敬的领导者，个人须展示出的品质）。根据不同的文化背景，你的典型风格和行为倾向可能成为优势也可能成为弱点。换言之，良好的领导力主要是因地制宜地展现品性。

研究表明，领导者的决策、沟通方式和阴暗面倾向受到其管辖地区的影响。下面我们将探讨 6 大领导力类型，并展示其中一些研究成果。

**决策**

(1) 同步型领导者。在东北亚（如中国、韩国、日本）、印度尼西亚、泰国和阿拉伯联合酋长国，以及拉丁美洲的大部分地区（如墨西哥、巴西、哥伦比亚和智利），懂得跟进被视为领导力的关键品质。为了在组织层级中获得升迁，这样的领导者必须在决策上寻求一致，通过敏锐的过程取向推动他人。因此，商业周期会更长。但是，一旦所有利益相关者都参与进来，就须快速完成交易，否则，可能会危及合作。同步型领导者倾向于谨小慎微，相对于回报而言，他们更为关注潜在威胁。

(2) 机会型领导者。在北欧日耳曼语系国家（如德国、荷兰、丹麦和挪威）、英国以及受英式文化显著影响的国家（如美国、澳大利亚和新西兰），还有一些政治经济制度以英国模式为基础的亚洲国家及地区（印度、新加坡、马来西亚），自发驱动性强，并乐于在达成目标过程中展示灵活性的领导者更受欢迎。他们或多或少地有一些个人主义，但能在前景不明的情况下不断进取。不过，我们建议这种领导者要经常与团队成员沟通，以确保其他人能跟上不断变动的计划。机会型领导者往往是雄心勃勃的冒险者。

**沟通方式**

(1) 直言型领导者。在一些地区，员工希望他们的领导者直截了当地面对问题。在荷兰等地，领导层不喜欢过度沟通——人们只想让你直奔主题。因此，以任务为导向的领导者更受青睐。在这些地区，与直接下属间的即兴绩效评估会议更为常见，领导者只要观察到团队成员表现不良，就会马上处理。直言不讳的领导者往往对人际关系不太敏感。

(2) 外交型领导者。在某些国家，沟通技巧和出言谨慎不仅在人际相处中非常重要，还关系到其能否更进一步。在新西兰、瑞典、加拿大，以及拉丁美洲的大部分地区，如果老板能够使业务谈话愉快而友好，则员工会更愿意为之效力。处理建设性的冲突须应用同理心。在谈判和会议期间，这些地区的领导者应不断评估参与者的反应。这种类型的领导者会调整自己的表达方式，以便保持融洽的气氛；直接沟通则被视为太过苛刻。外交型领导者往往彬彬有礼，和蔼可亲。

**阴暗面倾向**

(1) 媚上欺下型领导者。在强调等级的组织中，那些脱颖而出的领导者趋于形成一些独特的应对技能。领导者的工作是自上而下地管辖下属、落实指令。如果滥用该技能，就会导致媚上欺下的领导风格，其特点是：对上级汇报时唯命是从，或突然关注细枝末节；向下属发布指令时颐指气使，拒绝妥协。尽管有弊无利，但在西亚（如土耳其、印度、阿拉伯联合酋长国）、塞尔维亚、希腊、肯尼亚和韩国等地，这种有偏差的领导风格更易得到默许和容忍。媚上欺下型领导者往往十分勤勉，对老板恭敬有加，对下属严厉苛刻，不容其违抗。

(2) 被动攻击型领导者。一些领导者会变得愤世嫉俗、疑神疑鬼，并最终开始予以暗中抵制，尤其是遇到压力时。这种反应通常发生在一个人没有被说服或缺乏良好的理论基础，却被迫去追求某个目标或执行某项任务时，其会持有一定程度的怀疑但还是公然表现出合作态度。这种行为虽然对小组环境有益，但是会妨碍到执行。在印度尼西亚和马来西亚，这种风格的领导者会得到更广泛的接受，在那里，他们的发展似乎并未受到阻碍。被动攻击型领导者喜欢挑刺和怨恨。具有讽刺意味的是，他们对冲突的厌恶往往会引发大量的冲突。

可以肯定的是，任何人都可以调整自己的领导风格，以适应相关环境。然而，这需要做出极大的努力，因为一个人与生俱来的倾向、偏好及习惯是难以改变的。同样重要的是要把企业文化纳入考虑之中，这需要更加深入细致的分析，以便识别出促进和阻碍成功的因素。当高级领导者取得成功时，他们经常以一种直接反映其自身人格的方式，重新定义文化。因此，所谓文化，很大程度上就是过去有影响力的领导者的价值观和信仰之汇总。

资料来源：不同文化下的领导力．(2016－06－01). https://www.hbrchina.org/2016-06-01/4156.html.

## 三 多元文化背景下的领导职责

权变的视角最重要的作用是告诉我们并不存在一种万能的领导方式。在全球化背景下，成功的领导者也并不总是相似的。但有一点是肯定的，作为企业的引路人，他们要在多样化的价值理念中调和利益诉求并维持清晰的方向感。

进行跨文化管理首先要求卓越的领导者具备高度的文化敏感性和海纳百川的胸襟，如此才能充分地理解并支持企业的多元化发展。同时，要认识到多元化并非一句跟风的流行宣言——“画饼”谁都会，它的实现则需要领导者虚心求教、不断扩充视野，保证企业文化对新意见的开放性，维持对共同目标的关注，增强将理念付诸实践的意识。另外，以身作则很重要，领导者要具备世界眼光，培养多元化的意识，愿意进行自我转变，这将对下属员工产生潜移默化的影响，有利于营造开放、包容的团队氛围。同时，领导者可以建议组织开展多元化意识培训（diversity awareness training），用各种方式影响多元化员工的价值观，以帮助员工了解自己的文化限制和偏见，把不同的人聚集在一起，拥抱共同的价值观，学会如何在一起工作并获得成功。要知道，跨越文化的隔阂并不是一件容易的事情，除了领导者的努力，还需要团队全体成员的理解与配合。福耀玻璃的曹德旺在美国建厂的举动就曾饱受多元文化的困扰，最终通过努力影响美国员工的价值观，建立了新的企业文化，将团队带到了一个新的高度。

## 篇中案例

### 《美国工厂》：用中国价值观“改造”美国人

第92届奥斯卡金像奖最佳长纪录片奖颁给了《美国工厂》，这是一部记录曹德旺及其福耀集团在美建厂的经历的影片，这部影片生动记录了不同文化背景下的矛盾与发展、冲突与融合。

2016年工厂在美国竣工，车间内的矛盾也随之大规模爆发。一方面，福耀玻璃追求高产出，但美国工人个性自由散漫，不仅难以达成指标，甚至充斥着不合格产品；另一方面，美国员工质疑公司是否按照美式监督和标准来经营等，并且开始积极谋划成立工会。在美国员工眼里，中国人态度强硬、行为粗暴，公司工作环境恶劣，工作内容枯燥、机械化，并且没有休息和加班费；而在中国员工看来，美国人态度懒惰、业绩低下，有工作有收入还不满足，动不动就要罢工。美国人强调自由、权利，中国人强调集体、效率，两国截然不同的文化互相冲击，让福耀玻璃美国工厂连续亏损3年，70多岁的曹德旺不得不频繁往返于中美之间，疲于应付。

为了解决这个棘手的问题，强硬的曹德旺接连使出了三个大招：派美国干部到中国总部参观培训，公司高层团队换血，分化利益群体并清除刺头分子。

首先，福耀玻璃组织一批美籍主管来中国参观中国工厂，看看中国人是怎么干活的。这些人千里迢迢地来到福州福清的公司总部，刚刚进门，就见识了中方主管集体合唱企业之歌的阵仗。在车间里，中国员工毫不停歇的手速、半军事化的班前例会让他们深深地震撼，看到工人在一地碎玻璃上用手分拣，且没戴护目镜和防割手套，美国人发出了惊叹。

比劳动强度和忍耐能力更让人震惊的是，在随后的迎春晚会上，中国工人们表现得神采奕奕。姑娘们唱着“智能精益是趋势，各行都得往上靠”，小伙们身着荧光T恤举着车用玻璃在黑暗中舞动，他们干劲十足，仿佛对工作有一种天然的使命感。

美国主管回国后尝试着把这套管理经验用在美国工人身上，但结果是无人搭理，丝毫不奏效。于是福耀玻璃启动了高层“换帅”计划，换掉美国负责人，由在中国待了26年、美国待了27年的刘道川走马上任。

刘道川告诉中国员工：美国人都是顺毛驴，要想搞定他们得有方法，因为咱比他强，所以要耐心引导。他对“服从命令听指挥”的美国人许诺加薪，并花了100万美元请来反工会咨询组织（LRI）对员工培训“洗脑”：工会设计的合同看起来确实很美好，但结果可能是福耀玻璃对你就没有用工需求了。加油，我觉得大家应该可以承担这个后果！

许多美国工人认清了现实，“工会唯一会做的就是留下烂员工，而优秀的员工会随波逐流。我明白，有时的确需要一个工会，但现在有人给我一份好工作，开出好薪水，每天让我来上班，我不需要有人横插一脚”。

这场长期斗争的最终篇在2017年11月画上句号。美国劳资委组织了一场官方投票，通过调查1 500余名美国工人的“自由意志”来决定是否需要成立工会。投票历时两天，最终444票赞成、868票反对，以“福耀玻璃完胜”的结果画上了句号。2018年，几经折腾的福耀玻璃美国工厂开始扭亏为盈，并增长迅速。

资料来源：《美国工厂》：用中国价值观“改造”美国人．(2019－08－30). https://baijiahao.baidu.com/s?id=1643263208833628588&wfr=spider&for=pc.

越来越多的中国公司走向海外，我们也应看到其辉煌的背后是“曹德旺”们的不懈努力。面对截然不同的管理氛围、大相径庭的行为模式以及本能排外的团队成员，领导者要站在比以往任何时候都广阔的平台上去拥抱机遇、迎接挑战。领导者要借助充分的沟通和理解，让形态多样的文化在发生碰撞的同时实现相互交融，并在博采众家之长的基础上选取最有利于公司发展的文化要素，建立起一种新的团队文化。无疑，逾越沟通障碍、促进文化兼容，这是多元领导力最大的优势所在。

## 小 结

领导行为的有效性随情境变化。根据费德勒权变模型，组织中的上下级关系、任务结构和职位权力等因素将在不同程度上决定领导情境的有利性，进而影响领导成效。总体而言，当处于相对恶劣或非常理想等极端环境中时，以任务为导向的领导方式更为有效；而在略显中庸的环境下，更宜采取以关系为导向的领导方式。

路径-目标理论以激励的期望理论为机制，领导者通过为下属提供奖励并指明获得奖励的途径来实现高效的员工激励。领导者的支持、指挥、参与和成就导向等四种行为在不同情境下各有所长，需结合下属的不同需求灵活变通。情境领导理论将领导者的关系与任务行为进行了综合，把领导行为分为参与、劝说、授权和指示四大类型，并结合追随者的成熟度水平来确定匹配的领导模式。

部分来自企业、员工、工作的情境因素将对领导行为产生削弱或抵消的替代作用。通过针对性地改变领导情境，如提供相关培训或鼓励决策参与等，能够充分地利用替代机制的优势，提高领导效率。

最后，为胜任多元文化下的领导角色，领导者需具备高度的文化敏感性，培养开阔的胸襟视野，学会借助充分的沟通促进成员间的理解与包容，博取各国文化之长，选取最有利于公司发展的文化要素，建立起一种新的团队文化。

## 关键术语

费德勒权变模型（Fiedler contingency model）

最难共事者评分表（least preferred co-worker scale，LPC）

领导-成员关系（leader-member relations）

任务结构（task structure）

职位权力（position power）

路径-目标理论（path-goal theory）
情境领导理论（situational leadership theory，SLT）
追随者成熟度（follower's maturity）
领导替代理论（leadership substitutes theory）
权力距离（power distance）
个人主义（individualism）
集体主义（collectivism）
不确定性规避（uncertainty avoidance）
多元化（diversity）
文化多元性（multiculturalism）
多元化意识培训（diversity awareness training）

## 思考题

1. 在企业的不同发展阶段，领导者的任务行为及关系行为各具有什么优势？
2. 学习了本章内容后，你如何理解“万变不离其宗”与“唯一不变的是变化”？
3. 根据路径-目标理论，确定最佳领导方式的前提条件是什么？
4. 在为下属设置绩效目标时，领导者如何做才能实现有效的激励？
5. 面对具有不同成熟度水平的员工，领导者在进行工作部署时可能存在哪些差异？
6. 有人说领导替代不会真正地取代组织领导者，你同意这种说法吗？
7. 就你所知，不同文化下的组织领导方式存在怎样的差异？
8. 虽然中国文化常常被认为是权力距离大的、女性气质的、集体主义的、不确定性规避强的、长期导向的，但在社会变革的大背景下，也有人对此持不同意见。谈谈你对这一问题的看法，并说明这对于中国领导行为的影响。

## 案例分析

### 中兴在印度

作为中国通信行业成功跨国运营的典范，中兴在海外都有什么成功的经验？中兴有一个成熟的项目管理模型。由项目经理领导的团队包括销售经理、技术经理、售后服务经理，整个项目团队的运作打破了整体行政管理的模式，即使哪天需要总经理去跟客户高层公关，总经理也必须无条件服从。

除此之外，中兴还专门设立“客户经理”一职，由外籍员工担任，承担起投标、谈判、外包、施工中与外方接触的所有任务。

“印度也是一个历史悠久的国家，文化上有很多隐性规则，中国人是很难悟出来的。”德里办事处总经理刘韧承认，自己去见运营商的高层，也就聊些很肤浅的东西，“他的眼神里有什么，他的肢体语言代表什么含义，我都搞不清楚。况且电信业是个很复杂的行业，不像卖铁矿石，把石头拿来一分析，买还是不买马上可以做出决定。印度这么多邦，光是税收政策的差异就能把你绕晕。”在这种情况下，客户经理就大有用武之地了。

中兴印度分公司总经理汪涛工作之余研究了印度文化的“上下五千年”。“印度的历史非常复杂，它独立的时候是由550多个土邦族合并起来的。你去看它的货币卢比，上面的文字就有14种。至于印度人膜拜的神，更是各有不同，不一而足。”汪涛认为印度人智力超群，“在印地语中，从1到100的数字居然无一重复。”

要领导这样一群人，没有两把刷子是不行的。刘韧成天操着一口蹩脚的英语在办公区里走来走去，逮着人就聊。“我的经验是，用最简单的词汇沟通。一遍不行两遍，两遍不行三遍，还不行就写邮件，因为文字比口头表达更准确。”

经常有印度员工走进刘韧的办公室要求加薪，这刚开始让他很有些不习惯。“印度人兼具西方人的直截了当和东方人的精明。慢慢地我找到了窍门，同意就简洁明快地说‘OK’，不同意就说‘No way’。你若像东方人那样含蓄委婉，他就会觉得有希望，然后没完没了地要求下去。”

“在印度人心中，人口中国第一，印度第二；软件美国第一，印度第二……加上很多员工在国外公司干过，要提升他们的归属感并不容易。”后来，公司开始分批组织本地员工到深圳、北京、上海培训。“回来以后他们的感觉就变了，满嘴都是‘shocked’‘surprised’‘unbelievable’，自豪感油然而生。”

汪涛始终认为，在所有这些管理方法中，最重要的是信任和尊重，“这是全球通用的管理法则”。在中兴印度分公司，“中国人是老板”的概念正在淡化，中层干部一般是本地人。“让印度人去管理中国人，一则破除印度人根深蒂固的等级观念，二则会提高他们的信心，同时也方便了本地员工与公司总部的沟通。”

“一个公司的国际化，除了海外分公司的本地化，公司总部的国际化也很重要。”刘韧觉得，如果外籍员工发一封英文邮件去总部还要经过翻译，甚至好多天也得不到回复，这样的公司要实现国际化相当难。“在这个世界上，英语恐怕还要用100年，语言关是必须过的。除此之外，公司还有很多促进国际化的其他规定。”

资料来源：中兴的国际化路途有多远？走出去的酸甜苦辣．(2006-08-16). http://www.ccidnet.com/2006/0816/825221.shtml.

根据上述案例，尝试回答如下问题：

1. 案例中的两位领导者都体现出了哪些权变的领导风格？

2. 你认为案例中的两位领导者身上有哪些是可以学习的地方？

3. 请比较一下这个案例中领导者的做法和前面福耀玻璃曹德旺的做法，有哪些异同？你认为为什么会有这些异同？

## 参考文献

[1] Fiedler F E. The Effects of leadership training and experience: a contingency model interpretation. Administrative Science Quarterly, 1972, 17 (4).

[2] House R J, Dressler G. The path goal theory of leadership: some post hoc and

a prior tests//Hunt J，Larson L. Contingency approaches to leadership. Carbondale：Southern Illinois University Press，1974.

［3］House R J，et al. Culture，leadership，and organizations：the GLOBE study of 62 societies. Thousand Oaks，Calif：Sage Publications，2004.

［4］Kerr S，Jermier J M. Substitutes for leadership：their meaning and mea-surement. Organizational Behavior and Human Performance，1978，22（3）.

［5］Hofstede G. Motivation，leadership，and organization：do american theo-ries apply abroad. Organizational Dynamics，1980（Summer）.

［6］斯蒂芬·P. 罗宾斯，蒂莫西·A. 贾奇. 组织行为学：第16版. 北京：中国人民大学出版社，2016.

［7］张亚勤，汪琳. 从科学家到管理者. 21世纪商业评论，2011（3）.

# 第10章 中国背景下的领导

## 学习目标

- ◎ 理解中国领导者的价值观
- ◎ 掌握家长式领导的三元理论和文化根基
- ◎ 理解企业不同时期的家长式领导
- ◎ 掌握中庸领导的行为特点
- ◎ 了解中国行政领导的特点及原则

## 引例

### 领导力是一种爱的能力

我们回顾明朝那段历史，就会清晰地看到，海瑞只是一个孤独的海瑞，而戚继光却成就了气壮山河的戚家军。

我并不是故意贬低海瑞——在那个腐败的社会里，能够像海瑞那样，用一种近乎偏执的方式做对自己，的确是一件不容易的事。而戚继光的务实作风，则不仅能够化解他与社会之间的冲突，而且能够卓有成效地解决许多现实问题。

戚继光谈过宽容度的问题。一个人的宽容度决定了他能够成就多大的事业。所谓宽容，并不是藏污纳垢，而是能够理解每一个人——欣赏他们的优点，理解他们的过失，并且能够真心诚意地帮助他们不断改善自己。戚继光认为，这种与人为善的管理风格，看似一团春风，却具有和气致祥的神奇力量。他把自己的书斋命名为“止止堂”，即取自“吉祥止止”之义。

和海瑞一样，戚继光也面临许多黑暗的社会现状，以及各种错综复杂的利害关系问题。但他并没有像海瑞那样孤傲和倔强，而是采取宽容、理解和因势利导的方式，一步一个脚印地去接近自己的理想。一如前文所述，浙直总督胡宗宪素来专横跋扈，居然也感慨于戚继光“摅忠殚虑”的良苦用心，为戚继光创建新军提供了多方面的支持。在银两短缺的情况下，胡宗宪再三批示浙江布政司，要设法为戚继光提供必要的军需物资。

有了胡宗宪的支持，戚继光便义无反顾地开始了他的新事业。而在他的面前是一片等待开垦的沼泽地，一不小心就会陷入泥坑。他需要解决的问题千头万绪，但首先要考虑的就是，如何改造军营文化现状。

明朝的军营文化像黑社会一样肮脏和混乱，戚继光对此有很深的感受。很多年以后他还清楚地记得，在嘉靖三十八年（1559 年）夏天，一次抗击海盗的战役之后，竟然有军卒提着同伴的首级前来报功，而另一名军卒手里提着一颗十四五岁孩子的人头。

军卒们之所以敢这样弱肉强食、妄杀无辜，往往是因为军中乡党甚众，或者早已与军官勾搭成奸，有恃无恐。而处理这些案件的军官，也往往只会根据自己的利益去权衡，并不能为弱者主持公道。

戚继光脱下了自己的军服，亲自收殓无辜的死者，然后毅然将两名军卒斩首示众，同时连坐他们各自所在编队的队长。

他引用儒家经典言论告诫全军官兵，大意是："海盗在祸害老百姓。老百姓养活了官军，就是指望官军来保护老百姓的安全。如今，官军非但不能保护老百姓，反而如同海盗一样做出许多伤天害理的坏事，怎可如此狼心狗肺！"

今天，有学者因戚继光与许多贪官有些交情，便怀疑他的品性。殊不知，在他冷静谦和的外表之下，其实也有壮烈的情怀。也就是从那时起，戚继光决心把他的军卒们训练成"士兵""士卒"。从此，"士"不再是读书人的专称。当兵的除了操练武艺，也应该像读书人那样懂得礼义廉耻。而"士兵"一词遂沿用至今。

资料来源：刘彦究．领导力是一种爱的能力．(2010－11－02). http://info.ceo.hc360.com/2010/11/020935131779.shtml.

我们常常会谈到东西方文化的差异，这些差异也体现在领导的理念和行为上，从古代的帝王将相到现在的国家领导人，中国领导者在儒家、道家等传统思想的基础上，与时俱进，形成了一套属于自己的领导方式。比如戚继光在领导过程中的家国情怀和对"士"的推崇，就带有非常浓厚的中国传统特色。类似的中国特色的领导力表达还有：《论语》中的"道之以政，齐之以刑，民免而无耻。道之以德，齐之以礼，有耻且格"，强调德治和礼治；"躬自厚而薄责于人，则远怨矣"，说的是要多责备自己，而要对别人多谅解多宽容。老子在《道德经》中说"绝圣弃智"，圣人之道，去智去巧。司马光在《资治通鉴》中说"才者，德之资也；德者，才之帅也"。《韩非子・二柄》中说"明主之所导制其臣者，二柄而已矣。二柄者，刑德也"。中共中央颁布的《党政领导干部选拔任用工作条例》规定，全面考察领导职务拟任人选的德、能、勤、绩、廉，注重考察工作实绩。中国的领导学研究者也发现单纯使用西方的概念和理念不能完全解读本土的领导力实践，因此家长式领导和中庸领导这些具有典型中国特色的领导力概念应运而生。承接上一章提到的文化这一权变因素，本章将讲述中国领导者的价值观和思维方式，介绍家长式领导和中庸领导的相关内容，以及中国政府中领导的特点和应遵循的原则。

## 第 1 节　中国背景下的领导学研究

任何领导者的行为方式和特点都反映出其所处的文化脉络，而这并非个人意志所能控制的。中国人独有的思维方式受价值观和文化的影响，这是产生中国特色领导行为的根本原因。

彭凯平等总结了以中国人为代表的东方思维方式的两个主要维度：整体性和辩证性（Peng & Nisbett，1999）。在东方文化熏陶下，人们看待问题所采取的认知取向是整体性（holistic）的，他们强调事物之间的联系；相反，处于西方文化中的人则用分析式（analytic）的方式处理问题，他们强调事物自身的特性。这种认识论上的差异从根本上决定着中国人独特的思维方式，比如，中国人的辩证观念（dialectic）认为万事万物充满着变化和矛盾，因而要强调中和。从根本上说，中国人的核心价值观是以儒家思想、道家思想和法家思想为基础的。

## 一 儒家思想对领导学的启示

中国人注重儒家传统思想，强调仁、义、礼、智、信，并由此产生了中国组织的两个原则：尊尊原则，即尊敬长辈，注意权力距离，遵守"五常"，强调家长权威中的施恩、立威、树德三个方面，领导者借助下属的顺从提升自身效能；亲亲原则，即根据"关系"，用不同的方式或是态度对待他人，强调关系、忠诚、才能三个方面，领导者通过与下属进行合理的交换提升领导效能。在取向方面，儒家提倡的仁慈与友爱奠定了仁慈领导及家长式领导的基础，儒家思想所奉行的"中庸之道"则是中庸领导的思想基础。

遵循儒家思想的领导者有以下特点：

（1）为政以德，齐之以礼的大治思想。

（2）将"安百姓"作为为政的落脚点，以人为本，具有社会责任感。

（3）对政事忠敬勤勉，乐此不疲。

（4）廉洁奉公，舍利取义。

虽然西方也开始重视领导的道德问题（参见第 6 章），但相对来说，中国对于领导者"德"的重视是有儒家文化传统支持的，"德才兼备"是中国人对领导者亘古不变的评判标准。所谓品德要素，就是指领导者要以身作则，有原则性，品德高尚。凌文辁等（1992）通过学术研究也发现，在西方领导力理论提出的领导者的任务导向行为和关系导向行为（参见第 9 章）之外，中国人还关注领导者的品德因素，进而提出中国的领导行为评价模式是由个人品德、工作绩效、团队维系三个维度构成的。

## 二 道家思想对领导学的启示

道家思想中的"灵活多变、以柔克刚、无为而治"的领导原则对中国人的领导思维产生了深远影响。老子认为领导者在领导过程中，要恪守万事万物的发展规律（即道法），使其处于本真的状态，实现道法自然，以无为的方式达到中和有为的目的。道家思想注重机遇和变化，偏爱灵活多变的领导方式，认为任何事物发展到极端，都会走向其反面，提倡以柔克刚，以静制动。推崇道家思想的领导者有很强的自控能力，保持低调，以身作则，善于运用辩证思维，多视角地看待问题，以柔克刚，重视"软"战术和服务，强调对企业文化的建设，注重领导者与跟随者关系的精神层面。这类人不会事无巨细地指导，他们既敢于放权又能抓住重点。

张瑞敏对老子的《道德经》十分推崇，并从中得到了很多领导方面的启发。他说："《道德经》里主要有两点是我一直当座右铭来记取的：其一是强调无形比有形更重要，'天下万物生于有，有生于无'。对于企业现存的最大弊病，从各级领导直到下边，看有形的太多、无形的太少，哪一位上级领导来检查都是看利润多少，生产多少，却没有谁注重企业的文化，而且许多单位也没有企业文化。一个企业没有文化就等于没有灵魂。老子《道德经》中的'无形'就是灵魂，就像'道生一，一生二，二生三，三生万物'。万物的根源是道，而道恰恰是非常重要但看不见的东西。再一个让我感触很深的是'柔弱能胜刚强'，它说明了一种转化的过程，弱可以转强，小可以转大，问题是你怎么看待。做企业你永远处在弱势，如果能把自己放在一个弱者的位置，你就有目标可以永远前进。"

### 三　法家思想对领导学的启示

法家提倡的中央集权、法与罚在中国领导人的治国之术中也有所体现，这与西方领导强调规则、制度的观念十分相似。同时，中国近百年来又持续提倡共产主义价值观，要求领导者树立以合乎无产阶级及最广大人民根本利益为根本出发点的思想，借以调节个人利益与集体利益的矛盾。

客观地看，中国式领导往往会出现以下问题：首先，亲亲思想带来的亲密关系产生了情感信任。当这种关系导向的情感信任超过一定的"阈"时，会演变为盲目的信任。更有甚者，拉关系，找后门，以权谋私，戴"有色眼镜"用人，最终产生腐败。其次，尊尊思想所导致的高权力距离，会使得威严不容挑战。过于专权的领导者可能会破坏人际关系，规章制度严厉、待人不公正会造成上下级间的情感冲突，降低下属决策的参与度。领导者的这些维权行为虽然能够让下属保持表面上的顺从，却难以让他们发自内心地心悦诚服。最后，中国的领导者注重"面子"，尽量不公开讨论问题以避免冲突，多在私下解决问题。这种行为实际上增加了组织成员知觉的不确定性，使得他们在同领导者交往时缺乏安全感，不敢说出自己的真实想法，很难以开诚布公的方式直面问题。

从以上三个层次来看，传统文化观念对于中国式领导而言是把"双刃剑"。中国的领导者必须客观认识自身的长处和短处，依据环境变化调节行为规范、扬长避短，引导成员的行为，培养高效的领导关系，提高管理能力，以实现组织、团队和个人的持久发展。

## 第 2 节　家长式领导

霍夫斯泰德提出，在权力距离小的文化中，理想的领导者是善用资源的民主派；而在权力距离大的文化中，理想的领导者则是个仁慈的独裁者。放到中国的情境中，好的家长往往扮演着"仁慈的独裁者"这一角色，这为家长式领导的形成提供了文化土壤。

## 一 家长式领导的概念、特征

家长式领导（paternalistic leadership）是一种常见的领导模式，以前多存在于家族企业中。如今，它广泛存在于各种组织和团队之中。郑伯壎最早提出了家长式领导这一概念，他将其定义为，在人治的氛围下，显现出严明的纪律与强大的权威、父亲般的仁慈及道德廉洁的领导方式。研究表明，家长式领导在以下条件下易于生存和维持：

（1）家族企业。企业的所有权控制在一个家族里，家族内的成员担任企业的领导者，家族企业是最初产生家长式领导的地方。

（2）所有权与经营权不分离。领导者既是企业的所有者，又是企业的经营者。

（3）企业经营环境简单，且技术稳定。此时，企业的组织结构更多地呈现为一种简单结构，即企业人数不多，权力高度集中在一个人手中。

一般而言，家长式领导有以下特征：

（1）所在的组织层级分明，社会权力距离大。

（2）在心态上，下属必须依赖领导者，领导者拥有权威和声誉，并被大家认可，而这并不依赖于严格的制度。

（3）领导者会明察下属的观点，据此修正自己的专断行为。

（4）领导者多实施教诲式领导，下属愿意服从，员工的忠诚度得以提高。

（5）领导者是楷模与良师。家长式领导既要对员工的工作绩效负责，还要关心员工的生活和职业生涯规划，将员工当作自己的“孩子”。

## 二 家长式领导的三元理论

西方的领导实践建立在上级与下属地位平等的基础上，以找出彼此间权利与义务的工作关系；华人社会的领导实践则是从一开始就建立在清晰明确的上下关系的角色套路中。家长式领导的效能建立在下属对领导者角色的认同，以及下属的追随（followership）基础之上，否则就会引发管理效能低下，和谐人际关系遭破坏，甚至形成公开的分歧。家长式领导包括威权领导、仁慈领导及德行领导三个维度。

（1）威权领导（authoritarianism leadership）：指领导者通过绝对的、不容置疑的权力来控制下属，要求下属无条件服从，类似于第 7 章中的独裁型领导和指挥型领导。一般认为，威权领导多会带来负面影响，领导者的威权行为会降低下属对于领导者的信任感、满意度以及忠诚感；还会减少下属的组织公民行为和角色外行为。在团队中，领导者的独裁行为会在某种程度上使得团队成员在决策中难以达成真正的共识，从而降低团队成员的贡献意愿及满意感，削弱团队的运行效率。但如同独裁型领导和指挥型领导一样，威权领导的优点在于可以快速展开行动。从这一点来讲，根据东方文化中权力距离大的特点，威权领导行为在中国环境下未必会带来团队效率低的弊端，这要结合不同团队所处的特殊情境综合考虑。

（2）仁慈领导（benevolence leadership）：指领导者对下属的工作和生活给予全面的、无微不至的关怀。在这一领导维度下，员工为回报领导者给予的恩惠，在工作中可能会为了组织整体利益牺牲小我，借以减轻因领导者的恩惠和仁慈给自身带来的人情压力，努力达到领导者对自身绩效水平的期望，最终将促进团队整体绩效水平的提高。这与西方领导者在工作中给予下属“个别体谅”（individual consideration）的行为类似，不同的是，家长式领导的仁慈和施恩有时会扩及下属的私人生活，并且是长期取向的。

（3）德行领导（character/moral leadership）：指领导者拥有突出的美德和个人原则，并得到下属的敬佩和效仿。当下属在组织情境和工作任务中知觉到领导者艰苦努力、公正廉洁、以身作则，是可以效仿的行为对象时，在领导者个人品德的感染下，他们会倾向于认同并内化领导者的价值观，追求集体目标，愿意为集体利益付出更大的努力。

刘强东在企业发展早期的做法可以让我们体会到家长式领导的特征和管理模式。

## 篇中案例

### 刘强东的家长式领导风格

在创业的初期，刘强东展现出家长式领导的行为特点，具体表现在家长式领导的三个维度上：专制决策的威权领导、关怀员工的仁慈领导、坚毅勤奋的德行领导。

**专制决策的威权领导**

刘强东从京东建立以来就保持着高度的控制权，扬言不允许任何人染指京东，否则就卖掉它。他持有的集团股票具有超级投票权，而且其员工股份都由刘强东代为持有，以至于虽然他只占股 16.2%，却拥有 80.9%的投票权，这保证了其对京东的绝对控制。同时，公司规定，只要刘强东担任董事一职，在他不出席董事会时，董事会就不能构成法定最低人数，无法做出任何重大决定。绝对的控制权不是刘强东的最终目的，其最终目的是通过掌握决策权来引导京东的战略方向。京东初期的许多决策，都是刘强东在力排众议的情况下自己决断的。例如，在刘强东决定要自建物流网络时，有位高管因惧怕巨大的成本风险而表示反对，刘强东言道：“我请你来不是证明我的决策是错误的，而是把我的决策落实到位、执行到位！”在每次战略决策过程中，刘强东都展现出了专制决策的威权领导特点，也因此其想法才得以执行，使京东取得了引人注目的成绩。

**关怀员工的仁慈领导**

刘强东虽然在战略决策上表现为专制决断，但其十分关注对员工需要的满足，这在其创业初期就展现了出来。2003 年“非典”来袭，当时他在中关村摆柜台卖刻录机，拥有 12 家店铺，在此疫情下光租金、员工工资和库存，就要干赔掉几十万元。虽然心里着急，但他坦言：“若我的任何员工因为工作感染了‘非典’，那是我一生的耻辱，且公司一生都是耻辱和失败的。”可见，刘强东对员工始终持有 Y 理论性善论的观点，认为要善待员工，他对员工关怀有加体现了其仁慈领导的特点。

**坚毅勤奋的德行领导**

刘强东虽然独断决策，但他能够细致地掌握一线的资料信息，实施恰当的战略布局，有着高瞻远瞩的眼光，因此京东的每次转型都取得了显著的成绩。尤其是早期投资自建物流体系的决定，使得京东商城赢得了时间成本，更服务于其“用户体验至上”的理念。优质的服务有效地满足了消费者的需求，全方位的物流配送网络使得京东自营商城取得了令人瞩目的成绩，在众多电商平台当中脱颖而出。这与刘强东个人品质是分不开的，在整个创业初期就展现出来的善于观察和思考的勤奋、面对困难不懈努力的坚毅、对机遇的洞察力以及商业敏锐的眼光等一系列优秀品质不仅让他能做出正确的决策，更能感染下属员工，充分体现了刘强东的德行领导行为。

资料来源：都瑞宁．京东集团刘强东的领导行为特点分析．商情，2018（29）．

国内外学者对家长式领导在各行各业中的作用进行了深入的研究，也包括对以上三个领导维度层面的阐述，以下“学者说”专栏有助于加深读者对家长式领导研究历史和现状的了解。

学者说

**家长式领导的研究总结**

郑伯壎（1995）提出了家长式领导的二元理论，即家长式领导包含两方面的行为类型：立威与施恩。在立威方面，家长式领导表现出四种典型行为，包括专权作风、贬损下属能力、形象整饰与教诲行为；与之对应，下属会表现出顺从行为、服从行为、敬畏行为与羞愧行为。在施恩方面，家长式领导会表现出个别照顾与维护面子，下属相应表现出知恩与图报行为。后来，郑伯壎又在二元的基础上增加了德行这一维度，构成了三元的家长式领导模型。

学者们对家长式领导的三个维度进行了详细的研究，如陈璐等（2010）对四川省78家企业371名高层管理团队成员进行实证研究，探讨了CEO的家长式领导行为对高层管理团队战略决策效果的影响。结果表明，CEO德行领导和威权领导分别从正反两个方面对决策效果产生显著的影响，仁慈领导对决策效果没有显著的直接影响。德行领导主要通过认知冲突作用于决策效果，仁慈领导、威权领导则通过情绪冲突作用于决策效果。

资料来源：张振刚，徐洋洋，余传鹏．家长式领导研究述评与展望．中国人力资源开发，2013（13）．

## 三 家长式领导的文化根基

家长式领导深受中国传统文化的影响，其中威权领导深受儒家、法家思想的影响。儒家提倡“五常”（君臣、父子、夫妇、兄弟、朋友）和“孝道”。在一个家庭中，父子关系的地位仅次于君臣关系，父亲是家庭的支柱与核心，拥有绝对权威。“孝道”要求子从父愿，即孩子要服从父亲的意志，孝道为神圣的职责，这种上下之间不对等的关系巩固了父亲的权威。另外，政府还通过制度把这种权力距离拉大，将父亲的权威与孩子的孝顺角色化。领导必须有父亲般的威严，下属必须有孩子般的忠诚。

德行领导表明领导者要注重培养个人品德、以身作则，体现了儒家文化强调的个人道德修养。领导者的品德会起到模范作用，下属佩服领导者的德行就会自然而然地服从。中国传统的治理方法为“人治”，缺少法律约束，而这提高了人们对领导者的道德期望。人们希望能靠领导者自身的道德修养约束自己的行为，正所谓修身、齐家、治国、平天下。

仁慈领导体现出儒家的仁、义观念对理想社会人际关系的设想。中国人存在“报”的观念，报答别人的恩惠，核心就是互惠，这也是中国人际关系的基础。领导者对下属施以关爱、仁慈，关心下属的生活，视其为一家人并给予帮助；下属为了报答，会更加忠诚、感恩与勤奋。

西方人的研究基本上是针对某一种风格的领导单独展开的，很难想到会把威权、仁慈这样看似矛盾的领导风格结合在一个领导者的身上，而在中国的管理实践中，这种结合却很常见。

## 四　家长式领导与下属的反应

家长式领导会依据关系、忠诚、才能对下属进行分类：第一，关系，即是否与领导者有社会连带关系，比如亲戚、同乡、同学等，也可将其理解为裙带关系。第二，忠诚，即下属服从甚至愿意为领导者牺牲个人利益的程度。第三，才能，即员工完成组织或领导者所指示的目标的胜任能力与动机。领导者对“自己人”施行较少的威权领导、较多的仁慈领导，对外人则相反。其中，忠诚被认为是这一分类的核心，而关系仅仅是分类的基础。

当家长式领导行为表现为领导的专权作风时，领导者会表现为不愿授权，强调下行沟通，独享信息与严密控制；下属的反应则会表现为公开附和，不公开冲突及不唱反调。领导者施恩中的个别照顾体现为视下属为家人，尽可能保障下属的工作，维持其收入的稳定增长，在下属遇急难情况时给予帮助、整体照顾及鼓励辅导；下属会相应地表现出感恩，包括感念恩情和感谢。家长式领导行为与下属的心理反应过程如图 10 - 1 和图 10 - 2 所示。

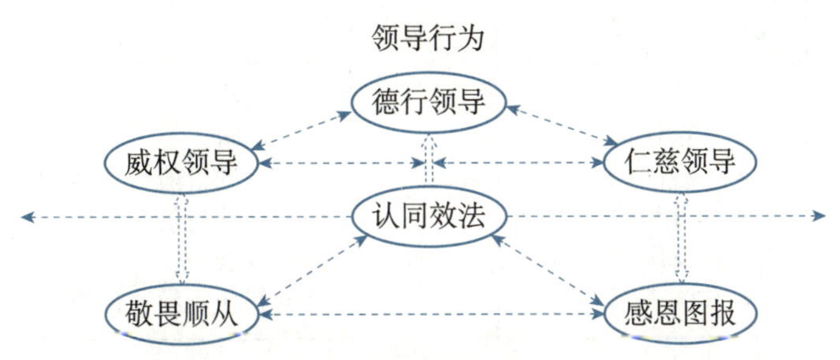


**图 10 - 1　家长式领导与下属反应心理过程图**

需要注意的是，下属的变化使得现今中国家长式领导产生了一些新变化：对年轻、受教育程度高的一代来说，父母已经丧失了对子女的权威与绝对权力。同理，对具有高独立性、多主张的新一代员工而言，家长式领导的权威正在受到挑战。如今，知识型组织蓬勃发展，领导应将权威转向组织制度与核心价值规范，下属不应再一味顺从领导者，而应遵守规章制度。有研究表明，员工学历越高，知觉到的仁慈领导行为就越少，这告诫领导者在展现仁慈行为时要特别注意避免侵犯员工的隐私。另外，在某些情形下，领导者会对一些员工予以个别照顾或徇私，致力于削弱冲突，维护支配权，这也是需要克服的家长式领导的弊端。

关于家长式领导的弊端，下面的专栏会给我们一些启发。

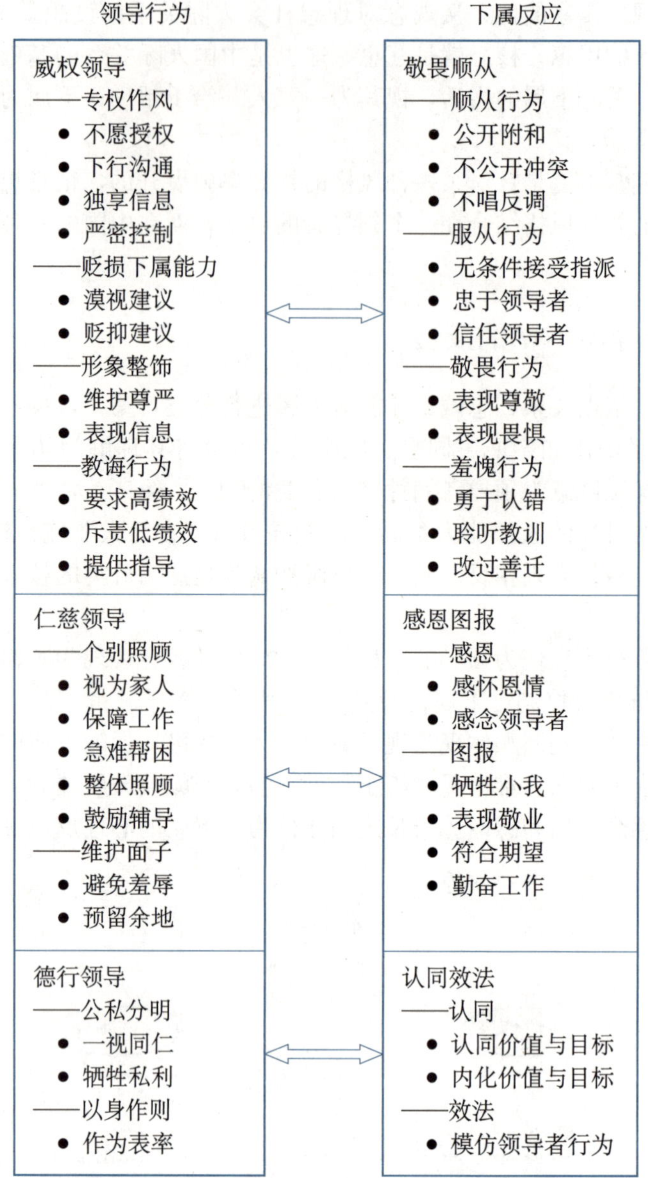


**图 10-2　家长式领导与下属反应心理过程详图**

资料来源：樊景立，郑伯壎．华人组织的家长式领导：一项文化观点的分析．本土心理学研究，2000（13）．

学者说

### 家长式领导难以决胜未来

根据研究，中国企业的各级管理者典型的领导风格是家长式的，其典型特征是强势、多指令，“我说你做”；但我又“爱兵如子”，绝对会关照你；同时，因为我懂，比你更懂，我也会来教你。这种恩威并重、胡萝卜加大棒式的领导风格似乎很有效。但这种“指令、亲和、辅导”型领导风格的组合，难以帮助中国企业各级管理者决胜未来。这是因为，此前为了追求速度，管理者很容易通过发号施令来实施领导。但现在和未来，许多问题的答案常常在群众当中，领导者怎样把大家的智慧集中起来，怎样建设一种创新的文化，使得广大员工的能量、激情和智慧集中起来转化为生产力成为关键；过去管理者有思路之后，只要发号施令让员工去做即可，“理解了要执行，不理解也要执行”。

但现在的领导者对未来有想法后，如果不能让员工真正理解为什么要这样做，对组织和个人的价值和意义何在，员工在执行的时候就会大打折扣。要想有效领导知识型的劳动大军，建设创新型的企业，中国企业各级管理者需要在已有的领导风格的基础上，多用“愿景型、民主型”的领导风格。

这种家长式的领导风格，与全球化趋势更加不匹配。合益（Hay）集团的跨文化领导力研究发现，中国企业管理者与欧美企业同行在领导风格方面最大的差别在于指令型和愿景型的差异。欧美企业管理者的威权型领导风格比中国的少得多，而指令型则多得多。这在一定程度上解释了为什么很多中国企业在收购兼并时，在全球人才资源的流失率方面这么高。要想有效整合全球人才资源，就需要适当抑制指令型的领导风格，增加愿景型和民主型的领导风格。

资料来源：家长式领导难以决胜未来．(2012－10－09). https：//www.hbrchina.org/2012－10－09/450.html.

## 五　企业不同时期的家长式领导

### （一）成长阶段

早期企业顺利的发展带来了快速成长的机遇，成长初期企业规模尚小，组织内部的人事设置普遍存在裙带关系，家族特征显著。领导者身边围绕着一些高能力的“元老”，这些人是企业发展的“引擎”。

处于成长初期的企业在资金方面并不宽裕，工作条件还没来得及改善，规章制度也不完善，领导者在很大程度上仍需要依靠自身的魅力、正直的品德以及对未来的坚定信念去激励下属。在这一时期，领导者在管理方式上存在明显的集权化特征，对核心人员采取高于市场平均报酬的激励方式，对其关怀备至，及时为下属解决生活上和经济上的问题，使员工能更好地投入到工作中。相应地，员工对自己的报酬感到满意，表现出对企业家的信赖和忠诚。因此，成长初期的企业家需要重视威权领导和德行领导。

当企业处于成长中后期时，企业规模比以前有了较大的提升，员工数量不断增多，产品线不断丰富，企业的职能部门不断扩充。此时，作为企业的“家长”，企业家已无力照顾到每个员工以及企业运营的方方面面。于是，企业家开始通过制定和完善规章制度、增加管理层级、广泛授权等方式让企业的运营呈现出明显的规范化特征。领导者本身的权威已不如之前，但德行领导依然十分重要，并且领导者开始通过仁慈领导来缓解分权后组织各部门间的冲突压力。

### （二）成熟阶段

发展到成熟阶段的企业，其规模扩张的速度相对平缓，组织成员自觉遵守流程规范和规章制度，企业具有高度官僚化的特征。分权体系的建立使得只有在组织内各职能部门通力合作下才能保证高效率。在合作过程中，由于在专业领域、工作内容、职责权限及工作强度等方面存在差异，不同部门间不可避免地会产生摩擦甚至冲突。这就要求领导者高度重视仁慈领导和德行领导的作用，平衡各方利益，协调组织内部的复杂关系。一般来说，处于成熟阶段的企业获取的利润是稳步增长的，企业的“家长”常常以此为成就，将自己看作典范，高度的制度化、规范化也使领导者的权威得以维持。

成熟期过后，部分企业会进入再生期，部分企业则会进入衰退期。所谓再生期，指的是再创业、再发展的时期。由于外部因素的不可控性，在处于再生期的企业中，领导者的控制力在减弱，市场竞争压力变大，组织的外部环境已不再“平静”。而这就需要企业家具备高度的创新能力和变革能力，通过推行合理全面的变革帮助企业获取竞争优势，实现可持续发展。此时，威权领导的作用将重新凸显出来。

### （三）衰退阶段

处于这个阶段的企业正承受着巨大的市场竞争压力，它们在失去优势地位，并逐渐被淘汰。企业的盈利能力受到限制，甚至有些时候会连年亏损。由于企业支付能力有限，员工的工资通常会低于市场平均水平，优秀员工跳槽的现象明显增多，部分企业处在生死边缘。领导者在该阶段要充分发挥威权领导、仁慈领导和德行领导的共同作用，最大限度地改善困境，促进创新，推动企业重新走向繁荣。如果企业能顺利渡过难关，在下一个生命周期的循环中，企业的文化和内部员工的凝聚力都会得到进一步提升。

# 第 3 节　中庸领导

## 一　中庸与中庸领导

“中庸”一词最初在《论语》中出现：“中庸之为德也，其至矣乎！民鲜久矣。”东汉末年的经学大师郑玄解释《中庸》题曰：“名曰中庸者，以其记中和之为用也。”理学家朱熹认为：“不偏之谓中，不易之谓庸，中者天下之正道，庸者天下之定理。”孔子所说的中庸，是恰到好处的状态或达到此种状态的行动取向，反对抱有过激的思想和行为，防止在行为上表现得过于极端，倡导凡事做到适可而止。“中”是随时而中，因时而中，审时度势，灵活处理问题，追求全面、均衡和统一，在坚守中庸之道时也强调“权”“变”，即所谓“执经达权”。不能达到中庸境界的有“过之”和“不及”两个方面。

中庸之道的管理学意蕴集中表现在两个基本理念上：一是中庸辩证论，“中庸”体现了事物“质”“量”“度”三者之间的辩证关系；二是中庸适度论，它认为任何事物都受“度”的限制，在领导艺术方面强调无“过”且无“不及”。在既有文献中，与中庸思维相近的概念包括认知复杂度（cognition complexity）、思考需要（need for thinking）、整合思维（integrative thinking）等。

中庸领导是指领导者在领导过程中善于平衡各种力量和倾向，调和各种人际关系，根据客观情况灵活应对，做出恰当的优化选择。中庸的最高境界是“致中和”，产生高效的执行力，增加个人魅力，引导下属追随，打造有凝聚力与战斗力的团队。

中庸领导者以中庸思维作为行动指南，“在人们的现实生活中，中庸思维是一套指引个体在处理日常生活具体事件时，如何去理解问题，要达到什么目的，注意什么要点，思考哪些因素，以及要用什么准则来选择最佳行动方案等的思考模式”。它强调将人们的注意力集中于人际关系以及影响这些人际关系的主要因素，强调关注这些动力之间的互动关系，强调达到一种平稳和谐的状态。由此可见，中庸思维尤其强调对人际关系的处理。中庸思维程度高的人，因为能够调节自我内在的期待与外在情境的匹配度，适时地展现出不同的自我角色，所以社交能力强，这种社交上的优势将有利于提高个人在社会生活方面的适应能力，增进个人的整体适应状态。研究表明，在中国情境下，高层领导者的中庸思维能够促进组织绩效的提升（陈建勋，凌媛媛，刘松博，2010）。

一直以来，许多人对中庸的认识存在误区，因为中庸强调不要采取太过激进或太过挑剔的手段，所以常被等同于折中主义、庸碌主义、妥协主义。事实上，中庸的定义指出，中庸并非做事平庸、业绩平庸，它讲究平衡与和谐，包含人际沟通技巧、大局观念，但并不排斥规范管理和严格监控的现代企业制度。

## 二　中庸领导的特点

中庸思维作为中国传统文化中最为突出的部分，不仅体现了中国历代的伦理道德标准，同时也作为一种思想和思维方式影响着中国人的行为和做事准则。中庸思维是中国文化背景下领导者与他人在互动过程中表现得最为突出的思维方式之一，它不仅隐含了个人的自我感受，也隐含了他人所给予的外在要求，这使得中庸领导在行事方面有如下特点：

（1）注重自我约束，提倡以和为贵，不随一己情绪而采取实时行动。中庸领导往往在表面上看似无太多感情变化，一直处于平静状态，实质上他是在约束自己的情绪，理性分析组织局势，审时度势，以便做出最佳决策。

（2）细察自身行为可能涉及的其他所有人，以及自身行为可能给这些人带来的后果，以“诚”为本去思考，撇开“己”所带来的障碍，尽己之心为所有人。中庸领导注重从大局出发，分析自己的决策对其他人及全局的影响，注重对人际关系的调节，保证组织处于平衡、稳定的沟通状态，通过创造互惠和信任的机制，驱散员工对新知识的恐惧。

（3）根据具体情境选择恰如其分的方案。中庸领导在决策时会注意到组织内各个利益团体的感受，根据组织的现实情形，做全方位考虑，不走极端，建立包容的组织文化，从而极大地提高组织绩效。

（4）通过自我反省、观察形势等反馈机制来修正自己的方案。中庸领导注重自我反省，以找出不足并不断改进，类似于儒家思想中的“吾日三省吾身”。中庸领导同样善于从员工的反馈中获得改进信息。

施振荣个性和缓，推崇万法平衡，力图找到一种符合华人社会的管理方式。再造宏碁集团的进程，正体现了其中庸领导风格的行事特点。

## 篇中案例

### “中道”施振荣

2013年11月23日，我见到施振荣先生时，他始终保持浅笑从容。很难想象，此时的他正站在风口浪尖：两天前，宏碁宣布请这位临近古稀之年的创始人回归，希冀其能在企业危难之际再挽狂澜。而此前，他已经数次再造宏碁。

不知施先生心中是否隐藏了洪流，但中庸之道、万法平衡的准则显然已经深入其内心。哪怕是面对诸如“当你发现前任董事长王振堂先生的经营理念有偏差，为何没有早一些介入干预”这类尖锐问题时，他的回答依旧平和坦然：“我不喜欢那种把人以全部否定的文化，哪怕我对他们的信任会付出代价。我现在正在承担这个代价。外界可以有千千万万不同的看法，但我就是这个样子。”

**基于人性的“赌”**

这是施振荣的一贯风格。早年间，他做出决定，支持当时的宏网董事长黄少华发展网络事业，虽然之后在网络泡沫化大环境之下绩效并不理想，但“当时网络事业既然已经交给黄少华负责，我就会尊重他的想法，像网络事业的几个投资，我都没有明确表示过反对，只是提醒他们一些应该考虑的事情”。

后来宏碁在网络方面投资失利，施振荣仍用“接受这一事实”来表达坦然。对于自己信任的人，他愿意选择信任和授权，哪怕要付出代价。这在他的书《微笑，走出自己的路》中也有阐述：“对事，我很果断，该怎么做就怎么做。但对人，我的原则是和缓，就算这个人无法胜任现有的职位，也不会给他难堪，还会帮他找合适的舞台，除非他做了对公司不利的行为。”他当然知道，这种个性必须要能够承受得住后果。“授权就是赌人性，但胜算概率比赌博更大……赌事业、赌人性的过程中可能有输有赢，只要赌本还在，坚持下去，最后就会赢。”

施振荣的太太叶紫华在谈及宏碁多年前的那次转型时，说过这样一段话：“照理说，宏碁的转型是不应该拖这么久的……有时候我会催他：‘为什么不赶快做主板？’他说：‘说过好几次了，他们都不赞成。’看得出来，他对这件事表示非常忧虑。大家不支持，也只好慢慢熬了……我想，愿意花一年多的时间说服同仁接受自己方案的经营者，大概很少见。但是，能说这么做不对吗？我想，既然要授权，该付的学费总是要付的。”

这样的中庸之道，在以股东利益最大化为目标的西方企业治理中是很难被理解的，但施振荣就是这样做的。如今他四处布道的“王道管理”，也是对西方企业管理只重视“现在”“有形”“直接”的显性价值，疏忽兼顾“未来”“无形”“间接”的隐性价值，从而造成系统不平衡的一种批判。他希望找到一种符合华人社会文化特征的思维方式，将其体系化，并命名为“王道精神”。

在被问及“温和、包容的性格与崇尚决断的变革如何达到协调”时，他举例说，1992年宏碁的变革独创了全球品牌结合地缘、主从架构、快餐式的产销模式，其突破性是难以想象的，他做到了；2000年宏碁分家，诸多动作都是首创，他也做到了。可见中庸与决断并非对立的，而是可以圆融起来的。

沟通是他变革中的关键词。即便是决断时刻，施振荣也希望变革是基于共识而非独断专行的自上而下推动。“不断地晓之以大利……最重要的就是给‘梦’。我是会画大饼而且可以吃小饼的人。变革前，我会画大饼给大家，而且一定让大家吃到。这一次的变革同样如此。”

此次复出的施先生必然面对诸如“众人将如何评说此役成败，您又将以何种心态对待荣辱得失”这样的问题。

他的回答依然宠辱不惊，“这一次我是尽力而为，希望成功，但万一势不可违，我也可以承担失败的责任。我就是这样坦荡荡地看待的。成功需要大家帮忙，王道就是共创价值。”

换一个角度看，这些年来，施振荣四处布道中国企业管理的“王道精神”，却没有一个真正的“试验场”来落实与验证它。所以，当我们笑言“这是上天给您的绝佳机会”时，他接纳了这样的说法。或许，在拥有更高的视野后，看待一个企业生命体兴衰存亡的态度会更加通达。

资料来源：“中道”施振荣．(2014－03－21). http：//www.ceibsreview.com/show/index/classid/10/id/2679.

## 三　中庸领导的行为互补倾向

让一个企业成功的必然要素包括两点：稳定性和变革性。乍看之下，这两者相互矛盾，难以协调，许许多多的企业家却成功地做到了这一点。有效的中庸领导应该得到推广的一个重要原因是，它具有保证让企业成功同时达到要求的互补倾向，上面施振荣的例子也说明二者是可以同时实现的。

一方面，中庸领导要寻求稳定以减少不确定性，降低交易成本，将已有的惯例制度化，注重领导层之间、领导者与下属之间的正式沟通，充分发挥组织现有的能力。

另一方面，中庸领导又要确保柔性和追求变化以快速适应变化的环境，领导者需要打破常规思维，搜寻新的技术创意，满足员工自治的要求，并根据产品市场需求的转化开发新技术、开拓新市场。领导者还要在适当的情境下放弃原有的惯例，对新的行动过程做出新承诺，参与不同层级的社会政治沟通，通过行为整合创造信任和互惠等的社会机制，消减组织成员接受新知识的恐惧和抗拒。也就是说，中庸领导通过平衡两种活动之间的矛盾来满足组织的双重发展要求。

中庸领导在现代企业管理中得到了广泛的运用，许多企业管理的伦理法则都体现出了中庸领导的精髓，如良性竞争、整体优化、循序渐进、以人为本、双赢原则等都是对平衡、适度、辩证思想的体现。而德才互补的人才策略、适度授权策略更是体现了中庸领导的方圆兼备、情利相协。应该说，中庸领导是中国文化传统下的典型领导模式，有利于建设具有中国特色的和谐企业。

# 第 4 节　政府中的行政领导

## 一　中国行政领导的特点

大到中央，小到乡镇，政府作为国家机器，不仅是国家发展的设计者，也是国家政策的执行者。由于政体和文化的不同，中国政府的领导和西方政府的领导在行为模式上存在较大差异，本节主要介绍中国的行政领导。行政领导（administrative leadership）是指在政府组织中，经选举或任命而享有法定权威的领导者，其为实现行政目标而依法行使权力，引导和影响下级机关及其工作人员的行为。不同于企业中的领导，中国的行政领导有以下特点：

（1）行政领导是国家行政系统中的领导，是一种政治行为，执行国家意志。行政机关是权力机关的执行机关，向权力机关汇报工作并接受其监督，这就要求行政领导者的行为要对权力机关负责。

（2）行政领导具有法律性权威，这种领导权是由国家法律规定的，并由同级人民代表大会或上级行政机关依法授予，在管辖区域内具有普遍的约束力和支配力。

（3）行政领导要实现有效和公平的服务，追求双重的行政价值，不像企业领导那样仅关注经济效益，而是要同时兼顾行政管理的经济效益和社会效益。

政府领导者的变革往往比企业领导者的变革影响范围更广、程度更深，所以政府领导者往往需要具有更大的决心和耐心，能够克服更多的阻力，体现出更强的领导力。例如，当中国的农村制度出现“包产到户”的萌芽时，许多人觉得这一新兴的形式破除了原有传统的生活方式，是在搞资本主义，给改革带来了各种阻力。时任安徽省委书记的万里凭借敢为天下先的创新精神，并没有加以阻止，而是认为值得一试。对上，他顶着压力找到邓小平，把安徽实行责任制和他在农村目睹的情况，向邓小平做了汇报，最终获得了中央的认可和支持；对下，他调动群众变革的积极性，鼓励农民解放思想大胆探索，使变革成燎原之势，最后，其变革结果彪炳史册。

## 二 中国行政领导应遵循的原则

我国政府中的领导者应该遵循一定的政治原则、体制原则和工作原则（沈亚平，2010）。

（1）在政治原则上，首先，要坚持党的领导，贯彻党的基本路线，自觉接受党组织的监督。其次，要遵纪守法。政府领导者要在国家法律法规允许的范围内开展各种行政活动，要拥有极强的法制观念。最后，政府领导者要履行公仆职责。政府领导者的权力是人民赋予的，要为广大人民谋福利，把自己当成人民的公仆，把为社会和为人民服务当成自己工作的宗旨。

（2）在体制原则上，首先，要集体决策。因为个人的经验和能力有限，为避免决策上的独裁专断，尤其涉及重大决策时，想杜绝决策失误就需要发挥集体的智慧，充分听取专家学者的意见，由领导集团成员集体民主决策。其次，要做到统一指挥。为保证指挥系统强而有力，执行系统必须高效，做到权力集中、权责明确，多头指挥只会导致指挥系统混乱，令下级无所适从。最后，要科学划分权责。任何政府组织都是由若干管理层级和部门组成的，为使行政工作能协调有效地运转，必须科学划分各个行政领导的职责，理顺上下级关系，高效地完成任务。

（3）在工作原则上，政府领导者要拥有良好的品德，以身作则、平易近人、赏罚必信、尽职尽责，做好表率，正所谓“严于律己，宽以待人，首先正己，然后正人”。国家干部的优秀代表，原登封市公安局局长任长霞就体现了行政领导的原则，其在履行公仆职责中，指挥有力，高效管理，尽职尽责，更重要的是她心中有大爱，为人民做实事，得到了群众的爱戴。

## 篇中案例

### 感动中国的任长霞

2001 年，任长霞来到距郑州几十公里开外的登封市公安局当局长。在人们的印象中，警察本身就是个男人的职业，女人当公安局局长，任长霞在河南是头一份儿。任长霞知道领导相信她的能力，往她身上压担子，但开始她确实挺难。任长霞一上任就对局内所有派出所进行“微服”私访，发现了很多问题，比如基层派出所普遍存在警纪松懈、作风懒散的毛病，所以她要做的第一件事是整治队伍。

(1) 每天出操。每天早晨任长霞把警察们拉到大街上，让其众目睽睽下跑步，一跑 5 公里，一跑 3 个月，以锤炼警察队伍，展示警察的警风警貌。

(2) 开除、辞退不称职民警。面向社会开门评警，头三脚踢下来，干警们变成了一支虎虎有生气的队伍。

(3) 抓大案要案。当警察最根本的是要破案，发生了案子却总破不了，老百姓怎么相信警察在为群众干活？任长霞对民警讲，破不了案，群众把公安局叫作“粮食局”，这是我们的耻辱！以登封避暑山庄老板王松为首的涉黑团伙，就是一个没人敢碰的毒瘤恶疮。但是尽管王松等人作恶多端，大量受害人却迫于其势力强大而不敢报案，致使公安局无法掌握其作案证据，案件进展陷入僵局，迟迟无法推进。在这种情况下，任长霞亲自下乡走访受害群众，在基本掌握王松等人作案的证据后，任长霞决心打掉这个背景复杂、组织严密、危害极大的犯罪团伙。经过专案组几个月的艰苦侦查，王松涉黑团伙所有成员全部被捉拿归案。作为全国十大打黑案件之一的典型案例，登封市公安局受到了有关部门的表彰。消息一传开，老百姓奔走相告，称颂任长霞敢于打黑碰硬，为民除害。

(4) 改进控申科工作，让老百姓主动走进公安局。在任的 3 年间，任长霞接待群众来信来访近 3 500 人次，平均一天 3 个；公安局门前经常因送匾送锦旗的唢呐声而热闹非凡。

(5) 树典型、铸警魂。任长霞在局内大力开展练兵比武活动，要求警员公开竞聘上岗，选拔人才，实行能者上、平者让、庸者下、劣者汰，把德才兼备、吃苦耐劳、业务精通的警员提拔到领导岗位，打造为人民群众保驾护航、震慑犯罪分子的强悍警力。

任长霞是警察的典范，更是一名典型的警察。她没有充足的睡眠，总是熬夜，有时一连几天——她的时间不够用；她没有假日，被工作没收了；作为一个女性，她甚至没有与家人相处的时间，仅以少得可怜的在家时间计算，任长霞不能算作贤妻良母。父亲病了，任长霞白天忙得不露面，半夜 12 点，她抽空跑来给父亲揉背捏脚。

令人悲痛的是，2004 年 4 月 14 日，任长霞突遇车祸，因公殉职，年仅 40 岁。央视《感动中国》对她的颁奖词是：她是中原大地上的又一个女英雄。扫恶打黑，除暴安良，她铁面无私；嘘寒问暖，扶危济困，她柔肠百转。十里长街，白花胜雪，挽幛如云，那是流动在百姓心中的丰碑！一个弱女子能赢得百姓的爱戴，是因为，在她的心里有对百姓最虔诚的尊重！

资料来源：感动中国：任长霞事迹．(2018－06－06)．http：//www.360doc.com/content/18/0606/12/15505702_760105843.shtml.

## 三 行政领导的演变与问题

我国每一代领导集体都体现着不同的政府领导思想，实现了从传统权威到民主型权威的转变，从以领导者个人为主要的领导形态向领导权威制度化、平凡化发展。我国以毛泽东同志为核心的党的第一代中央领导集体（1931—1976年）通过革命式的手段打破了旧世界，建立了新中国，政府领导者的个人权威在管理中占主导地位。以邓小平同志为核心的党的第二代中央领导集体（1976—1989年）领导我国人民进行社会主义现代化建设，实行改革开放，增加了对政府领导者权威的监督。以江泽民同志为核心的党的第三代中央领导集体（1989—2003年）在建设中国特色社会主义市场经济的过程中，更加注重政府领导思想的创新，提出“三个代表”重要思想、以法治国和以德治国等思想。以胡锦涛同志为总书记的党中央（2003—2013年）提出了与时俱进、科学发展观、自主创新的观点。当前，我国已经进入以习近平同志为核心的党中央领导阶段。

部分政府机构的领导存在以下问题：首先，人治模式。政府机构常常出现“官大一级压死人”的现象，凡事领导一人说了算，管理中缺乏公平感和科学性。其次，效率低下。行政机关人浮于事，行政成本居高不下，政府公务员办事拖拉，没有合理的绩效监管制度。再次，定位不清。政府领导者没有正确认识自身所处位置的意义，对自己所担当的责任认识不清，重权力而轻服务，重利益而轻奉献。最后，非廉行政。近年来部分公务员的贪污受贿现象时常出现，政府官员的腐败既增加了我国经济运行的成本，也降低了政府的信用。

“要群众信任，绝不仅仅靠权力，更主要的是靠你的人格魅力和工作能力。”中国的政府领导者要强化自身的公仆意识，改变官本位的认知模式、个性化施政的做法，实现从人治到法治的转变；健全行政领导者的绩效评估制度，将机关效能考核情况作为部门业绩评定的主要标准和干部任用的重要依据，提高行政效率；建立健全行政问责制，提高政府的执行力；把党内监督、法律监督和群众监督结合起来，树立良好的领导风气。

## 小结

中国企业现阶段正处于转型和变革时期，在企业的实践过程中，高层领导者必然存在与西方领导者不同的认知和行为表现，这些表现不但具有中国传统文化的特点，同时更应适合中国企业管理的现实。近年来，不仅国内的学者，国外的许多知名学者也开始关注带有中国特色的领导理论，归纳和总结了转型时期的中国领导者在行为模式方面体现出的特殊性。

领导者的行为方式和特点会反映出所处的文化脉络，中国人思维方式的整体性和辩证性使中国人形成了以儒家思想、道家思想、法家思想和共产主义为主的核心价值观。家长式领导包括威权领导、仁慈领导、德行领导三个维度。家长式领导的文化根基是中国传统思想的综合体，家长式领导下不同的行为会使下属产生不同的心理反应。中庸思维强调关注对人际关系的处理，能够调节自我内在的期待与外在情境的匹配度，并且适时地展现出不同的自我角色。中庸并非做事平庸、业绩平庸，而是讲究平衡与和谐，其中包含人际沟通技巧、大局观念和规范管理。

中国的行政领导有自身的特点，遵循政治原则、体制原则和工作原则。政府机构领导主要有以下问题：人治模式、效率低下、定位不清、非廉行政。

## 关键术语

整体性（holistic）
辩证观念（dialectic）
家长式领导（paternalistic leadership）
威权领导（authoritarianism leadership）
仁慈领导（benevolence leadership）
德行领导（character/moral leadership）
认知复杂度（cognition complexity）
整合思维（integrative thinking）
行政领导（administrative leadership）

## 思考题

1. 你觉得自己身上体现出了哪些中国传统思想观念？设想一下如果你是领导者，会怎样对待下属和工作？
2. 家长式领导的三个维度与中国传统文化是怎样对应的？
3. 在家长式领导对下属分类的基础上，解释不同的领导行为引起的下属反应。
4. 阐述中庸领导的特点，试举你身边中庸领导的例子。
5. 根据行政领导的特点阐述政府领导的工作原则。
6. 你认为目前中国行政领导和国有企业领导中存在哪些问题？应该怎样解决？

## 案例分析

### 具有职业经理人气质的央企干部

宁高宁的进阶是体制内的职业经理人生存的典型案例。

有太多职业经理人折戟国企的失败案例，宁高宁则是个例外。从商业才能上，他是个职业经理人，长期在国企作为非纯粹的市场竞争主体却又要参与市场竞争的拧巴的二元体制内生存，还要像干部一样听从组织号召。他甚至比其他央企“一把手”更像个好同志，哪里需要我就到哪里去。

中化集团董事长刘德树 63 岁了，于是，沿袭了机关干部一样的退休标准，中粮集团的董事长宁高宁将接替刘德树的位子。这和 2005 年，宁高宁接替退休的中粮董事长周明臣的位子时一样。当年，宁高宁治下的华润已成为央企中在香港最风光的窗口企业。

但是，用体制内的话说，“荣誉属于历史，绝不能躺在过去的功劳簿上，未来任重道远”。于是，宁高宁去了中粮，又去中化。

国企的一个重要职能是充当经济的调节器。央企“一把手”的任免与组织部门任免干部一样，国企的老总基本都来自系统内的任命，目前100多家央企的“一把手”，有40多家由中组部任命，其余由国资委决定产生。

国企中的最高领导一半是企业家，一半是官员，其更高的出路是仕途。比如那些商而优则仕的“一把手”——东风汽车的陈清泰和苗圩、中海油的卫留成等。当然，企业家是稀缺资源，央企“一把手”的任免，也要看其资本运作能力和公司治理能力。

这两点，恰恰是宁高宁的长项。

在央企“一把手”里，宁高宁更具有职业经理人的素养，而在央企的生存法则，不仅需要其有商业才能，还需要其有政治智慧。宁高宁多年所做的不过是体制内的突围。企业策略势必要和当下的政策合拍。导向性正确才是风口，否则何谈发展。

宁高宁的“老虎论”和当年国务院国资委主任李荣融“做大央企”的思路不谋而合。

他的“老虎论”是这样的：山里有一只恶狼遇到26只猫。面对众多的猫，狼不免心存畏惧，但迫于饥饿，狼还是壮着胆子向一只猫下手了。猫虽多，但无法合力相救，终难逃厄运，结果猫全部被狼吃掉。尝到甜头的狼每日食猫一只，颇感满足。又一日，狼偶遇一虎，将其误认为猫，欲食之，终被虎食。他的结论是：“大猫非猫，猫大成虎，一只虎的力量远超过26只猫。”

宁高宁也深谙国企的治理法则：首先是稳定。

这体现在他用人策略上，他说过：“我不相信一下子把人换掉，公司就会变好，特别是在大家没有对行动、理念、标准、业绩和评价方式达成统一认识前，大面积换人只会给团队带来比较大的震荡。我认为公司不应该发生这样的震荡。”他是想在企业推进职业经理人理念的，2005年他到中粮把传统的“中粮中层管理干部大会”改为“中粮经理人年会”。这一名称的改动意味深长。宁高宁选择了用文化阵地引导企业文化的方式，用思想政治工作解决人的思想、观念。这又带有国企色彩。

他到中粮后，做的第一件事就是将多年边缘化的内刊《今日中粮报》改名为《企业忠良》，意在向全员灌输“职业经理人忠心与良心”的管理理念。他也写过一篇很激越很尖锐的文章《你行吗?》，全文全部都是反问，共131句。“你精力充沛不知劳累吗？你总觉得眼前的一切不够好你想改变它吗？你心里总有一团不灭之火要创建业务发展公司吗？你不断爱观察爱学习爱研究对周围事物有不断深刻认识吗？你有前瞻性吗？你能组建带领团队吗？……”看起来像“梨花体”？其实每一问都是现代企业制度下对人的素质的诉求。这似乎也显示了宁高宁在一个国企体制内推行用人等市场化制度的纠结。

用友的王文京说过一句话，体现了大多数企业的需求和愿望：要借助人力资本把企业运作到一个更高的平台上去。因为资产关系决定了企业的治理结构和组织形式；人的关系决定了企业的运作方式。

但对国企来说，这样做首先面临的就是文化的冲突。

似乎有太多失败的例子表明职业经理人难以混迹国企。许多职业经理人面对的不是几个人的阻挠，而是在和整个带有浓厚国企文化的体制作对。

这就可以想到宁高宁的艰难：他想引导中高层干部从“国有企业干部”向国际型“职业经理人”转变，他本身又是干部＋职业经理人；他想让更多有能力的人来经营企业，内部又缺少市场化竞争机制；他想推动组织的成长，事实上又受制于组织的封闭；他想让创新和进步的精神植根国企，内部又缺少创新精神的土壤。

资料来源．宁高宁：一半企业家一半干部．世纪人物，2016 (2).

根据上述案例，尝试回答如下问题：

1. 案例中宁高宁的领导行为体现了哪些中国特色？

2. 从案例中可以看出国有企业领导者的哪些特点和工作原则？

3. 你认为目前国有企业领导者主要面临哪些困难与挑战？可以怎样解决？

## 参考文献

[1] Peng K, Nisbett R E. Culture, dialectics, and reasoning about contradiction. American Psychologist, 1999 (54).

[2] 陈建勋，凌媛媛，刘松博．领导者中庸思维与组织绩效．南开管理评论，2010 (2).

[3] 陈学中，孙丽丽，李光红．从企业生命周期理论看民营企业的活力和发展．生态经济，2005 (13).

[4] 丁杰．领导科学．武汉：华中科技大学出版社，2003.

[5] 李成言．现代行政领导学．北京：北京大学出版社，2002.

[6] 凌文辁，方俐洛，高晶．不同社会群体特征对内隐领导因素的影响．心理学报，1992 (2).

[7] 沈亚平．行政学．天津：南开大学出版社，2010.

[8] 郑伯壎，周丽芳，樊景立．家长式领导量表：三元模式的建构与测量．本土心理学研究，2000 (14).

# 第 3 篇
# 怎样做领导

# 第11章 领导职能

## 学习目标

◎ 掌握斯隆领导模型中的四项核心职能
◎ 理解弗鲁姆-杰戈权变模型下的决策原理
◎ 了解领导者在进行决策环境分析时需要考虑的因素
◎ 理解规范决策模型的局限性
◎ 掌握三环领导模型的主要特点

## 引例

### 惠普的“伙伴式教练”领导力

在传统意义上，领导者经验丰富、年资更高，所以在过去领导者的很多工作是给员工制定目标、下达指令，员工只要听从指令就可以把事情做好。但是在未来，社会的复杂性和不确定性使得没有人知道正确答案，高级别的管理者也不一定比一线的管理者更了解未来的趋势。

“惠普是一家历史悠久的公司，这是我们的优势，也在不知不觉间成了我们的挑战。以前可能会听到一些老员工说：这不可能，我都干了几十年了，你说的这套行不通。现在更多的员工会说‘这也许可以，那我们试试’。与此同时，惠普庆祝成长、拥抱人才，致力于为人才的发展打造更积极的环境。”员工对惠普的领导力变革感同身受。

在惠普对自己的定义上，每一个员工都是个体贡献者，都是某种意义上的领导者。惠普希望所有管理者之间的关系是伙伴式管理，而不再是过去的一个指令。惠普鼓励经理们在不同的角度上尝试承担一定的角色，尤其提倡和员工肩并肩式的伙伴式教练。

惠普团队运用成长型思维，打造惠普的“教练式文化”。现在，惠普的经理要做的事中更多的是赋能，给员工提供辅导，使员工更加成功。惠普大连办事处的领导团队在组织中推广教练文化，分别给中层和一线的管理者打造了“Mission Diamond”和“Sparkle”项目。受训的领导者不再执着于“命令和控制”，而是改用一种“问询和启发”的方式带领团队。大连团队很快重拾协同合作，共同为目标而努力。“过去两年的人才发展项目、教练伙伴技术的引进，给惠普大连办事处营造了自主的环境。我们的人才越来越自信和积极，并得到了更好的发展和晋升。”

在过去的几年中，惠普进行了很多创新，为公司赢得了更多的利润。由陆雁带领的亚太客户支持中心服务团队尝试挑战自我：除了做好本职工作外，还可以为公司创造哪些价值？头脑风暴过后，团队发现其实在给客户提供技术支持的时候，还存在很多销售商机。于是从无到有，通过两年的尝试，前线人员在给客户提供技术支持的同时，开始自发主动地寻找商机，利用社交媒体及大数据等工具，逐步打造出一个销售管理和优化团队，为公司创造了更大的商业利润。陆雁本人也连续四年获得中国最佳客户联络中心管理人奖。

资料来源：沈奕安．巨头的新生：惠普如何华丽转身？．人力资本管理，2017（9）．

作为超大型企业，惠普的管理团队结构复杂，成员众多，各级领导者在日常工作中既有相似的职能，比如通过教练式领导进行赋能，也有各自侧重的职能和价值。然而，在特定的历史文化背景下，行业特征不可一概而论，组织类型更是层出不穷，领导者需要清晰地把握阶段性职责，以从容应对多样化的角色期待。

## 第 1 节　斯隆领导模型

在多数人心目中，企业 CEO 及高层管理者的工作场景很有可能是这样的：宽敞大气的会议室里，他们也许正激情澎湃地描摹蓝图愿景，或是有条不紊地调整发展战略。回到办公室后，各部门的计划书陆续送达，他们在悉心审阅的同时需时刻提防突发事件。董事会上，面对来自股东、员工、顾客的利益诉求不说有求必应，但绝不敢怠慢……

事实上，现实世界中的他们并非大荧幕上横空出世的英雄，作为“凡人的领导”，难免有力不从心的时候；同时，那些不分轻重缓急、满满当当的日程表里也不一定对应着核心的领导职能（leading function），这可能会制造出虚假的紧迫感，让组织领导者陷入本末倒置的困境。

领导者的主要职能究竟体现在哪些方面？为此，来自美国麻省理工学院以安科纳（Ancona）为代表的四名学者展开了一项长达六年的实证研究，最终提炼出以分析现状、建立网络、创设愿景和开拓创新为特征的四项核心职能，并由此建立了斯隆领导模型（Sloan leadership model）（见图 11－1）。同时指出，这四大职能相互影响，彼此渗透，具有强大的内聚力，能从整体上提升组织团体的领导力水平。

### 一　领导者的核心职能

（1）分析现状（analyzing）。“我们身边的世界正发生着什么样的改变？”在回顾“来时路”、展望“未来景”之前，看清自己身处何方才能脚踏实地地迈出下一步。面对动荡的商业环境以及诉求各异的利益相关方，立足当下的领导者需要具备强大的资源信息整合能力，从庞杂的数据、过往的经验和日常工作交流中去繁就简，呈现一幅贴合实际的组织全貌图。在此过程中，由于看待问题的角度、关注的焦点存在差异，领导者与团队成员也将随时依据外部环境的变化修改“画稿”，使之始终与团队的共同目标及核

**图 11-1 斯隆领导模型**

资料来源：Ancona D, et al. In Praise of the Incomplete Leader. Harvard Business Review, 2007, 85 (2).

心价值理念保持一致。例如，2012 年张一鸣清晰地感知到，“手机很可能会取代纸媒，成为信息传播的最主要载体，又因为人和手机的对应关系即手机可随身携带，（所以）个性化推荐的需求一定会增加”，所以他创办了字节跳动；2016 年他又敏锐地意识到，短视频市场会有前途，所以又创办了抖音。这都体现出了其对于市场现状的分析和把握。

（2）建立网络（relating）。上有关注财务表现的公司股东，下有要求加薪晋职的组织成员，市场需要日臻完善的产品服务，舆论倡导顾全大局的社会责任……从某种程度上看，利益牵连面越广，团队能够依赖的后备资源就越充足。为了在组织内外部构建起真诚可信的人际关系网络，领导者一方面要善于倾听，在鼓励成员各抒己见的同时多换位思考，避免主观臆断；另一方面在维护原则底线时也要有理有据，能在个人观点有失偏颇时勇于坦诚，而非一味强辩。

当领导者与主管、同事以及下属保持良好互动时，良好的内部网络就建立了。下面的实证研究中特别关注了组织领导者的内部人际关系网络对于领导-成员交换关系及下属工作满意度、离职率等方面的影响。

学者说

**领导者人脉资源的力量**

学者们推测，强大的人际关系网络将为领导者带来更多的资源和信息。这一方面能够帮助他们树立威信、增强个人影响力；另一方面也有助于同下属建立高效的领导-成员交换关系，进而达到提升员工满意度、降低离职倾向等目的。他们还认为，当领导者能够与上级主管建立良好的资源交换关系时，将极大地提升自己在下属心目中的组织权威地位。

为了验证研究假设的合理性，研究人员从印度一家国有银行的 42 名经理及下属的 184 名雇员处收集了调研数据，分析结果均有力地支持了上述推测。具体来说，那些能够游刃有余地处理日常人际关系、擅长建立社交网络的主管经理通常享有较高的组织权威地位，并能借助良好的领导-成员交换关系提高工作满意度、减少人才流失。

在该假设获得证实的同时，研究人员注意到这样一个现象：按理说，领导者与员工掌握的资源越多，期望收益应该越高，双方进行交换的可能性也就越大；然而，在该项研究中，当员工的人际关系网比领导者更广时，却反而不利于双方建立高效的领导-成员交换关系。这不排除有某种程度的“功高盖主”削弱了领导者的影响力的原因。

在理论贡献之外，该项研究也为实践领域的领导者提供了一些重要的启发。鉴于人脉的重要性，领导者应尽可能地结识组织内外的合作伙伴，最大限度地拓展自己的人际关系网络并争取成为当中的关键节点，进而借由积累核心资源、传递关键信息、影响战略决策等途径树立起权威、可靠、值得信赖的公众形象。与此同时，领导者也可借助恰如其分的印象管理来传递一些正面信息，例如在公众场合尽可能多与业界的精英翘楚来往，以衬托自身的社会地位与个人影响力。此外，在领导那些掌握着丰厚人脉资源的员工时，领导者要有这样的认识：相比其他成员，这些享有极大影响力的员工或许会因潜在的优越感而更“挑剔”上级的个人能力；在这种情况下，为了避免不必要的冲突，更为了取员工之长、补自身之短，领导者需要在信任与尊重的前提下进行适度授权，通过良好的合作实现高效的资源互换。

资料来源：Venkataramani V，Green S G，Schleicher D J. Well-connected leaders：the impact of leaders social network ties on LMX and members'work attitudes. Journal of Applied Psychology，2010，95（6）.

（3）创设愿景（visioning）。管理学大师德鲁克说：“没有未来的决定，只有现在决定的未来。”理想的愿景能在行动伊始辅助领导者激励员工、安抚股东甚至威慑竞争对手，将企业的现在与未来紧密相连。为此，领导者不仅需要勾勒出引人入胜的美好画卷，更重要的是成为言出必行的个人表率，引导团队进一步制定出可行的方案，从而使人们深信众志成城的奋斗与拼搏终将会让梦想照进现实。比如，马云为阿里巴巴制定的愿景是：要活 102 年，要做幸福指数最高的企业。任正非为华为制定的愿景是：共建更美好的全联接世界。

就国内的一些企业和机构而言，多数领导者都有能力描绘并向员工传递美好的愿景，但最终的实现效果却不尽如人意，归结起来有三方面的原因：

1）初始愿景定得过高，员工由于受企业现有资源和本身的能力的限制无法达成愿景。

2）愿景的设定往往是企业家个人的期待，并没有照顾到基层管理者和员工的目标取向，即领导者的美好愿景可能并未反映下属员工的期待。

3）实现愿景的过程中，领导者对下属的激励（精神激励和物质激励）不够充分。

（4）开拓创新（inventing）。通往梦想的路需要先驱者去开拓，这项职能重点关注辅助战略“落地”的执行力，但又不止于此。“当你问人们需要什么时，他们总会回答说要一匹更快的马。”无疑，在这个技术日新月异、市场需求层出不穷的商业社会里，因循守旧地照搬过往经验注定将被竞争对手远远抛在身后。开拓创新要求领导者具备前瞻的战略思维，打破现状桎梏的勇气，不断寻求富有成效的经营模式以推动企业变革，凭借持续的创新出奇制胜。

“一千个读者心目中有一千个哈姆雷特”，类似地，在理解并切实履行上述职能时，个体不同的价值理念、行为风格乃至专业技能等都将为其领导行为打上个性十足的烙印。顺利地推动独树一帜的组织变革，将是一个漫长的经验积累过程。在此期间，以正确的价值观做指引，领导者能够充分发挥组织楷模的力量，以闪光的人格品质、坚毅的原则态度打动人心，令众人肃然起敬、追随效仿。无疑，来自团队全体同仁的信任与尊重始终是领导者推动变革的强大后盾——深孚众望者，必将立天下。

## 二 均衡发展的领导职能

斯隆领导模型可以有两个方面的应用：一是可以用来检视领导者是否履行了应尽的职能；二是可以用来指导自己去完成相应的职能，引导自己去做一个未来的领导者。斯隆领导模型中的领导职能看上去简单明了，实则涵盖了组织领导者日常工作的核心领域：从调动才智到沟通人际，从理性说服到情绪感召，从构建概念到推动变革……然而，人无完人，纵然是那些现实生活中的卓越领袖，通常也只能在几个领域游刃有余。

木桶原理告诉我们，木桶的盛水量是由箍成木桶的众多木板共同决定的。若其中一块木板很短，这块短板就成了这个木桶盛水量的限制因素。同理，卓绝的个人领导力终将受限于职能体系中最为薄弱的环节。事实上，让领导力得以均衡发展绝不能依靠团队中的某一个或某几个人——这是一种分布式领导力，需要彼此信赖、相互了解的成员凭借术业有专攻的能力优势填补团队领导职能的空缺。在这一动态的涌现机制下，他们将比其他任何团队都懂得何时毛遂自荐，何时退位让贤。个人的知识技能、胸襟眼界、经验阅历乃至品德修养都将为其顺应时势的进退创造契机。例如，携程的创业团队就做到了团队成员高度互补，彼此依赖。

### 篇中案例

**携程四君子**

我们来看一个梦之队——携程四君子，1999—2003 年，短短的四年时间，他们四个人就把携程打造为中国线上旅游（OTA）领域第一家上市公司。

四君子中季琦、沈南鹏、范敏都毕业于上海交通大学，季琦和梁建章则是多年的朋友，经常在一起旅游，没事儿就吃个饭、喝个酒。季琦本人也评价说，这样的私交完全可以化解彼此之间因为冲突和矛盾带来的危机。

为什么把携程四君子叫作梦之队呢？就是因为这个团队太典型了。梁建章是技术天才，所以他负责网站。季琦一直在创业大潮里面摸爬滚打，市场经验丰富，所以他负责市场。沈南鹏是耶鲁大学的 MBA，在华尔街干过多年，所以他负责财务和融资。范敏以前在国有酒店担任总经理，从人脉到管理经验都非常丰富，所以他负责运营。而且，性格上，梁建章儒雅、季琦激情、沈南鹏老练、范敏务实。你看，从能力、资源到性格上都非常互补，难道不是梦之队吗？所以，风投们太喜欢他们这个团队了，短短两年就给了三笔很大的投资。

资料来源：朱瑛石，马蕾．第一团队：携程与如家．北京：中信出版社，2008.

分布式领导力有助于促进领导职能均衡发展。企业的领导者不仅仅是一个人，多数情况下他们呈现为领导团队的形式。如果发现团队中的短板，则应该迅速将它做长补齐（对原有人员进行培训或是引入外部新成员），促使领导职能平衡发展，否则短板给企业带来的损失可能是毁灭性的。

### 三 对于领导实践的启示

斯隆领导模型能够在一定程度上帮助领导者从日常琐事的日程表中解脱出来，集中关注核心职能，从容不迫地应对重大风险，把握未来机遇。此外，作为一套形象而清晰的职能模板，斯隆领导模型能及时地督促领导者全面审视当前的工作状态，不断改善自身的不足，提高领导效率。

相比较而言，从这一模型里我们感受到的更多是团队协作的力量。四大核心职能彼此渗透、密不可分——缺乏脚踏实地的现状分析，愿景不过是虚妄的镜花水月；没有融洽和谐的人际氛围，遑论求同存异、一致前行。我们无法寄希望于寻求传说中的那全知全能的领导者，否则将沉溺于充满浪漫色彩的领导力遐想中难以自拔。要知道，在现实生活中常为人称叹的卓越领导者并不是将自己架上“神坛”。相反，他们有血有肉、有缺陷、有过错，尽管不完美，却能够客观坦率地承认自身的不足，他们懂得如何通过与他人协作以弥补个人领导力的缺憾。从这个意义上讲，斯隆领导模型不仅仅是个人的领导职能模板，也在无形中也传递出领导力的扩散效应：从个人到所在团队，再到组织整体，领导并非少数人的“高处不胜寒”。第 13 章将专门介绍高层管理团队的有关知识。

## 第 2 节 激励

### 一 激励理论

领导从来就不是一个人的表演。无论是一呼百应的拥护、鞍前马后的追随，还是众志成城的倾力协作，下属在其中的重要性都不可小觑。在斯隆领导模型中，宏伟的蓝图、愿景也正是由于能够激起组织上下同仁“逐梦”的信念与激情，才能发挥出深远的指引作用。为了突出激励（motivation）这一重要的领导职能的作用，本节将其作为独立的领导职能进行介绍。

员工激励的重要性不言而喻，那么，如何才能实现有效的激励？多年来，理论研究与领导实践对这一话题热议不断，本教材的第 2 章对于激励理论进行了系统的介绍。从内容型激励上看，需求层次理论、双因素理论仍然对企业管理起到指导作用，并在实践中逐渐演化出了形形色色的激励手段：由基本的工资、奖金、职位提拔到决策参与、在职培训、带薪假期、员工股权计划等。从直观的物质奖励到无形的认可、褒奖，当下的激励手段可谓别出心裁、花样百出。为了能够最大限度地实现员工满意，许多公司更是在这方面下了大力气。比如邓白氏软件服务公司（Dun & Bradstreet Software Services）的前董事长小约翰·依姆利（John P. Imlay Jr.）奖励员工时，会请蒂凡尼珠宝公司（Tiffany）设计一种钥匙型的领针，其中资历在 5 年以下的员工，佩戴的是银钥领针；

满 5 年就可以佩戴金钥领针了；任满 10 年的女性员工再加一颗钻石。

上述内容型激励理论侧重于根据人们内心所想找到足以激发其动力的“源头”，但一个好的动机与预计的理想结果之间还存在具体途径的问题——此时不一定是条条大路通罗马。因此，一些学者提出了目标设置理论、公平理论等具有代表性的过程激励理论。以公平理论为例，它将关注点从个人扩大到整个团队，指出人们在暗自衡量自己与同事的付出与回报时，对个人所得的心理感知将影响到报酬的激励性——毕竟，冷落与不公总是令人愤懑不已。这提醒领导者要注意对组织中公平环境的塑造和对下属公平心态的把握。

## 二 激励的成效

尽管激励的方式多种多样，但实际成效却往往因环境而异。例如，在杰克·韦尔奇担任 CEO 期间，美国通用电气公司会在年度绩效考核中对员工进行评级，将考核结果与工资及职务挂钩：20%表现出众的员工将获得不同程度的加薪或晋升，而 10%的后进者则可能面临降级、停职甚至是解雇走人的后果，还有 70%是一般的员工，这就是著名的“271 活力曲线”。此类强制分布＋末位淘汰的方法看似残酷，但却迎合了当时的市场经济环境，进而得以持续地激励员工奋发向上。而在另一家美国企业，微软在实行了多年的强制分布后，却放弃了严格的考核，希望用合作代替竞争。

### 篇中案例

**微软取消强制分布**

长期以来，微软总以激烈的内部竞争著称。自从杰克·韦尔奇成功地让通用电气实现崛起，其创造的“活力曲线”便被很多企业奉为圭臬。

在微软，鲍尔默执掌时期的员工评级制，会按照固定比例，将员工分为卓越、优秀、普通以及糟糕四大类。在严苛的绩效管理系统下，团队中的一部分人被贴上了优秀的标签，升值、加薪随之而来；另一群人的表现无论多么优秀，只要在其所在团队中是落后的一方，就会被视为是“老鼠屎”，面临被解雇的窘境。

员工无时无刻不在想着如何比赢队友，以免成为团队的吊车尾：“这就像是一群被狮子追赶的人。为了活命，你不必成为跑得最快的，你只需要比最慢的人跑得快就够了。”萨提亚·纳德拉担任 CEO 后，撤销了强制分布的排名和评分体系。

每年，公司还是会对员工进行数次评定，但是评定的不仅仅是员工个人的工作，还要考察员工之间如何在他人工作的基础上展开自己的工作，以及如何让自己的工作成果为他人所用。这种改变，避免了员工总是试图证明自己是“这个房间最聪明的人”的情况，鼓励员工协作和服务他人。

在纳德拉的领导下，“一个微软”的公司文化在微软加速扎根。他认为员工应该专注于合作，而不是在竞争中诚惶诚恐：“我们的态度应该从‘什么都懂’转为‘什么都学’。我想给员工减负并传达这样的信息：他们不需要摆出一副‘我什么都懂’的样子，以确保自己的安全地位。他们可以犯错，但我希望他们能保持好奇心，不断地学习新事物。”

纳德拉鼓励所有员工要有成长的心态，学会承担一些责任，当然也包括“在某些时候为员工犯下的错误提供保护”。通过接受“失败”，微软员工所承受的压力比之原来似乎减轻了。现在的微软更加充满好奇心。其员工对公司在历史上所扮演的角色更感自豪，目前鼓励创造性想法的环境也更让他们受到鼓舞。

纳德拉上任CEO后，推行“一个微软”的理念，创造协作型的办公氛围，自2014年起，已有超过2 200名旧员工重返微软。新科技革命时代，外部环境变得乌卡（VU-CA），应用固定僵化的KPI和强制分布法，越来越不适应环境发展需要。

资料来源：微软重回巅峰：抛弃原来严苛的绩效管理，接受失败，鼓励创新．(2018-04-02). https://www.sohu.com/a/227091819_100065189.

纳德拉的成功在于他并不跟风模仿，而是根据环境和时代的变化调整激励员工的策略。不仅如此，各行各业中员工的个体差异，任务的完整性、自主性、重要性、技能多样性，以及员工能否在工作中获得充分的信息反馈等也将影响到激励水平，这使得一些工作本身就更容易实现员工满意。例如，对于一个乐于迎接挑战的人来说，朝九晚五地坐办公室就不如干销售、拼订单来得有动力，即使后者意味着会伴随高强度的工作压力。

通过上述案例不难看到，文化背景、行业类型乃至组织成员、工作本身所存在的差异均会在很大程度上影响领导激励的成效。在不同环境中，任何一种激励理论均有其可取之处，这就需要在实践中摸索，绝不能局限于纸上谈兵。此外，在对员工内在的需求进行揣测时，领导者是否能够切实做到换位思考也很重要：可以想象，如果仅仅凭借领导者的主观臆断给予激励，极有可能费力不讨好，甚至引发上下级之间的相互埋怨。

## 第3节　决策制定

从公司层面的战略规划到下级部门的政策落实，组织中的正式领导者几乎每天都在忙不迭地“拍桌子”“定方案”，大大小小、紧密关联的决策构成了企业整体的目标体系。因此，决策，特别是那些涉及组织未来发展方向的战略性决策更有着不言而喻的重要性。

理想的情形下，领导者能够通过全面、客观的SWOT分析获取决策所需的详尽信息，进而权衡利弊、筛选最优方案。但这往往需要相对稳定的内外部环境和清晰、可预见的备选方案，领导者自身也要具备良好的统筹、分析能力。然而，现实环境中上述条件往往很难得到满足，更多的时候甚至显现着截然相反的复杂局面。这无疑为单枪匹马的领导者带来了极大的挑战，唯恐一个不慎便因个人失误牵连全局利益。为了尽可能地提高决策质量（decision quality）、把握倏忽即逝的机遇，越来越多的领导者对于群策群力的决策参与给予了高度关注，他们希望能够通过共享决策权最大限度地优化决策方案。

### 一　弗鲁姆-杰戈权变模型

在决策制定过程中，员工可以通过许多途径参与其中。例如，积极主动地向领导者反馈个人建议，或是加入头脑风暴一类的集体会议。某些情形下，领导者也会给基层员工以先斩后奏的特权，允许他们自行处理突发状况而无须等待上级指令。前面已经提到，鼓励员工参与能够在不同程度上起到优化决策、把握机遇的作用，但受到诸如时间成本、会议场所及下属能力水平等多方面因素的制约，在实际推广过程中其产生的效果并不都尽如人意。一些研究表明，即使是在领导者独揽决策权时，也有可能获得最优结果。这就需要领导者在特定情境下灵活地把握对决策权的让渡空间，即适度揽权，适时放权。类似的观点在第9章已经介绍过，此处要介绍的是弗鲁姆（Vroom）与杰戈（Jago）两位学者建立的一个专门为领导者决策而设计的权变模型，它关注不同的参与模式对决策质量、方案可信度以及员工接受度的影响。模型主要包含三个要素：决策的参与模式、环境分析和在此基础上的权变决策。

### （一）决策的参与模式

现实生活中，剑走偏锋的独裁者或是甩手掌柜都相对罕见，多数情况下领导者会体现出混合型的参与偏好。受当前知识经济大环境的影响，对于那些思维活跃、具有独立见解的员工，领导者一方面需要营造民主、包容、自由的管理氛围，另一方面又要及时给予督导与流程控制。弗鲁姆-杰戈权变模型对领导者参与度进行了划分，建立起由低到高的五级参与模式（见表11-1）。

**表11-1 领导者的参与模式**

| 领导者影响 → 团队自由度 | | | | |
|---|---|---|---|---|
| 决策独裁 | 分别磋商 | 团队磋商 | 决策参与 | 团队授权 |
| 领导者独立制定决策 | 分别向追随者征集建议以备参考 | 向团队征集意见，选择性采纳 | 领导者加入团队，共同制定决策 | 在一定约束条件下将决策权完全让渡给团队 |

资料来源：Vroom V H. Leadership and the decision making process. Organizational Dynamics，2000，28（4）.

### （二）环境分析

那么，接下来领导者又将根据什么来确定具体的参与形式呢？考虑到环境的高度不确定性，模型的核心特征正是权变，所谓的最优方案也只适用于当前情境，因此领导者在采取行动前，需要结合如下一些因素分析决策环境。

（1）决策重要性：很少见到一项战略性决策是由领导者“拍脑门”想出来的。事关重大，肩负压力与责任的领导者通常会慎重地征集团队的意见，以免因个人判断失误而引发严重后果。

（2）下属支持的必要性：由于人们都倾向于赞同自己曾参与制定的决策，因此，若一项方案或政策需要成员的高度配合，积极地鼓励他们参与其中可以辅助决策顺利推行。

（3）下属支持的可能性：如果对于一项既定决策，下属已然能够给予莫大的支持并很好地执行，那么鼓励参与就无太大必要了，否则会耗费额外的时间和精力，造成资源浪费。

（4）上下级的专业技能水平：决策参与是一个取长补短的过程，其中包括领导者与追随者在决策能力、专业知识等方面的资源和信息共享。如果任何一方拥有解决某一类问题的技能特长，就可相应地将决策主导权移交给他们。

(5) 团队合作能力：制定决策时，或多或少地会出现意见分歧。这种情况下，团队成员是否具备良好的协调合作能力就显得尤为重要，这将在很大程度上决定决策参与是会陷入利益纷争还是会在共同目标的指引下实现互惠共赢。

### (三) 权变决策

通过上述环境分析不难看出，模型的关注点最终落到了决策质量和成员对决策的接受度上。为了帮助领导者进一步确定员工参与水平，弗鲁姆等人将对环境的分析描绘成了一棵“决策树”(见图 11－2)，领导者将从左往右地依次回答相应的问题，从而确定出一条与决策情境相符的路径，以确保该路径指向能够兼顾决策质量与员工接受度的参与模式。

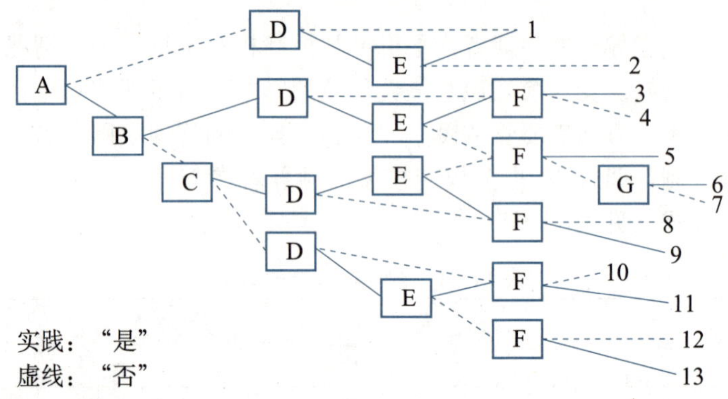


A：这一问题是否包含对质量的要求？
B：我是否拥有足够信息来做出高质量的决策？
C：这一问题是结构化的吗？
D：获得下属的支持对有效实施重要吗？
E：如果我要独立决策，是否有合理的把握获得下属的接受？
F：下属是否一致认同决策所要达到的目的？
G：下属是否会在方案的选择上产生争议？

| 路径 | 1 | 2 | 3 | 4 | 5 | 6 | 7 | 8 | 9 | 10 | 11 | 12 | 13 |
|---|---|---|---|---|---|---|---|---|---|---|---|---|---|
| 可行方案 | abcde | e | abcde | abcd | e | ac | bc | bcd | bcde | d | de | e | e |

a：决策独裁；b：分别磋商；c：团队磋商；d：决策参与；e：团队授权

资料来源：Vroom V H. Leadership and the decision making process. Organizational Dynamics，2000，28 (4).

**图 11－2 领导决策树**

## 二 规范化决策的另一面

理论上说，按部就班的理性决策能够在很大程度上规避风险，而配合相得益彰的参与模式也有助于提高决策质量，并在获得广泛认可的基础上推动决策顺利施行。但在信息空前膨胀、不确定性与日俱增的今天，规范化决策程序的弊端也逐渐暴露出来：环境分析需要时间，员工参与需要理解，领导拍板需要经由客观、严谨的逻辑推理……即使满足了上述条件，一项千呼万唤始出来的决策方案也极有可能与悄然改变的现实环境相脱节。

明茨伯格曾用陶艺人塑陶的过程形象地表达了领导者进行战略决策时那种介于确定与不确定、可控与不可控之间的状态。“作为一个手艺人，他是在感觉这些东西，而不是分析；他的知识是隐性的、难以言明的。当他动手时，所有这些因素都在其脑海里发挥作用。”从某种意义上说，当“身临其境”的领导者依靠个人的经验直觉进行决策时，往往也能与市场机遇“狭路相逢”，出奇制胜地将企业引入一个新的历史阶段。所谓尽信书不如无书，尽管规范化的决策模型对于推动理论发展、优化决策过程有着重要的意义，但对于领导者来说，更需要在掌握理论的基础之上学会变通，进而灵活而不失理性地进行决策。

## 第 4 节　环形职能模型

一直以来，人们对领导者始终怀着各种各样的期待，诚如前面所述，包括从创设愿景、制定决策到协调利益相关者、激励员工为共同目标不懈奋斗等。总之，既要立足现状，又需展望未来。随着领导职能的不断完善，加之日趋庞大的组织规模与多样化的团队构成，人们也逐渐意识到这注定不是一场专属于全知全能的英雄人物的传奇剧目。在这一领域，近年来关注团队领导力互补的斯隆领导模型做出了极大的贡献。此外，也有学者以在建设、引领团队实现既定目标的同时兼顾员工个性化需求为出发点，针对有效的团队领导行为建立了一个动态平衡模型，为拓宽个人领导力视角起到了积极作用。

### 一　阿戴尔的三环模型

阿戴尔（Adair）在《领导力培训》一书中指出，作为领导者需同时满足三种需求，即引领团队完成常规型日常工作、建设团队以及培养个体成员。阿戴尔进一步借助一个三环模型形象地呈现这三类彼此重叠、环环相扣的领导职能行为（见图 11－3）。

**图 11－3　约翰·阿戴尔的三环模型**

资料来源：Adair J. Training for leadership. London：MacDonald and Company（Publisher）Ltd.，St. Giles House，1968.

图 11－3 中，三个环形分别对应领导者的任务职能、团队职能以及个人职能，阿戴尔将领导力比作在空中同时转动这三个环形的平衡能力。与以往许多关注个体领导职能

的学者不同，阿戴尔认为这并非一场“个人秀”。在他看来，领导角色实质上是由一系列引领团队实现共同目标的具体行动塑造的，而行动的发出者并不局限于组织中特定的领导者——术业有专攻，只要时机成熟、能力相称，团队领导完全能够由不同的成员胜任。这一“解除职能绑定”的观点与斯隆领导模型中的分布式领导理念有异曲同工之妙。

## 二 团队领导行为

一般而言，阶段性的工作任务是一个团队得以存续的首要前提，因而以制定计划、下达指令、控制工作活动进度等为代表的任务职能构成了三环领导模型的基础，并为团队进一步发展壮大创造了契机。接下来，为了更好地履行团队领导职能，领导者需带领成员在不断的碰撞与磨合中共同探索团队的运作机制，并就此达成一致。同时，通过协调彼此间的工作关系来增强集体凝聚力，从而推动团队的成长和发展。模型中的最后一个环形代表着领导者的个人职能，它强调领导者应充分地尊重和信任员工，关注其发展潜力。这一方面要求团队领导具备极为敏锐的洞察力，能够将心比心地理解个体成员的成长诉求；另一方面也需要他们将关怀付诸行动，以可观可感的制度体系为员工搭建发展平台，例如通过推行开放包容的参与式决策鼓励成员各抒己见，进而达到开拓胸襟眼界、激活创新潜力等目的。

在这一嵌套式结构中，三大职能彼此渗透、相互影响，共同构建起一整套动态而高效的领导职能体系。所谓牵一发而动全身，其中任意一环的变化都将引发一系列的连锁反应，而这既有可能带来相互促进的积极效应，也有可能因彼此牵制而引发恶性循环。例如当一个团队圆满完成了阶段性目标时，成功的喜悦不仅能极大地提升团队士气、为其接下来的发展奠定基石，同时也将进一步拉近同伴之间的距离，为个体成员营造融洽满意的工作氛围。相反，一位过分关注任务、忽略团队建设及员工需求的领导者往往会在不知不觉中损害整体的长远利益，并为日益疏远的团队氛围和冲突不断的工作关系头疼不已。

## 小 结

作为引领变革的核心人物，领导者往往需要迎合组织中对多样化角色的期待。斯隆领导模型将领导职能概括为分析现状、建立网络、创设愿景以及开拓创新四项。对此，领导者也将借助个性化的行为方式予以展现。另外，为了避免受个人领导力的局限，斯隆领导模型强调领导者应与团队中的其他成员相互协作、取长补短以提高整体领导力水平。

激励对于促进员工满意、提高工作效率有积极作用。随着激励理论的发展，实践中的领导者往往采取多样化的激励手段，但受外部环境、组织成员乃至工作内容等因素的影响，激励的实际成效不尽相同。因此，领导者在激励员工时需做到因时制宜、灵活变通，借助换位思考体察员工的内心需求。

在制定决策的过程中，领导者可通过鼓励员工参与以实现决策优化、提高成员认可度、辅助决策落实等目的。在帮助确定员工参与水平的理论研究中，弗鲁姆与杰戈两位学者归纳了五类参与模式，建立了相关规则，对领导决策有一定的启发。此外，由阿戴尔提出的环形职能模型将关注点从单个领导者转移到了团队领导行为上，分别阐述了领导者的任务、团队以及个人职能。由于三大职能相互渗透，领导者在带领团队完成任务的同时也要兼顾团队建设与员工个性发展的诉求。

## 关键术语

领导职能（leading function）
斯隆领导模型（Sloan leadership model）
分析现状（analyzing）
建立网络（relating）
创设愿景（visioning）
开拓创新（innovating）
激励（motivation）
决策质量（decision quality）

## 思考题

1. 为什么说领导者有时会陷入高处不胜寒的处境?
2. 结合分布式领导的概念，谈谈组织中领导力得以均衡发展的必要性。
3. 在哪些情形下，激励容易产生适得其反的后果?
4. 如果得知一位企业领导者决意在素来注重人际和谐的组织中推行末位淘汰制，你会对他提出怎样的建议?
5. 在考虑是否让团队的其他成员参与到决策过程中时，领导者需要权衡哪些主要因素?
6. 采取团队集体决策的突出优势及主要缺点各是什么?

## 案例分析

### 解读腾讯马化腾的领导力密码

为什么马化腾总是亲自给年轻的腾讯员工发红包？其行为背后蕴藏着什么领导力密码?

“恭喜发财，红包拿来!”春节后开工第一天，许多公司的高管都被年轻的员工围堵着讨要红包，整个公司沉浸在一片喜气洋洋的氛围中。“讨利是”是广东地区的习俗，寓意“大吉大利，好运连连”，一般是在开工的第一天，由公司的高管和已婚人士发“利是”给未婚的年轻同事，单身的人成群结队逐层而上，热热闹闹地跑遍每个办公室拜年。金额多少并不重要，大家要的是红包所代表的“好意头”。

**为何马化腾要坚持发红包**

大年初八天刚蒙蒙亮，腾讯总部大楼前就已经排起了数百人的长队，排在第一位的小伙子居然是凌晨 3 点就来了。为了突出狗年的特色，还特别设计了一个“旺”字形的排队走线，象征企业兴旺发达。马化腾和多位腾讯高管也如约出现在办公室门口，为员工挨个派发红包，并送上一句“新年快乐”。

腾讯的离职员工“小狗跳舞”在知乎上留言说：“腾讯可能是大公司里最容易见到大 boss 的一家公司了，小马哥的开工利是封我现在都舍不得拆!”在互联网企业中，腾讯每年正月初八开工、马化腾在这一天亲自发红包已经成为一道风景线。这个传统据说起源于腾讯创业的 1999 年，一直坚持到现在，其热闹程度不亚于公司年会。

马化腾在一次媒体沟通会上表示：“微信红包月活用户已经超 8 亿，是一个很大的数字。”他还表示：“红包其实是一个带着钱的表情包，是一种文化的沟通，所以不能单纯从钱的角度考虑。”2018 年的“2018 胡润全球富豪榜”显示，47 岁的马化腾以 2 950 亿元财富成为全球华人首富。作为互联网起家的 CEO，马化腾深刻了解分享的重要性，并身体力行，而发红包只是其中一个具体行动。

**红包背后的领导力**

中国企业家成功的管理思维，往往建立在对中国传统文化的研究与思考上。研究发现，会发红包的人总是会更有人缘，有更好的社交反馈。红包虽然金额不多，但魔力不小。不管多有钱的人都喜欢红包，它是人际关系的润滑剂。

要分析红包背后的领导力，首先要理解中国人的人情世故。中国自古以来就是人情社会、熟人社会，历来讲究礼尚往来，适当的礼仪有助于人际关系的建立和维护。

腾讯的核心领导层大多是 70 后，而其大多数员工和用户是 80 后、90 后，之所以能在互联网行业创业而且一直保持走在前列，马化腾对全公司影响最大的就是尊敬文化。在清华全球管理论坛上，马化腾在谈及自己的领导力风格时说：“我的风格不强势，也不是一言堂，创业团队要互相商量。腾讯的风格也是这样，比较民主、多元化。”

“分享”不仅体现在发红包上，同样体现在对员工的长期回馈上。2016 年 11 月 11 日是腾讯公司的“18 岁成人礼”。马化腾为感谢员工过往的努力付出，分享了公司 18 年来的成长，为员工准备了一份特殊的“感恩礼包”：每人 300 股腾讯股票。按照当天 200 港元的股价计算，腾讯的每位员工都可以获得 6 万港元，总价值约达 17 亿港元（约 15 亿元人民币）。表面上这是一次员工福利行为，但实际上是一次全员持股，马化腾真正将公司的员工从“你我”变成了“我们”。

领导力不是让你发号施令，领导力可以说是影响他人、激励他人实现个人的自我成长，并成就某些事情。对领导力的真正诠释应该是一种存在、一种关系。你和下属员工是一种关系，它非常暖性，不存在绝对的我是领导者、你是跟随者。

未来，领导力将会变得越来越非正式化，团队和员工的个性化被认可、被尊重，以往行之有效的简单粗暴式的管理无法真正地激励和笼络人才。人性化管理能够让员工充分挖掘自身的潜能，从优秀到卓越。

马化腾用行动告诉我们，分享是一种美德，懂得分享的领导者，才能带领团队不断突破，越来越美好！

资料来源：解读腾讯马化腾的领导力密码．(2018－03－20)．http：//www.ceconline.com/leadership/ma/8800092416/01/.

根据上述案例，尝试回答如下问题：

1. 本案例中马化腾的做法涉及哪几种领导职能，结合本章内容，你还能想到其他哪些领导职能？

2. 你认为领导最重要的职能是什么？为什么？

3. 领导处于不同的情境当中，其各项职能的重要性也会发生变化。你认为马化腾的这种做法，在什么样的企业文化中是不可行的？

## 参考文献

［1］Ancona D，et al. In praise of the incomplete leader. Harvard Business Review，2007，85（2）.

［2］Fiedler F E. Personality and situational determinants of leadership effectiveness//Cartwright D，Zander A. Group dynamics：research and theory. New York：Harper and Row，1968.

［3］Vroom V H，Jago A G. The new leadership：managing participation in organizations. Englewood Cliffs，NJ：Prentice Hall，1988.

# 第 12 章 领导变革

## 学习目标

- ◎ 领会变革的作用和类型
- ◎ 理解变革的过程
- ◎ 了解阻碍变革的不同原因
- ◎ 了解组织变革的抵制现象
- ◎ 掌握愿景型领导的特点及领导者构筑愿景的方式
- ◎ 理解有效领导变革的做法

## 引例

### 哈斯廷斯：奈飞的颠覆式创新

奈飞（Netflix）是美国最大的流媒体平台、全球领先的网络视频公司，它之所以能有如此成就，与其创始人兼 CEO 哈斯廷斯（Hastings）推崇颠覆式创新是分不开的。

奈飞最早是做 DVD 租赁起家的。随着网络的普及、带宽的提升，哈斯廷斯迅速认识到，音像制品租赁已经是夕阳产业，没有任何挽回的余地了。互联网和流媒体才是未来。

2007 年，在奈飞寄出的 DVD 超过 10 亿张时，它转型推出了自己的视频点播服务。在电影出租产业如山崩般倒塌之际，奈飞存活了下来。

哈斯廷斯骨子里有一种“不断追求更高效率”的精神。奈飞也自 2008 年开始走向了自己的第一次发展巅峰。订阅用户激增，从 2009 年到 2011 年，奈飞的订阅用户从 1 200 万跃升至 2 600 万。股价也攀升至历史新高。

一切似乎都在朝着最美好的方向发展。奈飞更是倚仗这样的高速发展，走出了自己最激进的一步。奈飞又做了一次转型，取消了 DVD 租赁 + 流媒体播放的套餐，而是将两种服务分开出售。分别订阅两种服务的总价比原来上涨了 50%。

像奈飞这样的视频流播服务提供商，其命运被上游的内容方高度掌控。一旦没有了内容，再热火朝天的盛况都只是镜花水月。这个商业模式上的巨大漏洞，让奈飞的股价从 2011 年 7 月的每股 40 美元，应声跌至 12 月的每股不到 10 美元。但奈飞已经想好了对策，一年多后的 2013 年 2 月 1 日，《纸牌屋》首季 13 集上线。

在“网剧”这个词还未出现的 2011 年，谁都不敢相信，一家内容分发渠道商，能够成功制作出这样一部剧——无论是制作、播出形式，还是内容质量，都具有划时代意义。《纸牌屋》改变了一切。它获得 9 项艾美奖提名，最终获得 3 个重量级奖项。到今天，奈飞每年制作的原创内容数量已经超过了任何一家电视台。无论内容规模还是预算量，奈飞堪称冠绝好莱坞，并且完成了在日本的原创内容部署。

创业 20 年，哈斯廷斯带领奈飞不断突破自我，从一次次危机中脱身并颠覆行业。更重要的是，你能从他身上感受到一种力量，一种正在让内容行业变得更好的变革之力。

资料来源：Netflix 创业 20 年：如何在高压的环境中打造核心竞争力．(2018-06-15). https://www.sohu.com/a/235910853_649045.

是深刻变革还是死亡？组织面对的环境复杂多变，与严格的静态组织相比，适应性、弹性强的组织更具竞争优势。在竞争日益激烈的今天，组织需要变得更加灵活、创新，富有弹性和适应性，固化守旧的组织终将被历史淘汰。然而变革并不是一件容易的事情，“赤手空拳走入未知天地”往往是一种惊心动魄的选择，使人不由得茫然无措。变革是势，顺之者昌，逆之者亡；创新是路，积跬步方能至千里，一步一个脚印方能丈量未来。第 8 章介绍了变革型领导的概念，上一章斯隆领导模型中的四大要素也提倡追求独树一帜的变革，本章将具体阐述变革的类型、变革过程模型、变革中会遇到的阻力，以及怎样成功地领导变革。

## 第 1 节　变革的类型和过程

### 一　变革的类型

曾有人问杰克·韦尔奇：“您对通用电气的变革何时结束？”韦尔奇果断地答道：“不，变革刚刚开始。”在韦尔奇的管理生涯中，变革从未间断。世界上唯一不变的是变化，而要应对变化就需要变革（change）。变革是永恒的，领导者应该将变革看作机遇而不是威胁。

变革是组织管理人员为适应外部环境的变化，主动对组织的原有状态进行改变，以更好地实现组织目标的过程，这也是区分领导者和管理者的方法之一。变革包含情境、领导者、追随者三要素，其往往与创新密切相关。当劳动力性质、技术、经济、冲击、社会倾向、国际政治等发生变化时，变革也就在蓄势待发。比如，2020 年的新冠肺炎疫情让国内外市场发生了很大变化，各个组织都需要通过变革来应对危机、渡过难关。变革对组织而言是冲击下的提升和蜕变，有利于提高组织适应环境的能力、工作绩效和整体竞争力，正向改变员工的行为。

变革类型因环境而异，不同类型的变革有不同的效果，也需要不同风格的领导，常见的几种变革方式分别为计划型变革、无计划变革、渐进式变革、激进式变革。

（1）计划型变革：当人们试图分析环境和组织的内部因素时，领导者或员工做出主动尝试而形成的变革被称为计划型变革（planned change）。这种变革方式是通过对企业组织结构的系统研究，制定理想的改革方案，然后结合各个时期的工作重点，有步骤、有计划地实施变革。计划型变革的优点是：有战略规划，考虑到企业长期发展的需求，组织结构的变革可以与人员培训、管理方法的改进同步进行。另外，要使计划型变革的实施取得理想的效果，正确制定战略是重中之重，领导者不仅要结合自身对行业发展的认识，同时要适时地咨询行业专家，并让中高层经理也参与进来。

（2）无计划变革：现实情况下，企业大部分变革都是人们未曾预期到的，在没有针对性地处理问题的前提下，随机并且突然发生的变革，即无计划变革。当企业的外部环境发生较大的变化时，比如政府对行业的政策发生改变或是市场中出现了新的强有力的竞争产品，企业必须迅速对外部环境的变化做出反应，实施无计划变革。这一变革过程涉及企业内部的资源分配、人事政策、激励模式等的改变，企业需要在尽可能短的时间内找到应对措施，重新取得并维持竞争优势。

（3）渐进式变革：逐渐发生的变革是渐进式变革。渐进式变革的优点在于变革阻力较小，易于实施，领导者在渐进式变革中需要承受的压力特点为低强度和长期性。渐进式变革与计划型变革的主要区别在于变革之前是否制定了战略计划，即渐进式变革通常是在企业尚没有明确的目标时推行的改良措施，这种变革一般不会涉及组织结构重组这样大的方面。

（4）激进式变革：迅速并且显著的变革是激进式变革。这种以变革速度快慢为标准的分类中，渐进式变革更易于管理。一些学者也将激进式变革称为颠覆式变革，这种变革方式往往涉及公司组织结构重大的、根本性的改变，变革期限很短。激进式变革一般只有在极端情况下才会出现，如公司经营状况严重恶化，企业利润急剧下降等。实行激进式变革存在一定风险，它会给公司带来非常大的冲击，失败的概率也明显高于其他形式的变革。

不同类型的变革需要领导者采取不同的行动，在计划型变革和渐进式变革中，领导者安排工作的能力很重要；当面对无计划变革和激进式变革时，魅力型领导和威权领导可能会显得非常重要。

## 二 变革模型

处于初始变革阶段的组织就犹如在险滩遍布的河流中航行的小木筏，船员没有航行的经验，不熟悉河流的环境，此时需要变革模型提供系统的理论指导，使领导者能够从整体上把握变革过程。勒温的三步骤模型、活动研究模型和领悟—相信—成就（CBA）变革工具箱就是其中的代表，这些变革模型为领导者领导变革提供了借鉴。

### （一）勒温的三步骤模型

社会心理学家勒温（Lewin，1951）提出了组织变革三步骤模型（Lewin's organization change theory），它包括解冻（unfreezing）、变革（changing）、再冻结（refreezing）三个步骤。该模型解释了变革过程，指明了领导者在每个变革阶段的领导方向，这种变革模型也是计划型变革的一种。在勒温的模型中，现状可以视为一种平衡状态，要打破这种平衡状态，领导者必须克服个体阻力和群体的从众压力，因此就需要进行第一步——解冻。

解冻可以通过增加推动力（driving forces），减少抑制力（restraining forces），以及使两种力量的结合来实现。任何一种行为都是努力维持组织状态和积极推动变革相协调的结果，当两种力量势均力敌时，就达到了平衡状态。为了实现解冻，领导者需要减弱组织当前状态的力量，使推动力大于抑制力，让员工看到实际行为和期望行为间的差异，动摇原有的思想观念，积极参与变革（见图 12-1）。

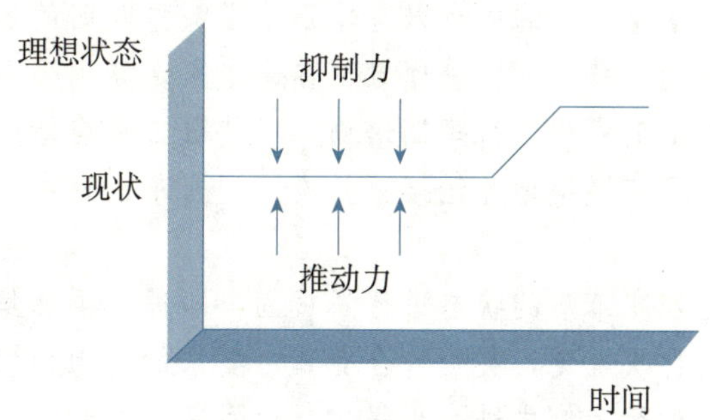


**图 12-1 解冻现状**

资料来源：Lewin K. Field theory in social science. New York：Haper & Row，1951.

第二个步骤是变革，这是整个过程的核心。领导者实施变革方案，转变部门或个人的行为，在组织成员中发展新的行为、价值观及态度，通常都需要通过组织结构变革、人力资源变革和组织技术变革来实现。变革是一个认知的过程，所以领导者需要给员工提供充分的信息，指明变革的方向，使员工理解变革目的，促使其形成新的行为和态度。需要指出的是，因为组织成员中存在一种"回弹"的思想，即他们倾向于抵制组织变革，具有使组织回到原有状态的行为意向，所以整个变革过程不能太拖沓，或者过于追求让所有人都满意。必要的时候，领导者可以通过给员工提供变革培训、心理辅导、增加工资等方式加快变革速度。

最后一步是再冻结。勒温认为组织很容易回到变革前的状态，除非经历再冻结的步骤。领导者通过对组织文化、规范和政策的再次确定，将组织重新固定在一个新状态的平衡位置，并在此过程中不断地给予积极强化，使员工接受并习惯新的组织环境，巩固新的行为模式。安全元件公司就利用勒温模型成功地实现了初步变革。

## 篇中案例

### 勒温模型在安全元件公司的应用

安全元件公司原来为银行提供产品，由于公司想发展成为一个更专业的电子元件制造商，于是其把目标用户扩展到了电信工业。尽管目前业务已经取得了显著的进展，但内部业绩不佳：生产线上存在很高的废品率，承诺的发货日期也得不到执行。公司 CEO 考虑实施变革，成立了变革小组，从外部引进了一个有变革经验的职业经理人尼尔，并让尼尔担任组长，负责管理变革。尼尔根据安全元件公司的特点，决定采用勒温模型，具体变革过程如下：

第一步，尼尔带领变革小组的成员深入公司生产现场调查，对员工的行为、态度进行引导和纠正；另外，加大对员工的培训力度，使员工认识到变革的紧迫性。同时，尼尔要求财务部门把安全元件公司的经营指标、业绩水平与竞争对手加以比较，找出差距，以帮助员工改变现有的态度和行为，促使员工主动要求变革，接受新的工作模式。此外，尼尔定期找各部门的负责人谈话，减少其在变革方面的心理障碍，提高对变革成功的信心。在解冻了员工旧的观念之后，尼尔开始开展第二步工作。

第二步，尼尔明确告诉员工公司未来变革的主要方向，并着手实施变革。为了提高大家对变革的积极性，变革小组的成员以身作则，带头打破旧的思想，而这为员工树立了很好的榜样。同时，尼尔聘请一些管理者、咨询专家定期到公司举办专题讲座。尼尔还不定期地把员工送到培训机构进行短期培训，以使员工适应新的组织环境。通过上述措施，安全元件公司的员工慢慢地开始接受并投入到变革过程中，尼尔领导的组织变革也取得了初步的胜利。

第三步，尼尔对组织变革后的状态进行了巩固，即进行再冻结，对安全元件公司的组织文化和价值观进行再次确定，奖励符合变革后要求的行为模式的员工，加深员工对变革目的的理解，使新的行为模式进一步强化，巩固变革成果。

资料来源：马作宽，王黎．组织变革．北京：中国经济出版社，2009.

## （二）活动研究模型

活动研究模型（action research model）侧重在变革过程中，领导者首先要系统地收集信息，然后在信息分析的基础上选择变革行为。此模型也是对计划型变革的一种体现（Shani & Pasmore，1985）。

活动研究模型描述的过程类似于医生诊断病情的流程，在面对病人时，医生先对病人进行初步诊断，了解病人身体的基本情况后，分析病情，找出病因。这个过程需要病人的反馈，在得到肯定的反馈后实施治疗，最后由病人对医生的诊断效果进行评价。类似地，活动研究模型包括五个阶段：诊断、分析、反馈、行动和评价（见图 12-2）。

诊断 → 分析 → 反馈 → 行动 → 评价

**图 12-2 活动研究模型**

（1）诊断过程。领导者收集信息，通过与员工面谈明确变革的注意事项。

（2）分析过程。领导者对诊断阶段所收集的信息进行分析，并把与问题相关的信息综合成条目，制定相应的解决方法。

（3）反馈过程。领导者鼓励变革对象广泛参与，积极参与对问题的界定，主动寻求解决办法。因此，反馈阶段让员工共同参与前两步发现的问题。最后，在领导者的帮助下，员工可以开发任何有关变革的行动计划。

（4）行动过程。领导者和员工采取具体行动实施变革，改进前几步发现的问题。

（5）评价过程。领导者评估行动计划的效果，对变革前后两个时期进行具体的比较和评价。

活动研究模型的变革行为是以解决问题的方法为中心的，领导者遵循“先有方法，后有问题”的步骤，能提高解决问题的效率。由于变革过程中有员工的大量参与，因此变革阻力得以减弱，员工参与成为变革得以持续进行的内部力量源泉。

### （三）变革工具箱

飞机在飞行时会遇到重力和空气阻力，这些阻力让飞机摇摆不定，难以平衡。同理，令人捉摸不透的变革过程会产生许多变革的“脑障”，这些脑障存在于人固有的思维中，使人看不到变革的需求。为此，布莱克和格里格森（Black & Gregersen，2002）提出了变革工具箱的概念，借以改变人们的心智模式。变革初期，许多人没有探索精神，看不到变革的需求，对问题采取视而不见的态度。员工对变革的领悟能力有限，这是变革开始的第一道脑障。领导者需要促使员工领悟变革的必要性，带领员工聚焦公司内部已经发生的变化，比较改变前后的不同，制造反差，创造飞机起飞的动力。

有了动力后，飞机还需要提升力，即让人们相信凭借自己的能力是可以到达目的地的。许多员工明知需要变革，但却认为自己不具备进行变革的能力，这是变革的第二道脑障。此时则需要领导者增加员工对变革的信息，而信息来源于资源和奖励。领导者提供给员工实施变革所必备的资源，为员工的行动提供有力的支持，适时地给予激励，强化变革的正面影响，这样做可以突破知而不行的脑障。

变革过程是艰巨而复杂的，人们的疲惫和迷茫往往会使变革行而不达，这是变革的第三道脑障，也是距成功最近的、最可惜的一道脑障。现实结果达不到期望的标准，这种挫败感会使人们行而不达。为消除这种负面影响，领导者需要坚定组织的发展战略，指出哪些行为是变革成功的关键，让员工明白初期的低效是正常的，不要气馁，克服疲惫，强化所期望的正面结果。

韩非子说过：“世异则事异，事异则备变。”对于任何性质的组织，变革都是保持组织活力和竞争力的重要保证，变革对于组织健康发展必不可少。现代商业竞争环境日趋激烈和复杂，变革对于企业生存的重要性不言而喻，领导者对变革要给予高度重视，了解变革的过程，运用合适的变革分析模型，为成功变革打下基础。

## 第 2 节　变革的阻力

### 一　阻碍变革的因素

变革意味着破旧立新，必然会产生与组织内部人员不同的思想观念，变革也免不了会带来组织资源和利益的重新分配，对组织成员产生压力。当人们已习惯于原有的一套思考方式或行为准则时，改变会导致个人产生抵触情绪，严重时整个组织都会反对变革，形成组织层面的阻力，这构成了勒温的三步骤模型中变革的抑制力。虽然领导职位经常被描绘成令人振奋且富有魅力，但当领导一个历经变革困难时期的组织时，领导者将面临被踢出局的危险，在变革过程中折戟沉沙。宝洁公司的迪克·雅格、惠普公司的卡莉·菲奥莉娜、联想的前 CEO 阿梅里奥等都成了变革的失败者，杰克·韦尔奇的接班人伊梅尔特失败的部分原因在于，领导者还没有弄清什么是阻碍变革（resistance to change）的因素便发动了变革。

变革阻力的表现可以是公开的，也可以是潜在的；可以是暂时的，也可以是长期的。阻碍变革的因素根据来源可分为组织层面的阻力和个体层面的阻力两类。

## （一）组织层面的阻力

**1. 惯性**

惯性是阻碍组织变革的主要因素，在组织的发展历程中，经过时间的沉淀，组织文化和组织结构都已达完善并被成员广泛接受，群体也已形成固定的行为模式（这种现象也称为“结构惰性”）。惯性起着稳定组织的作用，而一旦变革就会产生风险。比如，2006 年，当福特公司在损失 127 亿美元后试图重塑管理模式时，遇到了惯性的大挑战——受到全体员工的强烈反对，逼使 CEO 辞职。守旧的组织文化不利于组织变革，员工多倾向于安全、稳定的组织环境；相反，开放的组织文化有利于员工接受新思想，激发员工的创新精神，有利于组织变革。

**2. 威胁**

威胁主要体现在三个方面，第一个是专业知识的威胁。变革可能意味着技术的更新和变化，而这会威胁到专业群体，使一个专业群体失去原有的作用，部分专业人士担心变革之后他们会丢掉“饭碗”。第二个是对已有权力关系的威胁。变革往往涉及原有组织结构重组和人员变动的问题，组织“大换血”会使经理出现职位变化，这本身就是对他们已有权力的一种威胁。这种威胁会引起各级管理者的普遍抵制，但对于普通员工来说，这种威胁则显得不这么重要。第三个是资源分配的威胁。变革后，组织资源分配的标准会改变，当组织资源是一块固定的蛋糕时，根据零和博弈的观念，变革之前资源分配受益者的优势会受到威胁，而之前的资源分配劣势者则可能借此机会“翻身”。

**3. 错误的时机**

顾名思义，错误的时机指的是在不恰当的时机实施变革。这分为两种情况，一是前一次的变革还没来得及冻结，领导者又推行新一轮的变革，这让组织成员的不安全感持续，从而让员工对于变革的抵制情绪越来越强烈。二是组织目前的发展状况良好，利润收益持续增长，此时，领导者实施变革时的阻力会比以往更大。一种可能的解释是：领导者的前瞻性和对行业的深入理解使其能够看得更远，提前实施变革；而组织中绝大部分成员并不具备这种长远思维，他们更倾向于享受眼下的“美好时光”。

**4. 缺乏奖励**

组织若不奖励参与变革的人员也会阻碍变革的进程。在推行变革的过程中，领导者对参与变革人员的奖励被看作一种有效的管理方式，有利于及时削弱变革阻力，吸引更多成员参与和支持变革，将变革阻力巧妙地转化为变革动力，促进企业成长。

## （二）个体层面的阻力

除了组织层面，个体层面也会产生阻力，主要包括以下几种。

**1. 个体习惯**

个体习惯使个体安于现状，日复一日，年复一年。员工心里充满了安全感和满足感，个体习惯了原有的组织价值观，并坚信“传承下来的是最好的”。

**2. 对未来未知的恐惧**

变革决定通常由组织高层领导做出，而员工却并不了解变革的目的和意义，对未来状况未知的恐惧感便由此产生，即个体感到变革会威胁到自己的既有利益，当未来充满风险时，安全感高的人更容易抵制变革。例如当公司引入新的办公技术时，员工必须花很长的时间接受新技术培训、破除习惯、反复磨合才能适应新的工作方式。管理学大师德鲁克认为，组织增长的主要障碍在于，人们认为没有能力按照组织的需要，快速地改变自己的态度和行为。这种变革能力的缺乏，正是一种对未来未知恐惧的表现。即使人们认识到了改变运营方式的必要性，有时他们在情感上也无法接受，觉得自己无法学会新技能和新行为方式。对变革容忍度低也是对未知的一种恐惧。

**3. 官僚主义**

官僚主义文化包括层叠的等级制度、自上而下的改革传统、缺乏理想并安于现状。员工认为变革是危险的，如果失败还会遭受惩罚，即使成功了，也会因为提高了工作效率而被迫增加额外的工作，受到同事的嫉妒并被孤立。所以，员工会认为变革之后组织的整体利益提升了，而自己的个人利益会受到不同程度的削弱。相应地，在行为上员工会增加变革成功的代价，抵制变革。

**4. 对信息加工的选择性**

人们偏向保留对自己有利的信息，忽略对自己不利的信息。信息加工的选择与个体的价值观、世界观密切相关。当一种新的福利制度出台时，如果这种制度削弱了某些人的利益，则他们感受到的就可能全是负面信息，即使这种制度对整个大局是有益的。

另外，来自个体层面的阻力可能不仅来自变革本身，即成员对变革发动者怀有成见，有多一事不如少一事的心态，或是害怕自己会对失败的变革承担责任等因素也会导致产生个体层面的变革阻力。

## 二 组织变革的抵制现象

变革会遇到阻力，那么，组织领导者凭借什么去判别他们在推行变革的过程中遇到了阻力呢？即组织成员表现出哪些行为时，能认为他们在进行抵制和反对？以下列举了一些常见现象。

（1）员工抵制变革的最直接体现是消极怠工。消极怠工意味着生产率下降，如果同一时间内，排除了非人为因素和偶然性因素干扰的情况下，企业整体的生产率水平显著下降，并且生产率的下降并不局限于少数几个部门，而是在各职能部门中广泛存在。此时可以认为，组织的变革受到了员工的普遍抵制。

（2）若领导者对于变革过程中员工的抵制视而不见，一段时期后，那些对组织失去耐心和信心的员工行为将会变得更为极端，即表现为公开反对、部分罢工、对人事政策的变动不予执行等。

（3）变革的中间环节，抵制情绪最为严重，组织成员的缺勤率显著上升，组织公民行为多半会消失，一些员工不惜丢掉“饭碗”，以主动离职来表示对变革的反对。

总之，在变革过程中，员工的抵制行为多种多样，但有一点是相同的，即这些抵制措施都在一定程度上损害了组织利益和经营效益。员工想要借这些方式引起领导者的注意，延缓或阻止变革，维护自身的利益。科特（Kotter）总结了组织变革失败的原因。

学者说

## 为什么大多数的组织变革会失败

我研究过100多家试图通过变革大幅提升竞争力的公司，这些公司采取的变革方式各不相同，但从实际结果来看，仅有少数公司的变革非常成功，少数公司一败涂地，大部分公司则介于两者之间，但都不太成功。

我们从这些案例中可以吸取不少耐人寻味的经验教训，在未来的激烈竞争中，这些经验或许能为更多企业提供参考。

**错误一：没有制造足够的紧迫感**

大多数成功的变革行动，都始于某些个人或群体开始认真审视公司的竞争环境、市场地位、技术趋势和财务业绩。通过审核，他们注意到一些问题，随后他们会设法把这一发现传播出去。

这一步至关重要，因为启动一个变革项目需要许多人齐心协力、积极投入。没有合理的动机，人们也就没有参与变革的动力，变革也就发动不起来。

相比变革过程的其他阶段，这个起始阶段看似比较容易，事实却并非如此。

这是因为管理者有时会低估让人们走出舒适区的难度；有时又会高估已经建立的紧迫感；还有些时候，他们会失去耐心，认为“准备工作已经做得够多了，开始行动吧”。

**错误二：没有形成强大的指导同盟**

尽管大规模的变革常常始于一两个人，但在成功的案例中，领导变革的阵营会随着时间推移而不断壮大。如果这股力量未能在变革初期发展到一定规模，变革就不可能取得重大成果。

人们常说，要实现组织内的重大变革，最高领导的积极支持必不可少。但仅有最高领导的支持却也不够。

无论企业大小，即使成功的变革领导团队在头一年可能也只有三五个人。但在大公司里，这个阵营必须在之后扩大至20～50人，否则就无法在随后的阶段取得很大的进展。

如果没有形成足够强大的指导同盟，变革行动虽然可能在短时间内取得明显进展，但反对势力迟早会集结起来，阻止变革。

**错误三：缺乏明确的变革愿景**

失败的变革往往拥有大量的计划、方针和项目，但是缺乏愿景。

在一些成效平平的变革案例中，管理层对于变革方向有一定的概念，但他们的想法要么过于复杂，要么过于模糊，仍然无济于事。

要判断你的愿景是否清晰、明确，有一条法则：如果不能在5分钟内把你的愿景解释清楚，让听众理解并产生兴趣，那就意味着这一阶段的任务尚未完成。

**错误四：未能充分宣传变革愿景**

在愿景宣传这方面，我总结了三种常见错误。

第一种情况是，变革同盟确实制定了一个相当好的变革愿景，却只开了一次宣传会或发了一次材料，尚不足公司内部全年宣传总量的万分之一；最后，他们发现没有几个人理解变革方案，却还不知道问题出在哪里。

第二种情况是，组织的领导者花了大量的时间向员工发表演讲，大多数员工仍然摸不着头脑，这也不奇怪，因为关于愿景的宣传仍然只占全年总量的万分之五。

第三种情况是，公司在内部沟通和宣传方面下了大力气，但处于显要位置的高管却未能以身作则，甚至做出与愿景背道而驰的行为，最终导致员工对变革丧失热情，对宣传丧失信任。

**错误五：没有扫除变革路上的障碍**

在一定程度上，变革指导同盟只要把公司未来发展的新方向传达到位，就足以促使员工采取行动。但是，只有宣传肯定是不够的，还要为变革扫除障碍。

很多时候，员工完全理解新愿景，也愿意为之出力，却被一座“大山”拦住了脚步。有时所谓的“大山”仅仅是个人思维的产物，而要挪开这座山，关键是要让这个人明白内外部的障碍并不存在。

但在大多数情况下，障碍是真实存在的。有时，障碍来自组织结构，例如职责范围过于狭窄，可能严重影响了生产效率的提高，或导致员工难以形成顾客至上的观念。有时，补偿机制或表彰机制设置不当，使员工的个人利益与公司的新愿景形成冲突。

最糟糕的情况可能是上级不愿意改变，还不断提出与整体变革相悖的要求。

**错误六：没有系统规划短期目标**

实现真正的变革需要时间，如果没有值得为之奋斗、为之欢呼的短期目标，变革就可能逐渐丧失动力，除非能在一两年之内看到成功的可靠迹象，否则大多数人都不愿意踏上漫长的变革之路。

没有短期成绩，许多原本支持变革的人会放弃努力，甚至转而加入反对者的阵营。

管理者常常抱怨不得不重视短期成绩，但我发现，这种压力在变革中可以成为一个有利因素。

一旦人们意识到真正的改变需要很长时间才能实现，变革的紧迫感往往就会降低。督促团队追求短期成绩，不仅可以让团队保持紧迫感，而且可以促使他们进行具体的分析思考，从而进一步明确或完善变革愿景。

**错误七：过早宣告胜利**

经过数年奋斗，有些管理者一看到业绩出现明显改善，就急不可待地宣告胜利。庆祝阶段性的胜利固然是好事，但匆匆宣布整场战争已经取胜，则可能带来灾难性的后果。

一场变革可能需要花费 5～10 年的时间才能在公司文化中扎下根来。此前，变革带来的种种新气象都是脆弱的，随时可能被打回原形。

**错误八：未能将变革深入公司文化**

变革新风必须融入公司的血脉，成为“一定之规”，才能确保稳固。如果变革带来的新行为不能成为公共行为规范和价值观的一部分，那么一旦变革的压力消失，就可能退回原样。

资料来源：约翰·科特．领导变革．北京：机械工业出版社，2014.

## 三 克服变革阻力的对策

变革对组织可持续发展的重要性不言而喻，但推行变革难免会遇到阻碍。面对变革的阻力，领导者必须具备一往无前的坚韧和魄力，锲而不舍。科特（Kotter，1999）和罗宾斯（2016）总结了以下克服阻力的对策。

（1）教育和沟通。在组织变革前与员工做好充分沟通，把变革的详细信息如实传达给每一个人，如变革的目的、方法、时间、措施等。燕京啤酒在发展过程中，曾面临国家产品流通渠道体制改变及外国啤酒公司“大兵压境”的困境，李福成却始终坚信“变革是发展民族工业的硬道理”，他把这种思想传递给企业员工，激发了员工的热情。组织中的每个成员都有权了解变革的内容。组织应加大对变革的教育和宣传，可以采用分发书面文件的方式实现。该措施适用于变革过程的所有阶段。

（2）参与和投入。让每个人参与变革过程可以有效地建立承诺，当员工参与变革并付出投入时，他们会对变革本身有更深入的了解，也更易于接受变革，以使自己的投入不白费。比如，当学校要求学生学习党的新思想时，常常号召大家开展活动，通过看电影写观后感的方式让每位学生都参与进来，同时学校会提供场地和设施促使大家接受党的新思想。该措施适用于变革过程的所有阶段。

（3）促进和支持。领导者应提供各种促进措施来支持变革，必要时还可以给员工适当的激励，以减少对变革的恐惧。如采用新技术的企业给员工提供免费的培训课程，聘请外部心理咨询师对怀有不安全感的员工进行心理辅导，以支持员工接受变革。该措施适用于变革和再冻结阶段。

（4）协商和协定。变革者与个体之间的协商可以有力地减少阻碍者的数量，满足阻碍者的需求。当变革的阻力很大时，谈判是最好的方法，但其成本相对来说也较高。西方国家政府在进行工资方面的变革时，必须与工会协商一致，如此才能有效地实施。该措施适用于变革和再冻结阶段。

（5）操纵和收买。当其他变革方案都无效或成本太高时，应该采取收买策略，封锁歪曲变革目的的信息，制造员工易于接受的言论。操纵过程中会出现收买某个组织重要人物的情形（可能是某位正式或非正式领导者，也可能是抵制变革群体的头目），而这样做是为了取得他们的承诺，以制造积极的变革信息。该措施适用于变革过程的所有阶段。

（6）明确或隐晦的强制。当变革时间紧迫或其他方案都无效时，通过威胁，可以用使个体害怕的方式来保证变革（如失去工作，丧失晋升机会等），这种强制性措施往往能够很快奏效。同时，这样做要注意避免个体公开反对或抵制，是风险较高的一项措施。该措施适用于变革和再冻结阶段。

如果把变革比作一颗钻石，那么这些要点就犹如钻石的六个构面，忽略任何一点都会影响其熠熠生辉。类似地，放松任何一个领导要项都会妨碍变革取得优异成效。由于变革的代价太高，人们很少接受挑战，逃避的结果就是选择慢性死亡。变革能带给人们开创未来的新发现，通过惊心动魄的历程所积累的经验和体会，员工会把这种恐惧变成信心，进而满怀激情地走向未来。在变革过程中，领导者要与员工分享变革信息，采取相应的沟通措施，合理的投入和支持也能促使变革的成功。

# 第 3 节　领导变革

## 一　愿景与愿景型领导

橘子洲头，毛泽东低吟“问苍茫大地，谁主沉浮”。正是坚持信念，坚守革命愿景，才使他实现了辉煌的成就。从历史和文学作品来看，我们熟知许多类似的成功领导变革的伟大领袖，但成功领导变革的典范到底有哪些共同点呢？

作为组织发展最初的导航仪，愿景在变革时再一次被提出来。领导者在变革时期最重要的一项职能是描绘愿景，清晰的愿景使员工不至于在“动荡”中失去方向。马丁·路德·金在演说中向美国人发出号召——“我有一个梦，梦想有一天一切山洼填平，终有一日我们将获得自由……”他注定成为美国黑人追求种族平等的领导者，这个愿景不仅指引着他的奋斗，还团结和激励着美国黑人从此沿着追求种族平等之路前进。

愿景一词，从字面上，我们可将其理解为希望看见的景色，《现代汉语大辞典》将其定义为所向往的前景。在现代企业中，愿景指企业想要达到的状态，这种状态不是指当前的，而是 10 年后的、20 年后的、30 年后的……它代表企业为了达到更高的目标而对员工的期许。愿景包含企业的未来目标、使命和价值观。清晰的愿景能让员工理解组织变革的理由，也能为实际变革过程提供支持。愿景型领导（visionary leadership）对下属授权，不让员工依赖领导者，员工自由和独立地工作。愿景型领导时刻关注组织灵活度和组织变化，强调团队合作。愿景型领导常常通过讲故事的方式传递价值观，比如阿里巴巴的马云就是一位讲故事的能手，他经常通过公开演讲来传递公司愿景。

拥有调动员工积极性的愿景对领导变革而言十分重要，这在上一章的斯隆领导模型中也得到了体现。库泽斯（Kouzes）和波斯纳（Posner）提出了愿景型领导模型。该模型中的领导者要以身作则，发展并鼓励分享愿景，授权并激励员工（见图 12－3）。

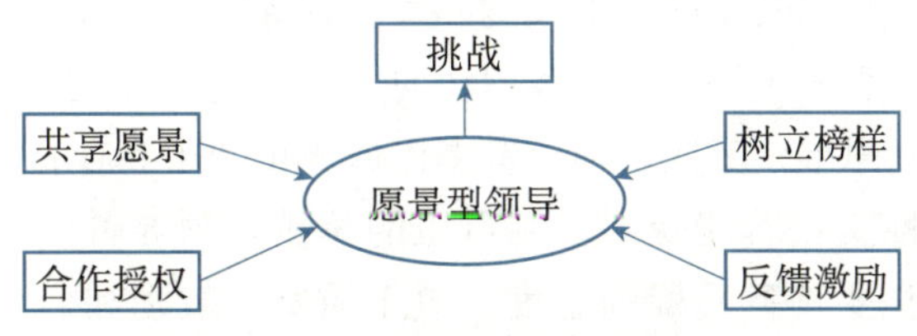


**图 12－3　愿景型领导的管理实践**

资料来源：Kouzes J M，Posner B Z. The leadership challenge：how to keep getting extraordinary things done in organizations. 2nd ed. San Francisco：Jossey-Bass，1995.

愿景型领导在组织整合与维持现状中并不会表现出明显的成效，但愿景为领导者提供了管理组织变革的指南针。领导者要发展、阐明他们的愿景，同员工分享权力，身体力行地为员工树立榜样。

## 二　愿景型领导的形式

企业的发展需要愿景的指引，清晰有效地传递愿景能够最大化地提高员工的工作积极性。然而，领导者构筑和传递愿景的方式不是一成不变的，它与领导者的个性特征和组织环境相关。从领导者构筑愿景的方式来看，主要可分为三类：集成化、影响式和凝练式。

（1）集成化。领导者在创业初期通过向组织中的老成员灌输自己的愿景，使大家在该阶段的价值观和目标趋于一致，此时，整个组织是个“小雪球”。我们知道，企业的发展必然伴随着规模的扩大、员工数量的增多。而当招募新员工时，领导者不仅应关注教育经历、能力、资格等级等硬性指标，还应强调新员工的价值观和个人愿景要与组织的价值观及愿景相匹配。在新员工入职之后，领导者还会通过组织文化熏陶的方式使员工从内心真正认可这种愿景。这样，雪球越滚越大，成员工作的协调性也会得到提升。

（2）影响式。影响式愿景的建立过程始于领导者个人的愿景，随后会发展为影响到组织的全体成员。在这方面，魅力型领导具有先天优势，这类领导者本身具有很强的影响力，他们被员工信任和尊敬，他们的个人愿景会自然而然地影响很多员工。相比之下，非魅力型领导，即一般领导者构筑愿景的过程将会很漫长，但这并不意味着这类领导者没有影响力，只是对下属实现影响的过程不同。非魅力型领导常采用连续沟通和分享的方式传递和强化愿景，相应地，愿景会在潜移默化中深入人心。

（3）凝练式。这种愿景构筑方式适用于领导者和下属的愿景趋于一致的情况。领导者无须做过多的工作，只需要将自己和组织成员共同的愿景挖掘出来并加以清晰地描述即可，而不用担心员工对愿景的认可。这种方式的运用范围有限，却是最为省力、有效的。

## 三 领导创新

所有的创新（innovation）都包含变革，但并不是所有的变革都会涉及新的观点，领导者和员工的创新是组织变革的一个关键因素。领导者的哪些品质和风格是对创新有帮助的呢？首先，领导者的风格要从独裁型转向开放式的公开交流，开放式的交流能够有效激发领导者的创新思维；其次，领导者需提倡尊重变革和存在建设性差异的组织文化，组织变革和差异性文化若能受到基层员工的尊重，领导者创新的阻力也会相应减少；最后，领导者本身要具备质疑的态度，敢于质疑，鼓励和启发员工质疑原有的规范，容忍错误甚至鼓励错误，适时地传达“冒险是重要的”这一信息。要知道，无论是产品设计、内部流程还是销售手段，成功的创新总是建立在无数的失败和冒险的基础上的。因此，一个具有创新意识的领导者应鼓励下属不断尝试，并给予资源支持。另外，领导者要提高自身的即兴创作能力，在互动中擦出思想的火花，即使在没有事先准备的情况下，也能临时产生创造力——一个情境、一次谈话说不定就能激起领导者的创新想法。在变革中，领导者要结合计划和没有计划的活动及资源来发挥创造力，发挥自己对变革的理解。

萨提亚·纳德拉就是一个在带动创造力和成长方面有着成功经验的人，微软在他的带领下焕发了创新的活力。

## 篇中案例

### 拯救微软的萨提亚·纳德拉

萨提亚·纳德拉上任微软 3 周年最好的献礼莫过于微软 2017 年第一季度的财报：智能云成为最亮眼的部分，而且微软市值也在 2000 年后首次重新回到了 5 000 亿美元。业界认为纳德拉已经成功地将微软重构成了一家基于互联网的企业服务供应商。而相比这个，对于员工来说，感受到的最大变化居然是文化。

纳德拉在与员工的交流中不断提及的两个词就是：一个微软和成长型心态。一位在微软工作了十几年的员工表示，其经历了比尔·盖茨、史蒂夫·鲍尔默和萨提亚·纳德拉三任 CEO，每任 CEO 的风格都大不相同，但纳德拉让微软十几万员工在短短 3 年内，实现了自上而下的心态上的转变，可以说是一个强有力的执行者。

**一个微软**

业界评价道：纳德拉已经成功地将微软重构成了一家基于互联网的企业服务供应商。短短 3 年时间，微软实现如此之快的转型，与纳德拉大刀阔斧的改革不无关系，而这一改革更多的是体现在微软文化上的变革。

微软企业传播团队总经理蒂姆·奥布莱恩（Tim O'Brien）透露，纳德拉担任 CEO 之后微软有一个非常大的转变：从之前强调单个组织和个人到现在强调整体和团队，也就是一个微软的概念。

一个微软口号到底能够在微软起到多大的影响？奥布莱恩表示其让微软的效率更高，创造的价值也更高。“文化转型起到了非常大的作用，之前很多项目并行开发，相互之间没有合作和沟通，但现在更多是协同合作。比如 Windows 就是一个非常好的例子。之前嵌入式、PC 端和移动端的 Windows 各自为营，现在则可以实现不同平台之间的全面协同合作。”

**成长型心态**

除了一个微软的概念，纳德拉给微软员工带来的另一个改变就是成长型心态。成长型心态这个词来自斯坦福大学心理学家卡罗尔·德韦克（Carol Dweck）的《终身成长》一书。纳德拉在接受媒体采访时曾提到，这本书里讨论了一个概念：如果有两个人，一个无所不学，一个无所不知，从长期来看，无所不学者总是会打败无所不知者。纳德拉认为这一道理适合微软的每一位员工。他会在每天下班之后问自己：“我思维太封闭了吗？我对增长表现出正确的态度了吗？”

因此，纳德拉一直强调微软不要有“领导者”的心态，而是要做一个“追赶者”。很多公司会陷入这样的怪圈：会逃避风险，规避风险，但同时还期待创新的出现。其实，规避风险的心态会让公司花更多时间在负面效果上。纳德拉提出的成长型心态则强调学习，只要去学习了，其他都是次要的。

不过，奥布莱恩也坦言如此庞大的机构，在这场文化变革中一定会有积极推动者，也会有希望能够保持现状的人。“希望能够保持现状的员工可能会离开，这是一种普遍的状态。我们很难预测这两种员工的百分比。但在微软的整个转变中，只有非常少的员工离开。而且，有些之前离开后去了谷歌、苹果的员工看到微软的这个变化之后，又选择了回来。”奥布莱恩提到。

资料来源：萨提亚·纳德拉上任 3 年，微软最大改变是文化.（2017－02－16）. https://baijiahao.baidu.com/s?id=1559480627376008&wfr=spider&for=pc.

产品可以成为经典，但终究不能成为永恒。任何产品都存在一定的市场适应期，当顾客的需求发生变化时，哪怕是微小的，企业在产品设计上也要及时做出改变。对于企业而言，没有哪一种组织方式对所有企业来说都是有效的，也没有哪一种推销方案对所有产品都是适用的。企业的发展过程有着显著的独特性，而其他企业难以模仿。因此，不同企业的变革也具有特殊性，没有最适宜的变革方式，而最有效的变革只有通过领导者和员工在长期经营过程中共同发掘、共同努力才能实现。在全球化的今天，中国企业面临许多问题，多数企业仅充当代工厂的角色。在世界市场中，多数中国企业还处于产业价值链的底端，缺乏变革和创新意识。要想做大做强，中国本土企业无论在产品设计上还是在管理方式上都必须有自主知识产权和品牌，变革的道路要符合中国国情。只有这样，企业才能在一个更高的水平上存续和发展。

领导者推行新的变革思想，点燃员工的工作激情和对未来的希望。变革是时代发展的必然趋势，领导者要成功领导变革，就要共享组织愿景，培养创新精神，提高即兴创作的水平，构建一套适合组织变革的学习管理体系，使员工融入新的组织结构。这是一个辛苦的过程，也是一个充满光辉的过程，如同英特尔的安迪·格鲁夫在《只有偏执狂才能生存》中所说：“经过战略转折点之后，一个新的企业将诞生，因为以往的一切你都必须抛弃，这是很艰难的选择，但你必须面对。”

## 小 结

变革是组织管理人员主动对组织的原有状态进行改变，以适应外部环境的变化，更好地实现组织目标的活动。变革有利于提高组织适应环境的能力，提高组织的工作绩效和整体竞争力，正向改变员工的行为。变革有以下类型：计划型变革、无计划变革、渐进式变革、激进式变革。组织变革主要有三种模型：勒温的三步骤模型、活动研究模型、CBA 变革工具箱。

变革的阻力可以是公开的，也可以是潜在的。组织层面的阻力主要包括惯性（组织文化、组织结构）、威胁（专业知识、权力关系、资源分配）、错误的时机和缺乏奖励等。个体层面的阻力主要包括个体习惯、对未来未知的恐惧、官僚主义和对信息加工的选择性。作为领导者应该学会克服变革的阻力，可采取的对策包括教育和沟通、参与和投入、促进和支持、协商和协定、操纵和收买、明确或隐晦的强制。

为实现成功领导变革，领导者应该实施愿景型领导、激发创新精神、构建学习型组织。愿景型领导能使组织成员明确变革目标，构筑愿景的方式包括集成化、影响式和凝练式三种。最后，创新孕育着变革，领导者在促进创新时风格要从独裁型转向开放式的公开交流；需提倡尊重变革和存在建设性差异的组织文化；要敢于质疑。

## 关键术语

变革（change）

计划型变革（planned change）

勒温组织变革三步骤模型（Lewin's organization change theory）
解冻（unfreezing）
变革（changing）
再冻结（refreezing）
推动力（driving forces）
抑制力（restraining forces）
活动研究模型（action research model）
阻碍变革（resistance to change）
愿景型领导（visionary leadership）
创新（innovation）

## 思考题

1. 组织变革的类型有哪些？每种类型的变革对应什么样的组织？
2. 本章介绍了哪三种组织变革模型？领导者怎样才能让它们发挥作用？
3. 阻碍变革的个人层面的因素有哪些？组织层面的因素有哪些？
4. 领导者克服变革阻力的措施有哪几种？
5. 愿景型领导对实施变革有何种积极影响？
6. 你所在学校或者组织是如何表述愿景的？这个愿景起到了应用的作用吗？

## 案例分析

### 王莽：失败的改革者

公元八年十二月，王莽代汉建新，建元“始建国”，宣布推行新政，史称“王莽改制”。王莽改革的内容很丰富，除废奴、土地国有、均产三项外，也有改货币、管制、地名。他建议把附属国的族名和首领名号重新改一次，把盐、铁、酒、铸币等稀有、昂贵的物品尽数交由国家管理。还提出了“托古改制”，参考先人做法，恢复古制。

比如恢复井田制，复兴周公礼，按照过往制法推行新政，从而遏制西汉末年沉积的诸多问题——政府腐败，财政赤字，经济萧条，人心不古等。

王莽改制让人既熟悉又陌生，比如说“废除奴婢制度”其实不严谨，准确地说应该是“奴婢私有化且不可随意买卖”。声援王莽的现代历史学家胡适则认为：“不可随意买卖奴隶”等同于“废除奴隶制度”，甚至，他十分认可王莽提出的“土地国有、均产”等政策。

在他来看，王莽堪称“中国第一位社会主义者”，这可以说是非常高的评价了。王莽甚至被一些学者认定是一位“有远见的且无私的社会改革人”。只不过，当时的社会经济和大环境不支持王莽的改革，所以其改革以轰轰烈烈的失败告终。

王莽增加严刑酷法镇压民众反对意见，激起了更强烈的反对，从而引发了多种多样的社会问题，也使很多政策只能朝令夕改，无法实现真正的改革。可笑的是，因多次更改地名，衙差连公文书信都送错了地方。王莽多项改革举措并未得到真正的实施，反累其丢了个人性命。

不仅有来自白丁的反目，彼时的知识分子以及其他阶层倒戈人数之多也不容小觑。所以，王莽改革的失利是值得研究的，后有史学家分析王莽时道：他的出发点是好的，可是，行事操之过急，没有积累沉淀就开始“大动作”，执行了一系列对百姓无益的事情后，损失了大量的民众基础，最终，当权人也不满意王莽改革结果，真真是里外不是人。

资料来源：王莽的改革为什么不能成功？他的很多改革太超前，自己却玩出火了．(2019-05-05). https://baijiahao.baidu.com/s?id=1632668053540909691&wfr=spider&for=pc.

根据上述案例，尝试回答如下问题：

1. 根据案例内容以及你所掌握的内容，你认为王莽做对了什么？
2. 王莽遇到了哪些阻力，又在变革中犯了什么错误？
3. 如果你是王莽，如果要顺利推动变革，你会怎么做？

## 参考文献

[1] Black J S，Gregersen H B. Leading strategy change：breaking through the brain barrier. Pearson Education，Inc.，2002.

[2] Kotter J P. Leading change. Harvard Business School Press，1999.

[3] Shani A B，Pasmore W A. Organization inquiry：towards a new model of the action research process//Warrick D D. Contemporary organization development：current thinking and applications. Glenview，IL：Scott，Foresman，1985.

[4] 杰弗瑞·克雷默，杰克·韦尔奇．领导艺术词典．北京：中国财经出版社，2001.

[5] 斯蒂芬·罗宾斯，蒂莫西·贾奇．组织行为学：第16版．北京：中国人民大学出版社，2016.

[6] 斯图尔特·布莱克，霍尔·格里格森．领导战略变革：突破脑障．北京：机械工业出版社，2004.

# 第 13 章 战略领导

**学习目标**

◎ 理解战略领导的贡献
◎ 了解战略领导的类型
◎ 领会战略领导的战略驱动力
◎ 了解战略领导者的内外部制约因素
◎ 掌握构建有效战略的方法
◎ 理解高层管理团队的特点

## 引例

### 董明珠：格力不能输

每个人都能感受到董明珠的强势。很少有女人像她一样眉头有两道深深的皱纹，这是习惯性皱眉造成的。行业景气下滑、用工荒、工资上涨、家电下乡政策退出，这些难题对格力集团董事长——“铁娘子”董明珠来说都不是烦恼。不搞多元化、不玩电商、不做并购、不急于国际化，格力把钱都投在了员工福利和研发上，每一步都走得极稳。

她不做多元化，却在自己的销售渠道里引入了晶弘冰箱，避免风险的同时也达到了多元化的效果，正如她所说：“多元化不存在诱惑，如果想做你随时都可以做，这取决于你自己的战略定位。”

她不追求并购，只给相关企业提供核心技术和部件。“目前没有，以后有没有，只有以后才知道。”她也不玩电商，也许会选择一个其他电商平台合作，但目前来讲，格力这种实体店的服务足以支撑运转。她也不急于国际化，而是根据市场需求来发展。甚至，她觉得珠海市国资委也并不能成为她的上级，只要她能够实现格力利益最大化。

“我没什么烦恼，我没什么困惑。至于困难，每天都会遇到问题，遇到问题就是困难，问题都是需要解决的。”董明珠说。

格力不能输，要做到不做错的决策。这是董明珠给自己定下的战略。

也许在外界看来，这样一个决策导向更像一种心理暗示，或者一个谨慎的打法，董明珠却将其视作有责任心的决定。

“我只是觉得每个人有自己的选择，我的选择是，格力绝对不能输，每一步都不能错，这就是我们的战略决策。”董明珠说：“既然知道会输就不应该去做。既然知道会输还去做，就是把你的企业，把你员工的付出，把股民的利益全部作为个人的儿戏在做，这是不负责任的，所以我也不允许错。”

资料来源：董明珠：强势 CEO 的烦恼，格力不能输 每一步都不能错．（2013-04-04）．http：//www.iceo.com.cn/renwu2013/2013/0404/265740.shtml.

领导者在组织中的职能之一是决策制定，而最为重要的决策制定是制定组织战略。一个优秀的领导者不仅要带领团队朝着既定的愿景努力，还要制定具体的战略以保证目标的实现。“每一步都不能错”虽然不现实，但这反映了董明珠除了强势的一面，还有谨慎的另一面，这就是战略领导者的责任。战略是保证组织健康发展的导航仪，任何行为都不能偏离战略要求，领导者作为公司这艘大船的船长，要时刻把握航行方向，给员工以正确的战略领导，调动追随者的士气，穿过暴风雨，到达愿景的彼岸。很多品牌遭受的损失都和战略失误密切相关。本章将讲解战略领导的贡献和组织机制，并阐述高层管理团队是怎样运作的。

## 第 1 节　战略领导的贡献与类型

### 一　战略领导及其作用

成功的组织与卓有成效的战略密切相关，一个有战略眼光的领导者会抛开暂时的利益，为组织的长久发展指明方向。在瞬息万变的世界里，领导者必须根据纷繁复杂的信息制定组织的发展战略。

那么，何为战略领导呢？战略领导（strategic leadership）指领导者引导整个组织发展，设计并实施组织战略以实现组织目标的过程。在工作中常见的领导者多为指挥团队或部门的人，而战略领导者与之不同，他是组织发展的“代言人”，领导整个组织。

战略领导者具体指哪些人呢？难道只有董事长才是战略领导者吗？答案是否定的。CEO、COO、高层管理团队（top management team，TMT）等都是战略领导者。一般来说，从事研究和制定企业发展战略的高层决策群体都可称为战略领导者，由此可见战略领导不只局限于某个人身上，团队也是一种常见的载体，并且以战略制定团队为核心的战略领导在现代企业中更为常见。例如，很多公司设立了董事会直属的战略规划委员会，负责战略领导工作及组织战略制定、监控、评估和调整。设想一下，当公司的高层管理团队因全球经济低迷做出裁员决策时，数以万计的员工会因此失业，如果考虑到供应链和员工的家庭，裁员决策的波及面会更大。战略领导者作为企业发展的掌舵者，其所做的每一项决策都关系到整个组织，甚至整个社会。这种颇具炸弹威力的影响力使得战略领导者在做出决策时，必须缜密慎重、全面考量，避免造成大的负面效应。

战略领导者的绩效标准不同于普通员工，他不侧重一线的生产操作技能，也不关注员工的离职率，战略领导者主要关注组织整体的绩效投资总回报和公司发展情况，在内部生产率和组织整体绩效的基础上建立自身的绩效标准，组织的良性发展才是其工作成就的标尺。

战略、愿景（vision）、使命（mission）、执行是战略领导密不可分的统一体（Maghroori & Rolland，1997）。为保持组织的竞争力，战略领导者需要保证战略的落地，因此，战略领导者需要把握战略、愿景、使命以及执行之间的关系。本教材多次提到愿景，此处对愿景和使命这两个概念进行区分：愿景是企业对未来可能达到的状态或者人们所期望的状态所做的界定，说明企业应成为什么样的企业，针对的是 what 的问题；使命是企业对自己的根本任务所做的口号性描述，体现了企业的总发展方向、企业行为的总原则，回答了企业为什么存在的问题，针对的是 why 的问题。愿景和使命是组织对环境的反应，战略为愿景的实现提供方向和计划，并最终通过执行来落实。战略领导者体现着设计者和执行者的双重角色，对组织发展做出贡献。

在具体落地时，战略领导者要尤其重视下面两件事情：

（1）设计组织结构，规划组织愿景和组织战略。战略领导者作为战略设计师，需要对组织的环境、文化、战略和结构进行全面分析，当组织还未形成战略，或是正处于变革之中而需要转变战略方向时，领导者应该充分发挥创造力，结合实际，设计组织发展的蓝图。企业战略的设计和制定需要战略领导者具备长远的战略思维，企业的战略要具备方向性、动态性和整体性。领导者根据对企业使命和当前行业发展形势的研究确定企业今后的业务重点和产品特性，即实现方向性；由于存在行业发展的不确定性、市场的不可预测性及其他因素的干扰，企业战略规划不是一成不变的，需要根据企业的内部优势和外部环境做动态变化，即实现动态性；战略制定的整体性则是指企业的战略从设计到执行并不是哪一个部门的事情，也不会局限于某几个部门的变革，正所谓“牵一发而动全身”，企业战略贯穿各个职能部门和组织层级，需要领导者和成员的共同协作才能完成。

（2）鼓舞士气，实施组织战略。当组织已经拥有公认的战略，战略领导者作为战略的执行者，要保证战略的成功执行。他们采用合理的技术和手段激励员工执行决策，引导员工成为积极的追随者，实现人和战略的双向匹配，提升组织绩效，实现组织愿景。组织战略的实施又可称为战略执行，这一阶段需要战略领导者具备高度的战略执行能力，以全面调动组织内外部资源配合战略的实施。不仅如此，领导者还需要具有足够的影响力促使员工自愿参与战略的实施。

## 二　战略领导的类型

不同类型的组织对应不同的战略领导风格，如果把战略的设计用“寻求挑战”这一维度表示，把对战略的执行用“控制意愿”这一维度表示，根据寻求挑战和控制意愿的强弱可以分为四种类型的战略领导者，依次为高控制创新（high-control innovator，HCI）型领导、参与创新（participative innovator，PI）型领导、过程管理（process manager，PM）型领导和现状维持（status quo guardian，SQG）型领导（见图 13－1）。每种领导风格没有绝对的好坏，而需要综合考虑组织文化、员工参与程度以及组织创新性加以判断，组织要基于自己的实际需要选择不同的领导风格。

（1）高控制创新型领导在对组织高控制的同时又寻求高挑战，该类型的战略领导者认为在外部环境中有许多成长机会，他们愿意采取新技术、高风险、产品创新的战略。与之相反，这类领导者在组织管理中则显得很保守，认为外部环境中虽有机会但也存在

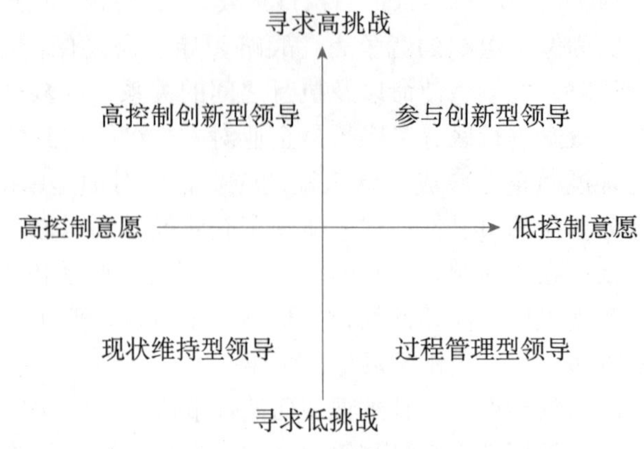


**图 13-1 战略领导者的类型**

资料来源：Malekzadeh A R，Nahavandi A. Leadership and culture in transnational strategic alliances//Gertsen M C，Söderberg A，Torp J E. Cultural dimensions of international mergers and acquisitions. Berlin：Walter de Gruyter，1998.

许多来自其他组织的威胁，他们提倡集权式的决策过程，坚持核心业务，营造高控制的组织管理氛围。乔布斯就是一个有远见但控制欲很强的人，他在战略规划和市场定位上是一个创新者、冒险者，却又常常对组织强行施加控制。

（2）参与创新型领导认为外部环境存在许多机会，倾向于对外开放、取长补短，鼓励创新，广泛使用新技术，多采用高风险的、创新性的、有利于开辟新领域的战略。这类领导者在管理方式上表现为低控制，他们营造了一种宽松、开放的组织文化，对多样性高度容忍。决策权下放到底层，授权度高，领导者和管理者的管理风格呈现为多样化的特征。比如，谷歌公司的两位创始人谢尔盖·布林和拉里·佩奇都十分鼓励员工创新，并通过一系列创造性的团队管理方式，带领谷歌以不可思议的方式“改变世界”。

## 篇中案例

### 重新定义公司：谷歌独特的管理哲学

**拥挤出成绩**

占领地盘是人的天性，职场中也不例外，而硅谷也难逃这种风气的侵袭，但这种风气必须予以根除。如果你轻松伸手就能拍到同事的肩膀，那么你们之间交流和创意的互动就是畅通无阻的。传统的办公空间设有独立的办公隔间和办公室，让员工在办公时享受到安静的环境。员工之间的互动要么需要提前计划（比如在会议室里开会），要么纯属偶然发生（比如在走廊里、饮水机旁或是停车场偶遇）。而我们的理念则完全相反，我们认为，更好的办公状态应是鼓励大家多多交流，能让大家在喧闹拥挤的办公室里畅所欲言、激情碰撞。在参与完团队活动后，员工可以到清静之地换换脑子。

**一起吃住，一起工作**

那么，哪些人应该在这种挤得满满当当的办公空间里办公呢？我们认为，不同职能的团队应该整合在一起。

在互联网时代，产品经理的任务是与设计、策划以及研发人员通力合作，共同打造高质量的产品。在这样的情形下产品经理要通过涉足一些传统概念中的管理工作来影响产品生命周期、制定产品营销结构图、为消费者说话，并把这些理念传递给自己的团队和管理层。

最重要的是，创意精英式的产品经理还需要从技术入手，让产品质量更上一层楼。这就要求经理们对消费者使用产品的方法有所了解（也要把握科技发展对消费者的使用方法带来的影响），也就是说，他们不仅要学会解读和分析数据，还要看懂科技潮流，预见这些潮流对他们所在的行业带来的影响。这就要求产品经理与工程技术人员（或是化学家、生物学家、设计师以及公司其他负责产品设计研发的创意精英）一同吃住、并肩工作。

**别听“河马”的话**

河马是世界上最危险的动物之一，它们的速度比人类想象的要快许多，只要有敌人挡路，它们便会把对方踩扁（或是咬死）。职场中的“河马”同样可怕。我们所说的职场中的“河马”，指的是“高薪人士的意见”。

从本质上讲，薪酬的高低与决策能力完全无关，而只有在决策人使用个人经验作为有力凭据时，我们才能说经验的多寡会对决策有影响。但遗憾的是，在多数企业中，个人经验就是最有力的论点。我们将这样的企业使用的制度称为“年资制”，他们将权力与任职时间挂钩，而不看个人的具体能力。

如果把“河马”的声音屏蔽掉，有价值的观点就会受到重视。“河马”一言九鼎，主导着公司，而勇敢的创意精英们则冒着被“河马”踩死的风险捍卫质量和业绩，只有“河马”与创意精英平等参与，才能打造出任人唯贤的环境。

**贝佐斯的“两个比萨”原则**

组织应由小规模的团队构成。亚马逊创始人杰夫·贝佐斯曾对“两个比萨”原则推崇备至。这个原则规定，团队人数不能多到吃比萨时点两个比萨还吃不饱。小团队要比大团队更有效率，他们不会花那么多时间钩心斗角。小团队亲如家人，大家可能会起口角、争对错甚至闹分裂，但往往能在紧要关头团结一致。

**“过劳”有道**

工作与生活的平衡，是检验某种管理方式是否合理的试金石，但对于精明能干的员工而言，这个标准却缺乏合理性。其实，这个标准本身就存在问题，因为对于很多人来说，工作是生活的一个重要组成部分，二者不可分割。最理想的企业文化会让员工无论是在家或是在办公室都有许多有趣的事情做，这是在鼓励大家以合理的方式“过度工作”。因此，如果你是一位管理者，便有责任将职场环境营造得生机勃勃、多姿多彩，但强迫员工每周工作 40 工时就没太有必要了。

控制团队规模也不失为一种方法。在小团队中，如果某个成员身心俱疲，需要早些回家或是请假休养，那么其他成员很容易有所察觉。在大团队中，请假的人可能会给别人偷懒的印象，但小团队却能理解成员的偶尔缺席。

谷歌鼓励员工享受假期，但这么做，并不是宣扬“工作与生活平衡”的理念。如果某个人对企业的成败至关重要，以至于如果他一旦抽身一两周，企业就运转不下去了，那么这个问题是绝对不容忽视的。对企业来说没有人是真正不可或缺的。

**营造说"好"的企业文化**

"万事都说不"的毛病也悄然蔓延到了职场上。在给出否定答案时，企业往往会精心地设计出层层障碍，通过烦冗的程序、层层的审批还有一场场的讨论会，用"冷暴力"的方式说"不"。"不"对于创意精英而言犹如当头一棒，这表明企业已然失去成立之初的活力，披上了过于形式化的外衣。在遭遇一次次"不"的沉重打击后，创意精英们便会不再多费口舌，而开始盘算另谋高就了。

资料来源：埃里克·施密特，等．重新定义公司．北京：中信出版社，2015；重新定义公司：谷歌是如何运营的．(2016-06-18). https://www.jianshu.com/p/b74c71b35642.

（3）过程管理型领导者偏好保守战略，认为外部环境充满了威胁，应该保护组织免受外部环境的影响，为此他们宁可采取低风险、低创新的战略。但过程管理型领导对组织实行的是低控制，提倡多样性和开放性，让员工拥有自主权，在文化上注重渐进变化。IBM 前 CEO 郭士纳就是一位谨慎的领导，他对变革的态度并不激进，擅长让众人接受他的预期，并以 IBM 缓慢而稳定的进步而自豪。

（4）最后一个类型为现状维持型领导，他们寻求高控制、低挑战，该类型的领导者视组织所处的外部环境为威胁，期望保护组织免受外部环境的影响。他们不寻求新颖、创新的组织战略，对组织内部的管理采取高度集中和保守的做法，并伴随紧密而明确的组织文化。该类型的战略领导者节俭、勤奋，对每个操作和决策高度控制，以低成本著称。

成功的战略领导者随处可见，人们往往褒奖创新者或通过变革推动企业发展的人，却忽略了现状维持型和过程管理型领导的作用。其实，他们也在有效地管理组织，也可以成为成功的战略领导者典范。

对组织的战略做出重大变动的时刻，往往也是组织复兴的时刻。有变革就会有阻力，而战略的变革算是各种变革中任务最艰巨的一个，因为战略处于组织金字塔尖最关键的位置，多适合采用渐进式变革，而非激进式变革。因此，许多战略领导者会先尝试在小范围内改进现有的战略，带来绩效的临时改进后，再一步一步地促进战略的成功执行。那些采取更多冒险行动的管理者带来的战略的巨大变化会让组织急剧震荡，增大变革风险，虽然其有时也会给企业带来巨大的收益。

## 三 战略领导的特征

战略制定和战略部署过程如同下棋一样，需要战略领导者或战略领导团队从全局的角度出发，准确预测对手的战略布局，在组织层面进行修正和调整，提前采取应对措施。那么如何评判战略领导是否有效呢？希特（Hitt）等学者总结了有效的战略领导需要具备的特征（见图 13-2）。

（1）确定目标或愿景。企业的目标和愿景为组织指引方向，它回答了"未来企业要做什么事情，要成为什么样"这一问题。共同的目标和清晰的愿景能够帮助领导者获得广泛认同、聚敛人才，并减少战略实施的阻力。

（2）坚持有效的组织文化。组织文化作为一种意识形态和控制机制，其在增强团队凝聚力方面的作用很大。不同的组织文化对应于不同的组织战略，比如，以顾客为导向的组织文化适合基于顾客服务的组织战略；以员工满意度水平为导向的组织文化适合基

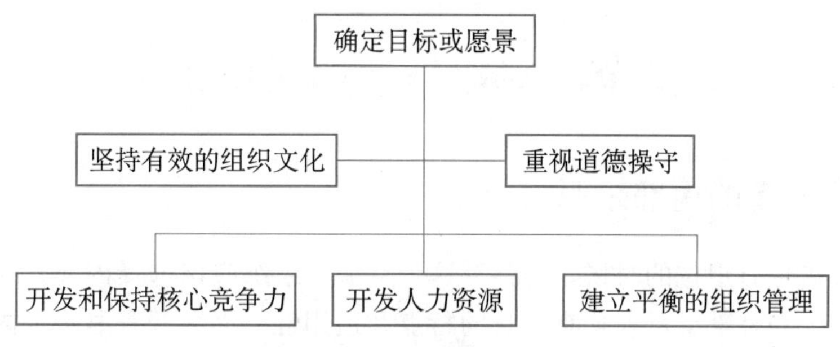


**图 13－2　战略领导的特征**

资料来源：迈克尔·希特，等．战略管理：概念与案例：第 12 版．北京：中国人民大学出版社，2017.

于生产率提升的组织战略；以鼓励产品创新为导向的组织文化适合技术领先型的组织战略。另外，战略领导者需要重视团队精神，组织文化对团队精神的培养和延续有积极的促进作用。

（3）重视道德操守。中国传统思想重视道德的规范作用，就这一点说，与西方存在较大的差异。西方的领导者习惯将法律作为一切事务的评判准则，而中国的领导者则强调亲和、信任与诚实。因此，中国背景下的组织环境中，战略领导必须遵从道德伦理规范，这需要领导者不仅要关注企业的利润指标，还要将承担社会责任、帮助员工培养终身就业的能力、提供质量合格的产品、为顾客提供满意的服务以及将慈善纳入企业战略计划中去。当战略的制定和执行符合道德伦理准则时，战略领导者就会事半功倍。

（4）开发和保持核心竞争力。当前，由于企业所处的产业环境竞争越来越激烈，因此已经很难找到行业的“盲点”和产业的“空白区”了，几乎所有企业都处于不安全的产业环境中，它们必须时时刻刻提防来自全球范围内同行的威胁。对于中国本土的企业来说，传统的粗放型投入、高资源浪费和以破坏环境为代价的生产方式已不再适用。企业想要取得竞争优势就必须开发和保持核心竞争力、鼓励创新，在生产技术、管理方式和企业文化等方面形成自身的特点。

（5）开发人力资源。有了战略方案，战略领导者工作的重点便转移到战略执行方面，人力资源被认为是现代企业的核心要素，如何正确用人和合理分工自然而然地成为战略执行过程中需要解决的关键难题。当前，裙带关系、重忠诚轻才干、重学历轻能力、用人追求短期效益等问题在中国部分企业中依然存在，并且根深蒂固，这种人力资源的运用模式被认为是企业没落的主要原因之一。因此，在人力资源的开发过程中，战略领导者要有意识地避开上述误区，建立高效的、长期导向的、责任性的、基于能力的授权型人力资源模式。

（6）建立平衡的组织管理。战略不是单纯地针对外部环境做出的反应，从根源层面上说，战略最终需要从组织管理本身的变革出发，由内向外施加影响。组织的管理结构复杂，包含组织结构、权责体系、流程管理等方面，涉及生产上游环节和下游环节之间的平衡、领导者和员工关系的平衡、企业和政府及银行关系的平衡、权力和责任的平衡、组织层级设置的平衡等方面。只有战略领导者处理好组织管理各方面的平衡，战略实施的有效性才会提高。

# 第 2 节 战略领导的组织机制

## 一 战略领导者的内部来源与外部来源

战略领导者也有退位的时候，为弥补这个空缺，组织应该选择内部人才还是外部人才？内部继承人与外部继承人均有自身的特点和适用性。多数调查显示，内部人才晋升为 CEO 的比例远远高于外部人才，在美国大概有 70%的 CEO 来自公司内部。当涉及组织核心环节时，领导者更乐意晋升内部人，因此最有力的“内部人”往往能成为组织的战略领导者。通用电气、麦当劳和艾默生电气的 CEO 便多从内部产生，这批人对公司的产品和文化有更多的了解和融合，对战略计划有更多的影响，并最终会影响到组织绩效。而价值观不同的“潜在敌人”，不管是沉默的还是合作的，都可能会被驱逐出组织。关于内部继任 CEO，学者们发现其有两种类型。

学者说

**CEO 的继任类型**

**接力型**

这种继任方式包括继承人的培养期。继承人往往是来自公司内部的候选人，并通常担任首席运营官或总裁。为了最终被认可，董事会会帮助这个继承人成长。继承人的培养期并不固定，对继承人的认同和锻炼一般来说需要很长一段时间。在此期间，现任 CEO 会培养继承人，董事会会对他进行评估。

**赛马型**

董事会还可以通过建立竞争环境来确定 CEO。在赛马比赛中，候选人（主要来自公司内部）相互竞争，直到最佳候选人被任命为新的 CEO。例如，2010 年，全球医疗保健公司强生（Johnson & Johnson）设立了一场公开的赛马比赛，两名高管雪莉·麦考伊（Sheri McCoy）和亚历克斯·高尔基（Alex Gorsky）角逐 CEO 威廉·威尔登（William Weldon）的继任者之位。高尔基最终被任命为新的 CEO；麦考伊则离开公司，最终成为雅芳的 CEO。赛马机制可以用来评估候选人是否适合 CEO 这一职位，也可以帮助董事会确定最终的候选人。赛马机制也许在一些特定的环境下可以成为合适的选择，因为公司需要有一个广泛和完善的预备竞争渠道，且如果一个公司的结构是由规模对等的关键部门和几个表现优异的部门组成的，它就能更好地为赛马提供潜在的竞争者。

**资料来源：**Berns K V D，Partricia K. A review of the CEO succession literature and a future research program. Academy of Management Perspectives，2017，31（2）.

虽然采用外部空降 CEO 的公司比例小，但是也不乏成功的案例，比如 IBM 的郭士纳就是外部人才。外部继承人多是在企业危机的时刻空降到企业以解救企业的，这些外部空降的 CEO 往往有更新的思想和丰富的管理经验。

## 篇中案例

### 郭士纳空降 IBM

郭士纳于 1993 年 4 月被聘为 IBM 的董事长兼 CEO。公司董事会迫使他的前任约翰·埃克斯辞职，并首先在计算机行业寻找继任者。然而，苹果公司的约翰·斯卡利、摩托罗拉董事长费希尔和微软的比尔·盖茨对此都不感兴趣（其他传闻的候选人包括康柏公司的埃克哈德·普菲弗和太阳微系统公司的斯科特·麦克尼利）。最后 IBM 将目光转向了郭士纳，一个有记录表明成功的局外人。郭士纳是 IBM 第一位从公司外部聘请的 CEO。此前，郭士纳从运通公司副总裁的位置空降到了 RJR 纳贝斯克公司，这是一家卖食品和烟草的公司，郭士纳花了 6 年时间，在跨界中让公司从亏损转为实现自主运营。

时年 79 岁“高龄”的 IBM，已近“风烛残年”，全然没有了昔日蓝色巨人的威风凛凛。1991—1993 年，IBM 连续 3 年亏损，1993 年的亏损额更是高达 80 亿美元。IBM 董事会渴望找到一位出色的大企业家来重振 IBM 的雄风。这被当时的媒体戏称为“美国最艰巨的工作之一”。

1993 年 4 月 1 日，郭士纳接手 IBM，担任董事长兼 CEO。舆论界普遍对郭士纳能够挽救 IBM 缺乏信心。有人甚至猜测说，IBM 之所以选择他，是在表明董事会对 IBM 的未来不再有任何伟大的远景，蓝色巨人将在郭士纳的怀中衰竭而死。

郭士纳面临着非常困难的问题：不懂计算机技术，也不了解这个行业。与当时微软的比尔·盖茨、英特尔的安迪·格鲁夫等“技术型企业领袖”相比，郭士纳是个不折不扣的外行。IBM 将自己的生死大权交给一个“门外汉”，看起来的确不可思议。

然而，真正不可思议的是郭士纳随后创造的一系列奇迹——这位计算机界的外行在接管 IBM 后，做出一系列将蓝色巨人从悬崖边上拉回的重大决策，比如取消分拆 IBM 的计划，退出零售台式个人电脑市场，破除公司的终身雇佣制，推行严厉的管理措施。从 1993 年上任到 2002 年退休，IBM 的市值从 290 亿美元上升到 1 680 亿美元，郭士纳取得了成功。

资料来源：蓝色巨人 IBM 公司的挽救者：郭士纳．(2018－01－12). https://baijiahao.baidu.com/s?id=1589302226518673489&wfr=spider&for=pc.

内部继任者虽然数量多，但是也有失败的案例，比如杰克·韦尔奇的接班人伊梅尔特虽然通过漫长的赛马流程走上 CEO 的位置，但被证明不是一个合格的领导者，最后黯然辞职。那么从整体上看，到底是内部还是外部继任更好呢？学者对此进行了元分析。

**学者说**

### CEO 继任、战略变革与继任后绩效：一项元分析

以往关于 CEO 继任与企业绩效的关系机制的研究多采用中断视角（disruption）和适应视角（adaptation），但这两个视角的研究的演化发展呈隔离状态。为整合散乱的结论，该研究以时间焦点（两流派研究主要差异点）为支点，试图形成一个关于 CEO 继任的完整理解。中断视角认为，CEO 继任因增加了组织成本而影响到组织的短

期绩效；而适应视角认为，CEO 继任后需花时间适应组织，意味着其对组织绩效的影响效应有滞后期。

研究者对 1972—2013 年所发表的 57 篇论文中包含的 60 个样本、13 578 次继任进行元分析。

结果表明，CEO 继任会负向影响组织的短期绩效，但对组织长期绩效并无直接影响。CEO 继任对组织长期绩效的作用由战略变革和新 CEO 来源（组织内部或外部）所中介。内部 CEO 能提升长期绩效却进行较少的战略变革，雇佣外部 CEO 会进行更多的战略变革却会降低长期绩效。与此同时，无论 CEO 的流转是自愿还是非自愿的，其与企业长/短期绩效并无关联。与 CEO 来源和战略变革行为一样，董事会的独立性也会影响非自愿流转与组织绩效间的关系。

**资料来源**：Schepker D J，et al. CEO succession，strategic change，and post-succession performance：a meta-analysis. The Leadership Quarterly，2017，28（6）.

## 二 战略领导者的制约因素

战略领导者的影响力常常受环境因素的制约，环境因素在很大程度上限制了战略领导者的决策自由度。为制定合适的战略规划，领导者不仅要关注影响组织发展的内部因素，也要关注外部因素。

### （一）组织内部因素

（1）稳定性。当组织内部不稳定时，员工会更加依赖领导者提供的方向和指导，如当公司面临兼并或收购威胁时，或者面临外部危机时，员工会更加依赖战略领导者，视其为“救世主”，在领导行为中寻求自己的发展方向。此时，领导者的平静和自信是促使领导成功的关键因素，危机感会增强战略领导者的影响力。新冠肺炎疫情暴发后，“老乡鸡”老板束从轩在一段自拍的视频中表达了对员工的关怀支持，并且手撕了员工们要求不发工资的请愿信，给了员工极大的稳定感和归属感，成为当时的网红老板。

（2）组织规模。组织规模也会对战略领导的效果产生影响，组织规模越大，决策层级越多，控制跨度越小，领导者与其他组织层级的距离也会越远，进而导致领导者管理决策的幅度越小。这种纷繁复杂的权力层级极大地阻碍了信息传播的速度，有时还会引发信息失真，造成内部沟通障碍。当前，不少大企业为了避免这一弊端而尝试采用扁平化的组织结构，减少决策层级，提高组织对外界环境变化的反应速度。

（3）高层管理团队的现状。“上下同欲者胜”，作为战略领导者的聚集地，高层管理团队必须对整个企业负责，必须致力于实施战略。然而，高层管理团队的决策是否一致，高层管理团队的力量是强是弱都会直接影响到战略的实施。如果由一个强有力、有着共同目标的高层管理团队来管理组织，战略领导往往能取得好的成效。现今许多企业的 CEO 被迫辞职恰恰是因为得不到高层管理团队中其他成员的支持。

### （二）组织外部因素

（1）环境法、卫生和安全法规、贸易壁垒等外部因素会限制战略领导者的决策自由度，这是显而易见的。比如，随着环保意识在世界范围内的普遍提高，各国先后制定了一系列约束企业排污行为的环境法规，这对于那些原来以排污和环境污染为代价拉动利润增长的企业来说无疑是当头一棒，战略领导者需要鼓励这类企业提升环保技术、削减成本以维持企业的平均利润率。

（2）良好的公共关系也有利于战略的实施。处理好组织与政府、股东、顾客等不同利益主体之间的关系，可以为战略领导者提供资源支持，对战略领导施加积极影响。比如西贝莜面村的贾国龙在新冠肺炎疫情暴发之初接受媒体采访时说，如果停工，公司账上的资金最多撑三个月，社会各界都对他给予了不同程度的支持，帮他出主意想办法，还有很多投资商主动找他投资，助他渡过难关。平时积累的社会资源在关键时候起到了重大的作用。

## 三 有效的战略构建

在了解战略领导的组织机制后，领导者还要掌握构建战略的方法。有效的战略构建（strategic formulation）是战略领导过程的第一阶段，是战略领导的核心，也是战略领导者最有难度的职责之一。认清形势和行业发展规律，正确地构建战略往往能扭转企业面临的困境。比如，乔布斯基于对顾客和市场的认识，制定出的优先发展“i”系列产品的战略成功地使苹果从濒临破产变成获益巨大的公司。具体的战略构建步骤可以分为 7 步，如图 13－3 所示。

1.决定长期目标和优先性。
2.评估现在的长处和短处。
3.确认核心能力。
4.评估战略所需的重要变革。
5.确认可行的战略。
6.评估一个战略的可能结果。
7.在选择一个战略时让其他执行官参与。

**图 13－3 战略构建指南**

资料来源：加里・尤克尔．组织领导学：第 5 版．北京：中国人民大学出版社，2004.

（1）基于组织的使命和愿景决定长期目标，这是构建战略的第一步，也是构建有效战略的先决条件。当组织中存在许多目标时，领导者应确定每个目标的相对重要性，并进行排序，或是对某些相通的目标进行整合，归结为少数几个目标。对企业来说，长期目标并非越多越好、越细致越好。相反，过多、过细的目标划分反而会使下属认不清工作的侧重点，常常造成战略执行上的失误，即所谓的战略信息失真。战略领导制定的长期目标应与关键绩效指标（KPI）挂钩，当企业的战略在关键绩效指标上有所体现时，下属会因为绩效考核与薪酬、奖励、晋升等因素相关而给予更多的关注，因此其更易于接受。

（2）企业战略目标的制定不是凭空想象的，需要以企业目前的经营业绩、人力资源存量、产品竞争力现状等为依据。对与战略目标和竞争者相关的绩效进行客观评价，从长处中明确自身的核心竞争力，从短处中发现问题并加以改进。

（3）企业的核心竞争力又称企业的核心能力，具有价值性、独特性、难以模仿性和组织化四大特征。价值性指的是企业拥有并维持核心能力的收益与成本之比必须大于 1，只有企业从中获益，才是有意义的；独特性指的是企业拥有的核心能力是竞争对手所不具备的，至少是其在短期内不具备，这涉及人力资源、组织管理等方面；难以模仿性指的是企业的核心能力是在企业长期发展过程中逐渐形成的，刻着企业特殊经历留下的烙印，不是其他企业从表面上可以模仿的；组织化指的是核心能力并非由企业哪一个职能部门或流程所独有，而是在各个流程和职能部门相互整合和协调之下培养形成的。战略领导者应该尽量识别和培育组织的核心竞争力，充分发挥它的优势。

（4）在明确核心竞争力后，领导者据此制定渐进的改进方案和重大的变革方案。重大的改进方案需要大幅改变战略，因此战略制定者需要特别谨慎，多探讨一些可能的情况，制定多个备选方案。重大变革是整个战略的中心，领导者往往期望借此扭转局势，虽然其效果显著，但风险极大，稍有不慎就可能使情况更糟。因此，在制定重大变革方案时，领导者一定要确认战略方案的可行性。

（5）对战略的可行性进行评估，减少战略方案的种类和范围，使战略的实施更具针对性。此时可采用德尔菲法，让每个人都提出一个预见的变化结果，并把结果分给所有团队成员，反复讨论，直到小组成员得出一个一致的预见结果。

（6）让其他高层管理团队成员充分参与，协商改进，最终确定最合理的方案。

很多战略领导者没有很好地处理组织前后发展的关系。比如，有的企业领导者在创业初期展现出了企业家的创业热情和能力，很好地担当了战略领导者的角色，而当他们向成功迈近一些后，就不由自主地变成了行政专家、政治家。在企业取得成功后，资本积累和利益攫取成了多数领导者的唯一目标，他们对企业未来的利润前景着迷，却忘记了企业的使命，过于依赖以前的成功因素。由于不自觉地强调个人荣誉和个人成就感，企业无法获得进一步发展，反而走向了衰退。“人无远虑，必有近忧”，应该说，战略领导者缺少的绝不是热情、能力，而是成功后的使命感。比如创办搜狐的张朝阳在早年非常成功，但是成功之后直言“想休息休息”，于是张朝阳开始让自己在游艇、钓鱼、登山之间放松“疗伤”，作为企业的领袖人物，张朝阳的懈怠也让公司弥漫着慵懒之气，其往日的辉煌也就不复存在了。

由此可见，仅仅构建出优秀的战略还远远不够，战略领导者还需要牢记公司的使命，理性分析内外环境要素，牢记自己的职责，用发展的眼光引导战略实施，向着目标前行。

## 第 3 节　高层管理团队

### 一　高层管理团队及其组成

在联想集团原总裁柳传志著名的管理三要素——“搭班子、定战略、带队伍”中，“搭班子”排在了管理三要素的第一位，这突出了高层管理团队在企业中的重要性。拥有一个能使一群领导型人才在企业内部发挥领导层“合力”的班子，无疑会给企业的发展打一支“强心剂”。

高层管理团队作为战略领导的一种形式，对战略的制定和战略领导的有效实施有直接影响。既然高层管理团队有这样的威力，那么它又有什么特点呢？高层管理团队应怎样建设自身，以提高战略领导效率呢？

高层管理团队由 CEO 及与 CEO 有直接汇报关系的分管执行经理组成。由于高层管理团队能改变组织系统，具有广泛的进行“团队塑造”权力，因此在做决策时，其对整个组织制度的影响是直接的、快速的。高层管理团队中即使一个微小系统的改变也会对整个组织产生影响，所以，高层管理团队必须形成高度的战略认同（strategic consensus）。这种认同比对任何一种团队的要求都要高，价值观不一致的高层管理团队成员会在战略制定的标准上产生严重分歧，难以达成共识，严重影响整个组织的工作效率。

高层管理团队并不意味着每次都要使用团队的工作方式来完成任务，鉴于每一个团队成员都具有很强的能力，都是自己所负责领域的专家，因此在一些情形中，团队可以只运用个人的技术和技能，而在另外一些情形中则要运用团队所拥有的集体技能。每一个高层管理团队的成员都需要有极灵活的在个人技能和团队技能之间转变的能力，才有资格进入团队。值得注意的是，在制定战略的过程中，必须由高管团队成员达成一致后，才能实施战略。

“人无完人，用人之长”。每个人都是有缺点的，高层管理团队内部需要很强的互补性，每个人都要有独当一面的能力，最高领导为搭好这个班子必须付出极大的努力，比如美团的王兴就历经周折才找到理想的团队伙伴。

## 篇中案例

### 风口里的美团历险记：王兴和他的团队

王慧文和王兴是清华大学同学兼室友。2001 年大学毕业后，王兴去了美国特拉华大学，王慧文去了中科院声学所。在美国，王兴知道了世界正在发生的变化，比如社交网络。2003 年底，两个人一起退学，再加上王兴的高中同学赖斌强，三个人开始创业。

赖斌强是三个人里唯一计算机专业出身的人。他从广州辞职来到北京，要看看产品怎么样了，得到的回答是：还没有呢，我们还在学编程。他们先搞 SNS，又搞输入法，两年内折腾了差不多 10 个项目，都没什么起色，最后决定再回到 SNS，专注做校园项目。2005 年 12 月 8 日，校内网正式上线。杨俊、付栋平和陈亮也就是在这个时候分别加入这个团队的。校内网的发展不算太成功，融资不顺，最终卖给了千橡；但由于每人都拿到了不少钱，所以也不能算失败。2007 年，校内网（改名为人人网）锁定期一过，王兴和郭万怀、杨俊、付栋平再加上来自百度的穆荣均，一起创建了饭否和海内网。后来饭否被关，为了让团队有事干，又搞起了美团网。王慧文、赖斌强结伴去欧洲、东南亚游玩了一年，回来后，他们拉着陈亮一起搞了淘房网。淘房网的发展也不是很顺利，花了很多钱做广告，但效果并不好。这也是王慧文学到的一个教训。

2010 年 12 月，王兴给王慧文打了一个电话，大意是：你就别搞了，我这边发展挺快的，也比较需要人，你们来吧。于是，当初的那个创业小团队又聚到了一起。即便在饭否被关停的时候，王兴的团队也没有散。只走了两个：一个是独立开发者，回老家了；另一个是张一鸣，去找其他的创业机会了，后来就有了今日头条。穆荣均说，这个团队没散，有一个原因是，王兴很努力，从不停止尝试。

有人问王慧文：为什么相信王兴，愿意抛下自己的那一摊事（淘房网）到美团？“他人比较正直。这是非常重要的基础。”王慧文说，王兴非常努力，人也很聪明，“其实你能猜得出，总不至于说这个人很傻，但是我愿意。”团队里有些人觉得王兴有点儿像刘备。刘备落魄的时候，张飞、关羽们也愿意跟着，即使早期还老打败仗。

刘备三顾茅庐，王兴六次拜访干嘉伟。干嘉伟婉拒了拉手网吴波的几次邀请，原因是他看到了葛优代言的广告。他之前在阿里巴巴干了 11 年，见过泡沫也见过危机，觉得钱应该花在投入产出比最好的线上，而不应该浪费在又贵、转化率又低的电视广告上。干嘉伟站在外面看美团，“电子商务是鼠标加水泥，他们以前都是玩鼠标的，基本上没见过水泥，但他们很勇敢地冲进了一个自己以前非常陌生的领域。做事情非常敬业、非常认真。”最终，干嘉伟成为美团第一位 COO，并帮助美团打造了一支强有力的地面部队。

公司人员调整原本是正常的事情，周炜有个人才火箭理论，认为要在业务发展的不同阶段用不同的人。但大众都喜欢负面新闻和八卦。2014 年底，团购大战结束，在美团做人员调整的时候就有一些负面传闻。

王兴认为，随着公司团队规模变大，每个人承担的事情会发生变化，是很常见的。一个公司高速增长，最理想的情况是所有人都随着业务成长高速成长，并从最下面补充人。但是美团所在的行业特征是快速成长。所以，美团一方面尽量给大家提供机会，另一方面还要引入一些人，不能完全靠内部人员成长补充，会有一些摩擦，这也是正常的。

实际上，早期加入美团的几个人，除了王兴，职位都在不停变化。王慧文一开始做技术，后来去做产品，还负责过市场，最后去搞外卖。职位的升降也很正常，美团 10 号员工、水滴互助创始人沈鹏提到过，干嘉伟加入美团后的第一件事就是划分了大区，他相当于降了级。但沈鹏发现干嘉伟在阿里巴巴也是这样上上下下的，干过总监又被降到主管，再一点点自己做回来。

沈鹏进入美团的时候，王兴在面试过程中只跟他聊了聊兴趣和爱好，沈鹏那时觉得王兴对销售没太多兴趣，又不怎么爱说话。人人网筹建糯米时，沈博阳找沈鹏，开出的条件是解决北京户口，年薪 35 万元，那时沈鹏才 23 岁，很冲动地想作为一个关键人物和沈博阳一起做。而且，美团正在飞速扩张，团队还在磨合阶段，销售与品控部门之间开始“打比赛”。那会儿王兴正好不在公司，沈鹏把要走的想法告诉了其他几个人，大家都留他，但他下了决定。王兴回到公司后知道了这件事，周六的晚上冒着大雨，跑到沈鹏家里去问他有没有时间一起聊聊。两个人一起聊了很久，沈鹏发现王兴是一个很有诚意并且十分注重团队的人。后来，再有人挖他，他都不为所动。

资料来源：朱晓培．风口里的美团：王兴和他的团队．（2017－05－16）．http：//www. lieyunwang. com/archives/311795.

## 二 高层管理团队中的领导-成员关系

每一个群体中都有一个自发的领导者，对高层管理团队而言，也有团队领导者这一角色。哈克曼（Hackman，1990）对高层管理团队中的领导者（通常是 CEO 或董事长）与其他成员相处的注意事项进行总结，概括出以下五个方面。

（1）处理好团队和个人的关系，不要对高层管理团队的成员进行个人化管理。领导者要让全体成员对任务进行界定，赋予团队成员相应的权力。对于直接涉及战略的任务，团队领导者应该把职责细分给每一个人，然后逐一设计每个人的活动，以保证每个人的成果能最终结合在一起形成团队成果。对于涉及团队成员专业领域的任务，应该将整个工作的责权都分配给团队成员，让团队成员自主决定如何完成工作。另外，具体领导决策的制定要依情况而定，防止出现信息传递混乱的情况，以提高组织的运作效率。

（2）处理好权力的分配，创建适宜的权力平衡。权力分配一向是高层管理团队中最难协调的问题，权力不平衡会引发高层管理团队成员在心理上的不公平感。根据亚当斯的公平理论，那些认为自己被轻视了的成员会通过选择退出或降低自己的努力程度来寻求心理平衡。然而，这些举动却会影响到其他成员的工作进程，进而导致人们的焦虑，大大降低团队整体效力，严重的时候甚至会导致团队解散。作为战略领导者，如果将全部权力都分配给团队，则会导致混乱或使团队的发展方向出现偏差；如果领导者保留了所有权力，则会丧失团队工作带来的大量益处，事实上，此时的团队只是个空壳，没有实际意义。因此，领导者要明确应该对哪些权力进行分配，哪些权力予以保留；领导者应该坚持使用自己在指导方面的权力，即战略领导的方向性；同时，将与工作完成方式有关的权力充分下放给团队。

（3）清晰的任务界定。领导者要用通俗的语言告诉高层管理团队需要完成什么，并由他们解决细节问题。模糊的任务界定、过于概括的语言，只会使任务不清晰，这种模糊性只会使团队成员像在湍急的河水中逆流游泳一样，难以前进。由于任务界定不明晰而引发的问题主要分为两类：一是对多个高层管理者分配有交叉性的工作，不仅造成了智力资本的浪费，还会为后期任务的整合埋下隐患；二是在任务分配上存在空缺，即当所有高层管理团队成员将自己的成果整合以后，领导者还会发现疏漏之处，这将拖延战略执行的进度。

（4）提供支持。在认真分析团队能力的基础上，领导者说明具有挑战性的团队目标，但不要吝于提供组织支持。如果所有成员都准备以绝佳的水平去完成工作，但仅仅由于无法获得所需的组织支持而失败则会十分可惜。没有组织的支持，就无法充分发挥群体的潜力，团队的内在热情也会很快化为泡影。许多工作单靠团队是无法完成的，则必须借用组织资源，例如组织中所有员工的个人信息、组织的客户关系网络。这些资源只有组织才能提供，单个高层管理团队成员是无法拥有的。

（5）进行自我评估。高层管理团队的建设是一项持续的活动，是一个不断改进的过程，这意味着高层管理团队必须经常回过头来，反复检查战略、资源和成效等问题。团队领导者可以采用月度、季度、半年度、年度四种自我评估的方式，培养一种以坦率和乐于接受挑战为特征的参与型文化。

国内学者对中国上市公司的高层管理团队进行了研究，得出了中国背景下高层管理团队的特征，下面的“学者说”专栏对这些特征进行了阐述。

学者说

### 高效的高层管理团队

基于1996—2009年中国所有上市公司的数据，学者分析了董事长和总经理之间的异质性、权力差距和融洽关系与组织绩效之间的关系。结果表明，二者之间的异质性、权力差距和融洽关系都与组织绩效正相关。

高效的高层管理团队应该具备3个特点：异质性和由此带来的互补；适当的权力差距；融洽的工作关系。

高层管理团队的异质性一向被视为影响公司战略和组织绩效的重要因素。相较于从事日常例行任务的团队，高层管理团队的任务充满创造性和复杂性。异质性的团队促进了更加全面的信息搜索和分析，带来源自不同认知模式和观点的多样化想法，以及由相互交流和碰撞而产生的更大的创造力。

“一把手”和其他成员之间的权力差距是保持团队秩序和稳定的重要因素，也是团队有效性的基本前提。权力差距在高权力距离和威权主义的文化环境下尤其重要。为了保持团队稳定有序，团队“一把手”必须有足够的权威，包括正式和非正式的权威。为此，“一把手”必须在某些方面优于其他团队成员，尤其是“二把手”。当“一把手”相对于团队的其他成员（尤其是“二把手”）没有权力差距时会产生不安全感，从而导致不稳定。

同时，为了使高管团队合作默契、更有成效，高层管理团队之间融洽的工作关系必不可少。这种融洽的工作关系可以通过多种途径获得，其中包括相对长时间的合作和共事。

简而言之，异质性带来了不同观点、技能和心智模式的互补，权力差距带来了秩序和统一指挥（unity of command），融洽关系使得团队更容易取得共识，有效合作。

资料来源：张建君，张闫龙．董事长-总经理的异质性、权力差距和融洽关系与组织绩效：来自上市公司的证据．管理世界，2016（1）.

组建一个完美的高层管理团队的过程并非坦途，在高层管理团队的合作过程中可能会出现摩擦和冲突，这就需要团队成员基于企业核心价值观，相互理解、相互妥协。其中良性的冲突有利于激发创造性，有利于组织的高效运作。另外，高层管理团队的领导者要以长远利益为导向，学会从差异中寻找价值，却无须让所有团队成员都和自己的风格完全保持一致。每一个团队成员都要信任团队伙伴，熟悉他人的风格和特点，遇到问题时及时沟通。高层管理团队中的每一个人都肩负着组织发展的使命，都要发挥出自己的才能，服务于组织战略，搭建最适合企业发展的卓越领导团队。

## 小　结

战略领导与以往微观层面的领导不同，其决策会影响到整个组织的绩效。战略领导者多为带有头衔的高层管理者、高层管理团队或治理团队，通过愿景、使命和战略来为组织指明方向。战略领导者承担战略制定者和战略实施者的双重角色，并激励员工，实现组织目标。战略领导在寻求挑战和控制意愿强弱上的差异产生了四种战略领导类型：高控制创新型领导、参与创新型领导、过程管理型领导、现状维持型领导。

战略领导与变革、内外部人士和冲突均有密切联系。战略领导往往是变革的前奏，内部人多受到战略领导者的青睐，领导者要协调战略领导过程中出现的各种冲突，根据价值平衡做出理性的决策。战略领导者的影响力常常受到内外部环境因素的制约，这些环境因素在很大程度上限制了战略领导者的决策自由度。

高层管理团队对战略的制定和战略领导的有效实施有直接影响，只有高层管理团队才能改变组织系统。高层管理团队应有高度的战略认同、在个人技能和团队技能之间转变的能力、极强的互补性。高层管理团队领导者在与团队成员相处时，要处理好团队和个人的关系，处理好权力的分配，清晰地界定任务，提供支持，进行自我评估。

## 关键术语

战略领导（strategic leadership）

高层管理团队（top management team，TMT）

高控制创新（high-control innovator，HCI）

参与创新（participative innovator，PI）

过程管理（process manager，PM）

现状维持（status quo guardian，SQG）

战略构建（strategic formulation）

## 思考题

1. 归纳战略领导的主要贡献。
2. 在不同风格的组织中，战略领导者可以采取的战略领导类型有哪些？
3. 如何理解战略领导与变革的关系？
4. 战略领导者如何平衡好内外环境因素，有效构建战略？
5. 与一般团队相比，高层管理团队有哪些特点？
6. 作为领导者，怎样才能处理好与高层管理团队成员的关系？

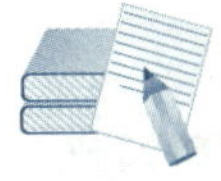

## 案例分析

### 腾讯五虎将：难得的黄金创业团队

腾讯的马化腾创业五兄弟，堪称难得，其理性堪称标本。十多年前的那个秋天，马化腾与他的同学张志东“合资”注册了深圳腾讯计算机系统有限公司。之后又吸纳了三位股东：曾李青、许晨晔、陈一丹。这五个创始人的 QQ 号，据说是从 10001 到 10005。为避免彼此争夺权力，马化腾在创立腾讯之初就和四个伙伴做了清楚约定：各展所长、各管一摊。马化腾是首席执行官（CEO），张志东是首席技术官（CTO），曾李青是首席运营官（COO），许晨晔是首席信息官（CIO），陈一丹是首席行政官（CAO）。

都说一山不容二虎，尤其是在企业迅速壮大的过程中，要保持创始人团队的稳定合作尤其不容易。在这背后，工程师出身的马化腾一开始对于合作框架的理性设计功不可没。从股份构成上看，5 个人一共凑了 50 万元，其中马化腾出了 23.75 万元，占 47.5%的股份；张志东出了 10 万元，占 20%；曾李青出了 6.25 万元，占 12.5%的股份；其他两人各出了 5 万元，各占 10%的股份。虽然主要资金由马化腾所出，他却自愿把所占的股份降到一半以下。“他们的总和要比我多一点点，不要形成一种垄断、独裁的局面。”而同时，他自己又一定要出主要的资金，占大股。“如果没有一个主心骨，股份大家平分，到时候肯定也会出问题，同样完蛋。”

保持稳定的另一个关键因素，就在于搭档之间的“合理组合”。可以说，在中国的民营企业中，能够像马化腾这样，既包容又拉拢，选择性格不同、各有特长的人组成一个创业团队，并在成功开拓局面后依旧保持长期默契合作，是很少见的。而马化腾的成功之处，就在于其从一开始就很好地设计了创业团队的责、权、利。能力越大，责任越大，权力越大，收益也就越大。

**曾李青：市场干将**

据林军《沸腾十五年》记载，根据多名腾讯员工的描述，曾李青是腾讯五个创始人中最好玩、最开放、最具激情和感召力的一个。从外表上看，曾李青的确比马化腾更有老板像，两个人在个头上相差无几，但曾李青要比马化腾富态很多，在穿着上也明显更商务一些，在语言表达和人际沟通方面也要强上许多。因此，每次两个人结伴出去谈商务合作，曾李青总会被人误认为是大老板，而外表清秀、给人大学男生印象的马化腾总会被认作公司的运营助理或秘书。曾李青还是一位市场和运营的干将，为当年腾讯的市场开拓加力，是腾讯最终能够上市的核心因素。

**陈一丹：稳**

陈一丹在腾讯扮演的是首席行政官的角色，法律专业出身，持有律师资格证。一位曾在腾讯任职 11 年的资深员工提及陈一丹时评价，在腾讯从小公司到大公司的规范发展、规范化管理方面，陈一丹做出了很大的贡献。陈一丹的管理特点是既能兼顾效率，又能兼顾人性化，使公司内外符合相关的规定和政策，在一个稳定的道路上发展。

在腾讯内部，陈一丹和马化腾都被认为是性格很稳的人，考虑事情非常清楚、长远。此外，他们也非常互补——马化腾是产品和技术的佼佼者，会有很多新的点子、新的策略；而陈一丹很快就能领会，并从专业角度提出实践中应该注意到哪些问题，会涉及哪些法律。

**张志东：技术天才**

张志东此前一直相对低调，很少在公众场合露面。据公开资料，张志东是一个绝对的技术天才，在深圳大学，张志东和马化腾都属于在计算机技术方面拔尖的一拨，但张志东是其中最拔尖的；即便放大到深圳整个计算机发烧友的圈子里，张志东也是其中的翘楚性人物。他是个工作狂人，基本上没什么业余爱好，唯一的兴趣就是下象棋。

张志东也很值得尊敬，一是其技术上炉火纯青，即便是他的对手，都对这点佩服得五体投地。QQ 的架构设计源于 1998 年，用户数从之前设计的百万级到现在的数以亿计，整个架构依然适用，真的难能可贵，甚至说不可思议。

**许晨晔：坚持**

许晨晔和马化腾、张志东是深圳大学计算机系同学，与张志东一样，许晨晔在深圳大学毕业后又读了南京大学计算机应用专业研究生，毕业后则进入深圳电信数据分局工作，与曾李青是同事。他最大的爱好是与人聊天，兴趣广泛。他全面负责网站财产和社区、客户关系及公共关系的策略规划和发展工作，也是创始人中仍然坚持留在腾讯、陪伴马化腾左右的人，深得马化腾的信任。

资料来源：腾讯五虎将：难得的黄金创业团队．（2014－05－30）．http：//www. iceo. com. cn/renwu2013/2014/0530/291605. shtml.

根据上述案例，尝试回答如下问题：

1. 结合战略领导类型的知识，你认为马化腾是哪种类型的战略领导者？
2. 为什么这五个人可以形成一个稳定而高效的团队？
3. 结合案例谈谈，为什么柳传志说要先“搭班子”，再“定战略”？

## 参考文献

［1］Gertsen C，Martine. Cultural dimensions of international mergers and acquisitions//Cultural dimensions of international mergers and acquisitions. Walter de Gruyter，1998.

［2］Hackman J R. Groups that work（and those that don't）. San Francisco：Jossey Bass，1990.

［3］迈克尔·希特，等．战略管理：概念与案例：第 12 版．北京：中国人民大学出版社，2017.

［4］Maghroori R，Rolland E. Strategic leadership：the art of balancing organizational mission with policy，procedures，and external environment. Journal of Leadership Studies，1997（2）.

# 第 14 章 团队领导

学习目标

◎ 理解影响团队绩效的因素
◎ 掌握塑造高绩效团队的方法
◎ 掌握团队领导模型的运用
◎ 了解自我管理团队的特点
◎ 领会自我管理团队中的领导角色

## 引例

### 奈飞：我们只招成年人

帕蒂·麦考德在奈飞工作了整整 14 年，参与了奈飞创始高层管理团队的组建，曾任奈飞首席人才官。她在所著的《奈飞文化手册》中，分享了奈飞文化的精髓。

1997 年一天的凌晨，帕蒂接到了一个电话，她想肯定是哈斯廷斯打来的，因为其他人不会在这个时间给别人打电话。

哈斯廷斯问她："你在睡觉吗?"帕蒂说："当然，我可是个正常人!"哈斯廷斯是那种有了好想法都不用睡觉的人。哈斯廷斯对帕蒂说："你不觉得如果能创建一家我们愿意全心投入，与它共同成长的公司，是一件很伟大的事情吗?"

帕蒂原本已经拒绝了哈斯廷斯的邀请，但是在那一刻，她动摇了。对于帕蒂而言，哈斯廷斯的说法确实诱人。她问哈斯廷斯："你怎么知道这是一件伟大的事情?"

哈斯廷斯说："我每天都会盼着去工作，和这些人一起解决问题。"

就这样，帕蒂被说服了，她热爱这种精神。哈斯廷斯这番话所表达的，正是奈飞人最希望从工作中得到的东西：加入让他们信任和钦佩的团队，大家一起专注地完成一件伟大的事情。

这就是奈飞的第一项文化准则，只招成年人。这里的成年人不仅是年纪上的成熟，更是职业素养的成熟。每一个成年人都渴望与高绩效者合作。在奈飞这家公司里，大家都明白"人多力量大"是种错觉。因为放眼整个硅谷，你看到的都是小而精的团队的威力。奈飞人相信，尽可能简洁的工作流程和强大的企业文化远比发展速度更重要。

为了不让规章制度限制到成年人的工作，奈飞甚至取消了休假和报销差旅费制度，任何人都可以自由决定休假的时间。他们还给员工同行业最高的薪水，像对待成年人那样对待员工，他们发现，这样做以后员工的创造力得到了最大限度的激活。

资料来源：奈飞文化手册：只招成年人，绝对坦诚，用事实捍卫观点．(2018－11－13). https://www.36kr.com/p/5161850.

荀子说："义以分则和，和则一，一则多力，多力则强，强则胜物。"从上一章的高层管理团队中我们就看到了团队的重要作用。仅靠领导者一人是不可能实现组织愿景的，只有组织成员相互合作才能达成目标。奈飞的案例告诉我们，领导者要在领导成员的同时让成员感受到他们所在的团队是值得信任和钦佩的。这样，当每一个成员都产生了对团队的拥有感时，他们就再也不必苦苦思索是否要合作的问题，而是会忘情地全心贡献自己的力量。

近几年来，"团队"已经成为一个时髦的词，有远见的公司纷纷把"富有团队精神"作为企业选择人才的标准。各种类型的团队在生活中随处可见，大学里有科研团队、教育团队、大学生创业团队，企业里有营销团队、高层管理团队、虚拟团队等。那么，团队领导者该怎么做才能打造出高绩效团队呢？本章将阐述高绩效团队的特点、自我管理团队的构成，以及作为一名领导者，怎样高效地领导团队、建设团队。

## 第 1 节　高绩效团队

### 一　团队的概念与发展阶段

蚂蚁这类群居动物给人类带来了很大启发：它们生活在集体之中，以团队的方式进行工作，非常勤劳，谨慎小心，而且严守纪律。

20 世纪 80 年代开始，团队合作使沃尔沃、贝塔斯曼、米其林、百胜等公司成为同时代公司的杰出代表。现今商业环境多变，工作流程也越来越复杂，要完成一项任务不仅需要多种技能和经验，更需要灵活和迅速的判断。另外，高绩效团队（high performance teams，HPT）的构建需增强组织中的民主氛围，提高员工的积极性。

团队和群体是有区别的。团队（team）是人们为实现某一目标，通过相互协作使团队绩效大于个体绩效的正式群体（group）。团队的目标是提高集体绩效，人们通过彼此合作实现共同目标；而群体的目标只是共享信息，集体绩效不会得到显著提升。团队内部产生的是积极的协同效应，而群体内部的效应是中性的，有时还会形成进行势力争斗的小集团（cliques），造成消极的群体效应。团队成员承担个体责任与共同责任，而群体中，人们只需承担个人责任。团队任务常常是高难度的，这就需要团队成员技能的相互补充，而群体成员间的技能是随机的。只有当人们朝着共同的目标，以相互补充的技能和积极的协同效应为基础进行合作时，才能形成一支合格的团队。

团队是如何形成和发展的？学者塔克曼（Tuckman）将团队的发展过程分为如下四个阶段。

第一阶段是团队的形成阶段（forming）。在该阶段，团队成员互相介绍、认识，共同摸索团队运作的方式，在工作中逐步建立起彼此的信任和依赖关系，团队得以初步形成。

第二阶段是团队的震荡阶段（storming）。随着团队规模的壮大，在执行任务的过程中，团队成员在意见上往往会产生分歧，成员之间的矛盾逐步显现，此时领导协调能力起主导作用，当团队中出现一个被成员共同认可和尊敬的领导者，并且团队的权责体系得以明确时，震荡阶段就结束了。处于震荡阶段的团队可能会有如下表现：（1）团队成员在工作上普遍表现出不信任感和焦虑感；（2）对于任务目标的达成存在多种路径意见，且方案的提出者之间很少有沟通和做出让步；（3）对领导权归属问题存在质疑；（4）对资源分配的合理性提出质疑；（5）团队成员的主要注意力没有放在如何实现工作目标上。

第三阶段是团队的正常运作阶段（norming）。经过震荡阶段，团队成员开始相互信任，团队凝聚力得以提升，各成员彼此之间表现出理解和支持。大家对自己在团队中担任的角色和解决问题的方法方面达成共识，团队建立了较为完善的工作制度和流程规范，整个团队达到自然平衡。一些优秀的团队在这一阶段会尝试着建立起自己的团队文化，促进成员共同价值观的形成，借助文化的熏陶使成员自觉地为团队整体利益着想。

第四阶段是团队的执行阶段（performing）。成员之间互相依赖，互相支持，团队内部达到高度统一，能够高效地解决问题，完成任务。企业在这一阶段的生产率水平要高于上述几个阶段，在工作过程中，成员不断地学习新的技能，提高熟练度。相比之下，在第一、二阶段，团队是很难产生高绩效的。

## 二 高绩效团队的影响因素

将一车沙倒在地上，不会对地面造成太大冲击；如果把一车已凝固成块的混凝土倒下来，结果就会大不一样。团队领导者需要把一车散沙变成一整块混凝土，将一个个独立的员工组成一个坚强有力的整体，而这就需要领导者具备塑造高绩效团队的能力。

高绩效团队的影响因素是多种多样的，通过分析这些影响因素，可以为领导者塑造高绩效团队提供参考。

（1）领导者要为团队制定高成就目标，培养团队成员的组织使命感。每个人都有获得成就的愿望，这种成就动机可以极大地发挥员工的创造力，在知识型员工占主导地位的现代企业中更是如此，工作的挑战性和成就感本身就会成为关键驱动因素。因此，制定高成就目标，不仅可以提高员工冒险和接受挑战的勇气，也会激发团队成员的自豪感，激发成员自愿为团队奉献的精神动力。另外，团队目标应该与组织整体目标保持一致，团队任务理应成为组织“拼图”中的模块。领导者需要培养团队成员的组织使命感，以驱动其他具体行为。

（2）团队成员中应该有共同的行为准则或规范（norm），这决定着团队成员能否认同并参与组织的各项决定，并实现团队目标与个人价值观的匹配。领导者应该鼓励大家参与到对团队准则的制定中，确保这些行为准则不会让团队成员感到困惑，同时团队成员要定期评估现有的准则，确保准则能支持总体目标。只有有了共同的目标和行为准则，才能保证团队顺利地从震荡阶段过渡到正常运作阶段。

（3）团队成员的结构要互补。这种互补指技能、年龄、经验、团队角色等因素的互补。汉高祖刘邦取胜的关键就在于有张良、萧何、韩信这三个人在能力上的绝妙组合的支持。团队整体是否具备完成团队任务的知识和技能，是否有足够的技巧化解冲突，实现有效沟通，将直接影响到每一项团队任务的完成效率。要在团队的形成阶段和震荡阶段，对团队的结构加以完善。

（4）灵活运用激励机制。一个团队要想保持持久的动力与活力，就必须引入竞争性的激励机制，打造优胜劣汰的评估和奖励体系，奖励不仅指单纯的奖赏，更是对成员优秀绩效的认可和表扬。本教材的第 2 章和第 11 章都对激励问题进行过介绍。

（5）清晰划分成员的职责。“一个和尚挑水吃，两个和尚抬水吃，三个和尚没水吃。”当团队成员没有明确的职责划分，谁也不服谁的领导，你推我、我靠他、他怨你时，只会造成角色混乱和扯皮推诿，激发员工之间的冲突，降低团队绩效。

（6）应该引导员工学习在未来关键的技能，为员工提供发展空间。领导者要有长远眼光，让团队成员意识到自己是有发展机会的，通过辅导、项目培训、资源支持等开发个人技能和团队技能，为员工提供发展平台，帮助员工在岗位上获得发展，引导员工学习未来工作中所需的关键技能。

（7）注重沟通。许多团队的失败往往是由它们没有明确决策、会议和沟通规范造成的。团队中会出现人际冲突，领导者此时应该与团队成员一起制定解决团队冲突的方案，召开会议，公开讨论，或采用拓展训练的方式加强沟通，提高士气。

小成功靠个人，大成功靠团队，高绩效团队的塑造需要领导者的支持和引导。领导者要给予团队一定的支持，平衡好领导团队过程中的专制与民主，使权力得以灵活应用。在面临突发事件时，领导者要有足够的任职能力让团队成员认同自己，同时，要让每一位团队成员都觉得自己获得了充分的信任，能够参与领导决策，提出意见和帮助。领导者永远不要以为自己比员工更聪明，并可以驾驭他们；在领导过程中要大胆授权，适时引导，使他们感觉舒适，并有能力轻松、有效地完成工作。

领导者对于团队的重要性在任务失败时也极为重要，并且首先承担责任的往往是团队的领导者。比如，美国雷曼兄弟破产后，投资人将领导团队的失误归因于前总裁福尔德，在公司健身房中对他饱以拳脚，而他在被揍倒在地后一度失去了知觉。下一节介绍的就是团队领导的重要性、复杂性，团队领导的新变化和团队领导模型。

## 第 2 节　团队领导

首先，我们需要了解一下什么是团队领导。通常来说，团队领导指的是负责为团队提供指导，为团队制定长远目标，在适当的时候代表团队处理与组织内其他部门关系的角色。

### 一　团队领导的任务功能、联络功能和整合功能

团队领导的重要性体现在任务功能、联络功能和整合功能上（见图 14－1）。任务功能主要指团队领导者帮助团队完成任务，这是产生团队绩效（team performance）的载体，包括信息的分析和传递、决策、制定计划、实现目标等。

联络功能主要包括两点：获取外部资源和协调内部人际关系。领导者不仅要获取团队发展所需的信息和资源，还要关心团队成员的情感和需要，消除团队成员的矛盾，建

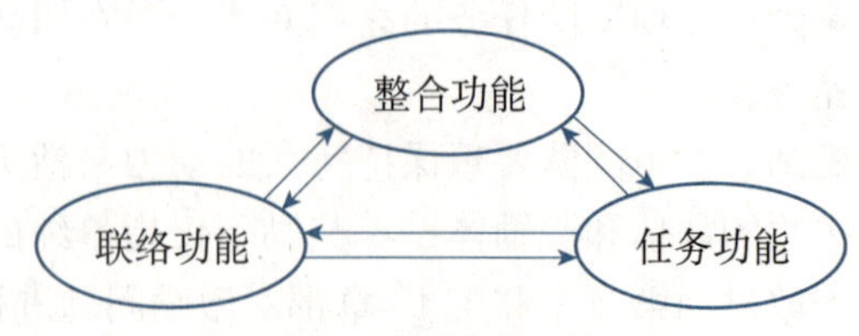


**图 14-1 团队领导的功能**

立积极的气氛、和谐的人际关系，这是团队发展（team development）的载体。这个功能与任务功能是相互关联和相互影响的，团队表现不佳会挫败员工的信心，影响人际关系；紧张的成员关系会使团队无法很好地完成任务，降低效率。

整合功能主要指平衡团队内在和外在的需要，整合任务功能和联络功能，帮助团队适应不断变化的外部环境。团队领导者不仅要调节人际关系，实现联络功能，还应分析团队所处的复杂的社会环境，为团队培养和配置合适的人才，充分利用每个人的长处，采取适当的应对行为。显然，整合功能与上述两个功能高度相关。

实现任务功能时，领导者本人无须亲自承担具体的任务。如果团队领导者承担太多的任务，往往会在组织战略和对人才的培养方面有所忽略，易使团队士气受挫，为团队任务的失败埋下隐患。因此，团队领导者需要给予团队合理的建议，将团队成员的注意力转移到特定的工作上。重视整合功能的领导者往往会把培养和配置人才当成自己的首要工作，他们会在分析外部环境和内部能力的基础上，通过给员工提供方向性的指导、必要的资源支持和适当的机会来实现管理，帮助员工发展必要的技能，保证人岗匹配，因此许多人也称团队领导者为“教练”。

## 二 中国文化背景的影响

考虑到不同文化背景因素的影响，有些联络功能和整合功能方面的团队领导行为虽然在中西方都存在，但可能在中国文化背景下尤其需要领导者予以关注。比如，有些团队成员爱面子，不会主动向领导者寻求帮助，也不会主动示弱。为了解员工的工作状态，团队领导者需要对下属的生活予以关注，经常和员工交流工作生活的细节，使员工敞开心扉，交流真实想法。

对于团队中年长的员工而言，他们的某些观念可能已经过时，其对最新的管理方法不熟悉，所以会对变革表现出排斥。为了保持团队的活力，领导者需要先肯定他们的功劳，唤起他们内心的自豪感，进而阐明变革的必要性，且最好让这些员工参与到对变革措施的讨论中，提高他们的积极性，激发整个团队的活力。

很多时候，团队成员会把生活卷入到工作中，许多员工的生活问题则往往成为团队中其他成员的“谈资”而被他人过分关心，这虽然在一定程度上有助于团队成员关系的建立，但过于关注也可能偏离团队的核心任务。团队领导者要以身作则，引导大家通力合作，以完成团队目标为先，相互学习、相互支持、相互信任，与其他部门互动，树立工作中以团队任务为重的榜样。

## 三 诺思豪斯的团队领导模型

诺思豪斯（Northouse）将协调和监控的概念与团队效能融合在一起形成了团队领

导模型（见图 14－2），该模型包括协调决策、干预的具体方式和团队效能，这为理解团队领导的复杂现象提供了一种整合型工具，为领导者实现上面提到的任务功能、联络功能和整合功能提供了相应的措施和建议。

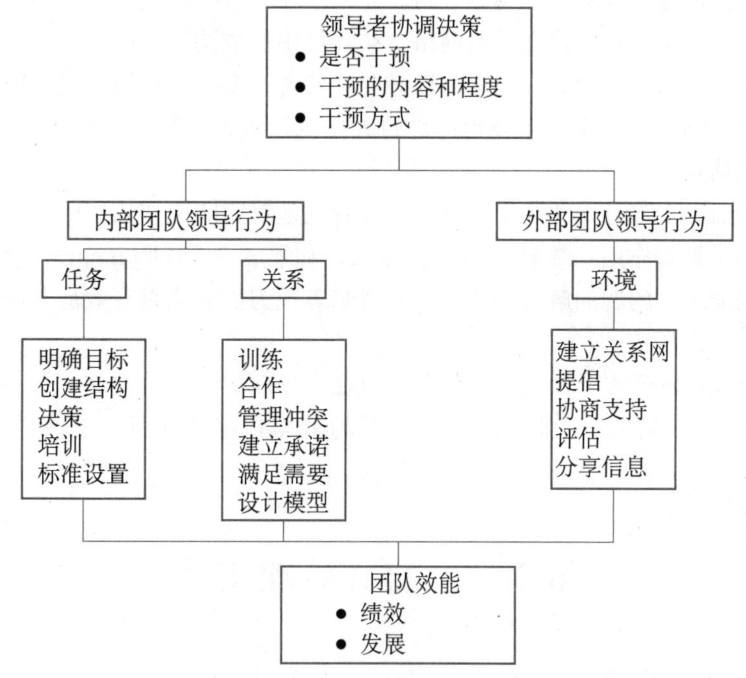


**图 14－2　团队领导模型**

资料来源：彼得·诺思豪斯．领导学：理论与实践：第 2 版．南京：江苏教育出版社，2002.

为了提高团队的整体机能，领导者要对团队决策进行干预。在此过程中，领导者面临的第一个决策是是否干预，即领导者是继续监控这些因素，还是根据已经收集和处理的信息采取行动。若选择采取行动，领导者应该做出第二个决策：干预的内容和程度。确定领导干预行动的内容和程度，最重要的是弄清是内部团队领导行为（任务/关系）还是外部的团队领导行为（环境）。比如，团队成员间存在冲突吗？如果存在，就应该采取行动以维持团队，改善人际关系。团队目标不清楚吗？如果是，就需要任务干预。组织没有对团队工作提供适当的支持吗？如果是，此时关注组织环境就是最恰当的干预。领导的第三个决策是确定最恰当的干预方式。

有效的领导者需要依据情境采取行动，顾及团队利益，做出最佳决策，针对每一类干预内容都要选择合适的干预方式。第一类干预内容为内部任务领导行为。为改善任务表现，领导者可以采取的干预方式有：关注目标（明确、获得一致），根据目标设置结构（计划、组织、明确角色、委派），为决策做准备（报告、控制、协调、分析、问题关注），培训团队成员的任务技能（教育、发展），维持绩效水平（评估团队和个人绩效、面对不好的绩效）。如果领导者确定某些成员工作效率不佳，就要及时与成员讨论绩效问题。

第二类干预内容为内部关系领导行为。为改善团队关系，领导者可以采取的干预方式有：向团队成员传授人际关系技巧，合作（包容、参与），管理冲突和权力问题（避免对抗、讨论思想问题），建立承诺和团队精神（乐观、革新、展望、社会化、奖赏、重视），满足成员的个人需要（信任、支持、鼓励），提倡模范的道德行为和原则性（公正、一致、规范）。

第三类干预内容为外部环境领导行为。如果在环境监控时发现需要领导干预，领导者就要选择下列干预方式：建立关系网络，在环境中构成同盟（收集信息、增加影响）；将团队推向环境；与上层协商，确保取得必要的资源、支持和重视；缓和团队成员与环境的摩擦；对影响团队效能的环境指标进行评估（调查、评估、绩效指标）；与团队分享相关的环境信息。

模型的最后一个部分是关注团队效能，或者说是对团队工作成绩的期望，这显示出团队领导的两个重要作用：绩效（performance）和发展（development）。绩效表现在团队完成任务的能力、问题的解决程度上；发展则表现为团队能否有效地共同工作，以适应不断变化的外部环境。

随着管理实践的发展，团队领导的角色也在发生新的变化。比如，下一节将要介绍的自我管理团队，其内部和外部团队领导行为就与传统团队领导行为关注的侧重点不同。

# 第 3 节　自我管理团队

## 一　自我管理团队及其特征

第 3 章中介绍的分布式领导和自我领导等概念在团队管理中往往表现为自我管理团队（self-managed teams，SMT）。自我管理团队一般由 5～30 名员工组成，这些员工拥有不同的技能，轮换工作、自我决策，是为实现组织目标组成的具有高度自主权的团队。团队成员之间相互依赖，承担了许多以前由主管承担的责任，比如计划和安排工作日程，给各成员分配工作任务，做出操作层面的决策等。这种类型的员工可以渐渐地独立做出决策，学会承担更多的责任，而不是依靠领导者的指挥。科技的发展和知识型产业的增多使自我管理模式越来越普及，自我管理团队常出现于制造业和工艺生产行业中，且其在服务行业中的运用也在不断普及。

自我管理团队有以下特征：

（1）有管理自己工作的权力。自我管理团队能够监督工作，设定目标和计划，选择成员，让成员进行相互的绩效评估，并会随着环境的变化不断调整团队，承担更多的责任，对团队资源进行有效整合，实现团队的高效运行。

（2）自我管理团队弱化了外部管理者的作用。自我管理团队可以分担领导的一些职能，自行确定如何运营，如确定项目进度、管理团队预算等。自我管理团队无须向外部管理者汇报，团队中没有严苛的权力等级，没有服从与被服从的关系，所有成员都以平等的身份参与问题讨论，提出自己的见解。

（3）有执行决策的权力。领导者给自我管理团队适当的资源并授权，帮助团队成员以更大的灵活性执行相关决策。自我管理团队是独立的，自主决定同其他团队和个人的协调合作，没有经理“出头露面”，必须靠团队自身的力量去协调和整合，且还需要亲自解决执行方案，并对工作承担全部责任。

（4）团队领导的支持。自我管理团队中领导者的主要作用是为团队提供必要的资源支持，领导者的任务应该是为团队提供便利而不是控制团队，并推动自我管理团队实现预设的目标。

自我管理团队中的成员往往具有鲜明的个人特征。他们提倡积极和激励性的思维模式，推崇一种独立、自主的思考方式，自我反省，营造支持性和激励性的团队氛围，同时，他们还注重设定个人目标。自我管理者会在理性审视自己的基础上，主动设定自己的绩效目标，他们善于观察其他成员的行为并进行自我评估，提供反馈，分析评估自己的绩效。最后，自我管理者会进行自我强化，他们会为自己提供部分奖励和支持。

## 二　自我管理团队的领导者

虽然弱化了外部管理者的作用，但自我管理团队中还有领导者的身影。自我管理团队中存在两种领导角色：内部领导角色和外部领导角色。内部领导者多为协调者角色，主要协调团队活动，大部分内部领导者是由团队成员默认或选举产生的。自我管理团队中的内部领导角色是共享的，各成员通常在一起讨论重要事务、集体决策。在某一个时期内，担任内部领导者的很可能是最有专长或是对这项任务具有强烈兴趣的人，他协调推动整个团队的活动。关于这类领导的涌现，可以参考第 3 章分布式领导的相关内容。

有学者探讨了自我管理团队中内部领导者的过度涌现现象，这一研究加深了我们对自我管理团队中领导现象的认识。

学者说

**自我管理团队中领导的过度涌现——性别和补偿性偏见的作用**

自我管理团队中往往不存在由组织正式任命的领导者，相反，领导者往往是以一种非正式形式出现的。由于涌现型领导往往在自我管理团队中扮演非常重要的角色，因此很多研究都致力于识别与领导涌现相关的个人特质和行为。如同大家预想的那样，大多数致力于领导涌现的研究聚焦于领导力的发展，希望能够帮助个体涌现为领导者。实际上，这些研究的潜在设定是如果一个人能够涌现为领导者，那么他就应该涌现为领导者。在某些情况下，这种假定是正确的，即当一些诸如智力、自我效能这样的个人特征与领导涌现和领导有效性有大体同等水平的相关性时；但在某些情况下，预测领导涌现的因素与预测领导有效性的因素不同，一个经验事实是一个涌现为领导者的人可能并不能在这个角色上表现得很好。例如，有证据表明，外倾性与领导涌现之间的相关性高于外倾性与领导有效性之间的相关性。这意味着一个具有高外倾性特质的人涌现为领导者的可能性高于他将是一个成功领导者的可能性，拉纳贾和霍伦贝克（Lanaj & Hollenbeck，2014）把这种个人的领导涌现高于领导有效性的现象称为过度涌现。这种现象意味着在某些情况下，一个错误的人可能涌现为团队领导者，或者一个正确的人没能涌现为团队领导者。这种不恰当的领导涌现是一个在组织文化中较重要但长期被忽视的现象。

一个与过度涌现有关的尤为重要的特征是性别。研究者以一个共同工作了7个月的自我管理团队为研究对象，借助性别角色理论和期望违背理论研究性别在预测领导的过度涌现中的作用。基于性别角色理论的观点，由于不同性别的特定的社会角色和行为期望，在其他条件一致的情况下，男性被认为更具有领导的特质（诸如自信、独立等），更符合领导角色，更可能会过度涌现为领导者；然而，期望违背理论认为，女性很可能会受益于一种补偿性偏见，尤其当女性表现出一种与团队有关的代理领导行为时，她们被认为比男性有更大的可能涌现为领导者，即使行为水平几乎是一样的。这一补偿性偏见的有关影响被实证性地记录和利用，用以帮助形成在自我管理团队中，一种对性别与领导涌现、领导有效性、领导过度涌现等关系更加深入的认识。

资料来源：Lanaj K，Hollenbeck J R. Leadership Over-Emergence in Self-Managing Teams：The Role of Gender and Countervailing Biases. Academy of Management Journal，2014（58）.

外部领导者的主要角色多为教练、促进者和咨询者，自我管理团队在运行过程中常常需要外部领导者给予教导和鼓励，并帮助团队成员树立信心，支持成员学习团队技能，改进工作关系（Manz & Sims，1989）。同时，外部领导者要清楚地表达对团队成员的期望，规范成员的行为，帮助团队从上级或其他部门中获取必要的资源和政治支持。

## 三 自我管理团队的优势和面临的挑战

自我管理团队有许多潜在的优势，比如，团队成员更支持团队的工作，提高了工作满意度；团队成员交叉训练做不同的工作，提高了团队技能的灵活性，有助于提高团队成员解决问题和提出建议的能力；分担了领导者的部分职责，减少了组织中经理和技术专家的人数，从而降低了成本。

在组织运营过程中，自我管理团队也会面临一些挑战。比如，自我管理团队分担了领导者的职责，进而会出现领导权分散的问题，这使得自我管理团队并不总能带来积极的效果。虽然有时员工的满意度随着权力的下放而得到提升，但同时缺勤率、流动率也在增加。自我管理团队是以自我管理为基础的，成员拥有自己的价值观和处事方式，并不是所有的人都适合这样的团队，如果在构建自我管理团队时不仔细选人，则容易造成团队人际交往方面的问题。Zappos的自我管理团队塑造被认为是世界上最成功的案例之一，但其也引发一定的争议，出现了大量员工离职的问题。

### 篇中案例

**引发争议的Zappos激进管理实验**

批评者更有底气了。离职潮的出现曾是外界质疑合弄制在Zappos水土不服的有力证据，现在，离职率从14%上升到了18%。一场管理实验将18%的员工吓跑了，这家公司的发展却越来越好。

与一般企业自上而下的管理机制不同，合弄制完全摒弃了管理层职位，将市场营销、人力资源、客户关系等具体工作职责分散到了全体员工身上。

Zappos的CEO谢家华坚持认为，离职是个好现象。离职数据是由Zappos首席运营官阿鲁·拉詹（Arun Rajan）在 Zappos 官网公布的，新增离职员工源于“超级云”（Super Cloud）项目团队。自 2015 年 3 月开始推行合弄制自主管理模式以来，这家公司已有 260 名员工离职，约占全公司人数的 18%。

2015 年 3 月，谢家华向全体员工发送长邮件，宣布全面实施合弄制管理。在此之前，自 2013 年起已有约 85%的整体运营工作向合弄制转型。

尽管已有长达一年多的心理准备，但邮件中流露出的紧迫感和离职赔偿方案之丰厚还是足以让最忠诚的 Zappos 员工感到震惊。离职赔偿方案有两种：一种赔偿金相当于员工 3 个月的薪水，另一种赔偿金相当于员工月薪乘以工作年数。在上一批离职潮中，由于有 130 名员工正在参与“超级云”项目，为了使这一重要项目不至于被迫中断，团队负责人请求谢家华将离职赔偿方案的期限对该团队延长至 2016 年 1 月 4 日，谢家华批准了这一请求。

Zappos 实行的这一激进企业管理实验一直备受外界质疑。北美自助仓储公司 StorageMart 董事长克里斯·伯纳姆（Cris Burnam）曾撰文指出合弄制的三大弊端：当企业发展遇到困难时运行不畅、无法约束缺乏工作热情的员工、在控制调度庞大的员工群体时面临严峻挑战。伯纳姆认为只有成熟的、能够担负风险的大公司，和希望获得传统管理模式不具备的速度与灵活性的创业公司才适合合弄制。成立于 1999 年，拥有 1 500 余名员工的 Zappos 属于前者。

因为取消了层级企业架构，Zappos 正在探索采用新型管理方式来决定员工晋升、奖金分配、薪酬调整、人才识别等。Zappos 的做法是根据员工在公司中扮演的角色和所具备的技能发放徽章，并向员工发放与能力匹配的薪水。然而因为完全取消了传统的职位头衔，不少员工担心无法在公司外清楚地解释自己的职责。对于表现不佳、无法胜任角色的员工，Zappos 也正在探索更有建设性的解决方案。

“超级云”项目负责人拉詹在接受 *Business Insider* 的采访时表示，在决定实施自我管理以前，Zappos 内部各自为政的倾向越来越严重，各团队之间缺乏交流与协作。他同意谢家华的观点，认为自我管理的方式能够帮助 Zappos 在保持商业野心与规模扩张的同时，保留 Zappos 的创业精神。

据 Zappos 合弄制转型负责人约翰·邦奇（John Bunch）介绍，尽管有大批员工离职，但 Zappos 实际上已经通过招聘让员工人数恢复到 1 500 人左右。每一名新员工将完全在合弄制系统中展开工作。

在谢家华看来，Zappos 在正式实行自我管理之后，公司正在朝好的方向发展。他同时也认为那些选择离开的员工——无论原因是什么——也将更加快乐。

“我个人的猜测是，约有一半接受离职赔偿方案的员工不是因为不适应合弄制或不喜欢自我管理，而是他们真的希望去外面看看，开启自己的事业。有了这笔赔偿金，他们就有资本去尝试了。当然他们也知道，在 12 个月之内，他们可以选择回归 Zappos。”邦奇表示。

资料来源：一场管理实验将员工吓跑 18%，公司却越来越好了．(2016-02-04)．http://www.managershare.com/post/230221.

领导者可以多鼓励团队成员进行自我管理，通过解释自我管理的优点和介绍自我管理的模式来帮助员工发展自我管理技能。领导者提供足够的独立性会使员工的自我管理变得更容易，也可以将自我管理的流程模式化，为追随者创建一个范例。当员工发展自我管理技能时，领导者应鼓励他们在工作中承担更大的责任。当然，如果下属还没有相应的能力和意识，领导者也不必急于推广这种团队模式。

## 第 4 节　怎样发展团队领导者的技能

为何许多团队在工作时容易陷入僵局？怎样才能结束这个僵局？莱斯·麦克文（Les McKeown，2012）给出了答案，即领导者领导技能的提升。麦克文认为，每一个成功的团队都有一个关键“球员”，该“球员”需要具备三种不同的角色，即大胆的梦想者、务实的现实主义者和系统设计师。领导者需要捕捉到每个人最好的一面，组建动态、全面的团队。但对现实企业中的多数领导者而言，他们要么控制团队活动，要么撒手不管。显然，这两种方式都不能很好地促使团队产生高绩效。

一些优秀的领导者希望自己可以和他们的团队平等地工作，扮演“资源”的角色，而非作为团队的控制者。这种领导者有能力和团队一起工作，就像团队中的其他人一样，在使用资源和获得信息方面也是平等的。那么，如何培养领导者的这种技能呢？麦克文提出了如下几种方式。

（1）从小事开始。小事指的是领导者可以控制的事，领导者在团队活动中不要一开始就强迫自己对大事负责，这样不仅不能让团队成员平等地对待你，且当事情不在预料范围内时，你也容易重新回到使用权威来控制事件的发展态势的起点。一个典型的例子是交叉功能团队，交叉功能团队又称多功能型团队，该类团队由来自同一等级不同领域的员工组成，成员相互交换信息，平等合作，共同完成任务和解决问题。交叉功能团队建立的宗旨是任务攻坚，团队成员均是各自领域的专家，因此就必须讲求平等。如同多数团队一样，交叉功能团队也需要领导者，但领导者的功能并不在于控制，而是参与式地协调，适当地分配资源。

（2）指定其他人员主持会议。这是一个新颖的尝试，在会议中，指定一个负责人引导会议。需要注意，这并不是指定其他人代为传达你的意思，而是要做到事先不沟通、不教授，做到充分授权。指定的负责人需要对每一议题分配时间，主持讨论，进行总结，在会议进行的过程中，领导者只需坐在那里，耐着性子，和其他成员一样，适当地参与讨论。对于一些兴趣不大的议题，领导者会觉得无聊、繁杂和琐碎，但此时切勿离开，需要和其他成员一样，把分配给自己的细节一一弄完。

（3）参与。在团队日常讨论中，领导者需要以普通成员的身份参与其中，如果不参与，那就和不做领导者没什么区别了。领导者需要在讨论的过程中贡献自己的智慧，分享经验。反复练习和熟悉这种参与方式有助于团队成员对你形成平等看待而又不失尊敬的态度。

（4）主动承担行动任务中低级、卑微的部分。当团队在分派任务时，领导者切勿挑肥拣瘦，只承担关键的任务。为了表明自己的参与平等性，领导者需要证明，既然其他人能够自觉承担低级、卑微和不重要的部分，自己同样可以。

（5）适应沉默。在关键问题上，尤其在存在意见分歧的问题上，团队常常会出现沉默状态，此时，所有成员都会将目光转向领导者，希望领导者站出来，发表意见，做出评判。但此时，领导者不要做任何解释，不要发表任何见解，保持沉默。在这种情况下，成员会自觉地尝试着梳理不同方案的内容，找出利弊。

(6) 长期的领导地位会让领导者自我感觉良好，他们会极不放心其他人的工作方法，也不愿意实现他们希望的结果，但采用这种方式永远无法成为优秀的领导者。领导者需要抵制事后转变的诱惑，当会议结束时，最终结果代表了团队中绝大多数人的意见，方案是什么样就是什么样，切勿企图通过各种方式改变结果，将原有方案替换为你所倾向的方案。因为作为领导者，你只要做一次，就不会再有人相信你承担的"资源"这一角色了。

下一章会就领导技能问题进行专门介绍，视角将不局限于团队这个层次。

## 小 结

团队是指通过成员共同努力产生积极的协同作用，从而使团队绩效远远大于个体绩效之和的正式群体。团队与群体有很大的区别。影响团队绩效的因素主要有：团队结构、团队目标、行为准则、领导对团队的支持等。塑造高绩效团队包括以下要素：制定高成就目标，灵活运用激励机制，营造赢得尊重的文化，清晰划分成员职责，沟通和发展未来技能。

团队领导的重要性体现在三个功能上：任务功能、联络功能、整合功能。优秀的领导者是环境和成员的"协调者"。团队领导者的角色也在发生新的变化，领导者要给予团队更少的指导，让团队意识到自己的能力范围，把自己当成团队的输入力量。诺思豪斯的团队领导模型包括协调决策、干预的具体方式和团队效能，这为理解团队领导的复杂现象提供了一种整合型工具，为领导者实现上面提到的任务功能、联络功能和整合功能提供了相应的措施。

自我管理团队一般由 5～30 名员工组成，这些员工拥有不同的技能，团队具有高度自主权。自我管理团队有许多潜在优势，自我管理团队中存在两种角色，分别为内部领导角色和外部领导角色。自我管理团队体现了自我管理，作为领导者应多鼓励团队成员进行自我管理，建设自我管理团队。

团队领导者在团队中需要扮演"资源"这一角色，而非作为团队的控制者，他们需要和其他成员平等地工作，平等地分享信息和参与讨论，培养其他成员的相关技能。

## 关键术语

高绩效团队（high performance teams，HPT）

规范（norm）

团队绩效（team performance）

团队发展（team development）

自我管理团队（self-managed teams，SMT）

## 思考题

1. 从团队的发展阶段分析完善团队绩效的影响因素。
2. 领导者怎样才能塑造高绩效团队？

3. 对照诺思豪斯的团队领导模型，分析一下你身边某个领导者的领导行为。

4. 自我管理团队有哪些优势？给领导者带来了哪些挑战？

5. 对照前面章节的领导概念，谈谈相关概念如分布式领导、涌现型领导、自我领导、超级领导等在本章的自我管理团队中是如何体现的。

6. 中国目前还没有普及自我管理团队这种团队运作模式，你认为其中的原因是什么？

7. 你认为自我管理团队有可能成为中国未来的主流团队模式吗？

## 案例分析

### 莫经理的难题

**背景**

莫经理是一家软件开发公司的项目经理。最近几天，莫经理一直沉浸在一种莫名的幸福中。其实原因很简单，莫经理所在的团队刚刚从某大型国有企业手中接下了一个千万元的系统开发项目，而且莫经理已经被指定为这个项目的项目经理。这标志着莫经理今年的销售任务指标注定会超额完成。

莫经理是一个资深的项目经理，在相关行业有多年的工作经验，也管理过很多合同额超过千万元的软件开发项目。所以，无论是从背景还是资历上讲，莫经理都完全符合这个项目经理的职责要求。

整个开发项目历时一年，分为两个阶段，前半年是第一阶段，是系统开发阶段，主要进行系统的开发工作；后半年是第二阶段，是系统维护阶段，主要进行系统的维护和完善。

莫经理所在的公司采用的是矩阵式的管理结构，莫经理并没有直接管理的人员，需要从其他部门抽调相关人员组建项目团队，不足的人员可以从下属子公司或者外包公司获得，具体的人员构成需要结合项目的成本要求设定。

人员的来源主要分三类：

第一，公司正式职员，这些人具有较强的能力和较多的经验，同时，由于这些人的待遇比较高，因此对于项目成本的占用会比较多。

第二，下属子公司职员，这些人通常也具有一定的能力和经验，相对于公司正式职员而言，能力稍微差一点，待遇也稍微低一点。通常而言，如果这部分职员在项目过程中表现得非常出色，有可能会转为公司正式职员。

第三，外包公司聘用人员，这些人通常是外包公司的猎头根据项目的需要临时招聘的，聘用人员会与外包公司签订劳务合同。这部分人的能力参差不齐，待遇相对较低，稳定性比较差。所以，这些人在占用成本较少的同时会给项目带来一定的不确定性。

**莫经理的问题**

由于公司对于项目成本的控制非常严格，在经过对成本的仔细估算后，莫经理发现，如果考虑成本因素，项目组无法全部使用公司的正式职员，甚至要将高成本的公司正式职员和下属子公司职员限制在一个非常小的比例才能保证项目达到预期的盈利目标。

也就是说，莫经理只能用少量的公司正式职员和少量的下属子公司职员，再加上大量的外包公司临时招聘人员组成一只“联军”来推动项目运作。

除了人员的构成不尽如人意，莫经理还面临四个问题：

（1）时间问题。根据合同的要求，开发队伍需要在一个月内入场，留给莫经理的时间并不太多。结合项目期限的要求，莫经理必须尽快组建项目组并开展工作。

对于公司正式职员和下属子公司职员，相关的人员选择和到岗时间都相对容易确定，但是在短时间内找到大量合格的外包公司职员却是一件非常困难的事情。因为出于成本的考虑，外包公司一般不会长期聘用大量的高素质员工，其通常做法是接到人员需求后，一方面从已有的员工中选拔，另一方面更多的是到人才市场上去临时招聘，由此就产生了一个潜在的巨大问题——时间上存在较大的不确定性。

对于外包人员，莫经理的通常做法是打电话给几个比较熟悉的外包公司人事经理，让他们帮忙寻找。而人事经理的办法就是通过尽可能多的渠道广撒网。

（2）质量问题。对于不同来源的成员，成员的素质有一定的差别。公司正式职员，行业经验、个人能力和工作态度都比较好；下属子公司职员，一般来说行业经验和个人能力也都还不错，但是工作态度因人而异；而外包公司临时聘用的人员，尽管可以通过面试对个人的行业经验和能力进行简单的评估，但是对于其能力和工作态度都无法在很短的时间内有一个比较准确的判断。

由于时间比较紧，一般情况下，对于聘用的人员只进行一轮面试，包括面谈和笔试两部分。

（3）稳定性问题。公司正式员工的稳定性比较高，一般很少在项目中间出现变动；下属子公司职员，个别可能会因为长期无法转为上级公司正式员工而提出辞职；而外包公司临时聘用的人员，稳定性会比较差，可能会出现比较频繁的变动。

关于外聘人员的变动，因为一般是新聘员工，正在试用期中，所以外包公司也缺乏必要的约束。

（4）职责分配问题。莫经理以前也管理过类似的“联军”队伍，在职责分配上，一般由公司正式职员担任一些核心岗位并负责与客户的交流和互动；下属子公司职员担任一些相对重要的岗位，拥有部分组织和管理的职能；而外包公司职员负责一些具体的操作层面的工作，个别表现优异的会赋予一定组织协调的职责。

对于职责的安排，不仅要考虑到每个人的能力和素质，同时要兼顾工作安排对于个人工作态度的影响。

资料来源：莫经理的困惑：接下千万元的系统开发项目后，如何打造一支合格的联军？.（2011-05-11）. http：//www.zhaotonghang.com.cn/forum/viewthread.php?tid=494.

根据上述案例，尝试回答如下问题：

1. 根据团队的发展阶段和类型，这种特殊团队的管理有什么特点？

2. 如果你是莫经理，你会怎样打造一支过硬的“联军”？
3. 你认为团队领导最难做的工作是什么？

## 参考文献

［1］Les McKeown. The synergist：how to lead your team to predictable success. New York：Palgrave Macmillan，2012.

［2］Manz C C，Sims H P. Superleadership：leading others to lead themselves. Englewood Cliffs，NJ：Prentice Hall，1989.

［3］Tuckman B W. Developmental sequence in small groups. Psychological Bulletin，1965（63）.

# 第 15 章
# 领导技能

## 学习目标

- ◎ 掌握目标设定的基本原则
- ◎ 了解提升创造力的途径
- ◎ 了解谈判的过程
- ◎ 理解会议管理的窍门
- ◎ 能够解决冲突并加强人际沟通
- ◎ 明确领导力开发的四个阶段

## 引例

### 马云：口若悬河，靠口才魅力赢得人心

马云的口才魅力是毋庸置疑的，他用敏捷的思维、狂傲的气势、具有哲思的言辞，刺激着每一个听众的耳朵。也因此，马云有了另外一个绰号——“铁嘴马云”。

1995 年，在互联网尚未发达的时期，在没有任何社会资源和政治背景的支持下，马云硬是凭着一张三寸不烂之舌和无穷的激情，把《人民日报》这样的中央机关报搬上了网。1999 年，用 500 元薪水和似锦前程的绘声描述，马云硬是令蔡崇信这样的高级职业经理人放弃丰厚收入，加入这个起初一文不名的小企业。

2000 年，“铁嘴”马云一开口，巨额资金搞到手，这一回，马云仅仅花了 6 分钟便搞定了赫赫有名的孙正义。在国内，马云所到之处无不留下他让人热血沸腾的演讲。他频频发表激情演讲，言词慷慨激昂、幽默风趣，思想天马行空、深刻独到，听众无不为马云的口才所折服。

在国外，“铁嘴”和英文的珠联璧合，更是让马云在国际演讲中如鱼得水，游刃有余。从 2001 年到现在，马云不断被邀请到哈佛商学院、沃顿商学院等全球培养 MBA 的顶尖“摇篮”发表演讲，言辞激烈、针砭时弊，让无数国外 MBA 学子备受震撼。

说话时，马云的手永远在空中挥舞，说几句就忍不住换一个姿势，好像随时准备展开搏击。他在接受媒体采访时，无时无刻不在宣传电子商务，使电子商务这个舶来品为

中国人所熟悉。

马云认为自己是一台促销机器。他一个月内可以去 3 趟欧洲，一周内可以跑 7 个国家。马云挥舞着他那干柴一样的手，对台下的听众大声叫道："B2B 模式最终将改变全球几千万商人做生意的方式，从而改变全球几十亿人的生活！"很快，马云和阿里巴巴在欧美名声日隆，来自国外的点击率和会员呈暴增之势！马云和阿里巴巴的名字就这样被《福布斯》和《财富》这样的重量级财经媒体关注。

那段时间，马云把到欧美名校讲学也看作销售的一部分："沃顿、哈佛的 MBA 们 5 年后可能就是大公司的高层，在他们脑子里播下阿里巴巴的种子，5 年后就发芽长大了。"奇怪的是，马云越是疯狂，台下的听众越是对他痴迷。马云凭借智慧和口才，在哈佛做了一次演讲，之后有 35 个哈佛 MBA 毕业生投身到他的企业。当时有教授问马云："尊敬的马先生，在你开始演讲之前，能否先谈谈在你的简历里面没有提到的？"面对如此突然的要求，马云急中生智，说："10 年前我申请过 3 次哈佛，被你们拒绝了，你们看都不看就拒绝了。"马云的机智与幽默博得了学生们的好感。

资料来源：口若悬河，靠口才魅力赢得天下：马云．(2017－10－25). http://baijiahao.baidu.com/s?id=1582218666193240455&wfr=spider&for=pc.

---

作为一个企业的管理者，说话容易，但要说好话，能鼓舞人心，并不是一件容易的事情。沟通是领导者最重要的技能之一。引例中的马云显然具有很强的沟通技能。当你认为自己不具备领导者的魅力或魄力时，可以先从领导技能开始你的领导生涯。领导者面临许多新的挑战，他们需要帮助组织适应周围的环境，实现组织愿景。为实现目标，他们博采众长，上下求索，不断完善自身的领导技能。本章总结了七种公认的领导技能，并将之归结为三类：目标设定和创造力属于个人技能；谈判、沟通、冲突管理属于人际关系技能；会议管理和授权则属于团队技能（见图 15－1）。下面你将了解每种领导技能的特点和培养这些技能的方法。

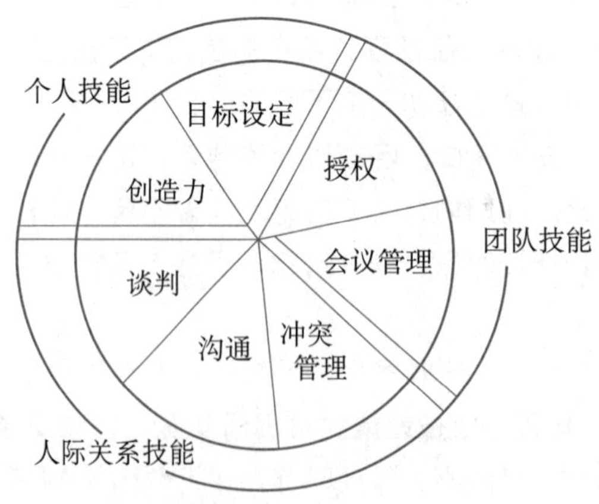


**图 15－1 领导技能模型**

# 第 1 节　个人技能

## 一　目标设定

第 2 章简单地介绍过目标设置理论，设置合理的目标对领导者来说是一项十分重要的个人技能。为合理设置目标（setting goals），领导者应该遵循 SMART 原则。

（1）S 意为目标是具体的（specific），不是笼统的。目标设定得过于含糊会使员工感到疑惑，无法完成预期任务，因此目标要配有详细说明，包括具体项目、衡量标准、达成措施、完成期限以及资源要求，使员工能够很清晰地看到组织计划，明确自己要做哪些事情。

（2）M 意为目标是可衡量的（measurable），评估标准最好是定量的。在实施目标的过程中，领导者可以定期评估员工的工作进度，追踪反馈，及时发现问题，解决问题，提高工作绩效。企业的目标设定通常是用数字表现的，比如，明年的销售额要比今年增长 4%，这些具体数字就是可观察、可衡量的。

（3）A 意为目标是可实现的（attainable）。通过努力，目标应该是可以达成的。目标的设定切忌脱离实际，有时领导者为达到预期的结果，而把目标设定得过高，超出了群体现有能力的范围，揠苗助长，最终只会使愿望落空。

（4）R 意为目标与其他目标具有相关性（relevant）。一项目标的设定与组织的其他目标应该是相关的，并以组织的总体目标为导向。

（5）T 意为目标是有时限的（time-based）。每项任务都有一定的期限，周围的环境在不断变化，任何事物都有一定的时效。目标要在一定期限内达成，若超出此期限，目标也就失去了原有的价值。

在遵循 SMART 原则的基础上，设定目标时还需要注意挑战性、承诺和反馈。目标应当具有挑战性，设定过于容易达成的目标并不会带来高绩效，更高的绩效往往在拓展目标和超越自我时出现，挑战会激发人们的创造力，从而展现出最好的一面。相反，一项很容易达成的目标往往不会给人们带来欣喜和自信。

目标需要认同，也需要承诺。如果大家没有激情，对目标抱质疑的态度，目标就只是一句空话。领导者在设立目标之初就应该让员工参与进来，并向其提供达成目标所需的资源，奖励推动目标实现的员工。这样，追随者就会对目标表现出高承诺。在目标实施过程中提供反馈可以有效提高组织绩效。对一段时间内员工的行为进行追踪、评估、反馈，可以及时发现其不足，并尽快予以修正。反馈提高了沟通频率，当成员多渠道、多指标地提供反馈时，领导者可以更好地了解目标实施的真实情况。目标设定充分体现了领导者的目标管理技能，它是目标管理的第一步。目标管理概念的提出者彼得·德鲁克认为，目标并不是在工作开始之后产生的，相反，是先有了目标，才确定了每个人相应的工作。

目标管理通过在组织内部建立覆盖各个层级的目标链实现上级对下级的管理，在设定目标时，组织的领导者和高层管理团队首先确定组织的整体目标，继而将整体目标细分为各部门的目标，再细分为部门内部每个人的具体目标；同时，这些具体目标的完成情况将是今后人事考核和奖惩的依据。组织各级目标的设定必须符合方向一致、相互协调的原则，在目标分解过程中，只有明确了权、责、利三者的关系，整个目标体系才能为企业战略的落地提供精确的指引。

在目标设定的工具选择上，现在比较流行的是 KPI 法和目标与关键结果（OKR）法，两种方法有各自的适用性，具体比较如表 15－1 所示。

**表 15－1 KPI 和 OKR 的区别**

| KPI | OKR |
|---|---|
| • 我要做的事 | • 我要做的事 |
| • SMART | • 可量化的，不强调可实现的 |
| • 5～8 个指标 | • 最多 5 个 O，每个 O 最多 4 个 KR |
| • 个人、团队、公司都有 KPI，达成一致 | • 个人、团队、公司都有 OKR，达成一致 |
| • 挑战性的 | • 挑战性的，有不舒服的 |
| • KPI 及其分值大多不曝光 | • 所有的 OKR 及其分值高度曝光 |
| • KPI 多来自战略分解和职位说明 | • 60％的 O 最初来自底层 |
| • 结果用于考核 | • 结果不用于考核 |
| • 分值低即失败 | • 0.6～0.7 已经很好；0.4 也非失败 |
| • 考核工具 | • 沟通工具 |

KPI 是比较传统的绩效目标设定方法，而 OKR 是最近几年在中国企业中流行起来的方法。关于二者的区别，下面这个案例可以给我们一些启发。

## 篇中案例

### 领英为什么用 OKR

百度 2019 年全面放弃 KPI 转向 OKR 的消息在互联网圈引发了不少关注。其实 OKR 并不是一个新概念或是新的管理方法。早在 20 世纪 70 年代，在英特尔担任工程师的约翰·杜尔（John Doerr）就接触到了 OKR，转型为风险投资人后，他更是将 OKR 这套方法引入他所投资的谷歌、亚马逊、领英（LinkedIn）等科技公司并成功推广。

以下，我们引用领英的例子对 KPI 和 OKR 进行对比，希望给跃跃欲试涉足 OKR 的公司一些帮助。谨记，没有一种管理办法是为你的公司量身打造的，你可以潜心研究学习，但大可不必奉为圭臬，而是需要根据自身状况去琢磨并实践出独一无二的方法。

KPI 是一种衡量员工表现得好不好，以及对公司整体进行绩效管理的工具，与公司的整体策略和目标联系密切。

如果一个公司的目标是赚更多的钱，那它制定的 KPI 就会包括销售增长倍数、销售净利率和营业成本；如果一个公司想通过品牌的力量吸引新的顾客，那它制定的 KPI 就会包含品牌价值、品牌知名度。

问题在于，即使有 1 000 种 KPI 任君挑选，要选到适合自己的也非常不容易。领导层如果选了错误的 KPI，就意味着员工会执行错误的指令，后果显然会很严重。KPI 之所以威力强大且广受欢迎，就是因为“你选择衡量什么，就得到什么”。

KPI 对员工意味着什么？其实站在员工的角度，KPI 无非就是：在指定的时间段内，我要完成哪些任务；对于这些任务，我分别要完成到什么程度；并根据完成了哪些、各自完成的程度拿钱。说得再简单一点，就是完成了 KPI 拿钱拿奖励，完不成爱干吗干吗。于是乎领导 KPI 一定，员工振臂一呼，大家拼命干活。

KPI 帮助企业从最大程度上提高效率，却也是一把双刃剑。

其一，有些事情值得去做，但在做出来一部分之前无法测量，因此也无法制定 KPI。没有写进激励机制，那创新就会显得困难。

其二，没有人对最终结果负责，每个人只对自己的过程负责。那么，为了 KPI 上的几个数字而忘记为什么出发，就在所难免了。

为什么很多优秀的公司都推崇 OKR 呢？领英选择 OKR，有 4 个重要的理由：

（1）OKR 不以考核为目标，是让人更加聚焦重要领域。OKR 要求雇员在与组织目标保持一定的前提下，站得更高、看得更远。与 KPI 不同的是，OKR 要求员工走出“舒适区”，最好超出能力范围。知道极限在哪里，才有更多的上升空间。OKR 的主要目标不是考核某个团队或者员工，而是时刻提醒每一个人当前的任务是什么，相信并依靠员工的自主性和创造性去完成任务，使自由和方向达成一种平衡。

（2）对关键结果进行可量化的定义。OKR 中的 KR 是对前面设定好的 O 的过程性或结果性描述，其描绘最好是可量化的，如“使 Gmail 达到成功”的描述是不合格的，应采用“Gmail 在 9 月上线，并在 11 月拥有 100 万用户”。先有 O，再量化 KR，最后去实现。

（3）OKR 更加公开透明，可让员工获得相互认同。OKR 的内容和成绩都是公开的，每名员工的介绍页都会显示他们的 OKR 记录。

就领英而言，跨部门和透明化非常重要。公司内所有人都知道每个人的下一步工作是怎样的，以及每一个人过去做过什么。一方面，这自然会产生群体监督作用；另一方面，这方便合理有效地组建项目团队。

领英鼓励经理把 OKR 分享给下属，在同事之间也可以进行横向分享。此外，领英还鼓励员工将个人职业发展作为目标，写入自己的 OKR 当中。

（4）OKR 评估，分数不是越高越好。最佳的 OKR 不一定是 100%完成，完成 75%就很好。高分并不一定会受到表扬，如果本期目标制定“野心”不够，下期 OKR 制定则需要调整。低分也不会受到指责，而要通过分析工作数据，找到改进下一季度 OKR 的办法。

说到这儿，你可能会问：OKR 这么好，为什么大家还用 KPI？

事实上，KPI 和 OKR 都只是绩效工具而已，并没有孰优孰劣。

如果你在一个客户服务电话的呼叫中心工作，你的工作绩效就是一分钟接几个电话、热线接听率、客户投诉率等。在这种情况下，KPI 就是最适合的绩效工具，即便是制定个人目标 OKR，也没有很大的意义。

而对工程师来说，用 KPI 衡量工作未免有些可笑，算码了多少行代码吗？把项目做出来才是王道。

KPI 强调的是“要我做的事”，而 OKR 致力于“我要做的事”。作为绩效工具，KPI 和 OKR 并无孰优孰劣之分，业务单元适合，就用，不适合，就不用。

资料来源：OKR 真的比 KPI 好吗？好在哪？（2019－02－20）. https：//baijiahao. baidu. com/s?id=1625996281431874863&wfr=spider&for=pc.

## 二 创造力

创新是领导者的职能之一，反映到技能层面则表现为领导者需要具有创造力。创新的意义不言自明，领导者需要以新的方式看待事物以增强自身的创新能力，尽可能多视角地分析问题，对事物进行新的观察，带领团队或组织实现创新以获得持久的生命力。

迪格拉夫和劳伦斯（DeGraff & Lawrence，2002）遵循从想象力到孵化的步骤，提出了提升创造力（improving creativity）的途径（见图 15－2）。想象力（imagination）是获得创造力的根本，天马行空的想象可以帮助领导者形成革新性的看法以及独一无二的解决方案。苹果的史蒂夫·乔布斯、迪士尼的沃特·迪士尼和亚马逊的杰夫·贝佐斯都喜欢标新立异，愿意冒险、打破常规是这类创新者的典型特征。

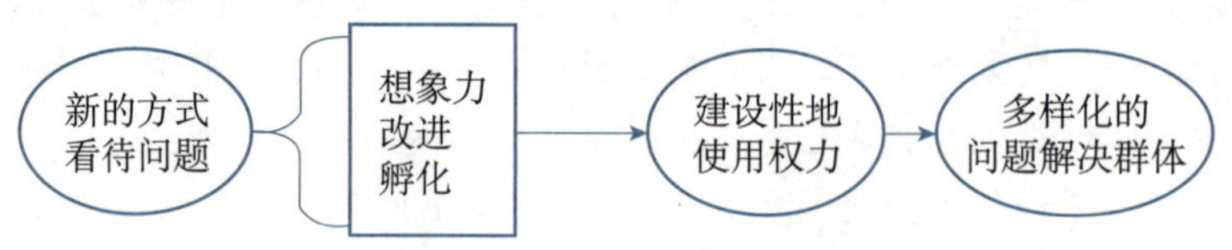


**图 15－2 提升创造力的途径**

对原有事物的改进（improvement）有时也可以产生创造力，而这需要改进性的想法。这种方式并不具有突破性创意，只是不断改进现有的创意，开发出越来越好的替代方案。采用这种方式的领导者不是冒险者，而是系统的、谨慎的和严格的人。雷·克罗克并没有发明快餐，却创建了一种标准化的菜单、统一的烹调程序、一致的服务行为，造就了麦当劳的巨大成功。阿里巴巴的马云不断否定自己、突破现状，对原有的 C2C 和 B2C 模式进行不断改进，阿里巴巴才得以保持今天在电子商务领域的领导地位。

通过个体间的团队工作、参与和协调来获得创造性，这种方式叫作孵化（incubation）。在共同价值观的引导下，人们合作的集体智慧会产生创造力。比如，圣雄甘地就很擅长利用孵化动力，他动员人们去追寻一种明确的愿景和价值观，使追随者的集体智慧激发出足够的创造性以阻止一场战争。

当权力距离较大时，群体成员可能因领导者过于挑剔而被抑制了创造性思考的能力；当领导者不善于接受新观点或群体其他成员的思想较为传统时，群体成员会抨击新思想，不愿意提出新的想法。领导者要明白创造力虽然是在变的，但绝不是突变，故一定要保证追随者的行为处在正确的轨道上。因此，领导者需要建设性地运用权力，向群体授权或委派职责，放松对追随者的限制，减少追随者的压力。他们要向追随者明确目标，引导他们的行动方向，使其不偏离总体目标；他们还要提供充足的资源，为追随者实现创新扫除障碍，减少成员之间的恶性冲突，兼用物质和非物质报酬奖励创新，促进成员创造力的发挥。

最后，领导者还可以促进组织形成多样化的问题解决群体，群体间的价值观、经验、偏好会有差别，通过运用共同研讨、头脑风暴法（brainstorming）等方式在群体中激发创造性思维，往往会产生不同的解决方案，形成思维碰撞，提升创造力。

# 第 2 节 人际关系技能

## 一 谈判

谈判作为领导者的重要技能往往会在关键时刻帮助领导者取得成功。领导者对外谈判以获得资源和政治支持，对内谈判以确定目标和行动方案。领导者在进行谈判时，他的策略必须集中在努力使对手认同自己的具体目标点，或者尽可能接近这个目标点上。领导者需要说服对手，让其觉得自己的目标点是不可能实现的，而接近领导者的目标点才具有合理性。如图 15 - 3 所示，每一方都有一个目标点，每一方也都有一个保本点，这个保本点代表可以接受的底线，双方保本点之间的区域就是解决方案的范围，双方的期望在某种程度上重叠，这样的重叠即解决问题的空间。

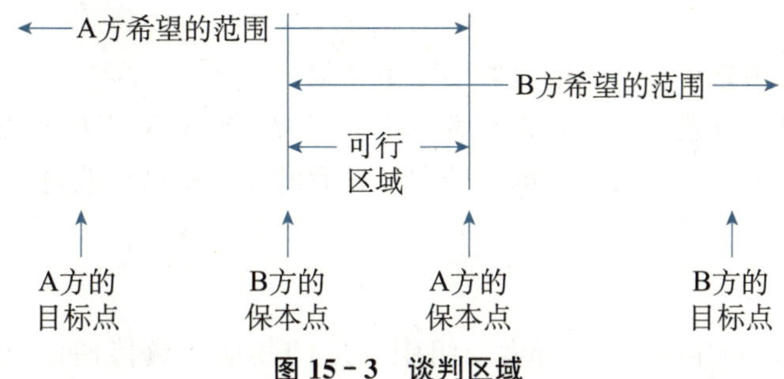


**图 15 - 3 谈判区域**

资料来源：菲利浦 · L. 胡萨克尔 . 管理技能与方法：第 2 版 . 北京：中国人民大学出版社，2007.

为提高谈判成功的概率，领导者要遵循科学的谈判方法，实现合作性双赢。卢西尔（Lussier）指出，谈判的过程分三步，分别为策划、谈判、延缓，可以对这个模型进行适度调整以适用于不同的谈判类型。

策划阶段是谈判的前期工作，人们必须明白自己谈判的内容具体是什么，要达到什么样的目标，并在谈判前需要调查谈判方。孙子在《孙子兵法》中解释了知己知彼的重要性："知彼知己者，百战不殆"。如果能够了解谈判方的个性特点和谈判风格，努力发现他们需要什么或不想放弃什么，达成协议的机会就会很大。在了解对手之后，领导者要确定谈判的目标，明白自己期望什么。在策划阶段，领导者需尽量提供更多的选择，以使双方都可以达到各自的目标，想办法把"蛋糕"做大，而不是互相争夺这块"蛋糕"。最后要预测可能出现的问题，并准备应对方案。谈判过程如图 15 - 4 所示。

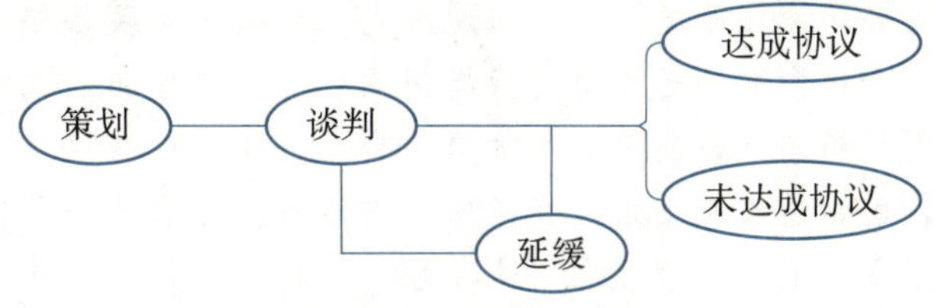


**图 15 - 4 谈判过程**

资料来源：Lussier R N. The negotiation process. Clinical Leadership & Management Review，2000，14（2）.

在谈判初期首选面对面的谈判方式，因为领导者可以接触到对方的非语言符号，而且比较容易营造和谐的氛围。步入正题后，可以让对方先出价，在知道对方提出条件的基础上，领导者可以适当地调整自己的条件来争取谈判的主动权，获得更多的优惠条件。在谈判后期，不要过早说放弃，需审时度势。

谈判应随环境的变化而变化，见机行事。谈判过程可以说是一场心理战，在重大的谈判中，把握好对方的心理就可以叱咤风云，把握不好则可能粉身碎骨。请记住，不到万不得已不要通过放弃来达成协议，不要低于自己的最低目标，避免做出单方面的让步，但在关键时刻也可以根据情况适当地改变自己的策略。

如果谈判没有任何进展，延缓是最好的选择。若是对方提出的延缓，领导者可以催促他们，促使对方给出一个明确的答复。另外，领导者要听懂对方的言外之意。与不同文化背景的人谈判时，有些人不会直接说无法达成协议，比如日本人会说“这样做很困难”，其言外之意是停止谈判，但日本人不会直接说出来，因为他们认为那样是不礼貌的。若是自己这一方提出的延缓，对方进行催促时，领导者则需要给对方一个具体的时间期限。

达成协议后，领导者在适当的时候要重申协议或做书面记录，可以写一封感谢信以便重申协议。如果没有达成协议，领导者也不要气馁，应该重新对形势进行分析，找出可能存在的问题，也可以向对方咨询，争取在日后的工作中做出改进。

## 二 沟通

沟通（communication）即领导者与组织内外的其他成员传递信息，以达成一致行动。谈判可以看作一种特殊类型的沟通。领导者在做决策、用人时都要以信息为基础进行广泛而有效的沟通。有效的组织内部沟通能使领导者与员工随时了解组织和彼此的职能关系，提高组织整体的领导水平和成员的生产效率，达成组织层面的共识，促进组织持续发展，为组织树立良好的公众形象。通用电气的韦尔奇就是一个非常重视沟通并且有强大沟通能力的领导者。

### 篇中案例

#### 韦尔奇的沟通技巧

沟通的关键是选择一个适合的渠道。韦尔奇的沟通方式值得借鉴，他上任后首次引入了非正式沟通的管理理念，他从来没有给任何人发过正式的信件、备忘，几乎所有的信息都依靠个人便条、打电话或面对面直接沟通传递。

韦尔奇每年都为公司设置年度议程并为通用电气新诞生的英雄举行庆贺活动，为来自不同事业部的经理和他们的同行创造交换思想的机会。这些非正式的聊天通常会持续到凌晨两三点钟，而且韦尔奇每次都会参加这种会晤。在会议快要结束时，他会发表一个精心策划的讲话，讲话被摄制下来，翻译成八种语言，然后传递到世界各地通用电气的分公司中。在那里通用电气的经理们用这段录像与自己所属的团队来商讨通用电气来年所要应对的问题。

其他非正式的沟通方式还有每季度召开的企业执行官理事会，在那里通用电气的 30

名高级管理人员相互交换意见。执行官们把这种会议誉为利益共享、人人有份的活动，因为不管好的坏的信息都会公开共享。

韦尔奇最重要的沟通形式之一是非正式的，他时刻与下属保持着高效的沟通状态。每周韦尔奇都要对工厂或办公室进行突击走访，和通用电气各个层次的人员进行交流。他定期和那些比自己低好几级的经理共进午餐。韦尔奇平均每年要会见通用电气的几千名员工，与之交谈。韦尔奇的沟通技巧帮助他在通用电气这样的公司内产生了强有力的影响。

资料来源：李方正．斯坦福商学院最负盛名的企业家培养课．北京：光明日报出版社，2014.

沟通是一个复杂的过程，沟通的对象和渠道多种多样，所以沟通过程难免会出现障碍，受到干扰。

那么，如何克服沟通障碍达到有效沟通的目的呢？领导者在沟通前要明确沟通的目的，确定沟通的方式，做好沟通的准备，这些是有效沟通的前提。应该公开交谈还是私下交谈，应该口头交流还是书面交流，应该在办公室交流还是在咖啡厅交流，该说哪些话，以怎样的方式讲话，这些都是应该事先考虑好的。沟通是听和说的艺术，在沟通中要认真倾听，把握对方语言的内在含义，有针对性地讲，不仅要注意口头信息的传播过程（oral message-sending process），还要合理运用非语言因素，使用熟悉的词汇和术语使信息简单明了，提升沟通的清晰度。

领导者在沟通中要注意与员工进行互动，留意员工的价值观和期望，尽量形成一致的评判标准，减少员工的困惑。积极与员工进行双向沟通，及时收到员工的反馈信息能确保交流的信息被正确理解，从而减少噪声的干扰。

反馈可以实现信息的有效互动，许多领导者难以获得反馈，可能是由于员工缺乏自信，认为自己无知，或者担心自己提出的问题会反映出上级工作上的失误，进而得罪上级。为了消除员工的顾虑，及时获得反馈信息，领导者首先要乐于接受反馈，当别人询问时，要及时做出回应，并耐心回答、解释。其次领导者要注意非语言交流，确保自己的非语言交流可以鼓励别人做出反馈，不要表现出茫然的表情，如果做出了让对方困惑的非语言行为，则领导者需要及时予以解释。

杜柏林（2006）就领导者如何进行有效的口头和书面沟通提出了如下几点建议。

（1）让自己值得他人信赖。这要求领导者以真诚的态度面对员工和下属，在和员工交流时保持诚信记录，长此以往，员工会在潜移默化中信任领导者。

（2）针对听众调整信息。企业中下属也分不同的知识水平和等级。比如，在与中层管理者和基层员工交谈时，领导者传递的信息、用词甚至语气都会有差异。对于前者，领导者可以使用专业的管理词汇，传递的信息量也通常较大；对于后者，领导者的语言不仅要通俗易懂，而且信息量要适度。另外，在向专业技术人员传递信息时，领导者要特别注意尊重对方的专业知识，更多地充当聆听者和咨询者的角色。

（3）将团队成员可能得到的好处告知他们。激励措施可以激发员工努力工作的积极性，有效的领导离不开激励，运用提前预示的方式，领导者可以给员工以激励方面的心理预期，这同样会促使员工勤奋工作，提高工作满意度。需要指出，领导者在告知员工可能得到的好处时切勿夸大，否则下一次员工就不会再相信了。

（4）运用高冲击力和激发情绪的词语。领导者在向下属传递信息时，更多的是表达自己对于员工完成工作的信心，从这个角度看，领导者的沟通也是一种激励，需要使用能够激发情绪的词语。一般来说，该方法对于口头沟通和书面沟通同样有效。

（5）运用趣闻轶事表达含义。面对一部分员工，尤其是在表达批评意见时，中国企业的领导者出于尊重需要，通常会避免当面斥责，也不会使用直接的言语。那么，如何才能准确地表达领导者的意图呢？杜柏林认为，领导者要善于运用大家熟知的趣闻轶事来表达含义，这样既尊重了员工，也能准确地表达出自己的意思。

（6）用数据支持结论。领导者常犯的错误之一是运用直觉来做判断。每个人都有直觉，但存在差异，虽然凭借丰富的经验，领导者通过直觉进行决策可以提高效率，并且也经常取得成功，但这种成功的可持续性较差。而且，专业技术人员常常将领导者的直觉看作“凭空而论”，进而质疑领导者的可信度。此时，领导者就需要拿出确实的数据来提高观点的说服性。

（7）尽量减少语言错误、无用的词汇和声音停顿。该建议主要针对的是口头沟通，涉及领导者的沟通技巧。领导者在沟通的过程中需要体现准确性和流畅感。试想一下，如果一个领导结结巴巴地向员工传递信息，并且用词错误百出，作为员工，你会从心底信服他吗？

（8）直接而非间接。所谓直接，指的是领导者用直白的语言准确地传达信息；间接不仅指含蓄地传递信息，还涉及用不同的方式，通过不同的人来传达。直接的弊端是在有些情况下可能会伤害到员工的情感，间接的弊端是容易造成信息失真、降低效率。相比较而言，间接的沟通方式造成的后果要严重得多。所以，在一些重要问题，特别是容易引起歧义的问题上，领导者应果断选择直接的方式进行沟通。

其实，沟通首先是态度问题，其次才是方法问题，并且合适的沟通方法因人而异。只要愿意沟通、真诚待人并且注意观察，那么完全可以根据所处的情境和以往的经验总结出属于自己的沟通方法。

## 三 冲突管理

当两个主体的利益和目标不一致且很难协调时就会产生冲突（conflict）。冲突的主体多种多样，可以是个人、团体、组织甚至是国家。冲突是能被对方感知的，且至少是两者及两者以上的相互作用。如果只单方面有感知就无法构成冲突。相应地，人们若以自己为中心来界定问题会阻碍冲突的顺利解决，此时往往会陷入“有你没我，有我没你”的极端情境，严重时甚至会两败俱伤。

关于冲突的作用，有些人认为冲突是消极的，应该避免；有些人则认为冲突的影响是多样的，它在某些情况下能成为积极的动力，因此这些人鼓励维持组织内部最低水平的冲突。一些积极的冲突可以在组织内部形成良好的竞争氛围，人们可以公开表达个人感觉，更好地理解他人，激发创新思想，产生变革动力，有利于领导者更好地制定决策。可以这样说，积极的冲突对有效的群体工作来说不可或缺。

托马斯（Thomas，1992）把冲突行为按两个维度划分为五类，这两个维度分别为：一是合作性，即一方愿意满足另一方愿望的程度；二是自我肯定性，即愿意满足自身愿望的程度。托马斯根据这两个维度确定了五种处理冲突的行为意向（见图 15－5）。

（1）竞争（competing）：自我肯定但不合作，即一个人在冲突中寻求自我利益的满

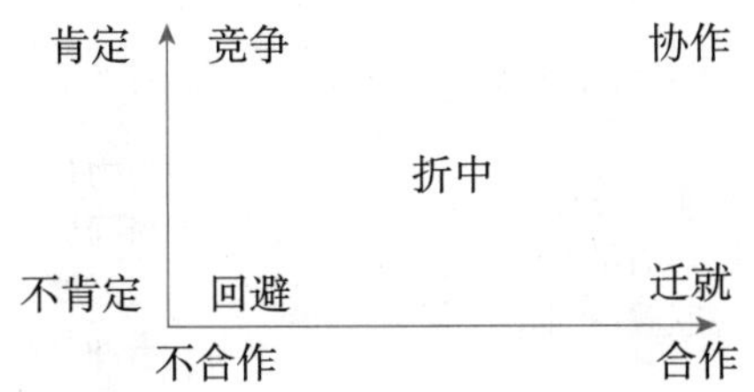


**图 15－5　冲突处理的行为意向**

资料来源：Thomas K. Conflict and negotiation process in organizations//Dunnette M D，Hough L M. Handbook of industrial and organizational psychology. 2nd ed. Palo Alto，CA：Consulting Psychologists Press，1992.

足，而不顾及冲突对另一方的影响。

（2）协作（collaborating）：自我肯定且合作，即冲突双方相互合作，寻求共赢的解决办法，以使双方的利益均能得到满足。协作不是迁就不同的观点，而是澄清差异与分歧，找到解决问题的办法。

（3）回避（avoiding）：不自我肯定且不合作，即个体意识到了冲突的存在，但希望逃避它或抑制它。

（4）迁就（accommodating）：不自我肯定但合作，即个体为了维持相互关系，愿意做出自我牺牲，尽管自己有所保留，但可能还是愿意把对方的利益放在自己的利益之上，支持他人的意见。

（5）折中（compromising）：合作性与自我肯定性均处于中等程度，即冲突各方都寻求放弃某些东西，愿意共同承担冲突损失，并接受一种双方都达不到彻底满足的解决办法，折中最终是为了能共同分享利益。

那么，在什么情况下应该有针对性地使用上述五种冲突处理方式，而在什么情况下不能使用呢？表 15－2 进行了总结。

**表 15－2　不同冲突管理方式的运用**

| 冲突管理方式 | 什么时候用 | 什么时候不用 |
|---|---|---|
| 竞争 | 当时间很重要时<br>当问题微不足道时<br>当任何办法都不好用时<br>当对方缺乏专业技术时<br>当对你来说问题非常重要时 | 当问题复杂而且需要他方的参与并提供信息时<br>当与有权力的对手共事时<br>当需要长期的解决方案和做出贡献时 |
| 协作 | 当问题复杂而且需要他方的参与并提供信息时<br>当需要做出贡献时<br>当处理战略性问题时<br>当需要长期的解决方案时 | 当时间紧迫时<br>当他人不感兴趣或不具备技能时<br>当由于存在不同的价值观念而产生冲突时 |
| 回避 | 当问题微不足道时<br>当冲突激化且双方需要冷静时 | 当需要长期的解决方案时<br>当你负责解决冲突时 |
| 迁就 | 当问题对你来说不重要时<br>当你的知识有限时<br>当存在长期的业务往来时<br>当你没有权力时 | 当他方缺乏道德时<br>当你确定自己是正确的时 |

续表

| 冲突管理方式 | 什么时候用 | 什么时候不用 |
| --- | --- | --- |
| 折中 | 当目标明显对立时<br>当双方势均力敌时<br>当需要快速解决时 | 当力量明显不均衡时<br>当问题复杂时<br>当需要长期的解决方案时<br>当冲突根源于不同的价值体系时 |

资料来源：Rahim M A. A measure of styles of handling interpersonal conflict. Academy of Management Journal, 1983 (6); Rahim M A. Managing conflict in organizations. 2nd ed. Westport, CT: Prarger, 1992.

在冲突中寻求共识是领导者的职责。造成冲突的原因多种多样，可能是资源问题，也可能是组织结构的问题，或者是人员配置的问题等。相应地，领导者可以采用多种方法来解决冲突。领导者可以提出一个共同的、更高的目标，而且这个目标不经冲突双方的协作努力是不可能达到的，这不仅能促进双方的团队合作，还有利于在工作中达成共识。如果冲突是由于资源缺乏造成的，那么领导者可以开发新资源，或改变短期任务目标，实现双赢；或者通过强调冲突双方的共同利益弱化对资源的争夺，让双方各自放弃一些有价值的东西，从而实现利益上的折中。领导者还可以通过改变个人因素或结构因素的方式来化解冲突，对于个人，可通过行为改变，转变其对待冲突的态度；对于组织，可通过重新设计工作、工作调动、建立合作等方式，改变冲突双方的相互作用模式。

## 第 3 节　团队技能

第 14 章介绍了一些零散的团队领导技能，本节集中介绍会议管理和授权这两种团队领导常用的技能以及压力管理技能。

### 一　会议管理

许多领导者的工作状态都是遨游于会海，应接不暇，晕头转向。会议作为一种重要的管理方式和沟通方式，本身会耗费很多的时间和资源。不必要且无效率的会议只会令与会者不满，因此对会议进行良好规划和领导，不仅有助于实现多样化目标，也利于在组织之间、团队之间、组织成员之间开放沟通渠道，节省时间，提高工作效率。为此，古斯和肖（Guth & Shaw，1980）提出了领导者召开会议（conducting meetings）的五个窍门（见图 15－6）。

图 15－6　召开会议的窍门

是否真的需要召开会议？会议召开的目的是什么？在召开会议前，领导者需评估会议有无价值，并预测最终能达到什么样的效果。开会之前需要了解其他成员的意见，若大部分人认为有必要开会，会议的出席率才能得到保证。领导者要时刻记住开会的目的，会议并不是茶话会，每次会议都承担着交流信息、解决问题的任务。领导者要按重要性对会议目标进行排序，分类统筹；列出会议目标后，制定实现这些目标的计划，预计在每项议程上花费的时间，做出合理的会议时间预期。领导者一定要做好会前的通知和宣传工作，事先将会议议程和拟探讨的问题告知与会者，并提供相关报告和支持材料，便于大家做好会议的准备工作，提高会议效率和效果。

开会前，领导者要使会议尽可能方便参会者。为了提高会议出席率，领导者要选择方便参会人员出席并与会议性质相匹配的地点。会议中所需的各种设备要准备齐全，比如黑板、投影仪、会议桌、咖啡、点心、会议地点的指示图等。领导者要坚定地遵守会议的时间表，准时召开会议，不要随意让会议延时，如果因为不可抗力因素需要延迟，要提前通知与会者。

会议中，领导者要严格遵守议程安排。为了营造一种轻松、自在的氛围，领导者可以讲一些友善、和气的故事，谈一些大家都感兴趣的话题。但这也容易让人们转移目标，偏离主题，此时，领导者一定要及时引导与会者回到会议的正题上来。对于议程中的重要事项，领导者要确保这些问题在会议中有足够长的讨论时间。

会议是一种互动的沟通方式，需要参会人员的积极参与。领导者应鼓励大家积极互动，确保不爱发言的成员也能参与进来，让每一位与会者都有机会发言，并使之感到自己对会议成果有所贡献。对于那些爱说话、乐于直言的与会者，领导者要尊重他们的观点，指出群体已经充分了解了他们的立场，注意控制会议的整体局面。

会后，无论是领导者还是参会人员，都要及时地把会议内容整理出来。不要过分相信自己的记忆力，正常人是无法将会议中所有的信息完整地保存下来的。因此领导者在会议期间，要清楚了解所讨论的观点、各种决策、采取的行动，包括谁对此负有责任、任务完成的时间期限等，确保这些信息能被及时地记录下来，会后进行详细的归类整理。这样领导者就能清楚地知道自己和与会者在会议中的想法以及最终讨论形成的可行方案，明白为什么应该（或者不应该）采取某种行动，这同样有利于领导者准备未来的会议议程。

## 二 授权

授权是领导的风格之一。其实，领导者如果想做到合理且高效地授权，也需要掌握相应的技能。

授权的益处很多。对领导者而言，授权可以为领导者节省时间，把时间投入到只有领导者适合或胜任的活动中，提高工作效率，为群体的长期利益着想。对追随者而言，他们可以在授权中成长，领导者将重要任务委派给追随者，是一种“干中学”的方式，能发挥员工的主动性和创造性，增加其实践经验。对组织而言，善于授权能有效地激励员工，提高员工的工作满意度，在整个组织中激发创新活力，巩固组织结构。比如卡尔·斯帕茨将军就是一个善于授权的高手。

## 篇中案例

### 喝上等威士忌，让别人替我工作

卡尔·斯帕茨将军是美国空军成为一个独立军种后的第一任空军参谋长。在谈及领导经验时他说，我成功的原因有两个：一是我把事情交给某人做，然后绝不告诉他应该如何做；二是这个人应该自己知道要如何做。

在斯帕茨将军担任空军参谋长时，有一次，副参谋长霍伊特·范登伯格有3份文件需要他签署，当时范登伯格已升任少将。当范登伯格将3份文件拿到斯帕茨将军面前时，斯帕茨将军说："你不是刚刚晋升了吗?"

范登伯格说："是的，长官。"

"谁晋升了你?"

"报告，是您晋升的。"

"那你知道我为什么晋升你吗?"

"报告，不清楚。"

"好，我告诉你。我升你的官就是让你来签署这些文件的。这些文件与明天即将开始的战斗有关系吗?"

"没有，长官。"

"那就由你来签署它们。假如你犯了错误，我会原谅你一次；如果再犯错误，你就会被革职。"

合理授权是领导者的管理手段之一，领导者要学会"教身边人为你工作"，这样不仅可以增加员工的参与度，提高他们的归属感和责任感，而且领导人将会有更多的精力放在更重要的事情上。

当然授权不等于弃权，一个指挥官绝对不能丧失他对部队的感觉。最高指挥官可以，也应该将权责授予下级指挥官，并避免干涉他们的职权，但他必须在有形与无形上和部队保持密切的联系，否则必败无疑。所以斯帕茨将军虽然充分授权给了下属，但随时都会关注情势的发展，会经常视察部队，关注每一位指挥官。没有任何事情可以取代亲自考察，只有掌握了部队的动态，才可以做出正确的决定，"当我去视察时，我只关注一件事，那就是指挥官的精神状态"。

资料来源：领导人最高境界：喝上等威士忌，让别人替我工作．(2017-08-18). https://mp.weixin.qq.com/s?__biz=MzA3MDIyNzk0Mg==&mid=2649962117&idx=5&sn=088c6faf2fdb2388d130dd8dcc8f56c8&url=http%3A%2F%2Fmp.weixin.qq.com%2Fs%3F__biz%3DMzA3MDIyNzk0Mg%3D%3D%26mid%3D2649962117%26idx%3D5%26sn%3D088c6faf2fdb2388d130dd8dcc8f56c8&share_menu=1&sinainternalbrowser=topnav&mid=4205448054090202&luicode=10000011&lfid=1076032160170091&u=http%3A%2F%2Fmp.weixin.qq.com%2Fs%3F_biz%3DMzA3MDIyNzk0Mg%3D%3D%26mid%3D2649962117%26idx%3D5%26sn%3D088c6faf2fdb2388d130dd8dcc8f56c8.

很多员工不愿意接受授权，一种合理的解释是害怕承担风险。而对许多管理者来说，他们认为组织"一放就乱"，因此也不愿意授权。一些领导者认为员工没有足够的能力完成工作，也有一些领导者则认为授权给下属后，自己会失去相应的认可、报酬、权力和地位。这种对下属能力的不信任和对失去权力的不安全感都会造成领导者的授权恐惧。

其实，授权不是任意地将权力进行下放，更不是领导者撒手不管。授权有几条需要遵循的原则。

(1) 信任原则。领导者要么不授权，一旦授权，就要表现出对下属能力的充分信任，切勿中途干涉下属的工作。信任是授权过程中需要遵循的最基本原则，失去了信任，下属的工作动力和积极性都会大打折扣。

(2) 可控原则。授权是将权力下放给下属，这个过程要讲求“度”的原则，领导者要把握对工作任务的可控性。从领导者授权的目的来看，授权是领导者在减少自己的任务量的同时能够全面观察和把握组织整体运营状况的一种有效方式。在层级清晰的组织中，授权不需要越级，权力由高层管理者开始，逐级下放，既能保持沟通的有效性，又能明确每一层级的职责权限。

(3) 权责统一原则。权责统一又称权责对等，指的是在授权过程中，上级给下属赋予权力和自由度，而下属则需要承担相应的责任，赋予的权力越大，下属承担的责任就越大。

(4) 动态原则。动态授权讲求灵活性。对于同一个下属，在不同的情境下，领导者的授权也会存在差异；对于不同的下属，在同一项任务中，由于其担任的角色不同，授权同样存在差异。因此，授权要因时、因地、因情境而异。当前，组织所处的外部环境瞬息万变，工作任务和工作内容经常会在中途发生变更，这也对授权的灵活性提出了高要求。

不会授权的领导者会大大增加自己的工作量和工作压力，他们试图做到事事皆细，将宝贵的时间浪费在一些琐事上，大大降低了领导效率。比如，诸葛亮事无巨细而必躬亲，错误地将主要精力放在“管理事”而非“领导人”上。曾有人劝他：治家之道，在于各司其职，如果凡事主必躬亲，将形疲神困，终无一成。果然，诸葛亮本人不堪重负，累死于五丈原。

领导者授权的重点在于合理性，下面我们来讨论合理授权的具体方法（见图 15-7）。

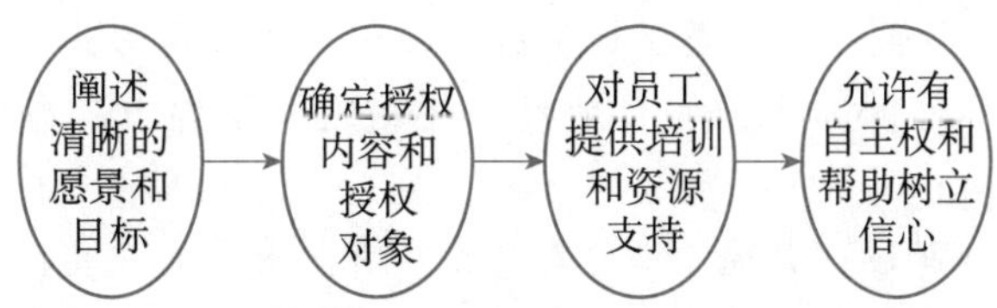


**图 15-7 合理授权的方法**

(1) 阐述清晰的愿景和目标。为实现合理授权，增强员工的胜任感、价值感和安全感，领导者首先要阐述清晰的愿景和目标，特定的行为目标能强化授权，进而指导个体执行任务。当下属了解组织的愿景，看到自己的价值，并明确能完成愿景的特定行为时，其就能感知到授权。

(2) 确定授权内容和授权对象。确定目标后，领导者要确定授权内容和授权对象。领导者应该从自己的工作经验中估计任务的难易程度，弄清楚哪些任务只能由领导者完成，哪些任务可以由下属来完成。同时，领导者在合理分配任务时还要因人而异，既不能让下属感到负担太重，也要给予其充分的成长条件和发展机会。

（3）对员工提供培训和资源支持。这对达到授权的预期结果至关重要。下属是在授权中不断学习和成长的，领导者可以通过示范特定行为提供支持，为员工执行权力扫除障碍。在心理作用层面，当下属感知到并且得到资源支持时，本身就会增加员工的信心。

（4）允许有自主权和帮助树立信心。授权作为提高下属能力的途径之一，主要通过目标管理过程中的自我控制、自主管理实现。这就涉及自主权的问题，领导者要信任下属，给下属发展的空间，允许下属有自主权，帮助下属树立信心，营造民主氛围，给下属赞许而不是责备，把犯错当成下属成长的必经之路。当下属被授予新的权力时，会有一段适应期，出现错误是正常的，领导者无须责备，而应多鼓励下属在失败中吸取经验和教训，实现自我能力的提升。

## 三 压力管理

成为一名优秀的领导者还需要其他一些技能，比如压力管理（stress management）。

领导者与下属时常会面临工作压力，压力可能是由环境产生的，也可能是人们对构成挑战或威胁的情境做出的反应。压力在一些人眼中可能是具有挑战性的、值得一试的，在另一些人眼中则可能就是有威胁性的、令人苦恼的。压力有时可以促进绩效，增加动力，但过大的压力会使员工绩效恶化、情绪低落，进而使组织绩效低下。作为领导者，要时刻监控自己和下属的压力水平，形成定期关注压力水平的习惯，还要善于识别导致压力的根源。领导者应提倡一种健康的生活方式，学会放松，构建一个亲密、支持性的关系网，全面看待事物。下面学者说的研究发现对减轻压力也有借鉴意义。

学者说

**赶走压力的简单方法：自我同情**

压力、焦虑十分常见，相信几乎每个人都会在人生的不同时刻有所体验。当然，适度的压力、焦虑有利于让生活激情不朽。但过度了则会造成多方面的危害，不仅是内心难过，身体也会受到损害。至于如何解决，相信很多人都想知道。最近的一项研究发现：有个非常容易的方式能够帮助我们扳倒这两座大山，那就是不要对自己太严厉！

Gunnell et al.（2017）发现，那些对自己富有同情心的人相比其他人来说，有更少的压力。自我同情也会让人更乐观、有活力、精力充沛。这项研究的被试是刚上大学的一群大学生。研究者表示：自我同情能够缓解学生在从高中升入大学的这段过渡期的压力，因为自我同情增强了自主性、能力、关联性的心理需要，并会反过来提升人们的幸福感。

自我同情有三个成分：自我仁慈——关怀、善待自己的能力，而不是过分挑剔；普遍的人性——知道每个人都会犯错误、遭受失败；留神（mindfulness）——当发生一些令自己沮丧的事情时，尝试保持情绪稳定，而不是一心想着做错的事情。从这三个成分可以看出，自我同情会对自我治愈产生很好的效果，也会在一定程度上对压力、焦虑等负面情绪起到预防作用。

但很多人会说，自己很难做到这种自我同情。研究者表示，增加自我同情感的一种有效方法就是进行写作练习。回忆一件最近发生的消极经历，并把它写下来。其中的关键是在写的时候，你也要同时同情自己。

资料来源：赶走紧张和压力的最简单的方法：不要对自己太严厉.（2017－03－06）. https：//www. sohu. com/a/128015132_390539；Gunnell K E，et al. Don't Be So Hard on Yourself! Changes in Self-compassion During The First Year of University Are Associated with Changes in Well-being. Personality & Individual Differences，2017（107）.

## 第 4 节 领导力开发

《大学》说："苟日新，日日新，又日新"，强调人的修为养成是一个不断持续的过程。同样，对领导力的开发也是永无止境的。领导力是一种特殊的人际影响力，按照分布式领导的理念，组织中的每个员工（包括领导者）都有机会且能够影响他人，同时也会接受他人的影响。因此，每个员工应该在实践中不断学习上述技能，根据自身和组织环境的需要，接受培训和教育，更新思想观念，提升团队和组织绩效，而这就需要组织重视对领导力的开发。图 15－8 描述了领导力开发的四个阶段。

1.进行开发需求分析
2.对发展要素进行排序
3.制定一个发展计划
4.在新环境中实现学习转移

**图 15－8 领导力开发的四个阶段**

（1）进行开发需求分析。这是领导力开发的前提，需要员工收集所有与开发过程相关的信息并加以归类，员工根据组织的目标、自身的能力来确定发展要素（Peterson & Hicks，1996）。员工要清楚地知道自己应该做什么，开发要素是否符合组织的使命，在现有能力的基础上为实现目标需要开发哪种技能。

（2）对发展要素进行排序。在确定发展要素后，员工要对所得信息进行重要性排序，明确自己向何处发展，上级和组织对自己有何种期望，自己目前具备何种优势，存在哪些不足，应该怎样根据现有的优势对这些发展要素排序。

（3）制定一个发展计划。为弥补自身能力的不足，员工要制定一个发展计划，明确发展目标，安排定期反馈和反省的时间。多数情形下，员工与上级一起回顾计划会获得许多有益的信息，显得更有价值。

（4）在新环境中实现学习转移。随着人们经验的积累，获取的新技能已能满足发展需要。此时，领导力开发计划也要与时俱进，并纳入新的学习环境中。人们可以通过持续更新发展计划、改进学习方法、辅导他人等方式强化自己新学的技能，实现对领导力的持续开发。

## 篇中案例

### 使领导力开发成为核心竞争力：万豪国际的最佳实践

在新经济时代，房地产巨头万豪国际把自己打造成了一个领导人才辈出的企业。万豪国际主席兼首席执行官小比尔·马里奥特在公司内部建立了领导力开发项目。马里奥特知道，他需要一个完善的领导人才库来支持公司的快速成长计划，并且为公司在日益复杂和技术网络化趋势明显的全球商业环境中实施竞争行动做好准备。

万豪的领导力开发系统建立在共同而又朴素的信念、实践和语言之上，它们之间相互依存，并且拥有一个共同的领导梯队模型基础，因此十分强劲有力。

万豪领导力开发系统的一个根本原则是，一个公司的高层管理团队的素质会对人才梯队产生最重要的影响。与此相关的第二个原则是，高级经理们必须在开发下属层级的人才储备方面承担责任。总裁兼首席运营官肖本人就参与其中，实施直接领导职责。他亲自负责开发人才储备。他的每一位直接下属也都这么干。万豪国际 250 名最高级职位的候选人都参加了一个结构化的领导评估面试。评估面试、选拔程序以及新任领导的培训规划都以工作说明书为指导。

万豪领导力开发工作的第一项举措就是建立人力资本执行委员会。委员会由总裁兼首席运营官主持，其成员都是公司中最高级别的管理人员，他们负责制定业务战略、经营其他形式的资本（例如财务资本）以及做出重要决策（例如企业收购）。与麦肯锡公司 1998 年的人才战争研究中所提出的准则一致，万豪已经将领导力开发提升到了企业最重要的议事日程。委员会积极参与公司对未来领导的确定、评估与培训，并且参与战略和政策的制定以强化万豪领导梯队。

万豪领导力开发系统的基石就是领导才能开发细则（LTDI）。这个开发细则其实是一套程序，万豪可以使用这个程序来评估各领导层中人才的实力，确定当前已经做好准备能够获得晋升的经理。这个程序能保证所有经理的领导力开发都与领导梯队模型所设定的一致。万豪最初仅在 250 名最高级经理中使用了 LTDI，现在这一开发细则已经推广到企业的所有领导层级。

万豪的高级人力资源经理应掌握以下专业技能：管理人才的评估与开发、拟定工作规范以及诊断阻碍或促进员工绩效的组织问题等。万豪中业绩优秀的高级一线经理都在逐步接受此类技能培训。这是因为大家都意识到这样一个事实，那就是在新经济中，人力资源的有效性，尤其是对领导人才的培养，将是竞争力的决定性因素。人力资源经理和一线经理的培训都要从领导梯队模型的使用开始。

万豪的领导力开发系统为经理们提供了工具，并帮助他们对稀缺的培训资源做出合理的分配。在大多数公司里，这一决策都要求领导力的开发理念发生转变。但万豪并不主要依赖外部的教育或是最新、最时髦的理论，其领导力开发系统重点使用工作中的实际情境来促进经理的发展。而且，经理们被培训成从投资回报率的视角来考虑职业发展问题，同时将实现预期业绩目标的可能性考虑在内。这就保证了培训资源能以一种最优化的方式得到配置。根据领导梯队模型所界定的该培训对象所处的领导层级，以及该层级的特定职责要求，这个员工及他的经理应当识别机会用以展示和强化新的领导技能、时间管理能力以及工作理念。经理应该发挥优秀的教练作用，并对下属的进步给予反馈。在这个过程中还要重点给那些“已经准备好了”的高绩效者安排新的并且更具挑战性的任务。外部和内部的培训项目都可以用于辅助在职的培训过程。

资料来源：拉姆·查兰，斯蒂芬·德罗特，詹姆斯·诺埃尔．领导梯队．北京：机械工业出版社，2016.

对领导力的开发可以采取多种实现方式，例如提升自我意识，开设深度反馈项目，加强课堂教育，举行户外训练等。在进行领导力开发时，一定要因材施教，增强开发的针对性，对人才进行定期盘点，根据人才类型实施不同的开发方略。比如，通用电气关于领导力的培训有很多种，不同的人、职务、业务等级对应不同的培训种类。职位轮换也是开发领导技能的好方法，在英特尔，公司常常采用跨国工作轮换的领导力开发方式，派遣管理者到其他国家工作一段时间，以提升他们的跨文化管理能力。表 15－3 总结了一些常见的领导力开发的实践方式。

**表 15－3 领导力开发的实践方式**

| 实践 | 描述 | 发展目标 | 优点 | 缺点 |
|---|---|---|---|---|
| 360 度反馈 | 经过组织并呈现给个体的多来源绩效评估 | 自我知识，行为改变 | 综合的描述，广泛的参与 | 大量的数据，没有指导如何变革 |
| 训练 | 实践的，聚焦目标的一对一学习方式 | 自我知识，行为改变，职业发展 | 个体化的，集中的 | 感到耻辱（补习），费用高 |
| 导师制 | 建议/发展的关系，常常和更资深的管理者一起 | 宽泛的理解，进步催化剂，课程学习/避免错误 | 强烈的个人联系 | 同辈妒忌，过于依赖 |
| 网络化 | 与不同功能和领域的人加强联系 | 更好的问题解决方案，学习向谁寻求项目帮助，社会化 | 组织建设 | 特设的，无组织的 |
| 行动学习 | 针对重要商业问题的基于项目的学习 | 社会化，团队工作实施策略 | 与必要业务紧密联系，行为导向 | 时间集中，领导力课程并不总是清晰，过于强调结果 |

资料来源：Day D V. Leadership development：a review in context. Leadership Quarterly，2000，11（4）.

## 小 结

目标设定首先要遵循 SMART 原则，此外目标要具有挑战性，实施过程中要做出承诺，并提供反馈。领导者以新的方式看待事物可以有效地增强其创新能力，建设性地运用权力，形成多元化的问题解决群体。合理管理有创造力的追随者有助于实现创新领导。

谈判的过程有三步，分别为策划、谈判、延缓。领导者在沟通时要了解自己沟通的目的，认真倾听，注重与员工的互动，减少噪声干扰。冲突在某种情况下能成为积极的动力，领导者可以通过提出更高的目标、拓宽资源、改变个人因素或结构因素等方式来解决冲突。

领导者召开会议的窍门包括：确定会议的需求与目的、使会议变得方便、遵守会议议程安排、提高互动性、做好会议的记录工作。作为领导者要合理授权：阐述清晰的愿景和目标；确定授权内容和授权对象；对员工提供培训和资源支持；允许有自主权和帮助树立信心。

成为一名优秀的领导者还需要其他一些技能，比如果断行为和压力管理等。领导力开发的四个阶段为：进行开发需求分析、对发展要素进行排序、制定一个发展计划、在新环境中实现学习转移。

## 关键术语

设置目标（setting goals）
提升创造力（improving creativity）
想象力（imagination）
头脑风暴法（brainstorming）
沟通（communication）
口头信息的传播过程（oral message-sending process）
竞争（competing）
协作（collaborating）
回避（avoiding）
迁就（accommodating）
折中（compromising）
召开会议（conducting meetings）
压力管理（stress management）

## 思考题

1. 除了遵守 SMART 原则，领导者在设定目标时还需注意哪些方面？
2. 领导者怎样才能提高自身的创造力？
3. 领导者如何有效克服障碍，实现有效沟通？尝试总结出属于自己的一些沟通方法。
4. 领导者可以采取哪些方法来解决消极的冲突？
5. 你如果主持会议，会用哪些方法来提高会议的效率？
6. 在了解授权恐惧的基础上，为领导者合理授权提供建议。
7. 你希望如何开发自己的领导力？为什么？

## 案例分析

### 你学也学不会的，都是最基本的东西

海底捞从四川简阳一家小火锅店开始，一步步成长为中国餐饮第一品牌。《哈佛商业评论》中文版采访了董事长张勇，以下为对话内容节选：

**《哈佛商业评论》中文版：**除了工资，海底捞对员工还有什么其他激励方式？

**张勇：**我们以前的激励方式比较多，比如评劳模等，现在正在砍掉一些。因为规模小的时候可以对工作时间长、文化素质低的员工多照顾一些。规模大了，还是要鼓励多劳多得、能者上，让一部分人改变命运，而不是追求让每个人都能改变命运。

至于团建等员工活动，我们并没有刻意规定。虽然我非常追求流程和制度，但有些东西不必过于坚持。以前，每年我们都会出钱在三亚租房买车，让员工一批一批地去度假，但过去两年都取消了，因为都玩遍了，员工不太喜欢了。这种亲情化的东西不能变成流程，比如我们每个月会给店长固定的经费用来关心生病的员工，怎么花都没问题，底线就是店长不能把钱揣到自己兜里。如果变成规定，员工生病的时候，领导一定要给他送粥，那就很滑稽了。

**《哈佛商业评论》中文版：**大家都说海底捞你学不会，如果没有情感文化支撑，那流程是不是很容易学？海底捞中让人学不会的究竟是什么东西？

**张勇：**海底捞不是学不会，而是不值得学，我们一年的销售额也不大，对社会的贡献也不多，学它干吗？但是为什么连这个都学不会？我觉得是管理者掩耳盗铃，你连最基本的东西都故意不看，当然学不会。我们要冷静地看待一些东西，不能因为大家都说好，就把好的一面夸大。这个世界上总有那么多人闭着眼睛，你说把眼睛睁开吧，但他就是不睁开。

**《哈佛商业评论》中文版：**如果有同事公开跟你提反对意见，你的第一反应是什么？

**张勇：**第一反应还是愤怒，我没有跳出人的本能。其实我对具体的业务不太管。一个企业的方向是很好定的，比如战略，要开遍全中国，或者要开到美国，这个决定很容易做。但像店怎么开之类的细节问题，我不直接介入，这样也可以避免矛盾的爆发。

实际上在业务开展过程中每个店都自己管理自己，不用我给提建议，我直接给员工决定权。店长尽量扮演老板的角色，员工之间则会商量。因为如果店长不爱听下面员工的意见，他一定会输，这是有考核指标的。

**《哈佛商业评论》中文版：**什么指标最重要？顾客是上帝，还是利润是上帝？

**张勇：**顾客满意度最重要，为了保证顾客满意度，员工就很重要，这是我们火锅店最重要的两个指标。但是这两个指标用 KPI 考核不出来，当考核不出来的时候我们就会妥协，就会去找变通的办法。利润很容易用桌数等一些指标考核，但如果这样就可以做好高管，那谁都可以做。真正重要的是指标背后的逻辑，也就是前面两个指标你到底做得好不好。

**《哈佛商业评论》中文版：**也就是说如果一味追求利润，追求某些数据指标，可能会使顾客满意度降低，员工更辛苦，并且得不到足够回报。

**张勇：**我的做法是这样，实际上利润也很重要，比如我们店长的基本工资是 1 万元，提成是利润的 2.8%，这就意味着他的超额收入都来自利润，但是日常考核当中就没有必要再考核这个东西了。

**《哈佛商业评论》中文版：**在管理海底捞的过程中，你投入精力最多的地方在哪里？

**张勇：**机制，永远都在研究机制。如果企业做不上去，不是不努力，一定是机制、流程或者考核指标出了问题。

资料来源：刘铮等．专访海底捞董事长张勇：情感很重要，但机制才是核心．企业家信息，2016（5）．

根据上述案例，尝试回答如下问题：

1. 该案例体现出张勇的哪些领导技能？
2. 结合案例和本章所学，思考领导者如何进行有效授权。
3. 结合案例和本章所学，思考领导者在设定考核指标时应该注意什么。

## 参考文献

[1] DeGraff J T，Lawrence K A. Creativity at work：developing the right practices to make innovation happen. San Francisco：Jossey-Bass，2002.

[2] Guth C K，Shaw S S. How to put on dynamic meetings. Reston，VA：Reston，1980.

[3] Peterson D B，Hicks M D. Leader as coach. Minneapolis：Personnel Decisions International，1996.

[4] 安德鲁·杜柏林．领导力：研究、实践、技巧．北京：中国市场出版社，2006.

# 第 16 章 学习型组织与虚拟组织中的领导

## 学习目标

◎ 体会学习型组织中的五项修炼
◎ 了解学习型组织中学习主体的类型
◎ 掌握领导学习型组织的方法
◎ 了解虚拟组织的特点
◎ 明确领导力发展的新趋势

## 引例

### 大数据看苏宁员工如何“分身有术”

2020 年伊始，突如其来的新冠肺炎疫情牵动着全国人民的心。苏宁员工 2 月 3 日起居家办公，开启远程值班模式。28 万人在苏宁自研办公软件——苏宁豆芽上同时开展跨时区、跨地域的沟通与协作，各体系高速运转，人员移动办公轻松流畅、协作有方。员工即使在家办公，也可以通过远程访问技术访问公司内网的服务器资源，不仅安全、稳定，还不会出现宕机等情况。

据了解，除基础的工作流程发起与审批外，苏宁豆芽支持远程音/视频会议、日程共享、任务分配与跟踪、移动学习等与办公场景密切相关的高实用性功能。

具体来看，提供不限场次的音/视频会议、直播会议，同时伴随着机器和网络的不断扩容，远程会议并发数和参与方数仍在不断升级；利用苏宁豆芽的日程共享，部门可以安排工作日程与适时提醒，以快速创建任务，实时跟踪进度，支持用户查看全局完成情况；与此同时，通过移动学习功能，开放海量书籍、攻略、白皮书等学习资源，支持员工在线学习提升。

对于拥有 28 万员工的苏宁，实现高效找人快速响应是远程办公的基础。据悉，苏宁豆芽支持根据公司组织架构树找人，同样可以直接搜索姓名、手机号等信息紧急快速定位内外部人员进行沟通。

据统计，2 月 3 日远程值班第一天，苏宁豆芽全国总计新建群组数超 8 000 个，通过群组管理功能，目前最多支持 1 500 人的大群沟通。苏宁豆芽中无数个大大小小“武汉应援群”都在飞速运转，协同应援。当日全国苏宁员工讨论武汉援助/民生保障相关工作的消息条数超 50 万。

远程办公离不开有效的信息和文档管理，苏宁豆芽支持大容量文件传输、群共享文件及个人云盘功能，远程办公首日，其全国传递文件数量 15 451 个。全苏宁各岗位都在为驰援武汉、共克时艰战斗。

资料来源：远程办公第二天，大数据看苏宁员工如何“分身有术”.（2020-02-04）. https://m.hexun.com/news/2020-02-04/200185597.html.

乌卡时代，“黑天鹅”事件频出，企业需要随时做出灵活应变，加之国际范围内的竞争日趋复杂和激烈，知识管理、学习型组织和虚拟组织大行其道，全新的变革与瞬息万变的动态环境对领导者提出了更高的要求。领导者必须努力改变自己的组织，提升灵活性和适应性。引例中的苏宁通过远程办公和虚拟组织的方式来应对危机，而这也需要它调整领导模式。本章将介绍学习型组织和虚拟组织中的领导，以及与之相关的柔性领导概念。

# 第 1 节　领导学习型组织

## 一　学习型组织

随着信息科技的进一步发展，以全球化趋势为特征的市场环境更加多变，充满了不确定性，企业需要以一种新的思维方式思考组织的发展，因此强调终身学习的学习型组织（learning organization）应运而生。

学习型组织是美国学者圣吉（Senge，1990）提出的，他把学习型组织定义为“能持续扩展自己的适应能力与改变能力以开创未来的一种组织”。为了应对瞬息万变的组织外部环境，组织应力求精简、扁平化，坚持终身学习、不断自我再造，以维持竞争力。学习型组织的战略目标是提高学习的速度和能力，发现、尝试和改进组织的思维模式，并借此改变个体的行为。变革需要领导者和参与者发挥创造力，人们之间相互对话，交流变革的想法，这就必然会导致学习型组织的诞生。这种组织以克服传统领导方式的僵化性、迟滞性为目的，可以培养人们的学习能力和系统思考能力，最终把新的学习能力融入工作。在学习型组织中，大家有共同的愿景；摒弃旧的思维方式来解决问题；成员作为相互关系系统的一部分，对组织的活动进行思考；成员间坦率沟通，摒弃个人和部门利益，为实现组织的共同愿景而一起工作。

领导者必须采取一些措施来支持组织成为学习型组织，确定战略，对变革、创新做出承诺，鼓励个人或团队制定并执行自己的解决方案，构建以冒险、开放和成长为特征的组织文化。近几年，我国不少企业都在努力创建学习型组织。

## 二　学习型组织的五项修炼模型

学习是一个正向积极的过程，学习型组织的建立能够促成组织成员的高效率和高绩效。学习型组织包括五项要素，美国学者圣吉在《第五项修炼》一书中提出了“五项修炼”模型。该模型指出，学习型组织的五项要素分别为：自我超越（personal mastery）、改善心智模式（improving mental models）、建立共同愿景（building shared vision）、团队学习（team learning）和系统思考（systematic thinking）。其中，团队学习和改善心智模式是基础，通过系统思考的过程，影响人们的心智，实现自我超越，最终实现共同愿景。具体关系如图 16－1 所示。

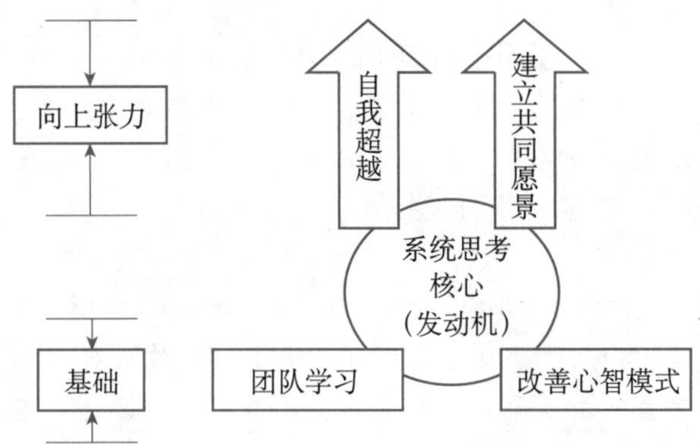


**图 16－1　五项修炼的地位、作用与相互关系**

资料来源：张声雄．第五项修炼导读．上海：上海三联书店，2001.

（1）自我超越：自我超越需要员工具备学习和创新的主动性，强烈的主动意愿是员工努力学习专业技术知识的驱动力，一点一滴的积累会促使员工最终实现自我超越。

（2）改善心智模式：心智模式是指深植于我们心中关于我们自己、他人、组织及周围世界每个层面的假设、形象和故事，深受思维习惯、思维定式、已有知识的局限。简单来说，心智模式代表着旧的思维定式，在追求变革和适应的组织中，思维定式是一大阻碍。学习型组织是从组织领导者的头脑中开始组建的，作为领导者，应该首先善于改善自身的心智模式，消除头脑中本位主义和固执己见的思想，为下属做出表率。

（3）建立共同愿景：愿景是对组织未来理想状态的一种设想，这种设想是长期导向的，涉及企业未来的战略、组织结构、利润指标、社会声誉等各方面。学习型组织中对共同愿景的设立需要增加学习程序、知识共享和协同合作方面的内容，以促使组织在不断学习的过程中实现目标。

（4）团队学习：就决策的准确性而言，个体决策准确性的平均值要低于团队决策，团队决策能够收集到更为广泛的意见、多元化的备选方案。类似地，就学习方面来看，团队学习的整体效果也普遍高于单独的个体。另外，团队学习还有助于提高团队凝聚力。

（5）系统思考：系统思考是五项修炼的核心。圣吉在《第五项修炼》中指出，系统思考的精髓在于用整体的观点看待周围的事物。对组织而言，领导者需要及时了解组织的整体运营情况，培养统筹全局的思考方式。

正如壳牌石油公司的德格（De Geus，1988）所说：“比竞争对手学得更快的能力也许是唯一持久的竞争优势。”与其他传统型组织相比，学习型组织是一种用崭新的思维方式来思考的组织，每个人都会参与到识别问题的过程中，不断进行尝试，改善和提高能力。学习型组织中的成员不仅要懂得顾客需要，还要善于识别问题、解决问题。在学习型组织内部通常为平等、分享的组织文化，信息公开，具有很少的等级制度和很强的组织适应性，能帮助组织抓住机遇，化解危机。这种柔性、直觉的文化会提高员工的独立性和创新能力，大大加强组织内部以及与其他组织之间的合作关系。

学习型组织具有不同类型的学习主体，根据自愿式、要求式、个人式、团队式维度可以把学习主体分为四类。

学者说

**学习型组织中的学习主体类型**

员工是学习型组织中真正的学习主体。根据两个不同维度个人（individual）-团队（team）、自愿（voluntary）-要求（required）可以总结出四种学习主体类型，即I-V型、T-V型、I-R型、T-R型。

**I-V型**

I-V型中最有代表性的是摩托罗拉的IR和惠普公司的Idea Box，其目的是鼓励员工学习思考，收集他们对于企业经营管理各方面好的建议和想法，然后在企业范围内公开实施，其机制当然是以个人和自愿的方式为基础的。这是组织中非常重要的学习方式和创新来源。

IR实际上就是大家都很熟悉的意见箱，这听起来没什么新奇的，且在一些企业中也有，但效果相差很大。在一些企业中人们会发现意见箱上布满灰尘，明显无人管理、流于形式。在一些优秀的企业中，对于任何新的改革方案，一定会有专人去推行，奖励有功人员，庆祝该方案的成功实施。

**T-V型**

T-V型是员工自发组成的团队，主要利用业余时间在一起活动，探讨改善企业经营管理、提高质量和运作效率的方法。最具代表性的是各种旨在提高质量的团队，如日本企业的质量圈（quality circle，QC），摩托罗拉的让顾客完全满意（TCS）团队和追求卓越（TFE）团队，惠普公司的全面质量控制（TQC）团队。这些公司把建立员工团队作为发现并创造性地解决企业问题、促进组织学习和自我更新的重要途径。员工工作在生产第一线，所以很多生产中的问题都是由他们最先发现的。然而，由于传统企业中固有的角色定义，工人只负责生产，发现和解决问题是管理层的事情。

**I-R型**

通用电气的六西格玛活动是I-R型的典范。实施六西格玛一个很好的案例是一家叫卡姆科的加拿大家电公司。该公司花了一年时间，运用传统手段，想找一种方法解决因炉灶面坚硬度差而导致大量废品的问题。马丁花了8个月的时间运用六西格玛来解决这个问题，他和同事采用“实验设计”的方式试验了10种不同原因的组合，用14种方法进行了试验。待计算机得出结果后，马丁采用“主效应图形分析”和“图形分析”确定了误差的根源——在搪瓷烧结的烤箱中，悬挂零件的方式有误，并且炉灶正反两面搪瓷比例不当。通过严格控制这些过程，他们每年节省50万美元并大大提高了产品质量。

**T-R型**

在T-R型中，通用电气的群策群力（work-out）活动是最好的代表。它要求所有员工必须参与，分小组进行讨论，给企业提建议。韦尔奇不愿意采用传统的做法，他认为，要想调动员工的积极性就必须给他们创造新的动力，于是发起了群策群力项目，其本质就是要给员工授权，让员工觉得他们是公司的主人。

资料来源：陈国权，李赞斌．学习型组织中的“学习主体”类型与案例研究．管理科学学报，2002（8）.

下面的案例介绍了群策群力的具体做法。

## 篇中案例

### 通用电气的群策群力

韦尔奇在他的自传中介绍了群策群力的起源和做法：

1988 年 9 月的一天下午，我心情沉重地离开了克罗顿维尔。我感到忍无可忍了。那天我主持的培训研讨进行得特别好，学员们在课堂上尽情地倾诉着他们在各自所在公司进行改革时遇到的种种挫折。我意识到，我们必须把这种坦率和热情从这间教室带回到每个人的工作场所。

在飞回费尔菲尔德的直升机上，吉姆·鲍曼不得不听我发泄着自己的情绪：“我们为什么不能让克罗顿维尔的坦诚氛围出现在公司的每一个地方?”

我没有让他回答这个问题，我知道我们应该做什么。

“我们必须让克罗顿维尔的课堂在整个公司范围内再现。”

当飞机在费尔菲尔德着陆的时候，我们心里已经有了答案。我们的想法经过随后几周的充实完善，成为通用电气一项新的改革方案，并被称为群策群力计划。

克罗顿维尔的课堂交流之所以能够成功是因为人们在这里感到说话很自由。尽管我的确是他们的老板，但我很少能够影响或者说根本影响不了他们个人的职位升迁——特别是那些较低级别的培训班学员。我们必须在所有的公司都营造出这种氛围。显然，我们不能让公司的领导组织这些交流会，因为他们认识自己的员工。让公司领导组织这些意见交流会，会议的坦诚度就要减弱，人们很难敞开心扉自由交谈。

我们想出了一个办法，就是聘请外面受过训练的专业人员来做此项工作。这些人多数是大学教授，他们听员工们的谈话不会别有所图，员工们与这些人交谈会很放心。群策群力的运作方式就如同新英格兰地区的城镇会议。在这样的座谈会上，有 40～100 名员工会被邀请参加，他们可以自由地谈论对公司的看法，讨论他们看到的一些官僚行为，特别是在申请批复、报告、开会和检查中遇到的一些不愉快的事情。

顾名思义，群策群力就是在系统中去除不必要的工作。为达到这个目的，我们希望每个公司能够进行数百次的群策群力，而这是项工作量巨大的计划。

一个典型的群策群力会议持续两到三天。会议开始时经理要到场讲话，他可能在提出一个重要议题或安排一下总的会议日程后，就离开了。在老板不在场的情况下，外部专业人员启发和引导员工进行讨论。员工需要把自己的问题列成清单，认真地对这些问题进行讨论，准备好在经理回来的时候向他反映。外部专业人员都是吉姆·鲍曼亲自确定的，共有 24 人。在他们的帮助下，员工和经理之间的这种交流变得容易多了。

群策群力会议真正的不同寻常之处在于我们坚持要求经理们对每一项意见都要当场做出决定。他们必须对至少 75%的问题给予是或不是的明确回答。如果有的问题当场回答不了，那么对该问题的处理也要在约定好的时限内完成。任何人都不能对这些意见或者建议置之不理。由于员工们能够看到自己的想法迅速地得以实施，这对消除官僚主义起到了巨大的推动作用。

我永远不会忘记 1990 年 4 月，在家电业务部门参加的一次群策群力会议。会议是在肯塔基州列克星敦的假日饭店会议室里举行的，参加会议的员工有 30 人。一个工会工人正在做陈述，他认为可以对冰箱门的生产工艺进行改进。为说明自己的想法，他开始描述第二层楼上生产线的部分流程。

突然，工厂的车间主任跳起来打断了他的话。

“你说的狗屁不通。”他说道，“你都不知道你在讲什么。你自己从来没有去过那里。”

他抓起了一支记号笔，开始在会议室前面的写字板上写了起来。还没等你弄明白是怎么回事，他已经喧宾夺主地给出了答案。很快，他的解决方案被接受了。

看到两位工会工人师傅为改进生产工艺进行争论，这绝对是一件令人兴奋不已的事情。想象一下，那些刚刚从大学毕业的毕业生如果面对这条生产线的话，恐怕做不到这一点。而现在，这些富有经验的工人帮助我们把问题迅速解决了。

人们开始忘记了自己的本来角色，他们开始到处谈自己的看法，这并不奇怪。

公司里流传着千百个这样的故事。到 1992 年年中的时候，已经有大约 200 000 名通用电气员工参加过群策群力会议。这一计划的意义可以用一位中年工人做过的评论来进行总结，他说：“25 年来，你们为我的双手支付工资，而实际上，你们本来还可以拥有我的大脑——而且不用支付任何工钱。”

群策群力计划再次证实了我们很久以来的一个认识：距离工作最近的人最了解工作。通用电气发生的几乎每一件好的事情，不管是计划、行动，还是方针、政策，追根溯源，都与解放某些下属企业、某些团队或者某个人有关。群策群力计划解放了他们中的许多。从克罗顿维尔孵化出的一个简单想法使我们得到了这样一个伟大的群策群力计划，它帮助我们创建起了一种文化。在这种文化下，每一个人都能发挥自己的作用，每个人的想法都会受到重视；在这个文化下，企业经理人是在“领导”而不是“控制”公司。他们提供的是教练式的指导，而不是牧师般的说教，因而，他们最终取得了更好的结果。

资料来源：杰克·韦尔奇，约翰·拜恩．杰克·韦尔奇自传．北京：中信出版社，2001.

## 三 学习型组织的领导者

如何领导一个学习型组织？学习型组织的领导者又需要做些什么以最大限度地提升组织绩效？图 16－2 给出了领导学习型组织的措施。

（1）首先，学习型组织的领导者要负责创建共同愿景。组织的愿景是大家共同的理想，必须得到广泛的理解并融入员工的行为和态度。强化组织愿景、使命和核心价值观，是构建学习型组织的第一任务。此处可参考第 12 章中关于愿景型领导的介绍。

1.创建共同的愿景
2.形成服务型领导
3.建立扁平化组织结构
4.学会系统思考和主动学习
5.坚持以人为本的人力资源管理

**图 16-2 领导学习型组织的措施**

（2）学习型组织的领导是一种服务型领导（即第 7 章中所说的公仆型领导），需要激发员工的学习热情，在组织中倡导一种积极探索的学习精神。领导者应给予员工足够的支持，鼓励大家去思考，去创造。这样不仅有助于解决问题，而且有利于主动寻找问题，为员工提供进行试验的条件。学习型组织的领导者还应将权力、观念、信息分享给大家，鼓励大家积极主动地思考、学习，强化员工的创新思维。

（3）扁平化组织结构所隐含的人性假设是“自我实现人”。该假设认为，人除了有社会需求，还有一种想充分表现自己能力、发挥自己潜力的欲望。该假设提倡建立分权的决策参与制度，以提高管理效率、减少失误、降低费用。基于此，领导者应该帮助组织建立扁平化结构，以使组织结构更具弹性。应该缩减学习型组织的层级，尽可能地将决策权下放至组织的底层，让最底层单位拥有充分自主权的同时，也对结果承担责任，从而形成独立创新的扁平化组织结构。

（4）领导者要让组织学会系统思考和主动学习。系统思考意味着领导者要善于敏锐地关注外部环境的变化，鼓励组织成员进行团队学习。在团队学习中学会集体解决问题，自由地分享信息和看法，提高问题的解决效率。领导者要鼓励员工不断实验、敢于冒险、勇于犯错，通过变革和适应使企业不断发展。

（5）企业的竞争归根到底是人才的竞争，领导者要坚持以人为本的人力资源管理理念，调动员工的积极性、创造性，把组织意志变为个人的自觉行动，将组织规范内化为员工的自觉认识。组织内在驱动力和自我约束力的提升有利于在组织内部形成相互协作的团队精神。

## 四 知识管理

打造学习型组织的一个重要途径是知识管理。德鲁克曾预言：“知识将取代土地、劳动、资本与机器设备，成为最重要的生产要素。”知识管理（knowledge management，KM）是指对组织中的信息与知识进行整理，构建一个知识系统，使显性知识（explicit knowledge）与隐性知识（tacit knowledge）相互转化，以达到知识的不断创新。显性知识是指能用文字和数字表达出来，容易以硬数据的形式进行交流和共享的知识；而隐性知识是指高度个性化并且很难格式化的知识，这类知识通常与主观的理解、直觉和预感有关。

在当代社会，知识管理对不少中国本土企业来说仍是一个新的概念，作为企业内部的一个正式、规范的流程，知识管理既带来机遇又带来挑战。如果组织要对信息、知识进行收集整理，实现知识的生成、传递和内化，领导者就要向下面案例中的麦肯锡公司学习，领导企业的知识管理工作。

## 篇中案例

### 麦肯锡公司的知识管理

今天，无论身在美国，还是世界上的任何一个地方，无论走进哪一家麦当劳餐厅，你享受到的都将是一样的服务和口味，因为麦当劳的服务和食品制作工艺都是标准化的。同样，无论去到世界各地的任何一家麦肯锡分公司，你也将享受到与其他 80 多家分公司同样的咨询服务。也许你会对这点感到不可思议，因为做"企业医生"可远比"做饭"要复杂，但这是真的。麦肯锡能做到这一点，要归功于公司的知识管理。

**麦肯锡的学习传统**

麦肯锡从 1980 年开始就把知识的学习和积累作为获得和保持竞争优势的一项重要工作。在世界各地的麦肯锡分公司，员工必须至少参加两次公司的学习和培训，其中包括每年一次的全球培训、四次的各大区培训和每月一次以上的专题培训，对于新员工来说，公司还有基础培训。麦肯锡在伦敦和新加坡设有培训中心，每年这里都会举办四次分专题的培训。

此外，所有麦肯锡员工每月还有一次共同学习的机会，就是在一个约定好的星期五，每位员工都回到自己的总部，全球通过互联网和幻灯片的形式进行学习。这种学习每月一次，称为"Home Friday"。

麦肯锡不但建立了科学的制度以促进学习，而且通过专门的组织机构为其提供保障：从公司内选拔若干名在各个领域有突出贡献的专家作为在每个部门推进学习机制的负责人，并由他们再负责从部门里挑选六七个在实践领域和知识管理等方面都有丰富经验和热情的人员组成核心团队。

**发掘隐性知识**

麦肯锡把知识管理的重点放在了对隐性知识的发掘、传播和利用上。为了解决这个问题，麦肯锡创办了一份内部刊物，专门供那些拥有宝贵经验却又没有时间和精力把这些经验整理成正式的论文或著作的专家，把他们的思想火花简单地概括出来，并与同仁共享。这种不拘形式的做法降低了知识交流和传播的门槛，使许多重要实用的新思想和新经验能够在短短一两页的摘要里表现出来，并用于传播。在每一篇这样的短文后面，都附有关于作者的详细信息，便于有兴趣的读者按图索骥，找到可以请教的专家。

为了促进信息在公司内更加有效地交流和传播，麦肯锡公司还建立了一个储备经验和知识的专门数据库，用以保存在为客户工作过程中积累起来的各种信息资源，并委派专职的专业信息管理技术人员对数据库进行维护，及时更新数据。咨询专家若需要从数据库中寻找信息，也由他们提供相应的检索帮助，提高使用效率。

**全球一张损益表**

目前，麦肯锡的咨询业务已经涵盖 18 个行业和近 40 项职能，积累了丰富的专业知识和信息。而全球各地分公司的每一个咨询人员都可通过麦肯锡知识管理系统访问这些专业知识和信息，使用全球知识库。同时，麦肯锡利用其全球的咨询人员为客户提供服务，任何一位咨询人员都可向全球各地的同事寻求帮助。因此，客户无论身处何地，都可以充分享用这一全球资源。而这也真正体现了麦肯锡全球一体化的管理理念。

为了保证分享的实现，麦肯锡有一个著名的制度，叫全球一张损益表，其实质是进行全球考核。比如，北京分公司员工的工资并不是由北京分公司业绩决定，也不是由中华区的业绩决定，而是由全球的业绩决定的，这是鼓励知识共享的机制保证。这促使实现了全球咨询人员自然而然地互相激励。吴亦兵是麦肯锡的合伙人和董事，在对他的考核中就一定会有关于他的合作性的内容，如果合作性不好不可能当选为董事。“这么多年下来，这些观念已经进入我的血液，我一天有四五百封电子邮件，如果不回完，我睡觉都会不踏实，所以无论多晚我都会回复。”吴亦兵说。

**百分之百立方**

麦肯锡认为：90%的知识都在大家的脑子里，最重要的是建立知识共享的制度和文化。所以麦肯锡有一种文化叫百分之百立方，就是用百分之百的时间把百分之百的知识传递给百分之百的客户。比如，北京分公司要为中国银行提供服务，不是中国区的员工把所有麦肯锡的知识都读完后再来给中国银行服务，而是找出麦肯锡全球范围内所有这方面的专家，通过电视、电话解答重要问题。如果是一个非常核心的问题，资深专家会飞过来；如果是一个专门特殊的问题，他还会专门过来负责这个项目。在公司关于合作的内部考核和机制下，每个人都会感觉到帮助别人和帮自己是一样的。

资料来源：刘宏君，王缨．麦肯锡：让知识100%立方．中外管理，2004 (1).

# 第 2 节　领导虚拟组织

## 一　虚拟组织及其特点

虚拟组织（virtual organization）是由不同的人或不同的组织通过信息技术连成的网络组织，并以达到共享技术、分摊费用以及满足市场需求为目的。在数字化管理越来越兴盛的今天，虚拟组织和虚拟团队也越来越流行。虚拟组织使跨时间、跨空间和跨文化的管理成为可能，这种组织以灵活性著称，可适应个性化、多样化和易变性的市场，诸如华纳兄弟、福克斯这些电影制片公司都运用了虚拟组织模式。购买福特汽车的顾客大概不会知道福特汽车的款式设计是由一个虚拟设计工作室在负责的，它通过电子手段将世界各地的设计人员联系在一起，实际上，这些人员分属福特的七个设计中心。

与传统的组织模式相比，虚拟组织的特点主要分以下几方面。首先，虚拟组织具有管理的高效性。虚拟组织减少了管理层级，扩大了管理幅度，中层领导的功能被网络取代，组织边界模糊，管理呈扁平化，人们拥有较大的相对自由度和独立性，信息传递能在瞬间完成。其次，虚拟组织的全球经营风险小，利用网络把资源做优化整合、开拓市场，可避免实体企业难以适应国外法律法规和政府政策的风险，虚拟组织通过虚拟网络方式——电话、电子邮件和视频会议等来传递信息，大大降低了运作成本。再次，虚拟组织共享各成员的核心能力。在资源有限的情况下，企业为了能在竞争中取得优势地位，可只掌握核心竞争力，而把其他低增值、非强势的部分虚拟化。比如，耐克公司将其所有的产品交给其他企业（通常是一些生产能力强的企业）生产制造，却把企业的所有资源集中投入到产品设计和市场销售中。最后，虚拟组织具有较强的适应性，具有对环境反应的敏感性与响应的敏捷性。虚拟组织对环境极为敏感，能够快速聚集实现市场机遇所需要的核心能力和资源。虚拟组织的运行非常灵活，不同组织也可以通过各自派出人员组成虚拟团队。

### 篇中案例

**跨组织虚拟团队**

山东××蛋白公司（以下简称山东××公司）是目前国内大豆蛋白的主要生产厂家之一，主要生产浓缩蛋白系列产品，由于自身的开发力量有限，几年来一直没有增加新的蛋白品种，产品结构和市场结构始终难以得到改善。尤其是近两年杜邦等跨国巨头重组进入国内市场，更使其市场竞争愈加激烈。山东××公司审时度势，积极联合北京××食品研究所与美国××蛋白科研机构，三方共同磋商，建立动态联盟，共同组成虚拟团队。其希望通过虚拟团队的运作开发出新型针剂蛋白系列产品。

虚拟团队最后由 7 名科研人员组成，山东××公司派出 2 名人员，并在项目开发期间长驻北京，与北京××食品研究所 2 名科研人员共同工作。其中一名人员负责整个项目的协调沟通。团队综合利用信息技术手段建立了自己的沟通平台，在整个产品开发周期内，美国机构的 3 名科研人员与国内 4 名科研人员共有 4 次面对面的沟通，其他时间则通过团队建立的沟通网络进行信息传递与分享、沟通与决策。

整个项目为期 192 天，开发出了 5 种新型针剂蛋白产品，各项指标均达到世界先进水平，开发费用比预期节约 12%。

山东××公司总经理总结了合作成功的三条经验：一是虚拟合作实施之前，一定要共同磋商设定严密的跨组织合作协议。二是灵活运用信息技术，适时沟通，建立快捷有效的知识传递系统。三是不断动态调整工作方式。虚拟团队工作的流程、架构随时间不断调整，以符合产品开发的需求，团队成员建立共识、经常性互动和快速分享信息。

资料来源：跨组织虚拟团队实例．(2019-01-10). https://wenku. baidu. com/view/7e3de90849d7c1c708a1284ac850ad02de800796. html.

## 二 虚拟组织中的领导

随着全球化市场的形成和竞争的加剧，企业单枪匹马地面对市场竞争实属不易，企业由常规型组织向虚拟组织过渡已成为必然趋势。虽然虚拟组织的长期雇员和临时工数目并不多（通常小于 50 人），但领导这一类型的组织并不简单。作为领导者，需要做好以下四方面工作。

（1）首先，领导者要建立成员之间的互信氛围。不同于传统组织，虚拟组织的成员极少面对面地进行交流，在文化背景和地域方面存在较大差异。为建立互信，虚拟组织的领导者需要创建高度明确的流程，树立可靠的社会道德标准，促进组织成员有效沟通。

（2）领导者需要明确规定各组织成员的角色和职责，并且以身作则。在传统的工作团队中，由于成员可在面对面的互动中培养团队精神，工作职责分工也会相对松散一些，有时甚至可以两个人承担同一种角色。在虚拟组织中，这种做法行不通，领导者必须提供清晰的方向，明确规定每个人的职责，消除工作中任何模棱两可之处。

(3) 领导者要建立完善的沟通体制。必要时要对虚拟组织中的参与者进行培训，对通信环境建立统一标准，以减少潜在的沟通误解。通过使用合适的工具将任务完成过程结构化，对意外事故做出预期，听取虚拟组织对意外事故的处理汇报。对于承担重要工作任务的员工，领导者还要与之建立良好的领导-成员交换关系，适当给予其特殊照顾和优待。

(4) 领导者要熟悉并学会利用网络。网络在改变人们工作和生活的同时也在改变着领导活动，信息革命使每个人的权力得到相对扩大，使每个人的自由度得到相对提高。一些组织已开始实行管理工作的数字化、网络化、信息化，这就要求领导者要学会网上领导，在网上办公，实现领导职能的电子化。这些变化都对旧的领导方式产生了极大的冲击，使领导活动显现出新的特点。

网络让领导环境虚拟化和扩大化。虚拟化给领导者的工作带来了诸多方便，如网络会议更节省时间和成本，电子邮件使信息的传播更加快捷，同时网络还为其带来海量的资源。这些都使领导者减少了中间管理层级，扩大了追随者的外延，领导环境得到进一步扩展。这也对领导者的协调组织能力提出了更高的要求，当领导者利用网络社交媒体与员工进行交流时，他也需要改变自己的思维模式，开展网络化领导。很多公司都要求员工开微博、上微信，这正是在此大背景下出现的趋势。

互联和移动互联时代的技术、理念和工作模式的革新也使追随者进一步自主化，分布式领导与共享式领导（参见第 3 章）的理念逐渐成为现实，而其主要跟虚拟组织如下的特点有关：

第一，相较于传统组织，由于远程办公受到地理条件和技术条件的制约，虚拟组织中领导者和成员之间面对面交流的机会减少，导致了传统领导控制员工工作的机会减少；再进一步说，虚拟组织的成员经常是不仅仅来自不同的地理位置，很多还来自不同的组织，甚至来自不同的文化背景，习惯上和文化上的差异会带来更大程度的沟通障碍，这些都导致传统垂直型领导对于员工施加影响的有效性降低。有研究发现，虚拟组织失败的原因一半以上是传统领导力的有效性不足（Kanawattanachai & Yoo，2002），因此虚拟组织的领导必须把领导力分散给团队成员。

第二，相较于传统组织，虚拟组织中的团队任务往往更具突发性和碎片化的特点，其对于团队响应的及时性要求很高，所以需要团队领导力具有相当的灵活性。只有向员工充分授权，让团队成员能够敏捷响应，及时分配和认领任务，互相提醒督促，共同发挥领导力才有可能应对紧迫的任务需求。

第三，相较于传统组织，虚拟组织对员工素质和专业技能的要求更高，在远程办公的条件下这更多地体现为知识型员工的默会知识，其具有高度个体化且难以言传的特点。当知识和领导力不匹配时，可以选择将知识转移给有领导力的人，或者将领导力转移给有知识的人，考虑到转移专门知识的难度，后者的转移经常会成为企业的首选，这就给领导从下往上的涌现提供了条件。

学者霍克（Hoch）和科斯罗斯基（Kozlowski）关注了在虚拟组织中传统的层级领

导和新兴的共享式领导与团队绩效的关系，为共享式领导在虚拟组织中的运用提供了实证支持。

学者说

## 领导虚拟组织

虚拟组织通过电子媒介跨越时间和距离的限制，一同努力以达成共同的目标。随着企业对虚拟组织运用的不断增加，关于虚拟组织的研究也越来越多。多数研究都关注虚拟组织的优缺点，对虚拟组织领导方面的关注则较为有限。而当团队为虚拟团队时，团队领导被认为是减少动机流失、合作缺乏和保持团队有效性的一个关键角色。

值得关注的是，由于虚拟组织中缺乏面对面的接触，传统的层级领导在虚拟组织中被认为是处于不利地位的。因此，一些学者指出，在虚拟组织中层级领导方式需要得到补充，以增加团队有效性（Bell & Kozlowski，2002）。

基于此，霍克和科斯罗斯基展开了研究，以探讨随着组织虚拟程度的变化，团队领导对团队绩效的影响。他们引入了结构支持（包括信息的质量和激励的力度等因素）和共享式领导，以作为对传统的层级领导的补充。研究者实地抽取了 101 个虚拟团队作为样本，研究了传统的层级领导、结构支持和共享式团队领导对团队绩效的影响。基于贝尔和科斯罗斯基（Bell & Kozlowski，2002）的研究，他们预期结构支持和共享式团队领导对团队绩效的影响较大，而传统的层级领导对团队绩效的影响较小，团队的虚拟程度越高，这种相关就越强。

就如同假设的那样，数据分析表明，在一定程度上，团队的虚拟程度越高，团队绩效与层级领导的相关性就越弱，而团队绩效与结构支持的相关性就越强。而无论团队的虚拟程度如何，共享式团队领导则始终与团队绩效有着很强的相关性。

该研究表明，对虚拟团队的领导，提供一些适当的支持或培训可能是有用的，相较于面对面团队而言，他们需要更多的时间以及资源来领导他们的虚拟团队。其次，结构支持很可能成为一种有效的管理工具，可以帮助领导者更好地管理虚拟团队。结构支持包括公平和值得信赖的奖励体系、透明的交流和信息管理。由于共享式领导对团队绩效的影响不随虚拟程度变化，则共享式团队领导有可能成为虚拟组织中一种强有力的领导方式。

在另外一个研究中，查利尔等（Charlier et al.，2016）学者在 340 名商科大学生中做实验，每 4 个人组成一个虚拟团队，来看什么人更容易成为大家认为的非正式领导，他们发现，在远程办公时，基于文本的沟通能力（text-based communication ability，即打字的速度和准确率）强的个体更容易成为领导，而具有沟通忧虑（communication apprehension，即当真实或预期与他人沟通时表现为恐惧和焦虑）的个体更不容易成为领导。

资料来源：Hoch J E，Kozlowski S W J. Leading virtual teams：hierarchical leadership，structural supports，and shared team leadership. Journal of Applied Psychology，2014（99）；Charlier S D，et al. Emergent leadership in virtual teams：a multilevel investigation of individual communication and team dispersion antecedents. The Leadership Quarterly，2016，27（5）.

## 第 3 节　柔性领导

从学习型组织和虚拟组织的介绍中可以看到，在知识经济（knowledge-based economy）条件下，传统制度正在向网络化的组织结构转变，传统领导中的强制性、命令性已经不再适合组织发展的需要，组织成员的关系正走向平等和协作。组织的柔性化（flexibility）有利于组织在复杂的环境中获取竞争优势，领导者选用柔性领导手段将成为新兴趋势。

柔性领导（flexible leadership）指在研究心理和行为的基础上，领导者依靠非权力影响力，采取非强制命令的方式，在人们心目中形成一种潜在的说服力，使其自觉服从和认同组织意志，从而把组织意志变为人们自觉的领导行为（许一，2009）。柔性领导主要体现在三个方面。

(1) 首先，领导者更注重非正式权力的影响力。传统领导中的控制和威权使追随者不得不服从领导者的命令，这会让组织成员有一种被操纵的感觉，认为自身的价值得不到肯定和尊重，更难以形成认同和承诺，易对工作失去积极性。柔性领导非正式权力的影响力多表现为领导者的个人魅力、感召力和公信力，领导者与下属之间建立信任是员工与组织双向平等关系的发展过程，这种民主化、公开化的影响方式会使组织成员之间形成平等、互信的关系。

(2) 领导者更加重视沟通与激励。在中国特色社会主义市场经济条件下，社会利益的主体日益多元化，追随者的自主意识和主人翁意识也在加强，这就需要领导者有权变、协调、包容的思想，加大与组织成员的沟通，并开展有效互动，让追随者认识到自己的重要性。领导者可以对下属进行个性化指导以激发他们的主动性和创造性，比如，满足组织成员对报酬的要求，安排智力挑战型工作，提供有支持的工作环境和营造融洽的同事关系等。

(3) 柔性领导要具备创新能力和快速应变能力。柔性领导者的个人魅力和感召力可能来自他敏锐的商业嗅觉，促使其设计出崭新的商业模式，或对于环境能够灵活应变，进而让追随者看到希望。基于对创新和灵活的追求，柔性领导会带来平等、互动和创造性的组织氛围，这不仅使领导者在新时代的组织中大显身手，而且其比传统领导者更能担负起变革的使命。

### 篇中案例

#### 叶雪泥的柔性领导力

在两家世界顶尖本地化（负责海外业务拓展）公司担任 9 年高管后，叶雪泥于 2003 年回国创办了全球传播公司 CSOFT International，公司创立后每年都保持 30%以上的增长率。CSOFT 的业务主要来自国际市场，在世界 500 强企业中，有近一半的企业选择 CSOFT 作为本地化服务的提供商。

最早，叶雪泥在位于国贸的 SOHO 大厦租了一间不足 200 平方米的写字楼开启了创业生涯。让叶雪泥花费精力最多的是对员工凝聚力的建设。很多外企面临的普遍问题便是员工流动率大，尤其是外籍员工，很难有归属感，其中文化差异是主要问题。对于这些，叶雪泥更多地会利用感性的方式去解决，她不仅定期举办聚会，还会在逢年过节时请员工吃饭。另外，由于本人热爱艺术，她会不定期地赞助一些画展、雕塑展、摄影展，组织员工欣赏。“在这里工作，你会很享受。”詹森（Jason）是 CSOFT 的副总裁，他直言认识 20 多年来，叶雪泥是他见过的最懂得生活的工作狂。

“这是一家走进去给你直观感觉就很舒适的公司。”莉莉（Lily）是通用电气的一位高层，在谈及与 CSOFT 超过 5 年的合作时，无论是对这家公司的员工还是对叶雪泥本人，她总是赞不绝口。由于叶雪泥热爱艺术，整个公司的文化氛围都有她个人的气息。比如从公司内部的装修、设置，到公司花草的摆放，她都会亲自提出独特的设计建议。各个角落摆放的她收藏的艺术品，还有公司每年充满创意的年会照片，无一不透露出她内心的艺术家气质。

在 CSOFT，人性化的管理方式是叶雪泥尤其强调的。其员工来自世界各地，由于很难在用餐时间找到满意的餐吧，又不习惯吃中国的快餐，工作日的用餐是令外籍员工最为苦恼的事情。出于多方面考虑，叶雪泥在公司内部开办了一个咖啡馆，聘请了一位曾在美国使馆工作的师傅来给员工做西餐。如今，这个极具时尚感的咖啡馆已成为公司最受欢迎的聚集区。正是类似这种人性化的考虑，让很多外籍员工在这里扎下根来。

“公司的成功不能归功于某个人的努力，而是集结了大多数人智慧的结果。”让叶雪泥尤为骄傲的是，CSOFT 的团队是有凝聚力的，“离开公司的人走时会想念它，在职的员工会切实感受到公司给予每个人的温暖，每个人都可以在公司里展示自己的独特魅力。”

而叶雪泥无疑扮演着重要的角色。“这么多年来，她从来没有在员工面前摆过架子，也不知道怎么摆架子。”詹森在创业时期便和叶雪泥共事，在提及她的管理方式时，他更为强调的是她为人处事的亲和力以及作为女性领导者感性与理性的完美结合。当然，看起来性格温和的她在遇到原则性问题时，也绝不会轻易含糊过去。“她是个直来直去的人，如果员工做出超越自己职责范畴的事情，出了问题，她绝对不留情面。这是她令人畏惧的地方。”一位 CSOFT 的员工说。

这并非一家能给员工比同行业其他公司高出多倍收入的公司，但这家公司的“气质”自然而然地在吸引人才。有一个很小的细节是，在 2014 年公司 10 周年庆典中，几乎每一场讲话和论坛介绍，叶雪泥都是第一个到场、最后一个离场的，她会在会议结束后，随和地走到主持人或者员工身边说“辛苦了”，这些问候在员工们看来已经习以为常了。在公司内部，员工们从来都直呼她为“雪泥”，员工们把这里当作一个大家庭，他们可以随时走进叶雪泥的办公室。除了和员工以朋友相待，很多合作伙伴几乎也都是因为认可叶雪泥本人才选择与 CSOFT 合作业务。

如今，叶雪泥把更多的精力放在从内部培养人才中。她说，从长远来看，公司的发展最主要的不是领袖个人，而是选好一群人，保证一群人之间的协调性，保证彼此间的性情是融合的、个性是独立的，这远比每个人的个人能力更重要。在她看来，公司最大的优势是聚集了多国籍的人才，并且他们中的大多数在 CSOFT 的工作时间都超过 10 年。“如果不能融进团队，再聪明都没有用。”多元文化和谐共存的理念，在 CSOFT 中已经融于日常生活。对于公司可持续发展的未来，叶雪泥充满信心。

资料来源：叶雪泥的柔性领导力．(2014－11－14). https：//blog. csoftintl. com/cn/yexuenider-ouxinglingdaoli/.

必须承认，未来的领导越来越朝信息化、知识化、柔性化方向发展。无论领导者原有的素质多么高，经验多么丰富，都必须不断地加强学习，建立完善的知识结构，提升自身的素质，从而放眼未来，迎接更大的挑战。

## 小　结

学习型组织用一种崭新的思维方式来思考组织，每个人都会参与到识别问题的过程中，在组织中不断进行尝试，改善和提高自身能力。学习型组织的领导是一种服务型领导，在领导学习型组织的过程中，领导者要创造共同的愿景、形成服务型领导、建立扁平化组织结构、学会系统思考、坚持以人为本的人力资源管理。

虚拟组织是由一些独立的厂商、顾客甚至同行的竞争对手，通过信息技术连成的临时的网络组织，其以达到共享技术、分摊费用以及满足市场需求为目的。为高效领导虚拟组织，领导者要建立成员之间的信任，明确规定各团队成员的角色和职责，建立完善的沟通体制。

由于学习型组织和虚拟组织越来越流行，柔性领导正成为领导力发展的新趋势，领导者需更注重非正式权力的影响力，更关注沟通与激励，更重视培养创新能力和快速应变能力。

## 关键术语

学习型组织（learning organization）

自我超越（personal mastery）

改善心智模式（improving mental models）

建立共同愿景（building shared vision）

团队学习（team learning）

系统思考（systematic thinking）

知识管理（knowlcdgc management，KM）

显性知识（explicit knowledge）

隐性知识（tacit knowledge）

虚拟组织（virtual organization）

知识经济（knowledge-based economy）

柔性领导（flexible leadership）

## 思考题

1. 结合本章内容，谈谈领导者在知识型公司中应该怎样进行知识管理。
2. 你认为，与传统组织相比，学习型组织和虚拟组织各有什么优点？
3. 领导者怎样高效领导学习型组织和虚拟组织？
4. 结合全书内容，你认为领导力的未来发展趋势是怎样的？

## 案例分析

### 华为的"学习型组织"是如何炼成的

创立于1987年的华为，历经30年，从寂寂无名成长为领头羊，掌握的技术专利数量已在行业内处于领先位置。这显然是组织学习与创新学习的结果。有人说，正是学习型组织的构建，使华为公司成长为有竞争实力的世界级公司。

**学习的主体是人**

"人力资本增值的目标优先于财务资本增值的目标"被明确写进了《华为基本法》。这也成为华为培训人才的宗旨和目标。任正非说："在华为，人力资本的增长要大于财务资本的增长。追求人才更甚于追求资本，有了人才就能创造价值，就能带动资本的迅速增长。"

华为强调，人力资本不断增值的目标优先于财务资本增值的目标，但人力资本的增值靠的不是炒作，而是有组织的学习。其中让人力资本增值的一条途径就是培训，华为的培训体系经过多年的积累已经自成一派。

任正非对于培训有一个精辟的见解，他说："技术培训主要靠自己努力，而不是天天听别人讲课。其实各个岗位每天都在接受培训，培训无处不在、无时不有。成功者都主要靠自己努力学习，成为有效的学习者，而不是被动的被灌输者，所以要不断刻苦学习提高自己的水平。"可见，华为培训的本质或许并不单单是让员工具有某种技能，而是培养他们具备自我学习的能力。

华为旨在把自己打造成一个学习型组织，因此建立了一套完善的以华为大学为主体的华为培训体系。集一流教师队伍、一流教学设备和优美培训环境于一体，拥有千余名专、兼职教师和能同时容纳3 000名学员的培训基地。华为的培训对象很广，不仅包括本公司的员工，还包括客户方的技术维护、安装等人员；其不仅在国内进行，也在海外基地开展。同时华为还建立了网络培训学院，培养后备军。

**学习动力**

如何才能让新员工主动学习、提高自己呢？华为采取的办法是全面推行任职资格制度，并进行严格的考核，形成了对新员工培训的有效激励机制。

譬如华为的软件工程师可以从一级开始做到九级，九级的待遇相当于副总裁级别。新员工进来后，如何向更高级别发展，怎么知道个人的差距呢？对此华为有明确的规定，比如一级标准是写万行代码，做过什么类型的产品等。有明确的量化标准，新员工可以根据这个标准进行自检。

任职资格制度的实施，较好地发挥了四个方面的作用：一是镜子的作用，照出自己的问题；二是尺子的作用，量出与标准的差距；三是梯子的作用，知道自己该往什么方向发展和努力；四是驾照的作用，有新的岗位了，便可以应聘相应职位。

除任职资格制度外，华为还通过严格的绩效考核，运用薪酬分配这个重要手段，来实现"不让雷锋吃亏"的承诺。即使考核结果仅仅相差一个档次，收入差别可能就是十万、二十万甚至更多，所以在华为不存在"大锅饭"问题。华为就是通过这样的方式，来识别最优秀的人，给他们更多的资源、机会、薪酬和股票，以此牵引员工不停地向上奋斗。

**导师制**

华为是国内最早实行“导师制”的企业。华为在确定导师时必须认定其符合两个条件：一是绩效必须好；二是充分认可华为文化。只有这样的人，才有资格担任导师。同时规定，导师最多只能带两名新员工，其目的是确保成效。

华为规定，导师除了对新员工进行工作上的指导、岗位知识传授外，还要给予新员工生活上的全方位指导和帮助，包括帮助解决外地员工的吃住安排，甚至化解情感方面的问题等。

**岗位轮换、人才流动**

华为员工“之”字形个人成长，即一个员工如果在研发、财经、人力资源等部门做过管理，又在市场一线、代表处做过项目，有较为丰富的工作经历，那么他在遇到问题时，就会更多地从全局考量，能端到端、全流程地考虑问题。任正非一直强调干部和人才的流动，形成例行的轮岗制度，并要求管理团队不拘一格地从有成功实践经验的人中选拔优秀专家及干部；推动优秀的、有视野的、意志坚强的、品格好的干部走“之”字形成长的道路，以培养大量的将帅团队。

**授权与决策**

华为强调“让听得见炮声的人来呼唤炮火”，就是要求“班长”在最前线发挥主导作用，让最清楚市场形势的人指挥，提高反应速度，抓住机会，取得成果。这要求上级对战略方向做正确把握，平台部门对一线组织做有效支持，“班长”们具有调度资源、及时决策的授权。而其基础则是组织和层级简洁而少（比如三层以内），决策方式扁平、运营高效。这样战争的主角——优秀“班长”就在战争中主动成长，从而成为精英中的精英。

按照学习型组织的理念，整体提升组织创造未来的能力就是提升组织未来发展的竞争力，而这取决于三个核心能力：理解复杂性、开创性交谈、滋育热情。学习型组织强调从整体系统的观念上来重新思考组织的学习行为，从而解决传统组织学习无效率的问题。从个体学习到组织学习，学习动力、学习环境、学习资源等方面的全盘考虑都是必要的，否则就不能称之为学习型组织。

资料来源：华为的“学习型组织”是如何炼成的？.（2016－01－10）. http：//www.ceconline.com/mycareer/ma/8800079342/01/.

根据上述案例，尝试回答如下问题：

1. 阅读上述案例，你认为这体现了任正非什么样的领导风格？

2. 你认为，在知识经济时代，企业应该如何打造学习型组织？华为有哪些值得借鉴的地方？

3. 你认为企业大学的作用最重要的应该是什么？

## 参考文献

[1] Davidow W H，Malone M S. The virtual corporation：structuring and revitali-

zing the corporation for the 21st century. New York：Harper Collins Publishers，1992.

［2］ De Geus A P. Planning as learning. Harvard Business Review，1988（66）.

［3］ Kanawattanachai P，Yoo Y. Dynamic nature of trust in virtual teams. Journal of Strategic Information Systems，2002（11）.

［4］ Senge P M. The fifth discipline. New York：Currency Doubleday，1990.

［5］ 德鲁克．知识管理．北京：中国人民大学出版社，1999.

［6］ 伍忠贤，王建彬．知识管理：策略与实务．北京：中国纺织出版社，2003.

［7］ 许一．柔性领导：21 世纪有效领导要诀．北京：经济管理出版社，2009.

［8］ 赵纯均，陈剑，冯蔚东．虚拟企业及其构建研究．系统工程理论与实践，2002（10）.

**图书在版编目（CIP）数据**

领导学 / 刘松博编著 . —北京：中国人民大学出版社，2021. 1
中国人民大学劳动人事学院第四代系列教材
ISBN 978-7-300-28617-4

Ⅰ. ①领… Ⅱ. ①刘… Ⅲ. ①领导学—高等学校—教材 Ⅳ. ①C933

中国版本图书馆 CIP 数据核字（2020）第 182301 号

中国人民大学劳动人事学院第四代系列教材
**领导学**
刘松博 编著
Lingdaoxue

| | | | |
|---|---|---|---|
| **出版发行** | 中国人民大学出版社 | | |
| **社　　址** | 北京中关村大街 31 号 | **邮政编码** | 100080 |
| **电　　话** | 010－62511242（总编室） | | 010－62511770（质管部） |
| | 010－82501766（邮购部） | | 010－62514148（门市部） |
| | 010－62515195（发行公司） | | 010－62515275（盗版举报） |
| **网　　址** | http://www.crup.com.cn | | |
| **经　　销** | 新华书店 | | |
| **印　　刷** | 天津鑫丰华印务有限公司 | | |
| **规　　格** | 185 mm×260 mm　16 开本 | **版　　次** | 2021 年 1 月第 1 版 |
| **印　　张** | 19.5 插页 1 | **印　　次** | 2022 年 5 月第 3 次印刷 |
| **字　　数** | 443 000 | **定　　价** | 49.00 元 |

中国人民大学出版社　管理分社

# 教师教学服务说明

中国人民大学出版社管理分社以出版经典、高品质的工商管理、统计、市场营销、人力资源管理、运营管理、物流管理、旅游管理等领域的各层次教材为宗旨。

为了更好地为一线教师服务，近年来管理分社着力建设了一批数字化、立体化的网络教学资源。教师可以通过以下方式获得免费下载教学资源的权限：

★ 在中国人民大学出版社网站 www.crup.com.cn 进行注册，注册后进入“会员中心”，在左侧点击“我的教师认证”，填写相关信息，提交后等待审核。我们将在一个工作日内为您开通相关资源的下载权限。

★ 如您急需教学资源或需要其他帮助，请加入教师 QQ 群或在工作时间与我们联络。


中国人民大学出版社　管理分社

**教师 QQ 群：** 64833426（仅限教师加入）

**联系电话：** 010-82501048，62515782，62515735

**电子邮箱：** glcbfs@crup.com.cn

**通讯地址：** 北京市海淀区中关村大街甲 59 号文化大厦 1501 室（100872）